本书由贵州省社会科学院资助出版

贵州省社会科学院学术书库·2015

陈康海 著

大西南承接长三角产业转移问题与对策研究

知识产权出版社
全国百佳图书出版单位

图书在版编目（CIP）数据

大西南承接长三角产业转移问题与对策研究/陈康海著. —北京：知识产权出版社，2016.1

ISBN 978-7-5130-3850-8

Ⅰ.①大… Ⅱ.①陈… Ⅲ.①区域产业结构—产业转移—研究—西南地区 Ⅳ.①F127.7

中国版本图书馆CIP数据核字（2015）第244025号

内容提要

本书通过认真分析长三角与大西南地区产业转移调整的发展现状、问题和趋势，深入剖析了产业转移发展的有利条件、时机及战略路径，论证了产业转移与承接的重点领域、方向及发展布局，明确提出了构建全方位、宽领域、多层次、对称式、复合型的大西南承接长三角产业转移发展体系的战略构想，最后在多视角、综合分析判断的基础上，提出了大西南承接长三角产业转移发展的政策建议与保障措施。

责任编辑：张筱茶
封面设计：刘 伟　　　　责任出版：孙婷婷

大西南承接长三角产业转移问题与对策研究
陈康海　著

出版发行：知识产权出版社 有限责任公司	网　　址：http://www.ipph.cn
社　　址：北京市海淀区马甸南村1号	天猫旗舰店：http://zscqcbs.tmall.com
责编电话：010-82000860转8180	责编邮箱：baina319@163.com
发行电话：010-82000860转8101/8102	发行传真：010-82000893/82005070/82000270
印　　刷：北京中献拓方科技发展有限公司	经　　销：各大网上书店、新华书店及相关专业书店
开　　本：710mm×1000mm　1/16	印　　张：26
版　　次：2016年1月第1版	印　　次：2016年1月第1次印刷
字　　数：440千字	定　　价：79.00元
ISBN 978-7-5130-3850-8	

出版权专有　侵权必究
如有印装质量问题，本社负责调换。

序 言

当前,世界性区域性产业向中国东部沿海地区转移步伐不断加快。这种现象不是简单的、个别的、偶然的经济现象,而是合乎市场经济规律的产业结构大整合大转移,是经济全球化和区域经济一体化进程的产物。顺应潮流,抢抓机遇,迎接挑战,实现大西南承接长三角产业转移是双方的共同任务、历史使命,责无旁贷。

调查研究大西南承接长三角产业转移发展,是践行中国特色社会主义理论体系的实际行动。经过改革开放30多年的积累,长三角地区产业结构优化升级,高新技术产业集群创新发展,知名品牌培育不断加强,外商直接投资的技术外溢效应递增,资金、技术、人才和产业优势凸现,地区产业合理分布和互联互动产业协调发展方向选定。加之,深受国际金融经济影响,人民币升值,出口退税下调,国际贸易政策收紧,出口降、进口升,以及土地资源越来越稀缺、劳动力成本上升、成品油价格高位波动、煤电油运紧张,等等。长三角产业向大西南地区转移发展的条件已经具备,时机已经成熟。

对此,党中央和国务院非常重视、非常关心。2006年12月,温家宝主持国务院常务会议审议《西部大开发"十一五"规划》时就强调,要积极发挥各地区比较优势,鼓励东部地区产业向中西部地区转移,在更大范围推动资源优化配置,形成互惠互利格局,实现东中西部地区良性互动。2011年4月,时任中央书记处书记、国家副主席的习近平在考察安徽皖江城市带承接产业转移示范区时,明确指出:当前,我国东部沿海地区产业向中西部地区转移步伐加快,皖江城市带已成为承接产业转移示范区,希望抓住发展机遇,加快产业升级,实现互利共赢。同时强调:推进皖江城市带承接产业转移示范区建设,要与转变发展方式紧密结合,在发展战略性新兴产业上下功夫,在提高自主创新能力上下功夫。[①] 2012年10月6—7日,温家宝在贵州毕节市考察时又强调:贵州要坚持走新型工业化道路,坚持内外开放并举,积极参与

---

① 习近平:《产业转移要与转变发展方式紧密结合》,http://www.sina.com.cn,商务部网站,2011-04-19。

东南亚、南亚等国际区域合作，积极承接东部产业转移，加快建立现代产业体系。① 2014 年 6 月，李克强主持召开国务院常务会议，专题研究产业转移和优化产业布局问题。会议指出："顺应经济发展规律，引导东部部分产业向中西部有序转移，对于促进区域梯度、联动、协调发展，带动中西部新型城镇化和贫困地区致富，拓展就业和发展新空间，推动经济向中高端水平跃升，具有重大意义。"② 他说："过去 30 多年，从西部地区流向东部地区的农民工，为中国经济做出了巨大贡献。现在的问题是，随着经济发展，东部沿海地区劳动力成本日益上升，产业竞争力开始有所削弱。东部沿海地区的部分产业必须要转移出来，而转移的方向就是中西部地区。"③ 在党中央和国务院领导指示前后，长三角和大西南地区对推进产业转移与承接相继做出部署和谋划，某些理论工作者也就产业转移发表了言论。

而今，我国区域经济发展不平衡仍然突出，东西部发展差距依然明显。2014 年 12 月，中央经济工作会议明确指出，我国经济发展进入了新常态，正向分工更复杂、结构更合理的高级阶段演化，经济增速转向中高速增长，发展方式向质量效益型集约增长转变。并且提出，要着力完善区域政策，进一步优化经济发展空间格局，促进各地区协调发展、协同发展、共同发展。要大力实施"一带一路"、京津冀协同发展、长江经济带三大战略。在此应强调指出，大西南本来就是一个底子薄、基础差、民族多、贫困深的欠发达地区，近年来又相继遭受多次严重自然灾害，造成巨大损失。恢复重建、继续发展，问题很多，困难很大，需要举全国之力，东部沿海发达地区首当其冲。因此，必须加快完善跨区域合作机制，着力引导产业有序转移。通过进一步加快长三角等东部地区产业创新升级，切实加强中西部地区薄弱环节，进而实现整体经济提质升级。否则，在全面建设小康社会和实现新型工业化与现代化"三步走"总体战略部署中，大西南就很可能拖全国后腿，变成一个沉重的大"包袱"。形势逼人啊！

作者

2015 年 8 月

---

① 赵国梁：《坚定信心、艰苦奋斗，贵州的明天一定会更加美好》[N]，《贵州日报》，2012 - 10 - 10。

② 林小昭：《李克强：产业转移不能强迫企业去做》[N]，《第一财经日报》，2014 - 06 - 26。

③ 林小昭：《李克强：产业转移不能强迫企业去做》[N]，《第一财经日报》，2014 - 06 - 26。

目 录

理 论 篇

第一章　新时期大西南承接长三角产业转移发展的基本理论 …………… 3
　　第一节　概念厘清和名词含义界定 ……………………………………… 3
　　第二节　产业转移发展历程及其基本规律 ……………………………… 7
　　第三节　产业转移发展的基本理论概述 ………………………………… 18

第二章　在实践中探索和开拓中国特色大西南与长三角区域经济发展模式
　　…………………………………………………………………………… 28
　　第一节　费孝通关于中国经济发展模式的理论探讨 …………………… 28
　　第二节　在实践中开拓创新区域经济发展模式 ………………………… 39

第三章　开拓创新，开启大西南承接长三角产业有序转移发展之先河 …… 65
　　第一节　大西南承接长三角产业有序转移发展的三种取向 …………… 65
　　第二节　大西南承接长三角产业有序转移发展的三次高潮 …………… 77
　　第三节　大西南承接长三角产业有序转移发展概念的形成 …………… 88

战 略 篇

第四章　新时期大西南承接长三角产业转移发展面临的新形势 ………… 97
　　第一节　新时期世界经济发展形势的新变化 …………………………… 97
　　第二节　新时期中国经济发展形势的新变化 …………………………… 107
　　第三节　长三角与大西南地区经济发展的新形势 ……………………… 118

第五章　大西南与长三角经济增长的实证比较分析及增长环境评价 …… 126
　　第一节　"十一五"时期大西南与长三角产业结构和经济增长实证
　　　　　　分析 ……………………………………………………………… 126

· 1 ·

第二节 大西南与长三角经济增长三因素对区域经济发展贡献的比较分析 ………………………………………………… 132

第三节 新时期大西南与长三角产业结构优化升级与经济增长环境分析 ……………………………………………………… 142

第六章 新时期大西南承接长三角产业转移发展的新任务和新战略 …… 155

第一节 大西南承接长三角产业转移发展的新任务 ………… 155

第二节 大西南承接长三角产业转移发展的新战略 ………… 164

第三节 构建中国特色大西南承接长三角产业转移发展体系的基本依据 ……………………………………………………… 171

区 域 篇

第七章 大西南和东南亚与长三角和东北亚产业转移发展体系的形成与演化 …………………………………………………… 187

第一节 大西南与东南亚产业转移发展体系的形成和演化 …… 187

第二节 长三角与东北亚产业转移发展体系的形成和演化 …… 199

第三节 大西南和东南亚与长三角和东北亚产业转移发展的主要问题及前景展望 ……………………………………… 215

第八章 构建中国特色大西南承接长三角产业转移发展体系的战略设想 …………………………………………………………… 228

第一节 大西南承接长三角产业转移发展的总体构想与发展路径 … 228

第二节 大西南承接长三角产业转移发展的重点方向与重点领域 … 237

第三节 大西南承接长三角产业转移发展的主导产业与核心产业 … 257

第九章 构建中国特色大西南承接长三角产业转移发展体系的基本框架 …………………………………………………………… 273

第一节 构建中国特色大西南承接长三角产业转移发展体系的主体框架 ……………………………………………… 273

第二节 构建中国特色大西南承接长三角产业转移发展体系的战略布局 ……………………………………………… 288

对 策 篇

第十章 构建中国特色大西南承接长三角产业转移发展体系的对策建议（上） ………………………………………………… 307
　第一节 制定产业转移与承接的科学规划指导大西南承接产业转移加快发展 ……………………………………………………… 307
　第二节 切实加强产业园区建设和发展着力打造产业转移承接主要载体 ………………………………………………………… 314
　第三节 进一步优化产业转移发展环境由依靠优惠政策向体制机制创新转变 ……………………………………………………… 331
　第四节 进一步深化区域产业分工与合作推动大西南承接产业转移加快发展 ……………………………………………………… 345

第十一章 构建中国特色大西南承接长三角产业转移发展体系的对策建议（下） ………………………………………………… 356
　第一节 将产业转型与产业转移有机结合起来长三角以大西南为取向先行先试 …………………………………………………… 356
　第二节 决战决胜大西南，加快成渝经济区和成渝都市密集区建设 ……………………………………………………………… 366
　第三节 加快推进大西南承接长三角产业转移发展对策建议的主要内容 ………………………………………………………… 384

理论篇

第一章　新时期大西南承接长三角产业转移发展的基本理论

第一节　概念厘清和名词含义界定

一、"大西南"经济区

"大西南"经济区是指中国西部地带的西南地区，有狭义和广义之分。狭义的大西南涵盖四川、贵州、广西、云南、重庆等省区市，即人们俗称的西南四省区五方经济协作区。广义的大西南涵盖四川、贵州、广西、云南、重庆、西藏等省区市，也就是西南六省区市七方经济协作区，全区国土总面积257.1万平方公里，占全国的26.8%。如无特别说明，本书中的大西南指的是广义大西南。大西南地区资源优势突出，拥有丰富的水电、矿产、旅游等资源，组合条件良好，是我国重要的资源富集地和工业能源基地；大西南还与越南、老挝、缅甸等东南亚国家毗邻，是我国走向东南亚、南亚的重要战略通道，具有独特的地理区位优势。2013年，大西南地区总人口为24 297万人，占全国的17.86%；国内生产总值GDP为73 825.16亿元，占全国的12.98%。大西南地区发展潜力巨大，随着我国西部大开发战略深入实施，大西南潜在优势正加快转化为经济优势，其经济地位迅速提升，许多人预言大西南将成为我国重要的经济增长极。

二、"长三角"经济区

"长三角"经济区是指中国东部沿海地带的长江三角洲经济协作区（以下简称长三角），该经济区地处长江经济带和沿海经济带的接合部，是我国经济最活跃、最发达的核心区域之一。长三角有狭义和广义之分，狭义的长三角是指城市群的概念，为长三角的发达地区，其区域范围以上海为中心，包括江苏的南京、苏州、无锡、常州、南通、镇江、扬州、泰州，浙江的杭州、宁波、嘉兴、湖州、绍兴、舟山和台州等15个地级市以上城市市区和所辖的县、县级行政区域。经济区国土面积为10万平方公里，占全国总面积约1%，其发展水平已达到或接近世界中等国家的水平。广义的长三角则是指由上海、江苏和浙江三省市组成的行政区域，包括长三角发达地区加上江苏苏北的盐城、连云港、徐州、淮安和宿迁5市和浙江西南的温州、金华、衢州和丽水4市所辖行政区域。据国家发改委颁布的《长江三角洲地区区域规划》，该区域领陆面积为21.09万平方公里，占全国的2.2%，其中陆地面积为19.33万平方公里。2013年，区域总人口为15 852万人，占全国的11.65%；国内生产总值GDP为118 332.62亿元，占全国的20.8%。如无特别说明，本书中的长三角指广义长三角。

三、产业转移

产业转移是产业空间布局调整的重要内容及表现形式，是经济发展的必然趋势。所谓产业转移，"是指在市场经济条件下，随着生产要素与资源禀赋的供给、产品生命周期以及市场需求等因素的变化，某些产业从某一国家或区域转移到其他国家或区域的经济活动，它是经济发展过程中普遍存在的一种经济现象。"① 从空间范围角度，一般可将产业转移分为国际产业转移和地区产业转移，国际产业转移是指国际间由于生产力发展水平存在差异，经济发展水平高的国家采取国际贸易或投资等方式向经济欠发达、生产力水平相对落后的国家进行转移产业的经济活动。当前，国际产业转移最主要的途径为开展国际直接投资（FDI）。地区产业转移则是指在同一国家内经济发达区域的产业向不发达区域进行转移的经济活动。从本质上来说，产业转移是推动资源优化配置的过程，它是"以区域资源和生产要素的差异与分工协作为基础的，通过产业的转入和转出，能够实现各种自然资源（土地、矿产等）与生产要素（技术、资金、劳动力、管理）在不同地区间的相互流动和高效组合。"②

四、"东南亚国家"

"东南亚国家"位于亚洲的东南部，是指同中国大西南地区相毗邻的新加坡、马来西亚、泰国、柬埔寨、越南、老挝、菲律宾、印度尼西亚、缅甸、

---
① 谯薇：《西部地区承接产业转移问题的思考》[J]，《经济体制改革》，2008 – 07 – 25。
② 谯薇：《西部地区承接产业转移问题的思考》[J]，《经济体制改革》，2008 – 07 – 25。

文莱、东帝汶（2002年5月成立）等11个国家。东南亚地区是第二次世界大战后期出现的一个新的地区名称，包括中南半岛和马来群岛两大部分，总面积约457万平方公里，人口约5.76亿。世界上习惯把越、老、柬、泰、缅五国称为东南亚的"陆地国家"或"半岛国家"，将马、新、印尼、文、菲、东帝汶六国称为东南亚的"海洋国家"或"海岛国家"。东南亚各国历史悠久，且都是新兴国家，除新加坡外均属发展中国家。1967年8月，印尼、马来西亚、菲律宾、新加坡与泰国建立了"东南亚国家联盟"（以下简称"东盟"），其后文莱、越南、老挝、缅甸、柬埔寨先后加盟，至今已有10个成员国。

五、"南亚次大陆国家"

"南亚次大陆"是指喜马拉雅山脉以南的一大片半岛形的陆地，是亚洲大陆向南延伸的部分，被人们称为印度次大陆或印巴次大陆。南亚次大陆由于喜马拉雅山的阻隔，形成了一个相对独立的地理单元，其面积小于通常意义上的大陆，所以被称为"次大陆"。该区域总面积约430万平方公里，相当于亚洲大陆面积的1/10弱，南北长度与东西宽度各约3 100公里，总人口约有13亿。"南亚次大陆国家"则是指同中国大西南地区相毗邻的孟加拉、尼泊尔、巴基斯坦、印度以及西亚等国家。这些国家总体上都处于印度洋板块，也有一些处于南亚，其中印度、巴基斯坦、孟加拉、尼泊尔和不丹位于大陆地壳上，岛国斯里兰卡则位于大陆架，岛国马尔代夫位于海洋地壳上。

六、"东北亚国家"

"东北亚国家"是指亚洲东北部的国家和地区。"东北亚有广义和狭义之分，广义东北亚包括中国东北、华北、西北及俄罗斯远东地区，还有日本、韩国、朝鲜和蒙古国，区域总面积达3 400万平方公里，占世界的26%，人口6.8亿左右，占世界的31%，国内生产总值GDP约5兆亿美元，占世界的30%。狭义东北亚仅包括中国东北、俄罗斯远东、日本、韩国、朝鲜和蒙古国，区域总面积为998.8万平方公里，人口约3.24亿，国民生产总值GNP达3兆亿美元。"[1] 东北亚各国及经济体地理上相互毗邻、经济上联系紧密，整个区域的文化传统和对外战略取向拥有许多自然的、人文的、共同的发展基础。因此，东北亚区域由于地缘及人文的因素，更多的是指狭义东北亚的界定。当前无论是理论界、学术界，还是实际相关部门在论及东北亚国家及经

---

[1] 王力：《从东北亚区域发展看满洲里口岸的战略机遇》[J]，《中国城市经济》，2008-10-15。

济体时，基本上都是指狭义的东北亚。据此，本书在研究分析东北亚问题时也主要指狭义东北亚。

七、"亚太地区"

"亚太地区"是指亚洲地区和太平洋沿岸地区的简称，属于地缘政治和地缘经济术语。亚太地区的地域概念有广义和狭义的区分。广义上可以包括整个环太平洋地区，太平洋东西两岸国家和地区即包括加拿大、美国、墨西哥、巴西、阿根廷、智利、秘鲁等南北美洲国家和太平洋西岸俄罗斯远东地区、日本、韩国、中国大陆、中国台湾和港澳地区、新加坡、越南、老挝、柬埔寨、泰国、缅甸、马来西亚、菲律宾、印度西尼亚、文莱等东盟各国和大洋洲澳大利亚、新西兰等国家和地区。狭义上是指同中国东部沿海地带相邻的西太平洋地区，主要包括东亚的中国（包括港澳台地区）、日本、韩国、俄罗斯远东地区和东南亚的东盟国家，有时还延伸到大洋洲澳大利亚、新西兰等国家。

八、"大陆桥"

"大陆桥"原指由横贯大陆的铁路运输，把海与海连接起来的"桥梁"，也就是海—陆—海运输中的陆运部分。后来，随着陆海联运的发展，大陆桥还包括陆海联运中的海—海的陆运部分，即广义的大陆桥。其主要功能是便于开展海陆联运，缩短运输里程。目前，世界上比较著称的大陆桥路线有美国大陆桥、俄罗斯西伯利亚大陆桥、南美大陆桥、南亚大陆桥等。美国大陆桥是世界上最早的一条大陆桥，1869年横贯美国东西的铁路正式接通，这条大铁路东起纽约，西止圣弗朗西斯科（旧金山），全长4 500公里，东接大西洋，西连太平洋，缩短了两大水域之间的距离，省却了货物水路绕道巴拿马运河的麻烦，加速了西部地区经济发展。作为跨越亚欧的交通要道，俄罗斯西伯利亚铁路于1904年建成最后的贝加尔一段，从而成为跨越亚欧大陆、将太平洋与大西洋联结起来的一座陆上桥梁，被人们称为亚欧大陆桥或西伯利亚大陆桥，整个大陆桥全长1.3万公里，它为世界经济特别是亚欧经济发展做出了较大贡献。

九、"产业转移发展系统"

"产业转移发展系统"是指覆盖第二条亚欧大陆桥一大片地区，东起中国江苏省连云港市，西到荷兰鹿特丹港，依托重要交通系统、中心城市层级网络、长江和珠江两大水系珠琏港口城市，快速铁路、高速公路和大西南出海出境通道以及北部湾经济区，以线串点、以点带面、点线面结合，形成的若干等级"中心—外围"排列组合发展新格局。所建立的中国特色区域性产业转移发展体系，其涉及的国家和地区都按照市场经济规律、世贸规则、国际惯例及相关区域联合协作组织的协定协议，遵循公开公平、诚信透明、互惠互利、合作双赢的原则，共同打造双边多边贸易投资体制和运行制度机制，全方位、地缘性、多层次、多元化、三维空间产业转移发展体系，在产业和经贸、科技、文化等领域广泛开展的双向交流合作关系。

第二节 产业转移发展历程及其基本规律

一、产业转移的理论基石：分工论

（一）国际分工的产生与出现

随着人类社会生产力的发展，社会分工不断扩大深化。它同市场主体的发育成长，同产业的形成和发展，同城乡空间地域结构的形成和发展，同区域经济的发展成长，都是紧密联系而不可分割的。一般来说，市场主体的发育成长必然导致产业形成和发展。从社会分工发展的进程看，最初是性别的自然分工，再进一步发展是家庭分工。随着生产力进一步发展产生了剩余物质，使交换成为可能和必要。由此，出现经济分工和生产分工。当生产规模扩张到相当程度时，交换就在村寨、乡镇以及更大的区域范围展开，产业便应运而生。对此，分工论的开拓者——英国著名经济学大师亚当·斯密指出："一个国家产业与劳动力的增进程度如果是极高的，则其各种行业的分工程度一般也都达到极高的程度。"[1] 无产阶级革命导师马克思批判了斯密把社会分工与手工制造业分工混为一谈的错误观点，以及英国资产阶级庸俗经济学家詹姆士、洛德尔维护工业资产阶级利益，全盘否定斯密分工论的错误理论，并且充分肯定了分工对产业发展的促进作用。他强调指出："一旦工场手工业的生产扩展到这样一种行业，即以前作为主要行业或辅助行业中其他行业联系在一起，并由同一生产者经营的行业，分离和相互独立的现象会立即发生。一旦工场手工业的生产扩展到某种商品的一个特殊的生产阶段，该商品各个

---

[1] 亚当·斯密：《国民财富的性质及原因的研究》（上卷）[M]，北京：商务印书馆，1972年，第7页。

生产阶段就变成各种独立的行业。"①

世界经济发展史表明，分工越精细，产业越发展、链条越延长、结构越复杂，产业转移越快速。在古代，农业是很简单的产业，只包括农耕业和狩猎业，但随着时间推移，科技发展进步，新产业新品种不断涌现，现已演变为一个大产业集群系列。工业脱胎于手工业、产业革变和科技革命后，由于发展迅速，现已成为国内国际经济的主导性产业。服务业则脱胎于商业，随着一、二产业快速发展，服务业特别是电子信息、金融、技术咨询、现代物流、连锁营销等空前发展。资本主义发达国家服务业产值现已占国内生产总值60%—70%。凡此种种，都足以展示产业发展和结构变迁的历史轨迹。

与此同时，一切发达的分工都曾经意味着对优势的国家，由于自身和其他国家生产成本不同，可以利用其相对有利的生产条件，专门生产相对成本较低，具有比较优势的商品投放市场，以换取自己需要的生产成本相对较高的商品，谋求丰厚的经济利益。这就是大卫·李嘉图著名的比较优势理论。因此，我们认为，无论是绝对优势理论还是比较优势理论，都有利于优化区域资源配置，节约生产成本，提高劳动生产率，促进经济更好更快地发展，全面建设小康社会。

伴随着小范围的低级形态地域分工向大范围的高级形态的转变，地域分工也就发展为国际分工。所谓国际分工是社会分工发展到一定阶段的产物，它是社会分工的高级形式，是社会分工超出国家界线而形成的国与国之间的分工。首先，国际分工是国际贸易和世界市场发展的基础。没有国际分工，就没有国际贸易和世界市场，国际贸易和世界市场随着国际分工的发展而发展。同时，国际贸易的发展，世界市场的扩大，对于国际分工也起着强有力的推动作用。其次，国际分工是世界经济全部发展过程的基础。资本主义以国际分工为纽带，以商品交换为媒介，把世界各国经济联系在一起。随着国际分工和国际商品交换的发展，各国的孤立性和闭关自守状态被日益打破，经济相互依赖关系日益加深，从而形成了世界经济。

国际分工的产生和发展由两个主要条件决定：一是社会经济条件，如各国科学技术水平、生产力发展水平、国内市场大小、人口多寡和社会经济结构差异，等等。二是自然条件，如气候、土壤、资源、国土面积和地理位置，等等。自然条件是一切经济活动的物质基础，如果各国自然秉赋完全相同，生产品也相同，在其他条件不变的情况下，国际分工就不可能发生。这是因

---

① 马克思：《资本论》（第一卷）[M]，北京：北京人民出版社，2004年，第391页。

为,"不是土壤的绝对肥力,而是它的差异性和它的自然产品的多样性,形成社会分工的自然基础。"① 这种差异性和多样性是形成国际分工的自然基础。

自然条件的差异性和自然产品的多样性,只提供国际分工的可能性,要将可能性变为现实性还需要一定的社会经济条件,如煤炭固然不能在没有煤矿的地区开采,但存在丰富矿藏的地区只有在科技和社会生产力发展到一定阶段时,才能得到充分的开发利用,这是由社会经济条件决定的。社会生产发展取决于生产力发展水平,也取决于生产关系的性质。生产力发展是社会分工发展的前提,一切分工包括国际分工,都是社会生产力发展的结果,而分工的发展又反过来推动了社会生产力发展和生产社会化。国际分工发展会促进世界生产,也是生产关系的表现形式。哪里有分工的联系,哪里有商品交换的联系,哪里就有生产关系,社会关系超出民族、国家的界限,并与其他国家的生产关系错综复杂地联系在一起,发展成为国际生产关系。

经济发展史已经充分证明,资本主义国际分工具有二重性:一方面具有促进世界生产力发展的进步性,另一方面又具有剥削、掠夺和不平等性。社会生产力的发展,使生产、交换和消费国际化,打破了闭关自守状态,消除了民族隔阂,把各个国家、民族联合起来。这一过程反映了生产力的蓬勃发展促进了世界生产力的发展,它过去是现在仍然是一个进步的过程,并为社会主义的国际分工准备了前提。但是,国际分工又与一定的国际生产关系体系相联系,它是这个体系内起作用的客观经济规律的结果。资本主义国际生产关系体系是一种剥削的不平等的体系,剩余价值规律则是其发生作用的基本经济规律。因此,资本主义国际分工具有剥削、掠夺的性质,是资产阶级和垄断资本追逐利润和超额利润发展起来的。它反映了资本主义的全部矛盾,并造成了发达资本主义国家和不发达国家之间越来越深的鸿沟。这是世界资本主义发展不可分割的两个方面,也是资本主义国际分工所造成的恶果。

(二) 国际分工的发展进程

国际分工发展史是"世界城市"与"世界农村"分离与对立的发展史。马克思说:"一切发达的、交换为媒介的分工的基础,都是城乡的分离。可以说,社会的全部经济史,都概括为这种对立的运动。"② 从前城乡的分离和对

---

① 马克思:《马克思恩格斯全集》(第23卷) [M],北京:北京人民出版社,1972年,第561页。
② 马克思:《资本论》(第一卷) [M],北京:北京人民出版社,1975年,第390页。

立运动，只局限于一国范围内，而在国际分工中这一过程则在更大规模上再现出来。有些国家成为"世界城市"，而另一些国家则成为"世界农村"。根据"世界城市"与"世界农村"的对立运动变化情况，第二次世界大战前国际分工的产生和发展可划分为3个阶段。

1. 第一阶段（15世纪末—18世纪60年代）。15世纪末随着地理大发现以及殖民地不断开拓发展，销售市场得到了大大扩展，促进了手工业生产向工场手工业生产的发展过渡，工业品产量迅速提高。西欧殖民者采用各种暴力和超经济的强制手段，在拉丁美洲、亚洲和非洲进行大肆掠夺，通过开矿山，建立甘蔗、烟草等种植园，大力发展使用奴隶劳动、为世界市场生产的农场制度，由此形成了宗主国专门生产工业品与殖民地专门生产甘蔗、烟草等农产品的早期国际分工。当时盛行一时的三角贸易，即由西非提供奴隶劳动力，由西印度群岛生产并出口蔗糖和烟草，由英国生产并出口毛织品、铁器、铜器、枪炮等工业品，就是宗主国与殖民地间国际分工的表现形式。这种由英国殖民者组织、由英国航运业进行、用英国工业品交换热带和亚热带产品的国际分工和贸易，随后也扩大到葡萄牙在巴西、非洲和亚洲的殖民地。

2. 第二阶段（18世纪60年代—19世纪60年代）。从18世纪60年代开始的产业革命标志着资本主义向新的技术基础——大机器工业的过渡。而大机器工业所需原料、市场以及城市人口所需粮食，本国生产和民族市场无法满足，需要到海外去寻求，同时交通运输工具革命加强了各大洲、各地区间的联系，这就使大工业日益依赖于世界市场、国际交换和国际分工。由于部门、地域间发展不平衡，英国等少数国家最早建立机器大工业，经济发展走到了世界最前列。它们"垄断了先进的工业部门的生产，并把落后的农业部门的生产转移到海外去。亚、非、拉美落后国家的农民被迫为世界市场生产原料和粮食，并变为先进国家工业品的消费者。这样，原来在一国范围内的城市与农村，工业部门与农业部门之间的分工，就逐渐演变成世界城市与世界农村的分离与对立，演变成以先进技术为基础的工业国与以自然条件为基础的农业国之间的分工。这种国际分工格局可以称为垂直一体化模式的国际分工。"[①]

3. 第三阶段（19世纪60年代—20世纪中期）。19世纪中后期，资本主义世界爆发了以电的发明和应用以及钢铁、化学和交通运输业的革新为标志

---

① MBA精品课程之国际贸易 - 豆丁网，http://www.docin.com/p - 197518040.html，2011 - 05 - 07。

的第二次产业革命。一些新兴工业部门如石油、电力、化工、汽车制造和钢铁工业等纷纷出现，促进和推动了社会生产力提高和新的分工体系迅速发展。同时，资本主义垄断代替自由竞争，通过资本输出进一步加深和扩大了国际分工。参与国际分工的中心国家有英国、美国、日本、德国等数国，资本输出把资本统治扩大到整个世界，生产资本化和资本国际化的趋势日益增强。由于新兴工业部门发展引起对矿产品和农业原料的巨大需求，亚非拉殖民地半殖民地国家也迅速卷入国际分工和世界市场。这不仅使这些国家作为发达国家原料产地和商品销售市场的作用更加重要，而且进一步成为其最有力的投资场所，从而使宗主国同殖民地、工业品生产国同初级产品生产国之间的分工日益明确。随着世界分工体系的形成，世界各国之间相互依赖、相互联系进一步加强，参加国际分工的每个国家所消费的生产资料和生活资料，都部分或全部地包含着其他许多国家劳动者的劳动，这使得无论是工业国还是农业国，都依赖于国际贸易和国际分工。

二、国际产业转移发展历程及其基本趋势

（一）国际产业转移发展历程

随着地区分工和国际分工的产生和形成，为有效利用自身各种资源要素，以获取更多的产业分工效率和比较利益，各国各地区在资源要素和经济发展水平存在差异的条件下，从发挥比较优势出发，坚持扬长避短，重点发展具有资源要素优势的产业，以促进经济持续、快速、高效发展。这样，有的国家和地区在着力发展优势产业的同时，就会有选择地淘汰和转移落后的、无效益的、无竞争力的产业和技术。而其他国家和地区则会根据自身经济水平和发展条件，注意吸收和承接发展这些转移出的产业和技术。由此，产业转移与承接便在各国各地区间出现并迅速发展起来。根据国际经济发展进程，按照发达国家与发展中国家之间联系机制的显著变化来划分，历史上先后发生了5次大规模的国际产业转移浪潮。

1. 第一次国际产业转移浪潮（18世纪末—19世纪上半叶）。英国在18世纪中叶第一次科技革命后成为"世界工厂"及经济霸主。随着国内产业发展，成本逐渐升高，市场矛盾日益突出，18世纪末英国成为产业转移输出国，开启了第一次国际产业转移浪潮。当时输入国是法国、德国等欧洲及北美国家，美国作为英国殖民地，凭借良好的自然资源，吸引了众多英国投资。借助转移的产业及技术基础，以及主导第二次科技革命，美国工业迅速发展，成为

第二个"世界工厂",在 19 世纪末实现经济崛起成为新的世界经济霸主。

2. 第二次国际产业转移浪潮（20 世纪 50 年代）。在第三次科技革命大背景下,美国成为第二次世界大战后第一次国际产业调整和转移浪潮的推动者。"美国将钢铁、纺织等劳动密集型产业向日本、西德、加拿大等国转移,集中力量发展资本密集型重化工业,发展半导体、通讯、电子计算机等新兴技术密集型产业。日本和西欧国家通过承接产业转移,工业化进程大大加快,产业竞争力迅速提高。其中,日本和德国发展成世界经济强国和新的世界工厂。"①

3. 第三次国际产业转移浪潮（20 世纪 60 年代）。主要发生在东亚和部分拉美国家,美国、日本、西德等作为产业转移主导国,着重发展集成电路、精密机械、精细化工、家用电器、汽车等耗能耗材少、附加值较高的资本技术密集型产业,将附加值较低的劳动密集和资源密集型产业及部分耗能多、污染大的重化工业向新兴工业化国家和地区转移。东亚地区如亚洲"四小龙"（韩国、我国台湾地区、我国香港地区、新加坡）等获得了扩大劳动密集型产品出口的良机,成为新兴工业化国家或地区。

4. 第四次国际产业转移浪潮（20 世纪 70—80 年代）。受 20 世纪 70 年代两次石油危机和世界经济危机打击,西方工业国加快产业结构调整,开始发展以微电子技术为主的知识技术密集型产业,而将钢铁、化工、造船等重化工业向亚洲"四小龙"等国家和地区转移。亚洲"四小龙"积极承接发达国家产业转移,并将部分劳动密集型产业向东盟国家转移。东盟国家积极承接国际产业转移,有力地推进了工业化进程。

5. 第五次国际产业转移浪潮（20 世纪 90 年代至今）。随着经济全球化进程日益加深,最新一轮国际产业转移浪潮蓬勃兴起。"美国、日本及欧洲发达国家大力发展新材料、新能源等高新技术产业和知识密集型产业,转移不具竞争优势的资本技术密集型产业。亚洲'四小龙'等国家和地区大量承接发达国家转移的产业,同时加快劳动密集和部分资本技术密集型产业转移步伐。"② 因而,出现了劳动密集型和一般技术密集型产业不断向发展中国家转移的现象,特别是世界加工制造中心加速向中国和东盟国家转移。

（二）最新一轮国际产业大转移的基本特点及发展趋势

进入 21 世纪以来,在现代市场经济条件下,最新一轮国际产业大转移日

---

① 郑雄伟:《国际科技与产业转移步伐加快》[N],《人民日报》,2011 - 09 - 20。
② 郑雄伟:《国际科技与产业转移步伐加快》[N],《人民日报》,2011 - 09 - 20。

趋获得长足发展。特别是国际金融危机爆发以来，世界政治经济格局发生了新的变化，国际产业转移发展出现许多新特点和新趋势，值得人们高度关注。

1. 基本特点

（1）以跨国公司为主导的国际产业转移明显加速。近年来，全球跨境并购呈现明显增长趋势。全球企业跨境并购无论在规模还是数量上，都保持着高速增长的态势，并在一系列并购活动中，培养出一大批跨国企业。根据历年来《世界投资报告》，1998年跨境并购为411亿美元，比上年增长74%。到了2013年，全球跨境并购达到3 488亿美元，相比1998年增长约7.5倍。[①]跨国公司作为经济全球化主导力量和国际产业转移主体，通过全球投资，进行跨国、跨地区、跨行业生产经营，推动着全球资源优化配置，加速了技术转移与扩散，强化了国际产业集聚效应。因此，跨国公司深刻影响和改变着全球分工体系。

（2）服务业和新兴产业成为国际产业转移新热点。随着发达国家结构转型升级，制造业大规模转移，服务业成为产业转移新热点。发达国家金融、保险、房地产、商务服务等新兴服务业和发展中国家商业、酒店业、交通业和通讯业等传统服务业，成为各自服务业发展主流。同时，各国都把突破核心关键技术、推动战略性新兴产业发展作为新的经济增长点和掌握未来发展的主动权，因而围绕新兴产业的国际布局和争夺日趋激烈。

（3）项目外包和跨国并购等成为国际产业转移的主要方式。"随着生产专业化和工序分工的快速发展，跨国公司开始将低增值部分的非核心的生产制造、采购营销、物流配送、研发设计等活动，以项目外包方式分包给低成本和具有专业能力的发展中国家企业，并将部分服务业务以离岸化方式向发展中国家转移。"[②] 同时，由于证券投资和跨国并购不断兴起，国际产业转移日益形成了独资、合资、收购、兼并和非股权安排等多样化方式并举的格局。

（4）产业链整合和组团式集群转移的特征日趋明显。近年来跨国公司基于降低成本、贴近市场的考虑，主动引导和带动相关行业一同到东道国投资，将产业链整体转移到发展中国家，使组团式集群转移或产业链整体转移进一步加快，研发、制造、服务的一体化联动成为当前国际产业转移的重要特征。特别是受国际金融危机影响，越来越多的跨国公司将非制造环节加速向外

---

① 侯璐璐：《全球企业跨境并购新趋势》，http://www.ce.cn/，中国经济网－《经济日报》，2015－05－28。

② 郑雄伟：《国际科技与产业转移步伐加快》[N]，《人民日报》，2011－09－20。

转移。

(5) 横向产业分工体系正加速形成。当前国际产业间、产业内分工日益向国际产品内分工延伸，国际产业转移日益体现为国际产品内工序环节的转移。以发达国家为主体由生产环节向研发和品牌营销环节转移，以发展中国家为主体由下游生产环节（终端的加工组装）向上游生产环节（关键零部件生产）转移。现代产业发展不再局限于一个国家或区域的范围，传统三次产业相互融合并被横向切割，形成一个包括研发、制造和营销产业在内的横向产业分工体系。

(6) 产业转移区域流向和行业分布极不均衡。《2014 年世界投资报告》显示，2013 年全球 FDI 流量恢复上升趋势，但发展极不均衡。流入发达经济体的 FDI 增长 9%，至 5 660 亿美元；流入转型经济体的 FDI 也大幅增长，达 1 080 亿美元；流入富裕经济体的 FDI 占全球 FDI 总量的比例仍维持在 39% 的历史低位。而流入发展中世界的 FDI 2014 年达到创纪录的 7 780 亿美元，占全球 FDI 的 54%。[①] 金砖国家（巴西、俄罗斯、印度、中国和南非）不仅是 FDI 的主要接受国，也已经成为重要的对外投资国。另外，流入制造业 FDI 继续复苏，生产性服务业转移成为新一轮国际投资的突出特征。

2. 发展趋势

当前，由于多种因素的合力作用，无论是国际还是国内，新一轮产业结构大整合大转移大升级的浪潮已经兴起，产业转移发展速度不断加快。这是经济全球化和区域经济一体化加速发展的大背景下，符合社会生产力发展规律要求，必然出现的经济社会经济发展大趋势，不以人的主观意志为转移。

(1) 国际产业转移主体日趋多元化。由于各国技术进步和产业水平不断提高，全球产业结构整体水平升级，越来越多的新兴工业化国家加入产业移出的行列，国际产业转移主体已经多元化。国际产业转移不仅仅限于发达国家与发展中国家之间，发达国家之间和发展中国家之间的相互投资也日益获得快速发展，特别是发展中国家具备一定国际竞争力的跨国公司已发起了向发达国家的逆向产业转移。

(2) 国际产业转移规模进一步扩大。随着生产国际化发展加快，全球跨国直接投资不断扩大。1991—1995 年全球 FDI 年均增长 22.5%，1996—2000 年高达 40%。2007 年国际金融危机已经显现，但全球 FDI 却达创纪录的 18 330 亿美元。危机后全球 FDI 大幅下降，2008 年下降 16%，2009 年骤降

---

① 《2014 年世界投资报告》，http://www.ce.cn/，中国经济网，2014 - 06 - 26。

37%；但2010年开始复苏，2011年达到1.5万亿美元，2012年大幅下滑，2013年恢复到14 500亿美元。专家预测，跨国投资势头不可阻挡，国际产业转移规模将进一步扩大。

（3）国际产业转移结构层次日趋高度化。随着国际竞争日益激烈，发达国家进一步加强了产业结构调整转移，除加快转移劳动密集型产业外，也开始转移某些资本技术密集型的产品生产，甚至是高技术产品生产某个工序。国际产业转移被增加了更多的技术含量和技术内涵，转移层次结构不断提高，呈现出从传统产业向新兴产业、制造业向服务业、劳动密集型向资本技术密集型、低附加值向高附加值产业不断提升的趋势。

（4）国际产业转移速度和进程明显加快。由于新技术革命加快发展，各国产业结构调整升级不断加快，国际产业转移进程进一步提速。第一次国际产业转移用了半个多世纪的时间，而在20世纪下半叶就出现了4次大规模的国际产业转移浪潮。特别是20世纪90年代以来，传统工业生产方式开始向集工业化、信息化于一体的现代生产方式加速转化，国际产业转移进程不断加快，转移周期大为缩短。

（5）国际产业转移目标更加注重满足东道国市场需求。"进入21世纪，发达国家着力发展债务型经济，进行超前消费，带动了全球经济进入新一轮快速增长。金融危机后发达国家超前消费力量消失，世界加工能力过剩，各国纷纷采取刺激消费政策，同时防止本国市场被外国占据，市场成为最重要战略资源。因而，未来国际产业转移将以满足东道国消费市场需求为主要趋势，产业转移将产生满足消费需求的最终产品，国际产业转移最终产品特征日益明显。"[1]

（6）国际产业转移重点更注重发挥能源和原材料优势。"金融危机后各国各地区围绕能源和原材料的控制和博弈进一步加强。从原燃料出口国来看，对提高产品附加值的需求日益迫切，客观上存在相关加工产业向这些地区集聚的趋势。如沙特借助于原料优势，正成为世界石化生产重地，预计到2015年石油化工产品产量将达8 000万吨/年。非洲国家也逐步认识到工业化的重要意义，出现了通过吸引外商直接投资来提高原材料加工能力的趋向。"[2]

（7）国际产业转移日益突出获取技术和科研成果。"金融危机后发达国家都把科技创新作为重塑竞争优势的根本手段，一方面加大研发投入，保证科

---

[1] 陈宝明：《国际产业转移新趋势及我国的对策》[J]，《中国科技论坛》，2011-01-05。
[2] 陈宝明：《国际产业转移新趋势及我国的对策》[J]，《中国科技论坛》，2011-01-05。

技创新战略实施；另一方面以获取和利用技术为特点的国际产业转移更加明显，高新技术和新兴产业成为国际资本并购竞相追逐的热点。"[①] 如美国临床研究公司2010年收购了我国生物技术有限公司，成为我国制药史上最大宗的并购案。

（8）国际产业转移发展受区域经济一体化影响日益加深。随着世界经济区域化集团化步伐不断加快，区域内贸易和要素流动更加自由，国际产业转移和投资的区域内部化成为主要趋势。如欧盟产业转移和投资主要在区域国家间进行，其对外投资的1/3集中在成员国之间。美国与加拿大均为对方最大投资国和产业转移国，美国吸收了加拿大对外投资的1/3，加拿大吸收了美国对外投资的1/5。

（9）国际产业转移的新重点日益向中国扩展。随着经济发展突飞猛进，投资环境不断改善，我国对国际投资形成巨大吸引力，逐渐成为国际产业转移核心地带。据《全球投资趋势监测报告》，2014年中国吸引FDI约1 280亿美元，较上年增长约3%，首次超过美国，成为FDI第一大流入国。其主要原因是，中国外资流入保持稳定增长，美国外资流入大幅下降。从行业分布看，中国服务业外资流入增长较快，已占总量约56%，其中分销服务业、运输服务业实际使用外资规模较大。[②]

以上我们回顾了国际产业转移发展进程，特别是重点探讨了最新一轮国际产业转移加速发展的新特点和新趋势，下面再从国内产业发展来看，随着经济全球化和区域经济一体化加速发展，目前我国国内区域产业转移进程也日益加快。自国际金融危机爆发以来，我国中西部地区对国际直接投资FDI吸引力不断加大，国内外资本进一步看好我国中西部地区，产业转移出现了外资西进、内资西移的重要变化。特别是东部地区加工制造业约占全国的80%，但由于土地、劳动力、环境容量等制约，产业向中西部地区转移也明显加快。我国新一轮产业转移的突出特点：一是转移层次越来越高。国际国内产业转移同步推进，先进制造业和现代服务业同步转移。二是转移规模越来越大。伴随着世界产业转移加速发展的浪潮，各国各地区跨国直接投资总量不断增加，发达国家国际产业转移进一步扩大，发展中国家也进一步扩大对国际产业转移的承接。我国东部沿海地区受土地、能源、劳动力和生态环境成本快速上升的影响，产业向中西部梯度转移步伐不断加快，规模不断扩

---

① 陈宝明：《国际产业转移新趋势及我国的对策》[J]，《中国科技论坛》，2011 - 01 - 05。
② 《全球投资趋势监测报告》，http://www.xinhuanet.com/，新华网，2015 - 01 - 30。

大。三是来源地越来越集中。我国区域产业转移大多是以产业链为纽带的整体配套转移，并主要来自东部沿海的长三角、珠三角、闽三角等地区。因此，在国内外资本加速向中西部地区投资转移的大趋势下，深入研究大西南地区如何发挥比较优势，科学合理、积极主动承接长三角等东部发达地区产业有序转移，这是当前必须着力解决的重大理论与现实问题。

三、产业转移发展的基本规律

由上可见，产业转移是地区分工和国际分工发展的客观要求，其发展历史非常悠久。各国各地区的自然资源禀赋和生产要素各不相同，经济发展水平存在明显差异，并且生产条件也会由于经济发展而不断发生变化。因而，随着国际分工和地区分工不断深化，各国各地区都会大力发展自身具有资源和要素优势的产业，或利用国际产业转移机遇着力发展优势产业，其目的是促进资源最优配置，推动产业结构调整和产业升级，实现经济高速高效发展。

产业转移作为经济发展到一定阶段的必然结果，不仅是产业自身发展的需要，也是产业结构升级的需要，其在客观上表现为产业的空间移动。因此，产业转移是产业转移国或地区与产业承接国或地区为取得比较利益、提升产业竞争力和推动经济快速发展的重要途径。对于欠发达国家和地区来说，主动承接产业转移是实现经济跨越式发展的最佳选择。从全球经济发展历史演进中，可以发现国际产业大转移对于地区经济发展的意义重大，二战后日本、西德、亚洲"四小龙"的成功皆是得益于高效地承接产业转移，我国东部沿海地区迅速发展也是充分利用区位和政策优势，主动承接发达国家和地区产业转移的结果。

根据产业转移发展的历史进程、国内外产业转移规模不断扩大的现实和趋势，理论界专家学者经过深入分析和总结概括，得出产业转移发展基本规律：按照要素投入划分，表现为劳动密集型—资本密集型—技术密集型—知识密集型的规律；按照转移内容划分，表现为产业—产品—零部件的规律；按照转移形式划分，表现为合资、收购或兼并企业—直接投资设厂—项目外包的规律。当前最新一轮国际产业转移呈现出明显的梯度性、阶段性、波浪式演进的一般规律，即产业转移类型一般从劳动密集型、资源加工型产业开始，逐步扩展到资本密集型、技术密集型产业；产业转移主体从相对发达的国家和地区向次发达、欠发达的国家和地区转移，然后从次发达、欠发达国家和地区再向发展中国家和地区梯次转移；产业转移内容从进入成熟阶段的技术和产品开始，或在移出国已经成熟的产业，最终过渡到标准化阶段的技术和产品，此时产品技术趋于稳定，成本优势成为主要制约因素；产业转移完成从加工装配开始，随着资本、技术、管理经验等不断积累增加，然后将中间产品和最终产品过渡到本地生产，最终实现产业完全转移。

第三节　产业转移发展的基本理论概述

事实上，产业转移发展问题很早就引起了学者们的注意，在亚当·斯密绝对成本理论和大卫·李嘉图比较成本理论等比较优势理论的基础上，经济学家们就对产业转移问题开展了研究分析。两次世界大战后，由于国际直接投资加速发展，产业转移速度不断加快，学者们越来越关注产业转移问题，又进行了深入研究，提出了多种相关理论。目前具有代表性的理论主要有马克思劳动地域分工理论、赤松要雁行发展理论、赫克歇尔－俄林资源禀赋理论、产品生命周期理论、产业转移辐射理论、产业梯度转移理论、产业转移可持续发展理论和产业转移空间经济学理论等，这些理论重点研究和集中探讨了产业转移的产生、发展和变化，以及产业转移的基本规律和具体形式等。为抢抓发展机遇，推进科学发展，经济学界同人们再次提出研究我国区域产业发展战略问题。在此，我们主要阐述产业转移发展的代表性重点理论。

一、产业转移的雁行理论

雁行理论（Akamatsu）是指某一产业在不同国家伴随着产业先后兴盛衰退，以及在某国不同产业先后兴盛衰退的发展过程。1935年日本学者赤松要提出了产业发展"雁行模式"，他根据产品生命周期理论，考察日本出口产品生命周期时发现，净出口在时间轴上表现出一种"大雁飞行的状态"，即表现为出口产品从低到高，再从高到低的过程。该理论主要内容是：重视本地区生产力发展，不断调整经济结构；坚持出口导向战略，努力发展外向型经济；依靠内部积累，适当控制外债规模和结构；政府调控行为与市场机制紧密结合，相互交融。

发展经济学学者在研究战后东亚经济及产业结构变迁时，认为东亚经济正是雁行理论的发展形态：日本作为雁头，其次为亚洲"四小龙"，其后是中国大陆与东盟国家（印尼、马来西亚、菲律宾、泰国等）。即日本先发展某一产业，当技术成熟，生产要素也产生变化时，这些产品在日本的竞争力转弱。然后亚洲"四小龙"从日本承接移转技术和产业，开始发展此产业和技术，日本产业结构这时升级到一个新的层次。同样，亚洲"四小龙"在该产业和技术发展成熟后，又将其向其他更落后的国家转移，相应地，亚洲"四小龙"产业结构也实现进一步升级，这样就呈现出有先后秩序的发展态势。

通过对外开展直接投资，日本在东亚积极推行"雁行模式"，对东亚经济快速发展确实起到了重要推动作用，"东亚经济奇迹"正是由于大量吸收产业转移和外资，着力发展出口导向型经济而实现的。然而，为了保持对东南亚的控制地位，日本始终将其作为原料供应地。而且，日本对东亚地区转移产业和进行投资主要是转让标准化或即将淘汰的产业和技术，虽然暂时保住了东亚经济的"雁头"地位，但却阻碍了国内产业结构优化升级，并加剧了自身传统产业与东亚国家和地区之间的竞争。因而，当东亚金融危机爆发时，日本自身难保，国内经济长期低迷，对东亚直接投资明显下降，至今也没有形成以日本为核心的"东亚经济圈"合作体系。

二、产业转移的资源禀赋理论

资源禀赋理论，即要素禀赋说，最先由瑞典经济学家赫克歇尔提出，然后由俄林加以发展，因而又被称为赫克歇尔-俄林理论。该理论认为，"同类产品存在的价格绝对差是各国进行交易的直接基础，引起各国同类物品价格不同的原因是多方面的，最关键的是各国生产各种物品的成本比率不同，而成本比率是由使用要素的价格差别决定的，要素价格是由要素相对存量决定的，要素存量则是由要素供给决定的，要素供给又是由要素禀赋决定的。这样一般结论是：任何一个国家都应生产并出口自己资源丰富的要素的产品，并进口自己资源缺乏的要素的产品。"[①]

该理论还说明了"国际贸易对国内收入分配的影响。这就是说，国际贸易使各国之间生产要素的价格差别逐步缩小，并趋于相等。这是因为劳动资源丰富的国家出口劳动密集型产品，进口资本密集型产品；资本资源丰富的国家出口资本密集型产品，进口劳动密集型产品，贸易的结果是，在前一种国家，劳动价格上升而资本价格下降；在后一种国家，资本价格上升而劳动价格下降，最后，这两种国家劳动的价格与资本的价格趋于相等。这样也有利于使各国国内的收入分配更为平等。这就是由要素禀赋说引申出的生产要

[①] 赫克歇尔-俄林理论_ 互动百科，http：//www.baike.com/wiki/%e8%b5%ab%e5%85%8b%e6%ad%87%e5%b0%94-%e4%bf%84%e6%9e%97%e7%90%86%e8%ae%ba。

素价格均等化原理。"①

美国经济学家萨缪尔森运用数学方法进一步证明了在严格假设的情况下，各国要素价格应该均等。但国际贸易并不总是完全自由的，加之各国汇率处于不断变化之中，因此现实中不可能存在要素价格完全相等。后来，又有不少人验证赫克歇尔－俄林学说解释贸易模式的能力，其中以"里昂惕夫悖论"最为著名，里昂惕夫通过考察美国外贸结构，得到的基本结论是美国出口商品是劳动密集型的，而进口替代品则是资本密集型的，但美国始终是一个资本充裕的国家。

三、产业转移的产品生命周期理论

产品生命周期理论是由美国哈佛大学教授雷蒙德·弗农1966年在《产品周期中的国际投资与国际贸易》一文中首次提出的。产品生命周期是产品的市场寿命，即一种新产品从开始进入市场到被淘汰的整个过程。费农认为："产品生命是指市场上的营销生命，产品生命和人的生命一样，要经历形成、成长、成熟、衰退这样的周期。就产品而言，也就是要经历一个开发、引进、成长、成熟、衰退的阶段。而这个周期在不同技术水平的国家里，发生的时间和过程是不一样的，期间存在一个较大的差距和时差，正是这一时差，表现为不同国家在技术上的差距，它反映了同一产品在不同国家市场上的竞争地位的差异，从而决定了国际贸易和国际投资的变化。"② 为了便于区分，费农把这些国家依次分成创新国家（最发达国家）、一般发达国家、发展中国家。

产品生命周期作为一个非常重要的概念，与企业制订产品开发策略及营销策略具有直接联系。"管理者要想使其产品有一个较长的销售周期，以便赚取足够的利润来补偿在推出该产品时所做出的一切努力和经受的一切风险，就必须认真研究和运用产品生命周期理论，此外，产品生命周期也是营销人员用来描述产品和市场运作方法的有力工具。但是，在开发市场营销战略的过程中，产品生命周期却显得有点力不从心，因为战略既是产品生命周期的原因又是其结果，产品现状可以使人想到最好的营销战略，此外，在预测产品性能时产品生命周期的运用也受到限制。"③ 产品生命周期理论揭示了任何

---

① 赫克歇尔－俄林理论_ 互动百科，http：//www.baike.com/wiki/%e8%b5%ab%e5%85%8b%e6%ad%87%e5%b0%94 - %e4%bf%84%e6%9e%97%e7%90%86%e8%ae%ba。
② 产品生命周期理论_ 百度百科，http：//baike.baidu.com/，2013 – 12 – 12。
③ 《基于社会产品生命周期纺织业成本管理策略》（免费论文），工业技术论文，论文代理 | 网聚天下论文_ 携手论文网，http：//www.xieshoulw.cn/html/41/629.htm。

产品都与生物有机体一样，有一个从诞生—成长—成熟—衰亡的过程，同时产品生命周期又是可以延长的。借助该理论，可以分析判断产品生命周期发展阶段，预测产品发展趋势，准确把握产品寿命，从而采取相应的开发策略，以增强市场竞争力，不断提升企业经济效益。

四、产业转移的集群理论

产业集群理论是在20世纪90年代由美国哈佛商学院的竞争战略和国际竞争领域研究权威学者麦克尔·波特创立的，他运用产业集群方法来研究分析某个国家或地区所具有的竞争优势，随后各国研究者普遍接受了这一概念。根据迈克尔·波特的定义，"产业集群是由与某一产业领域相关的相互之间具有密切联系的企业及其他相应机构组成的有机整体。产业集群至少应包括如下几个因素：首先，与某一产业领域相关。一般来说，产业集群内的企业和其他机构往往都与某一产业领域相关，这是产业集群形成的基础。其次，产业集群内的企业及其他机构之间具有密切联系。产业集群内的企业及相关机构不是孤立存在的，而是整个联系网络中的一个个节点，这是产业集群形成的关键。最后，产业集群是一个复杂的有机整体。产业集群内部不仅包括企业，而且还包括相关的商会、协会、银行、中介机构等，是一个复杂的有机整体，这是产业集群的实体构成。"[1]

当前，产业集群已超越了产业的一般范围，在特定区域内形成了各产业互相融合、各机构互相联结的共生体，形成了有自身特色的区域竞争优势。而理论界对产业集群的研究则主要集中在"产业集群的机理、技术创新、组织创新、社会资本以及经济增长与产业集群的关系研究、基于产业集群的产业政策和实证研究方面。国内外学者从不同方面研究产业集群，但仍然没有形成系统的理论体系，国外的研究偏重于实证分析并在此基础上的归纳。而且关于产业集群的研究大多以研究论文的形式出现，缺乏系统研究的专著。"[2]

产业集群作为当代经济发展的重要形式，是世界产业组织发展的一个重要特征。产业集群发展与产业结构调整、技术创新以及国家和地方经济发展关系十分密切，其发展状况已成为考察某区域和地区或某个经济体发展水平的重要指标。产业集群既存在于传统产业，也存在于高新技术产业和新兴产业，这是由集群形成机理和产业集群自身的特点决定的。但是，随着时间的

---

[1]《产业集群与工业园区之异同》[N]，《中国化工报》，2011-06-02。
[2] 产业集群理论综述_ 百度百科，http://baike.baidu.com/，2009-04-26。

推移，在国内国际产业集群中成功的并不多见，其开拓创新的路径广阔。总之，产业集群概念为分析一个国家和区域经济发展及制定相应经济政策提供了一个新的研究视角。产业集群无论是对经济增长与企业、政府和其他机构的角色定位，乃至构建政府、企业和其他机构相互间关系等，都提供了一种新的思考方法。

五、产业转移的梯度理论

梯度理论创立于20世纪后半叶，最早起源于弗农等人提出的产品生命周期理论，后由经济学家胡佛等结合社会实践，总结发展为区域经济开发理论。其主要理念是，"区域经济的发展取决于其产业结构的状况，而产业结构的状况又取决于地区经济部门，特别是其主导产业在工业生命周期中所处的阶段。如果其主导产业部门由处于创新阶段的专业部门所构成，则说明该区域具有发展潜力，因此将该区域列入高梯度区域。该理论认为，创新活动是决定区域发展梯度层次的决定性因素，而创新活动大都发生在高梯度地区。随着时间的推移及生命周期阶段的变化，生产活动逐渐从高梯度地区向低梯度地区转移，这种转移主要是通过多层次的城市系统扩展开来的。"① 但梯度理论忽视了一点，即在低梯度的落后地区，也存在某些经济技术基础良好的点，可以通过率先引进代表产业发展方向的行业，来实现该地区产业结构高级化，进而推动区域经济良性发展。

梯度理论对我国经济发展的重要启示是，区域之间社会与经济技术发展在现实中是不平衡的，因为各区域的地理环境、生产条件、自然资源、历史基础等发展条件和情况各不相同，因而客观上总是存在经济技术梯度，有梯度就有空间的顺序转移。而通过中心城市和经济区进行梯度转移就是一个重要突破口，利用中心城市和经济区，可以将"条条"和"块块"、城市和农村、生产和流通、消费紧密结合起来。因此，应从实际出发，充分发挥城市的中心作用，如发展对外贸易，沿海城市的条件就比较好。

我国由于社会条件、地理环境和自然资源的差别，各地区经济发展很不平衡。全国实际上存在东部和西部、南方和北方的差别，西部地区原料要运到沿海地区加工，然后再把产品运回西部去使用和消费，这样很不合理，长期下去是不行的。比较科学的方法是先搞活沿海地区经济，然后逐步将其资金、技术和人才向西部地区转移，利用西部地区原料就地生产加工成产品销

---

① 梯度转移理论＿百度百科，http://baike.baidu.com/，2009－04－26。

售。同样，我国北方重工业基础雄厚，南方轻工业和电子工业等新兴产业部门发展很快。为改变"北重南轻"的局面，进行南北经济技术交流也是势在必行。党中央和邓小平同志提出的"对内搞活经济，对外实行开放"，正是我国发展经济的总体战略思想，而我国经济发展的具体战略则应实行"东靠西移，南北对流"，使东部和西部、南方和北方能够有效开展经济技术交流，促进不同类型、不同规模的经济区协调发展。我国研究制定以大中城市为中心的经济区发展战略和长远规划，就必须贯彻和实践这一战略思想。

在此应当说明，上海社科院夏禹龙等专家学者关于《梯度理论和区域发展》一文的观点和我们的观点是一致的。所不同的是文中明确肯定区域经济技术发展梯度转移理论是正确可取的，应紧密结合实际积极探索我国的经济发展理论。他们认为，由于各地区经济发展不平衡，我国各区域间客观上存在明显的技术梯度，即先进技术—中间技术—传统技术，过去的做法是全面赶超、齐头并进，采用"一平二调"方法拉平各地区差距。现在应实事求是地承认各地区间的技术梯度，首先让有条件的地区切实掌握先进技术，然后再逐步向中间技术和传统技术地区转移，并不断加快转移和发展步伐，最后达到缩小地区差距的目标，我们不妨把这种理论称为梯度理论。据此，他们提出建设长江三角洲经济区的建议，充分发挥经济区的整体优势，使之成为能够掌握世界先进技术的经济区，而今已时隔20多年，回顾经济学界研究往事，深感各位专家学者追求真理的探索精神可敬可佩。其论著和建议不愧是具有理论创新价值的精品力作，含金量很高，对于大家认同区域经济发展梯度转移理论起着标志性作用。

六、产业转移的辐射理论

按照物理学中的辐射理论，"辐射"是指能量高的物体和能量低的物体通过一定媒介互相传送能量的过程。产业转移辐射理论与梯度推移理论相辅相成，它认为现代化和经济发展水平较高的城市和地区可看成是高能量的物体，发展水平较低的城市和地区可看成是低能量的物体。因此，产业转移辐射理论是指"经济发展水平和现代化程度较高的地区与发展水平较低的地区之间，进行资本、人才、技术、信息和产业的流动和思想观念、思维方式、生活习惯等方面的传播，以达到提高资源配置效率，实现各地区共同发展共同繁荣的目的。"[1]

---

[1] 钟静（导师：阎革）：《泛珠三角区域经济合作与广西经济发展战略》，广西大学硕士论文，2005-05-01。

辐射理论还认为，"这种双向辐射的效果取决于辐射的媒介和方式。辐射的媒介主要包括交通、道路和通讯等，辐射的方式则有点、线和面三种辐射。因此，各地区应着力加强中心城市建设与发展，要充分利用沿线、沿江、沿边的优势，积极利用各种辐射方式，加快建立和完善辐射网或辐射圈，在充分发挥市场机制的作用下，广泛吸收外来的辐射，以迅速提高现代化水平。"[①]这些观点对大西南承接长三角产业转移发展的重要启示是：要积极借助与长三角的区域合作来谋求发展，必须加快建设和完善交通运输、邮电通讯等区域重要基础设施，大力推进区域市场一体化，切实提高产业辐射效率。

我们认为，产业转移"辐射理论比产业梯度推移理论具有更高的实践意义。梯度推移理论只是一种单向的流动，是高梯度的产业、技术向低梯度区域推移。而辐射理论是双向的推动，不仅指经济发展水平高的地区的技术、资金、信息、观念向经济发展水平低的地区的扩散，而且也包括后者向前者输送自然资源、劳动力、信息等。这种双向的辐射，既有利于后者现代化和经济发展水平的提高，也有利于前者的进一步发展。"[②]

七、产业转移的可持续发展理论

产业转移可持续发展理论于1980年由国际自然保护同盟《世界自然资源保护大纲》提出，随后形成了包括经济、社会、人口、资源、环境等方面比较完整的理论体系。其主要内容和观点是："将区域经济活动作为一个整体，在人类与自然界的大尺度上考虑其对人类生存的利害，寻求最经济的同生态环境相协调的路径；将产业转移活动同各种社会活动联系起来，通过改革社会或各种社会活动提高社会整体宏观效益。这就是说，产业转移不只是经济水平的提高、经济实力的增强，更应是区域内经济发展与资源的有效利用、环境的保护、社会的完善管理以及生活质量提高的统一，这样的发展才能是长期、稳定和可持续的。因此，可持续发展是科学发展观在区域经济协同发展中的具体体现。"[③]

根据产业转移可持续发展理论，"应制定整套具有战略性、指导性和可行性的区域经济可持续发展规划。由于各省区市发展水平差异很大，因而制定

---

① 钟静（导师：阎革）：《泛珠三角区域经济合作与广西经济发展战略》，广西大学硕士论文，2005-05-01。
② 钟静（导师：阎革）：《泛珠三角区域经济合作与广西经济发展战略》，广西大学硕士论文，2005-05-01。
③ 钟静（导师：阎革）：《泛珠三角区域经济合作与广西经济发展战略》，广西大学硕士论文，2005-05-01。

产业转移发展规划,要因地制宜、通盘考虑、统筹兼顾、相互支持,共谋可持续发展。以农业为主的省区,要注意改善土壤肥力,防止水土流失,促进农业增产,保持生态良性循环,以提供优质农产品为主要内容。工业发达的省区,要注意解决节省资源消耗、防止环境污染问题,着力建立和发展环境资源保护产业,使工业发展和生态平衡协调。以资源开发为主的省区,要加强综合治理,大力提高资源利用率,防止资源浪费,切实避免因开采废弃物造成的环境污染。尚未解决温饱的贫困地区,则应兼顾生存和可持续发展的关系,在求生存求发展的同时,把可持续发展放到同等地位,因为这些地区往往是可持续发展条件最差的地区,稍不注意,就会造成难以挽回的损失和结果。"① 大西南地区推进产业转移可持续发展,不仅是各省区市的事,更是区域内共同的事,必须坚持统筹区域发展,避免各自为政、以邻为壑的做法。长江和珠江上游的重庆、四川、云南、贵州、广西各省区市开展退耕还林,有利于长三角经济发展,应设立生态环境补偿机制,以切实调动治理环境的积极性。同时,要坚持依靠科技,建立统一的研发机构,积极开展区域内节能、治污协作,着力推动产业转移可持续发展。

八、产业转移的空间经济学理论

我国自然科学界曾有专家质疑经济学家"跨界"研究空间科学问题,这种说法没有多少道理,因为不同科学有不同研究对象。自然科学研究的是空间的自然现象和规律,而空间经济学研究的则是空间的经济现象和规律,研究经济要素和经济活动的空间布局和定位。江泽民同志指出:"当代科学技术的发展,使得自然科学、技术与社会科学之间互相影响、渗透、联系愈来愈紧密,由此产生的综合科学、交叉学科层出不穷,社会经济和科技已经形成一个复杂的系统。"② 现在人们生活工作在一个知识经济和知识创新的时代,无论是从事自然科学还是社会科学研究的专家学者,都应持积极健康心态面对新知识新学科的产生和发展。实践呼唤人们打破惯性思维定式,切实加强多学科自由交叉研究,促进学科的综合或融合,努力推进理论创新。

不争的事实是,在学术研究中自然科学涉足空间科学比较早、层次深、成果较多,而社会科学则相对滞后。但是,考察经济学发展史,经济学家涉

---

① 钟静(导师:阎革):《泛珠三角区域经济合作与广西经济发展战略》,广西大学硕士论文,2005-05-01。

② 《江泽民在全国科技大会上的讲话》,http://xinhuanet.com/,科技部网站,2006-01-07。

足空间和产业集聚领域的研究由来已久，空间经济学作为当代经济学对人类最伟大的贡献之一，是当代经济学最激动人心的研究领域。1999年《空间经济学：城市、区域与国际贸易》专著出版，这是日本藤田昌久、美国保罗·克鲁格曼和英国安东尼·J.维纳布尔斯三位国际著名经济学大家合作的结晶，该专著出版具有里程碑的意义，标志着空间经济学理论的成熟，专著在美国享有极高声誉，是许多大学的博士生教材，并被译为多种文字，在国际经济学界广为流传，产生了广泛的国际影响。此后，众多同类著作纷纷问世，主要有《集聚经济学》《地理经济学导论》和《经济地理与公共政策》等代表性专著。

空间经济学作为多学科的融合与创新，是由区域科学、城市经济学、国际贸易学、经济地理学、经济史学等众多学科综合和交叉的一门新学科。过去主流经济学主要研究：生产什么？为谁生产？怎样生产？但忽视了在哪生产，即经济活动的空间定位问题，这是其致命缺陷。主流经济学之所以忽略了空间问题，没有明确说明市场结构，是由于当时没有掌握描述空间的手段，所有模型都是在规模报酬不变和完全竞争这些便利条件下作分析判断的，没有达到某种适当的方式，来处理规模经济和寡头垄断问题，使得经济空间问题成为主流经济学的盲点。而空间经济学则将垄断竞争理论模式化，扫除了研究的技术障碍，同时也为其他经济领域研究提供了崭新的手段和工具，从而引发了经济学研究中报酬递增和不完全竞争革命。

随着当代经济全球化和区域经济一体化深入发展，随着改革开放不断推进，国内国际学术交流广泛开展，空间经济学已成为我国经济理论工作者和实际工作者的热点话题。空间经济学使不同领域的研究者有了一个共同平台，可以为这个更加广泛的研究领域贡献各自智慧，为新兴科学发展而奋斗。事实上，经济活动的空间定位以及产业集聚对经济发展的重要作用，近10多年来已引起了我国专家学者和实际工作者高度重视。在空间经济学应用研究方面我国已有一批创新型专家学者茁壮成长，有的专家学者和省区市将空间经济学理论与各自实际结合起来，研究制定区域经济发展战略规划，建设经济区、城市经济圈，培育发展极、增长点、产业带、经济带等，以开放促开发促发展，取得了显著成效。由此，赋予了空间经济学崭新的生命力和创新力。

借助空间经济学理论，我们可以更好地掌握和落实中国特色社会主义理论体系，精心考虑中国区域经济发展战略和非均衡协调发展问题。如20世纪80—90年代，中国在珠三角地区建成了先进制造业中心，其他地区是否还需建成类似的制造业中心呢？事实证明，长三角地区先进制造业中心地位已得

第一章 新时期大西南承接长三角产业转移发展的基本理论

到普遍认同。而今又一先进制造业中心——京津冀地区制造业中心也已崛起，其加快开放、开发和发展面临着良好机遇。就当前国际环境而论，最新一轮国际产业转移浪潮加速发展，整个产业链转移的趋势日益突出，而我国只有珠三角、长三角和京津冀地区少数几个发展极能够有序承接这种整体产业链转移。正因为此，国家发改委专题报告《中国区域发展战略与中部崛起》明确提出了继续大力发展包括武汉城市圈在内的十大城市群的建议，这是值得肯定和赞赏的。十大城市群是指京津冀、长三角、珠三角、山东半岛、辽中南、中原、长江中游（武汉城市圈）、海峡两岸、成渝和关中城市群。其中，珠三角、长三角和京津冀三大城市群已成为当代和未来支撑我国经济持续快速增长强有力的发展引擎。

综上所述，我们认为，实现长三角产业向大西南有序转移既是发展生产力，也是解放生产力，完全符合生产力发展规律要求。社会生产力是一个运动着的有机系统，由其源泉、自身和结果共同组成。社会生产力从源泉开始，到直接生产力的构成要素，到这些要素相互作用的结果；结果又转化为新的源泉，转化为新的生产力，取得更多更好的结果；社会生产力就是这样在自己的系统中循环不已，螺旋式上升向前发展。正是社会生产力发展规律的作用，决定着地区生产力具有一种内在的扩张力。当发展到一定程度时，就会越出原有的地域范围，向新的区域延伸、扩大、转移（代替），并在新的区域集聚集群和发展起来，解放和发展生产力。我国长三角等东部沿海地区实行对外开放后，大量引进资本、技术和人才，对区域经济发展、老企业技术改造、产品更新换代等发挥了积极作用。随着经济技术发展，长三角等地区新产业、新产品、新技术和新管理方式，将有序向中西部地区延伸、扩大、转移（代替）发展的最佳场地，由此而节约劳动力，提高劳动生产力，取得最佳经济、社会和生态效益。如果违背社会生产力发展规律，没有这种延伸、扩大、转移（代替）的承接地，长三角等地区进一步发展必将受到阻碍，缺失地域空间。其结果只能阻碍东部地区率先发展和西部地区深入开发，出现"两败俱伤"的严重局面。

第二章　在实践中探索和开拓中国特色大西南与长三角区域经济发展模式

第一节　费孝通关于中国经济发展模式的理论探讨

费孝通关于中国经济发展模式的理论探讨，是一项重要的学术贡献。他积极追踪中国城乡改革开放与建设的实践，注重总结与概括各地区富有特色的经济发展道路，提出了中国经济发展的四种模式：工业化新模式、小城镇发展模式、区域经济发展模式和经济圈发展模式。费孝通的研究及其理论观点和论述，不仅启发了无数理论工作者，而且具有重要的决策参考价值，对广大实际工作者也产生了巨大影响。[①]

一、工业化新模式

工业化新模式产生和发展的根源是对江村经济的调查和再认识。费孝通认为，农村集体企业开创了中国工业化的新模式，该模式是在农村农业繁荣发展的基础上发生、发展的，促进了农业发展、农民增收，使农村走上了现代化发展的道路。因而，工业化新模式是新时期化解"三农"问题的重要举措和城镇化的有力推手。

（一）提出背景

家庭联产承包责任制的确立，为工业化新模式的生长润育了土壤。费孝通在考察苏南时提出中国工业化新模式理论，为解决我国"人多地少"的国情开辟了新路。他认为，土地承包到户，农民除了从责任地上获取农产品收

[①] 宋林飞：《中国经济发展模式的理论探讨：费孝通的一项重要学术贡献》，http://www.sduta.net/，233 网校论文中心，2006-05-25。

益以外,"离土"另谋生财之道成为可能。思想意识的转化和寻求致富的内驱力,为农村剩余劳动力的转移和乡镇工业的创建打下了基础。但受当时"文革"残余思想和改革开放之初思想杂乱的影响,发展乡镇工业遭遇很大的质疑,部分人认为"发展社队工业是挖了社会主义的墙脚,是不正之风,是资本主义复辟的温床,各种帽子都有,问题提得很严重。"[①] 但这种僵化与保守的观念并没有阻碍农民寻求新生活的步伐。费孝通对发展社队工业持肯定态度,认为农民发展乡镇工业是被"逼上梁山",指出中国的草根工业是劳动人民长期艰苦奋斗创造的成果,劳动人民是新中国农业走上现代化道路的主要推动力量。

贴近国情和农村实际的大量走访调研,为我国农村发展新工业找到了路径和依据。20世纪80年代初,费孝通通过在江苏大量的实地调研,坚定地指出在我国这样一个人口众多的国家,发展社队工业是农民摆脱贫困的必由之路。在三访江村时,他更是明确指出工业下乡不仅可以增加工业在国家经济结构中的比重,而且可以合理分散人口,使人口不至于过分集中在城市,甚至这批劳动者还可以兼顾家乡的农业生产。从这个意义上,为工农结合或消除工农差距开辟了道路。在《小城镇·再探索》中,费孝通进一步指出,苏南地区的城市工业、乡镇工业和农副业三种不同层次的生产力浑然一体,构成了区域经济的完整大系统。在此工业化新模式中,我们应当提倡"大鱼帮小鱼,小鱼帮虾米"。社会主义模式里还有"小鱼帮大鱼"的一面,说得更完整些是个"大小相辅相促"的模式。至此,城乡互动、农工互补、面向市场的工业化发展新模式理论基本形成。

(二) 主要内容

农村工业化模式是助推城镇化的有效路径。费孝通在苏南地区调研时,认为中国基层的工业化和农业发展相辅相成,农业繁荣为工业发展奠定了基础,工业化反过来又促进农业发展,最终助推基层社会走上现代化发展道路。从这个意义上来说,与西方工业化初期的发展有着本质区别,是中国农民的独创。欧洲工业化发生发展于城市,是以农民失去生产资料、背井离乡为代价的。进一步说,中国的工业化道路,是农民群众在实际生活中自己创造的。同时,也是将农村剩余劳动力转移到以家庭副业和手工业为主的乡镇企业之

---

① 费孝通:《费孝通学术精华录》[M],北京:北京师范大学出版社,1988年,第135页。

中的可靠路径，是农民致富的必由之路。农村工业化模式是费孝通在深刻领会我国"人多地少"这个基本国情基础上提出的，他极力倡导农民从土地的束缚中解脱出来。针对农村工业规模小、技术含量低、市场经济特性弱等特征，费孝通认为"船小好掉头""联舟抗风浪"，农村工业的灵活性不仅降低了生存风险，同时还可联合起来做大做强，切实助推城乡一体化进程，城市问题和农村问题是互相求解的。

行政推动是农村工业化模式兴起的主要动力。费孝通在总结苏南模式时指出"无工不富"，认为发展经济、增加财力以及提供公共产品是政府兴办乡镇企业的内驱力。在这些地方，由于地方完善基础设施，增加行政、教育与福利经费的热情很高，因而发展乡镇企业的行政推动力十分强大。费孝通指出，中国乡镇企业有它的不成熟性，比如分散、粗放等，在一定程度上造成了资源浪费、环境破坏、要素聚集规模低等问题，因此一些地方政府对乡镇企业发展持抑制态度。他认为地方政府的这种态度将削弱乡镇企业的生存、发展能力，最终破坏农村经济的整体发展。因此，与其抑制乡镇企业的发展，不如分析总结农村集体企业所存在的问题。费孝通的这些想法为农村集体企业改制和"二次创业"提供了依据，苏南地区的农村集体企业如今转变为股份制企业或私营企业，有些成为规模较大、科技含量较高的现代企业。由此可见，农村工业化模式兴起之初出现的一些问题与政府规划与引导不力等有关，但政府对兴办乡镇企业的支持和推动为农村工业的发展壮大注入了活力。

发展特色工业是工业化新模式的主要内容。发展工业必须以本地资源禀赋为基础、以比较优势为特征，"村村办厂，队队冒烟"的粗放式发展模式不应该提倡。费孝通认为，必须立足地方特色优势发展工业，才能保持稳定性。如发展社队工业要看原材料和市场要素，发展劳动密集型工业要看人力资源、原材料、物流、市场等要素，交通环境优越的地方则可以发展物流工业园等。只有因地制宜、特色发展，避免强制不同条件的地方仿效一个样板，才能真正发展好工业。这样的观点突出体现在费孝通1992年对苏南模式再认识中提出"因地制宜，不同模式"的主张里。但他同时认为，模式并非一成不变，应该以辩证和发展的观点看待模式问题，新工业化的特色发展也要遵循动态发展的理念。可见，费孝通提出的新工业化模式是开放、灵活的特色工业，目的是"走出一条具有自己特点的社会主义道路，……使老百姓富起来。"[①]

---

① 费孝通：《费孝通学术精华录》[M]，北京：北京师范大学出版社，1988年，第127页。

第二章　在实践中探索和开拓中国特色大西南与长三角区域经济发展模式

二、小城镇发展模式

费孝通将村落比喻成"细胞",小城镇被看作是最小的"器官",把区域比喻成"身体",从"细胞"到"器官"再到"身体",小城镇发展在其中起着关键作用。从农村的研究转向小城镇研究,是费孝通研究的一大转折。

（一）提出背景

农村经济研究基础上的延续与升华。20世纪30年代,费孝通开始调查江苏吴江县庙港乡开弦弓村,他称其为"江村",他认为村落是小城镇研究的根基,这时研究单位以村落为主,其小城镇发展模式思想开始萌芽并伴随着农村发展实践不断完善、成熟。新中国成立后,费孝通对小城镇的深入研究止步于"文革"。1982年开始,费孝通重新走访江村,进一步确定了由乡村向乡镇转移的研究方向。研究脉络从农村到小城镇,提高了一个层次,小城镇研究不断得以升华,为区域经济发展模式及城市圈发展模式的研究等奠定了理论和实践基础。

推动商品经济发展的现实需要。1980年,胡耀邦同志到云南视察,看到保山县板桥村公社小集镇破败不堪,于是强调加快发展商品经济,恢复小城镇。自此费孝通重新开始深入调查农村,明确提出小城镇在桥接"细胞"及"身体"间的重要作用,进一步指出乡村与小城镇间存在千丝万缕的联系,是发展乡镇经济、促进城乡一体化的关键环节,并在《小城镇·再探索》中说明了发展乡镇企业的战略意义等。胡耀邦后来在《小城镇·再探索》序言中指出,"这本小册子是值得一看的,……而这篇东西持之有据,言之有理,能给人一定的思想启迪"。[1]

搞活农村经济、促进城乡一体化发展的可靠路径。由于我国农村布点碎片化,加上自给自足传统生活方式与发展商品经济的要求存在差距,因此集镇带动村子发展模式进入费孝通研究视野。"要说小城镇这个问题是怎么在我的脑子里发生的,还得追溯到30年代我刚进入开弦弓村调查的时候。我从周围的现象中感到有一股外来的力,在制约着村子的经济活动和社会生活,这股力发自村子外面的镇。"[2] 针对"小城镇的居民无以为业,纷纷找出路,其

---

[1] 费孝通:《小城镇四记》[M],北京:新华出版社,1985年。
[2] 费孝通:《社会调查自白·费孝通文集第十卷》[M],北京:群言出版社,1999年,第53页。

中最有办法的人挤入了上海、苏州等大、中城市；……表明在经济基础动摇以后，小城镇作为人口的蓄水池也就干涸了"[1] 等现象，他更是直接指出，小城镇建设是发展农村经济、解决人口出路的一个重要途径，"离土不离乡"和"离乡不背井"是解决我国人口问题的两条具体途径。小城镇发展模式直接推动和指导了农村城镇化和经济发展，为我国独具特色的小城镇发展探明了道路。

（二）主要内容

小城镇的功能定位与人口定位。1983 年费孝通在江苏吴江县调查基础上发表《小城镇·大问题》，指出小城镇是发展农村经济、解决人口出路的希望所在，中国城市化应走小城镇模式；小城镇的发展是乡村工业带动的结果；"离土不离乡"和"离乡不背井"是解决我国人口问题的具体途径。以此，对我国小城镇发展的必要性、缘由及路径等做了简明说理。同时，他主张在小城镇发展中要"做活人口这盘棋"。一是发挥小城镇的"人口蓄水库"作用，即通过社队工业的发展使一部分农民转化为工人。二是向边区疏散人口，以此解决边区知识分子外流与手工艺人滚滚而来的困境，建议地方政府采取开放政策，让这些知识分子和手工艺人都在当地落户，并以良好的环境或就业等举措促使其生根、发芽。"东人西进""中人西移"等举措能加速城乡一体化进程，因为人流、人气能有效带动资金流、物流与资源开发，从而推动城镇化进程。[2]

小城镇研究中引入了模式概念。在《小城镇·苏北初探》一文中，费孝通明确提出了"模式"的新概念。这一概念的提出，打开了研究思路，简化了研究程序，提高了研究效率，为研究中国经济开辟了新路，是费孝通闪烁着智慧光彩的独到见解，内容丰富。基于对浙江温州发展模式的考察，他认为模式是在一定地区一定历史条件下，具有特色的发展路子。[3] 首先，模式概念是一个动态发展的过程，是一个内涵不断丰富、不断变化的过程。其次，各地区条件不同，在发展经济过程中也应走不同路子。如从早期提出的"因地制宜、不同模式"到后来"随势应变、不失时机"的观点，反映出费孝通

---

[1] 费孝通：《论小城镇及其他》[M]，天津：天津人民出版社，1985 年，第 30—31 页。
[2] 费孝通：《行行重行行》[M]，银川：宁夏人民出版社，1992 年，第 32 页。
[3] 费孝通：《农村、小城镇、区域发展——我的社区研究历程的再回顾》[J]，《北京大学学报（哲社版）》，1995-02-06。

第二章 在实践中探索和开拓中国特色大西南与长三角区域经济发展模式

观察范围的逐步扩大,比较方法的逐步深入,这为区域经济等模式的提出奠定了基础。

倡导小城镇为主、大中城市为辅的中国城市化道路。小城镇是缓解大中城市人口挤压风险、吸纳农村剩余劳动力的主战场,是推动城乡一体化的必要环节。中国是一个农业国家,农村存在大量的剩余劳动力,如果都转移到城市去工作和生活,城市将面临环境承载严重不足等困难,进而拖累整个经济社会发展。为此,应如何定位中国小城镇发展模式呢?费孝通在研究西方城市化进程时发现,如果农村人口都往大城市挤,结果是既造成了大城市病,同时又导致了农民破产、农村凋敝。对此,他极力倡导以小城镇为主、大中城市为辅的发展路径,认为这是中国工业化进程不同于西方国家的一个基本区别,也是适合中国国情的可行道路。[①] 他指出,通过大力发展小城镇和乡镇企业,实现农村工业化和城乡一体化,既可以有效提高工业比重,也不会使人口大量集中,并出现大量农村剩余劳动力。"上亿农民不同程度地离家投工,广大乡镇已换上了小城市的面貌,农村生产力大大发展,人民生活普遍提高。我们这个小农经济的国家已出现了城乡一体化的宏伟前景。"[②] 费孝通也针对小城镇建设中资源浪费、污染环境、不讲规划等各种问题进行了研究,指出小城镇发展初期这些问题可能难免,但只要科学规划、合理布局、加强引导,就会逐步好转。事实证明,小城镇建设是适合中国国情的发展思路,对增加经济总量、优化经济结构、解决就业问题以及推动城乡一体化等发挥了独特作用。

发展乡镇工业是小城镇模式的主要内容。在考察江苏吴江县等地时,费孝通敏锐地观察到"凡是公社集镇都是社队工厂最集中的地方,……小城镇的复苏和繁荣,是小型工业特别是社队工业带动的结果。"[③] 他认为乡镇工业的兴起给小城镇带来了人气与活力。首先,农村剩余劳动力转移与安置是乡镇工业兴起和发展的内在因素。推行生产承包责任制使农民双手从土地上解放出来,另外寻求生财之道成为农民的内心需求。其次,发展乡镇工业是中国工业化的特殊道路。工业不宜都集中在少数城市里,应分散到广大农村,目的是在国家工业经济比重增加的同时人口不至于过分集中。这是中国与西

[①] 刘卫民:《江村经济六十年——费孝通访谈录》[J],复印报刊资料(城市经济、区域经济),1995-03-31,36。

[②] 费孝通:《中国城乡发展的道路·我一生的研究课题》[J],《中国社会科学》,1993-01-03。

[③] 费孝通:《行行重行行》[M],银川:宁夏人民出版社,1992年,第26页。

方工业国家发展模式的一个基本区别,是广大农民群众的实际创造。再次,强有力的行政推动是乡镇工业发展的外在因素。各级政府行政经费普遍不足催生了兴办乡镇工业的热情。最后,发展特色工业是小城镇发展的内在要求。推动小城镇和乡镇企业发展是具有中国特色的工业化道路,是"在农业现代化和农民日益富裕中走出来的路子",以地方特色拓宽国内与国际市场,这些无疑是社队工业选择发展方向应该遵循的普遍原则。①

三、区域经济发展模式

费孝通认为,区域经济是一定空间地域内所有经济活动的总和,是一个追求区域结构有序化、区域要素合理化的过程,目标是推动人口、资源、环境与经济协调发展,核心是促进区域空间结构发展与优化。

(一)提出背景

在对苏南苏北进行比较研究中,费孝通突破行政区划地域概念,正式开始区域经济发展模式研究。他虽然没有对区域经济下过确切定义,但对其含义把握很明确。他认为人们在一定的地区里,由于经济的活动聚集和连接在一起,互相协作,形成一个"经济区域"。② 可见,区域经济是以一定地理空间为依托,以商品经济联系为纽带,以共同发展为目的的经济共同体。1983年,费孝通在《小城镇·再探索》中提出了"经济发展模式"概念,他认为,"经济发展模式"是指在一定地区、一定历史条件下具有特色的经济发展过程,从而将区域经济的研究向前推进了一大步,使得不同经济发展模式进入比较研究的视野。

区域经济发展模式是费孝通对特色发展道路的总结和提炼。费孝通认为区域发展理论"既与国际区域发展理论在许多方面有相通之处,又结合本土国情,具有较高的理论价值和实践价值。"③ 借助"模式"概念,他先后对苏南、温州、珠江三角洲、黄河上游地区等特色发展道路进行总结和提炼,提出了"苏南模式""温州模式""珠江模式""侨乡模式""民权模式""耿车模式""宝鸡模式"等概念。他认为,虽然发展背景各异、发展模式有别,但区域发展应倡导既相互学习借鉴,又防止简单模仿或照搬照抄,这反映了不

---

① 费孝通:《行行重行行》[M],银川:宁夏人民出版社,1992年,第29页。
② 费孝通:《区域经济浅谈·费孝通文集第十三卷》[M],北京:群言出版社,1999年,第364页。
③ 刘长喜等:《论费孝通的区域发展思想》[J],《社会》,2005-02-40。

第二章 在实践中探索和开拓中国特色大西南与长三角区域经济发展模式

同地区的经济发展背景和现实发展道路。

（二）主要内容

区域经济发展的几种重要模式。"苏南模式"是费孝通提出的第一个模式，该模式以乡镇企业的兴起为特征，中心思想是将大量农村剩余劳动力转化为生产力，主要内容是"四个要"，即无农不稳，要大力发展农业才能稳定农村经济社会；无工不富，要发展工业才能富裕起来；无商不活，要大力发展商业才能活跃经济；无才不兴，要大力发展教育和科学文化才能培养可持续发展的人才基础。实践证明，该模式对各种经济发展模式具有普遍指导借鉴意义。"温州模式"是发展市场经济模式，发展民营经济模式，体现在个体私营经济发展快、比重大，基本特点是以商带工的"小商品，大市场"。①"珠江模式"是凭借临近港澳、华侨众多以及国家优惠政策倾斜优势，大力发展"三来一补"企业，以发展外向型产业为主，与香港形成前店后厂的发展格局。"民权模式"是以特色产业为主，以"一条龙"产销模式与家庭作坊到集中统包统销为特点，是一条"利用千家万户的劳动力，让他们不出院不出村就能增加收入、脱贫致富的路子"。②"侨乡模式"则是基于海外人脉优势为侨乡经济发展开出的新路。在对各地特色发展模式进行总结及比较研究基础上，费孝通区域经济发展模式进一步得以完善。

倡导保持自然生态和人文生态的平衡。19世纪80年代初，费孝通敏锐地发现区域经济发展中自然和人文生态失调的问题，如在内蒙古考察时指出"内蒙地区农牧之间的关系产生了矛盾，破坏了自然生态的平衡，即广种薄收的农业破坏了草场，使草原沙化，牧业衰退。"③ 同时"人文生态里的恶性循环更为严重，这表现在地区之间。……全国来讲东西差距拉大了，引起了边区的智力外流"④ 等问题。由此可见，边区自然生态和人文生态的失衡已经严重影响了当地生产生活并日益成为经济社会可持续发展的羁绊，而从全国范围来看，"三线建设"及"文革"时期造成的自然和人文生态失调后遗症，更是对各区域经济发展形成了桎梏。如何解决这一问题呢？他认为要因时因地制宜，如"赤峰是自然生态平衡失调，要恢复它的平衡，种草种树是前提，

---

① 费孝通：《行行重行行》[M]，银川：宁夏人民出版社，1992年，第282页。
② 费孝通：《学术自述与反思》[M]，上海：生活·读书·新知三联书店，1996年，第296页。
③ 费孝通：《边区开发·包头篇》[J]，《管理世界》，1986-02-136。
④ 费孝通：《边区开发·包头篇》[J]，《管理世界》，1986-02-138。

然后发展为牧业服务的农业，才能使农牧林优势得到充分发挥"，而"包头则产生了工业企业中人文生态环境失调的问题，要调整这一生态环境，需要……发展小城镇，使之形成一个由大小企业构成的群落，一个有生长活力的社区。"① 在此基础上，费孝通给出了促进区域经济健康发展的建议，即改变观念，改革体制，优化工业结构，辐射带动，大力发展第三产业以及政策上倾斜扶持等。

四、经济圈发展模式

一般来讲，经济圈是指区域范围内的经济组织实体基于自身的要素禀赋和比较优势，按照科学规划、优势互补、互利互惠、共同发展的原则构成的某种具有内在联系的地域产业配置圈。经济圈繁荣发展要求区域内部各经济主体之间协同配合，打破地方保护主义与行政区经济界限导致的条块分割等，强调区域间合作和统一规划为条件基础。

(一) 提出背景

经济圈或地带模式缘起与脉络。"模式"概念提出之后，1984 年，费孝通在总结各种特色模式基础上，提出了经济圈或地带的概念。1986 年，他在浙江温州考察时指出，"发展模式"是一定历史条件下具有自身特色的地区发展路子。这里的地区可能是在某一行政区域范围内，也可能包括几个不同行政区域的范围。从而，为经济圈或地带发展模式研究奠定了基础。1987 年，他在甘肃调查时，建议成立"临夏、海东经济协作区"来发展农牧两大区域之间的贸易，标志着经济圈或地带研究进入实践阶段。1988 年，他在对青海、甘肃两省和宁夏、内蒙古两个自治区实地考察后，向中央提出了建立黄河上游多民族经济开发区的建议，得到了中央和两省两区领导的支持，建议提出的"共同规划、有无相济、互利互惠、共同繁荣"原则可以看成是经济圈或地带发展模式的一般原则，对于指导地域经济发展具有普遍意义，由此完成了费孝通城乡发展理论探索过程的"三级跳"。

总结城乡发展理论的逻辑结果。费孝通曾说：我一生的主题是"志在富民"，我的学术工作就是围绕这个主题展开。正是基于对广大老百姓致富责任心所驱使，更是经过艰辛的实地调查和理性的思考与总结的逻辑结果，费孝

---

① 费孝通：《边区开发·包头篇》[J]，《瞭望周刊》，1986 – 15 – 24。

第二章 在实践中探索和开拓中国特色大西南与长三角区域经济发展模式

通从农村调查开始,经过对小城镇研究,探索区域经济发展,最终形成"全国一盘棋"的研究思想,水到渠成。1984年,费孝通走出江苏,兵分两路对全国经济发展进行实地调查,一路沿海进行横向扩展研究,即从对江苏深入研究进一步发展到全国性的比较研究,从江苏到浙江、福建、广东、广西东部等地;另一路沿边进行纵深发展研究,从黑龙江到内蒙古、宁夏、甘肃、青海、云南等地。沿途的见闻和思索使他注意到经济发展具有地理上的区域基础,具有相同或相近自然、人文和历史因素的地区可能形成具有一定共性的经济区域,这些区域由于某种经济联系可能形成一个经济圈或地带。这一观念取代了模式发展概念,是城乡协调发展思想的进一步深化,研究脉络由点到线到面,由微观到中观到宏观,最终形成了"全国一盘棋"并联系全球性经济发展大趋势进行理性思考的逻辑结果。

(二) 主要内容

经济圈发展的几种重要模式。19世纪80年代末期,费孝通先后提出了一系列经济圈发展模式,为我国经济发展格局奠定了坚实的基础。其中,黄河三角洲经济圈、长江三角洲经济圈、珠江三角洲经济圈、环渤海湾和东北亚经济圈等影响深远。1989年,他到黄河三角洲实地考察,联想到世界各国著名河口的三角洲经济发展取得的成就,他"似乎亲身感受到脚下地层中正涌动着巨大的发展动力,也更清楚地意识到黄河三角洲是我国东部沿海地区一块亟待开发的宝地。"[①] 随即提出了建立黄河三角洲开发区的建议,主张黄河三角洲的地域范围应当包括河口与稍微靠里一点的潍坊、淄博。同年,他在考察南岭山脉时,提出了以香港为中心的三个环形地带的经济区域格局,接着提出港珠经济一体化的观点,并开始考虑以香港为中心的华南经济区的整体发展。

1992年,在深入调研和再认识基础上,费孝通进一步丰富了港珠经济一体化内容,他认为华南经济区辐射范围已然到了广东邻省,"1998年底我曾从广西的南宁,经玉林、梧州北上,从恭城入南岭山脉,穿过湖南、粤北回到广州。这个地区……将发生独具一格的发展模式。"[②] 1990年,浦东开放开发以后,他提出了建立长江三角洲经济开发区的建议,认为长江三角洲经济基

---

① 费孝通:《农村、小城镇、区域发展:我的社区研究历程的再回顾》[J],《北京大学学报》,1995-02-09。

② 费孝通:《行行重行行》[M],银川:宁夏人民出版社,1992年,第576页。

础雄厚、政策优势明显，可以拉动江浙一带甚至更广大腹地的发展。因此，提出了以上海为龙头，江浙为两翼，长江为脊梁，以南丝绸之路和欧亚大陆桥为尾的宏观设想，为"长三角一体化"做出了卓越贡献。他还先后提出了西北黄土高原和西南岩溶地区扶贫开发建议等，为这些区域经济带的形成打下了坚实的基础。

倡导资源的合理流动与合作。费孝通认为，区域经济或经济圈是市场经济发展的必然要求，市场经济以自由竞争和优胜劣汰为主要特征，行政干涉和地方保护主义不利于资源的合理流动和产业的升级换代。因此，区域经济或经济圈的发展需要营造一个人畅其行、货畅其通、物畅其流的大环境。他尤其关注人才在区域经济发展中的重要作用，针对西部知识分子"孔雀东南飞"与人才流向国外等情况，认为原因不仅仅是物质待遇低，关键还在于没有用武之地，加之很多地方论资排辈现象严重，人才发展空间受到严重挤压。因此，人才流失成为一种正常现象，是市场经济规律使然。地方政府应考虑的是创造条件和环境留住和吸引人才，提高经济待遇并提供发展机会，而不是通过行政手段或限制性政策等横加阻拦，这样做只会适得其反。正如他在谈及内蒙古人才流失时说："技术人员有了事业，有了前途，这里对他们就有了吸引力，不走了。留人才要靠吸引力，不能靠行政命令。"[①] 由此可见，市场不认识行政区划，区域经济发展需要人、财、物、信息的合理流动，"条块分割"及地方主义有害于区域整体发展，反过头来又制约甚至危及自身发展，从而形成恶性循环，因此区域内或经济圈内自愿的合理流动及合作才是发展壮大的有力保障。

提倡政府扮演积极角色。费孝通认为，计划经济体制政府作为社会资源的配置者，凸显了行政区域优于经济区域的特点，在很多时候，行政区域甚至取代并弱化了自然地理区域和经济区域的地位和作用。而事实上，经济区域是在社会分工发展和经济发展过程中，在市场规律作用下形成的，它突破了行政区域的边界。因此，"看得见"的行政手段与"看不见"的市场规律必然产生冲突，导致社会资源的巨大损失。针对这种弊端，他主张打破层级性的行政区划和府际间的疏散隔离状态，以"共同规划，有无相济，互利互惠，共同繁荣"为原则进行协作和结合。同时，他认为政府应该积极行动起来，正确看待局部利益和整体利益、短期效益与长远利益的关系，根据区域

---

① 费孝通：《边区开发·包头篇》[J]，《管理世界》，1986-02-140。

第二章　在实践中探索和开拓中国特色大西南与长三角区域经济发展模式

经济或经济圈发展需要转变职能并制定积极政策，如此才能走共同发展、可持续发展的道路。

综观费孝通整个经济研究，可以清晰地看到他遵循的是"江村经济—行行重行行—文化自觉—天下大同，……即江村—小城镇—中小城市—以大中城市为中心的经济区域"①的研究脉络，他的研究是一个逻辑递进、不断发展升华的过程。费孝通经济发展模式研究来自对乡镇企业的深入研究，他认为工业化新模式是符合中国国情的可行道路，其区别于西方工业化模式的主要方面是要大力发展乡镇工业；小城镇发展模式大力提倡推进小城镇建设，其关键指向是实行"离土不离乡"和"离乡不背井"策略，它是推动农村经济发展、解决人口出路的有效路径；区域经济发展模式充分利用要素禀赋和发挥比较优势，加强区域产业集聚，切实增强规模效应，"苏南模式""温州模式"与"珠江模式"等就是着力发展优势特色经济的积极探索；经济圈（带）发展模式是以城市群或卫星城市带动的圈层发展模式，主张建立长江三角洲、黄河三角洲经济开发区，推进华南经济区整体发展，沿着欧亚大陆桥建设经济走廊等。费孝通的经济理论，特别是他提出的"无农不稳""无工不富""无商不活""无才不兴"十六字方针，对当今中国完善经济发展模式、推进经济转型升级等具有深远影响。

第二节　在实践中开拓创新区域经济发展模式

正是在广大理论工作者和实践者的大力推动下，21世纪以来，在我国广袤的地域上形成了一些新区域经济发展圈。其中，长三角、珠三角、京津冀区域经济一体化发展向纵深推进，成渝经济区、海峡西岸经济区、山东半岛蓝色经济区、广西北部湾、黔中经济区等一批新兴经济圈正在形成并切实影响着我国经济发展格局。

一、长三角复合型产业发展模式

长三角经济圈具有区位条件优越、自然禀赋优良、经济基础良好、体制机制完善、科教文化发达等突出优势，区域内各经济主体按照规划充分发挥

---

① 费孝通在《小城镇·大问题》发表20周年纪念会上的书面发言，2003-11-06。

要素禀赋和特色优势，坚持走复合型产业发展路子，如今该经济圈已成为全国经济发展实力最为雄厚、整体竞争力最强的区域之一。

（一）形成背景

历史脉络和重要事件。1982 年，国务院颁布《关于成立上海经济区和山西能源基地规划办公室的通知》，明确提出以上海为中心，由上海、苏州、无锡等 10 个城市组成上海经济区，该文件的颁布标志着以地理空间为特征的长三角经济区概念的形成。1985 年，"上海经济区办公室"在中央政府的协调下组建，负责长三角地区的经济管理协调工作。1986 年，长三角经济圈的概念进一步扩大到包括上海、江苏、浙江、安徽、福建、江西的五省一市。但到了 20 世纪 80 年代末 90 年代初，长三角经济圈的第一次试验却以失败告终。[①] 1993 年，上海正式提出推动由江苏、浙江、上海组成的长三角大都市圈发展的构想，这一战略构想提出之后，该区域不仅加强了地方政府间协调制度建设，如建立长江三角洲城市经济协调会、二省一市省市长联席会议制度等，而且加强了交通等配套设施的"硬件"建设，为长三角经济圈的形成打下了基础。2003 年，全国"两会"上许多代表、委员呼吁打破行政分割和地方保护主义，推进长三角地区一体化发展，江浙两省及上海市随后经过不断加强会晤和对话，就长三角经济圈发展中的问题进行了探讨并表达了合作的意愿。2008 年 9 月，国务院《关于进一步推进长江三角洲地区改革开放和经济社会发展的指导意见》颁布施行，以上海为龙头，江浙为两翼的区域经济圈进入国家决策层面。2010 年 5 月，国务院《长江三角洲地区区域规划》正式实施，明确提出将长三角地区打造为亚太地区重要的国际门户、全球重要的现代服务业和先进制造业中心和具有国际竞争力的世界级城市群，至此发展长三角经济圈正式成为国家战略。

相关理论及其启示。亚当·斯密的古典贸易理论认为，任何国家或地区都应按照其绝对有利的生产条件进行专业化生产，然后进行交换，以此促进资源得到最有效的利用。赫克歇尔－俄林的要素禀赋理论认为，每个国家或地区应充分利用本国或本地区充足且相对低廉的生产要素集中生产产品，从而以成本优势决定竞争优势，获得比较利益。以克鲁格曼为代表提出的新贸易理论认为，贸易不仅仅要发挥比较优势，而且要注重规模递增效应。该理

---

① 汪飞、何海军：《长三角区域经济一体化进程研究》[J]，《北方经济》，2010 - 05 - 06。

第二章 在实践中探索和开拓中国特色大西南与长三角区域经济发展模式

论将竞争优势引入区域产业优化布局等方面,认为区域产业集聚能够产生外部规模效应,企业聚集有利于规模经济的产生。这些理论观点为区域经济提供了不竭的理论源泉与方法论基础。① 复合型产业发展模式是区域经济发展理论的综合与再现,其核心内容包括进行专业化分工与协作、发挥要素禀赋优势、注重规模递增效应、优化产业布局等,发展方式包括梯度式、跳跃式以及弯道超越式等。从长三角地区发展特征来看,一条立体化、复合型的发展道路正在形成,突出反映在产业布局中既有劳动密集型产业,也有高新技术产业,既有垂直型分工,也有水平型分工,既重视梯度推移在产业空间布局上的主导作用,也强调以跳跃式和弯道超车式作为补充。可以这么说,长三角作为中国最具活力的经济圈,代表着我国区域经济发展的最高水平,目前正处于创新发展、深化转型升级的特殊时期和向城市化、工业化纵深推进的重要节点。随着《长江三角洲地区区域规划》的深化落实,在科学规划、政策扶持、协力争先等时代背景下,长三角经济圈必将对全国经济又好又快发展贡献新的力量。

(二) 主要做法及成效

1. 主要做法

充分发挥要素禀赋和特色优势,走优势互补的共同发展之路。狭义的长三角包括以上海为中心的16个城市,而事实上,随着经济社会发展和产业优化升级,长三角空间格局有进一步扩大的趋势。浙江大学区域与城市发展研究中心执行主任陈建军的观点具有代表性,他认为长三角已从过去的以上海为中心,沪宁、沪杭为两轴的点轴模式,发展成为"一核九带"的网络模式。在这块21.07万平方公里的土地上,经济社会发展中的冲突、磨合使得区域内的优势与特色产业逐渐显露并发展壮大起来。② 外源型经济为主的"新苏南模式",内源型经济为主的"温州模式"以及国有经济、外资经济和民营经济互动的综合型经济区域在区域内形成了布局趋于合理、互补性较强的经济板块。正是基于这一区域经济特征的考量,长三角在产业规划和发展布局中强调走特色发展、优势互补并最终促成共同繁荣的发展路子。实践证明,要素

---

① 吴传清等:《城市圈区域一体化发展的理论基础与协调机制探讨》[J],《经济前沿》,2005-12-27。

② 刘晶晶:《推进长三角区域一体化的路径选择》[J],《商业时代》,2011-11-135。

禀赋和特色优势基础上的发展模式促进了区域内各种所有制经济的同生共荣，使区域经济保持了强劲的增长势头。

科学定位、合理规划，集群经济带动扩散驱动。长三角经济圈产业集群优势明显，在产业规划中突出集中化、专业化特点，科学定位，走集群化发展带动的路子。实践证明，这一科学定位符合区域实际，不仅在该地区吸引了大批总部经济落户发展，同时对于优强产业与传统优势产业的发展起到了很大的推动作用，形成了一批实力雄厚、发展迅猛的产业集群。如上海以跨国公司或总部经济集聚为主，形成了电子信息、汽车、生物医药、化工、钢铁等技术密集和资本密集型产业集群；南京作为总部经济副中心，在平板显示、集成电路、通信、光伏、石化、汽车、钢铁、风力发电设备、轨道交通设备、电力设备等十大产业链集聚方面成绩突出；杭州作为总部经济的另一副中心，在软件开发、出口创新、动漫产业、数字娱乐、知识产权保护以及旅游文化产业等方面极具竞争力；苏州在大力发展既有传统产业集群纺织、服装、轻工等的同时，形成了由电子信息、金属制品、建材、电器、环保等组成的新兴产业集群；宁波形成了以石化、能源、钢铁、造纸等临港工业产业集群和小家电等传统优势产业群；温州等地则成了全国小商品制造和集散中心。集群经济带动的扩散驱动模式，延续了长三角经济圈良好的经济发展态势。

弱化本位主义和行政区划限制，走资源共享合作共赢的路子。综观我国经济圈发展实践，地方保护主义和行政区划经济一直是深化合作中的两个门槛，长三角经济圈也是如此，由此造成了区域内地方利益博弈及行政壁垒导致的低效率与高成本的竞争，并在一定程度上突出表现为重复投资、重复建设、产业趋同、恶性竞争、发展失衡等问题。但不可否认的是，长三角地区在弱化本位主义和行政区划限制等方面无疑是走在全国前列的，其中的联席会议、协调机制等举措为协商解决问题搭建了平台，如定期召开江浙沪主要领导座谈会，定期召开长三角城市经济协调会，定期召开江浙沪经济合作与发展座谈会等，使一些存在的问题得到很好的沟通并得以解决。国家《长江三角洲地区区域规划》出台后，产业布局和发展目标在更高层面得以界定，区域内经济主体依据规划进行产业布局、调整和优化升级，进一步加快形成了资源共享、合作共赢的局面。如两省一市突破行政区划界线，通过加强区域市场秩序整顿和建设，建立社会信用平台与体系，建设经济、金融信息共享平台，制定实行市场准入和质量互认制度等

第二章 在实践中探索和开拓中国特色大西南与长三角区域经济发展模式

举措，区域内各经济主体优势得到进一步凸显，上海成为总部经济区，很多跨国公司以及江浙的大量企业总部（决策中心、研发中心、销售中心等）迁移至此，南京和杭州逐渐成为总部经济的两个副中心，昆山等城市成为生产基地及配套产业基地。

2. 主要成效

长三角经济圈在提升我国经济总量、优化产业调整升级、完善我国经济结构、推动创新发展等方面作用明显。以该地区国内生产总值及对我国税收收入贡献率为例，"十一五"期间两项指标均占全国总额的1/5以上，贡献巨大。根据第六次全国人口统计公报，长三角地区总人口为1.56亿，约占全国总人口的11.65%。2006—2010年间该地区生产总值GDP分别为47 494.33亿元、56 199.26亿元、65 185.27亿元、71 794.13亿元与85 002.52亿元，约占当年全国GDP的22.68%、22.79%、21.68%、21.41%与21.36%（见图1）。到2013年，长三角地区国内生产总值GDP达到118 332.62亿元，占全国的20.8%。①

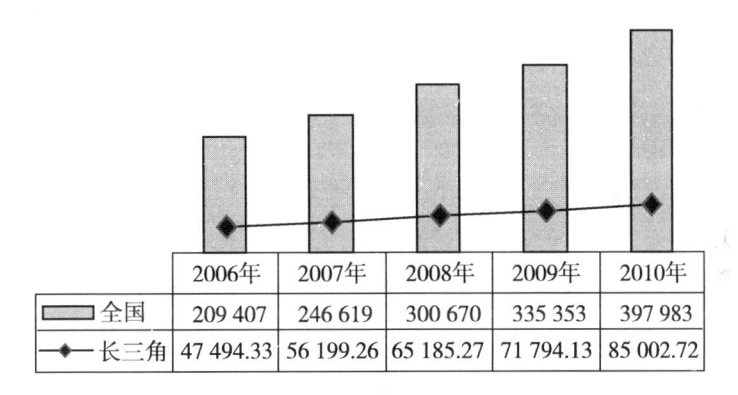

	2006年	2007年	2008年	2009年	2010年
全国	209 407	246 619	300 670	335 353	397 983
长三角	47 494.33	56 199.26	65 185.27	71 794.13	85 002.72

图1 "十一五"期间长三角地区生产总值占全国比重（单位：亿元）

与此同时，长三角经济圈对国家税收贡献巨大，以2006—2010年为例，该地区财政总收入（不含海关税收）分别为8 103.74亿元、10 933.82亿元、13 222.1亿元、15 067.2亿元与19 511.78亿元，分别占当年全国税收收入的21.53%、22.11%、22.85%、22%与23.49%（见图2）。②

---

① 根据《2014年中国统计年鉴》及浙江、江苏、上海2011年和2014年统计年鉴计算得出。
② 根据《2011年中国统计年鉴》及浙江、江苏、上海2011年统计年鉴计算得出。

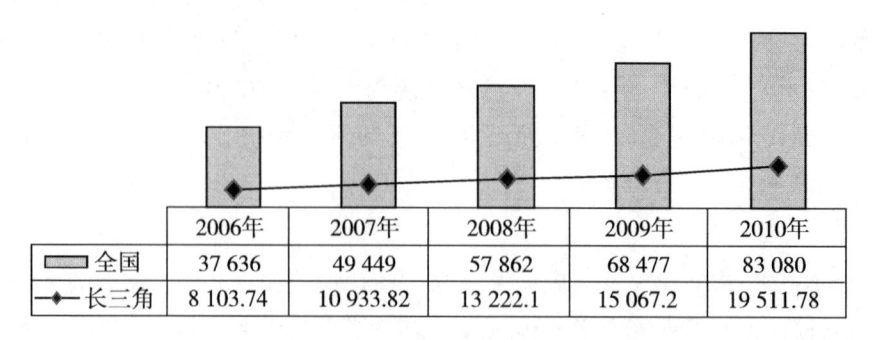

	2006年	2007年	2008年	2009年	2010年
全国	37 636	49 449	57 862	68 477	83 080
长三角	8 103.74	10 933.82	13 222.1	15 067.2	19 511.78

图2 "十一五"期间长三角地区财政总收入占全国税收比重（单位：亿元）

由上可见，"十一五"以来，长三角经济圈以占全国约2.19%的土地创造了全国年均国内生产总值以及全国税收收入的1/5以上，对稳定中国经济又好又快发展、辐射拉动周边地区经济增长等起着极其重要的作用。在国务院《关于进一步推进长江三角洲地区改革开放和经济社会发展的指导意见》颁布施行后，长三角经济圈通过区域一体化具体举措，如弱化行政区划限制和打破地方保护主义；健全完善定期沟通协商机制；完善经济圈大交通和大流通建设；深化发展新兴产业；完善区域公共政策和公共服务体系建设；以及发挥区域知识密集、技术密集优势引领创新驱动等举措，该地区不仅成为中国最重要的总部经济区域，吸引了世界500强中的绝大多数在此投资兴业或兴办总部，作为进入中国内陆腹地的桥头兵，还成为了我国接壤世界、"走出去"的重要门户。尤其是在2010年上海世博会的拉动下，上海作为国际经济、金融、贸易、航运中心，辐射带动作用显著提升，江浙两省作为长三角经济圈的重要腹地，经济活力日益迸发，长三角经济圈越来越成为具有国际竞争力的世界级城市群。

二、长江上游经济带发展模式

长江上游是指长江源头青藏高原格拉丹东至湖北宜昌这一江段，全长4 511公里，流域覆盖面积涉及西藏、青海、云南、四川、重庆、贵州、陕西、湖北等多个省区市。本报告所指长江上游产业带主要是四川、重庆、云南、贵州四省市，区域面积为113万平方公里，按第六次人口普查公报数据，人口接近1.9亿人，约占全国总人口的13.86%。长江上游地区核心部位是成渝经济区，北接陇海兰新经济带，南与南贵昆经济区相邻，东面沿长江黄金水道与长三角遥相呼应，东南面通过珠江水系与珠三角结为一体，在我国东、中、西三大区域生产力空间布局战略中作用特殊，是我国东西经济交流、南

第二章 在实践中探索和开拓中国特色大西南与长三角区域经济发展模式

北经济互动的重要桥梁和纽带。

（一）形成背景

从20世纪50年代开始，长江上游经济带就已成为国家西部工业化战略的重要阵地。当时，随着工业企业的恢复和改造，内河运输、公路运输等交通基础设施的恢复，为改善长江上游地区生产力布局创造了有利条件。国家实施"一五"和"二五"计划，在该地区兴建了一批钢铁和机械工业，建立了一批电子及轻纺工业，为区域发展打下了坚实的基础。1958年，全国划分为七大经济协作区，以长江上游为核心的西南协作区赫然在列。1964年，"三线"建设计划在西南地区建立比较完整的后方工业体系，进一步凸显了长江上游经济带在全国经济布局中的重要地位，同时也奠定了成都、重庆、昆明、贵阳区域中心城市地位，随后形成了以成都为中心的电子工业基地，以重庆为中心的兵工基地，以贵阳为中心的航空基地，以昆明为中心的轻工基地以及重庆至万县为轴心的造船工业基地等，时至今日，这些工业基地和工业中心仍然是长江上游经济带乃至整个西部地区的重要增长点。始于1966年的"文化大革命"使得长江上游地区经济建设受到严重干扰和破坏，工业结构失调，经济效益下滑，农业结构失衡，工农业生产萎缩，城乡人民生活受到严重影响。党的十一届三中全会后，长江上游经济带发展迎来了新的历史机遇。从1983年起，中央开始对长江上游地区实施调整改造，着重解决产业结构失调以及对落后产能进行"关、停、并、迁"，形成了军工、电子、机械、航空、冶金、建材等行业全面发展的局面，产业配置和布局进一步趋于合理，区域综合经济实力进一步增强。此后，1992年"三峡"水利枢纽工程的开建，1997年重庆被列为直辖市以及1999年西部大开发正式进入国家决策等利好因素，为长江上游经济带带来了新的发展机遇。

21世纪以来，长江上游经济带作为国家战略规划重地，成渝、滇中、黔中等区域发展取得了明显成效。2000年，构建长江上游经济带在国家西部大开发战略中被提到重要议事日程，全国"十五"规划提出，要"依托欧亚大陆桥、长江黄金水道、西南出海通道等交通干线及中心城市，以线串点、以点带面，实行重点开发，促进西陇海兰新经济带、长江上游经济带、南（宁）贵（阳）昆（明）经济区的形成"。2006年，全国"十一五"规划又提出，要把建设长江上游经济带作为西部大开发三大典型区域之一，逐步形成以沿海及京哈京广为纵轴，长江及陇海线为横轴，若干城市群为主体的空间格局。2007年，国家

《西部大开发"十一五"规划》也指出,要加快建立分工合理、协作配套、优势互补的成渝、关中—天水、广西北部湾等重点经济区,成为带动和支撑西部大开发的战略高地。2011年,全国"十二五"规划又明确提出,要优化农业产业布局,加快构建以长江流域等农产品主产区为主体,与其他农业区共同组成"七区二十三带"的农业战略格局。同时,着力构建以陆桥通道、沿长江通道为横轴,以沿海、京哈京广、包昆通道为纵轴,以轴线上城市群为依托,其他城市为重要组成部分的城市化战略格局。由此可见,长江上游经济带的建设正由单个区域的发展规划上升到区域间的组团发展,规划重点正由单纯强调生态保护相关产业提升到综合开发,工业化、城镇化、农业现代化"三化同步"与环境友好型、资源节约型"两型社会"的构建是长江上游产业带可持续发展的关键所在,在新一轮西部大开发战略的实施中意义重大。

(二)主要做法及成效

1. 主要做法

因地制宜,协同发展,区域合作的局面进一步形成。长江上游经济带主要由成渝、黔中、滇中经济区组成,其中成都市和重庆市设立了全国统筹城乡综合配套改革试验区在2007年就已上升到国家战略,滇中、黔中经济区则进入了国家"十二五"发展战略规划。长江上游经济带除了长江黄金水道横贯全区域外,还有嘉陵江、乌江、岷江、沱江和金沙江等重要支流流经境内,是典型的流域经济区。同时,区域内除成都平原外,地形以山地和丘陵为主,地势沿河流、山脉起伏,形成周边高、中间低的特殊地形。该区域自然资源富集,突出表现为矿产、能源、旅游和劳动力资源十分丰富。矿产资源,如四川的钛、钒、硫,贵州的汞、磷、煤、铝,云南的锌、铅、锡,重庆的锶、锰、钒等储量均居全国前列;能源资源,如四川的水能、煤炭和天然气,贵州的水能和燃煤,云南的地热、水能和天然气,重庆的水能和地热等在全国均占有非常重要的位置;旅游资源,更是优势明显,集中了一大批自然、民俗、历史等著名景观;劳动力资源,三省一市人口占全国总人口的近1/7强,业已形成的"川军""黔军""棒棒兵"等在职业教育、远程教育及集中培训等的大力普及与推动下,已然成为具备一定产业知识和技能的人力资源。基于良好的要素禀赋、产业规划和人才基础等,三省一市在发展能源产业、旅游产业、装备制造业及特色农业等方面成效显著,而随着西南六省区市区域协作机制的建立健全,泛珠三角区域协作机制的不断优化,三省一市抱团发展、协作共赢的局面更是进一步形成,

第二章 在实践中探索和开拓中国特色大西南与长三角区域经济发展模式

长江上游经济带不仅成为长江中下游牢固的生态屏障,也成为承接并推动长江流域和珠江流域产业转移和发展升级的重要区域。

注重规划,争取扶持,区域内城市圈发展成效初显。长期以来,与我国东中部相比较,长江上游经济带发展面临着软硬件制约等问题,突出表现在区域内各经济体之间缺乏深入的规划和协调机构、地方保护主义壁垒森严、市场化程度低、产业集群及产业链不完善、交通基础设施落后及区域创新能力不足等。21世纪以来,在党中央、国务院的进一步重视下,在西部大开发协同发展的时代号召下,在成渝、滇中、黔中城市圈上升为国家战略的利好因素推动下,长江上游经济带三省一市已然成为西部地区产业要素较为健全、基础设施较为完善、工业体系较为发达的地区。其中,成渝经济区作为"城乡统筹综合配套改革实验区",在推进区域协调发展和改革开放大局中具有重要战略地位,是区域发展的中心和主体,而滇中、黔中经济区作为重要的省域经济增长点,在长江上游经济带中恰似地理上的两个轮子,由此形成长江上游地区"一体为主、双轮驱动"的发展格局。当前,国家新一轮西部大开发及"十二五"规划都对长江上游地区云、贵、川、渝的产业功能进行了整体规划,通过打破行政区划界线,科学引导区域形成优势互补、协作配套、共同发展产业格局等举措,区域产业发展总体水平和竞争力有了显著提升。

二产带动,三产同步,不断完善符合自身优势的产业结构。长江上游经济带三省一市发展不平衡,"二元结构"突出等特征仍十分明显,如成都、重庆、昆明、贵阳等城市辐射的中心区域从经济总量、经济密度、人口密度和工业化、城镇化等指标来看,都基本上达到了东部沿海发达地区平均水平,而其他区域上述指标有些还远远低于全国平均水平,发展呈现明显的"二元分化"局面。但整个区域二产带动、三产同步发展的局面目前正加速形成,四川、重庆、云南产业发展呈现二三一结构,结构趋于合理,贵州在实施"工业强省"战略带动下,产业结构也正由三二一向二三一转变。以2013年为例,四川三次产业结构由上年的13.8∶51.7∶34.5调整为13.0∶51.7∶35.3,重庆由8.2∶52.4∶39.4调整为7.9∶50 5∶41.6,云南由16.0∶42.9∶41.1调整为16.2∶42.0∶41.8,贵州由12.9∶40.5∶46.6调整为12.8∶41.9∶45.3(见表1)。[①] 如前所述,由于历史、地域、军事等各种原因,长江上游地区在

---

① 国家统计局:《2014年中国统计年鉴》[M],北京:中国统计出版社,2014年;四川、云南、贵州、重庆2013年和2014年统计年鉴。

国家战略中历来占有重要位置,已形成了一批实力雄厚的军工企业、央企、重工业企业及大型能源化工企业等,成为区域产业发展的重要基础,该地区自然、人文资源丰富,尤其是生态、旅游与民俗民间文化资源等为发展农业与旅游、服务等第三产业奠定了坚实的基础。总之,长江上游地区三省一市紧紧依托资源禀赋和产业基础,已逐步形成了优势互补、层次递进、布局合理、特色各具的现代产业体系。

表1 2012—2013年长江上游三省一市三次产业结构比　　单位:%

省市	年份	GDP	第一产业	第二产业	第三产业	三次产业结构比
四川	2012	23 849.80	3 297.20	12 587.80	7 964.80	13.8:51.7:34.5
	2013	26 260.77	3 425.61	13 579.03	9 256.13	13.0:51.7:35.3
云南	2012	10 309.80	1 654.60	4 419.10	4 236.14	16.0:42.9:41.1
	2013	11 720.91	1 895.34	4 927.82	4 897.75	16.2:42.0:41.8
贵州	2012	6 852.20	891.91	2 677.54	3 282.75	12.9:40.5:46.6
	2013	8 006.79	1 029.05	3 243.70	3 734.74	12.8:41.9:45.3
重庆	2012	11 459.0	940.01	6 172.33	4 346.66	8.2:52.4:39.4
	2013	12 656.69	1 016.74	6 397.92	5 242.03	7.9:50.5:41.6

2. 主要成效

地区生产总值与财税贡献率稳步增长,该区域作为我国重要增长极成效初显。长江上游经济带在优化我国区域经济布局、助推产业调整升级、完善我国经济结构、推动地区创新发展以及提升我国经济总量等方面作用日趋明显。以该地区生产总值GDP及对我国税收收入贡献率为例,"十一五"以来两项指标均呈积极向好态势,占全国比重不断提升。2013年,全国国内生产总值GDP达568 845.2亿元,比上年增长7.7%;四川、云南、贵州和重庆生产总值GDP分别为26 260.8亿元、11 720.91亿元、8 006.79亿元和12 656.69亿元,比上年分别增长10.0%、12.1%、12.5%和12.3%。三省一市生产总值GDP由2009年的30 744.57亿元增长到2013年的58 645.19亿元,增长91%;生产总值GDP占全国比重为10.31%;其中四川、云南、贵州和重庆GDP占全国比重分别为4.62%、2.06%、1.41%和2.22%,并且增

第二章 在实践中探索和开拓中国特色大西南与长三角区域经济发展模式

幅呈逐年上升的态势（见表2）。①

表2 2009年和2013年长江上游三省一市生产总值及占全国比重

指标		全国	三省一市	四川	云南	贵州	重庆
2009年 GDP	GDP（亿元）	340 903	30 744.57	14 151.3	6 169.75	3 893.51	6 530.01
	增长率（%）	9.2	—	14.5	12.1	11.2	14.9
	占全国比重（%）	—	9.02	4.15	1.81	1.14	1.92
2013年 GDP	GDP（亿元）	568 845	58 645.19	26 260.8	11 720.91	8 006.79	12 656.69
	增长率（%）	7.7	—	10.0	12.1	12.5	12.3
	占全国比重（%）	—	10.31	4.62	2.06	1.41	2.22

在财税贡献方面，2006—2010年间，三省一市财政总收入分别为2 899.92亿元、3 852.34亿元、4 663.42亿元、5 683.65亿元和7 215.49亿元，5年时间增长了1.49倍，占全国财税收入比重分别为7.71%、7.79%、8.06%、8.30%和8.69%（见图3），增幅高于全国平均水平，显示出了三省一市强劲的发展势头。

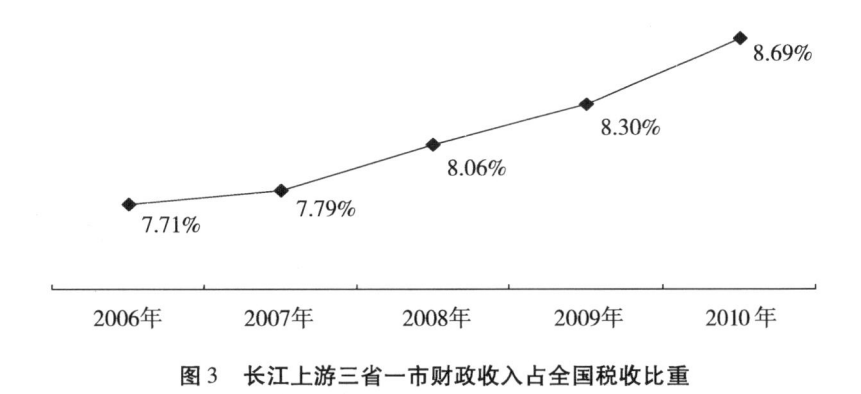

图3 长江上游三省一市财政收入占全国税收比重

---

① 根据四川、云南、贵州、重庆2010年和2014年统计年鉴计算而得。

乘势而上、推动跨越，长江上游地区越来越成为中国发展的重要经济腹地和增长极。随着西部大开发的提出及实施，在国家政策的大力扶持下，借助原有产业基础，长江上游地区产业结构逐渐趋于合理，经济活力日益增强。就目前而言，四川、云南、重庆产业结构呈现二三一格局，产业格局突出表现为自然资源与资源加工型产业相互依存，国防军工带动的高新技术产业基础雄厚，老工业基地衍生的新兴产业活力迸发等特点，而贵州随着"工业强省"战略的强力推进，第二产业发展态势强劲，三产协同发展的格局正加快形成。随着区域内产业整体规划和布局的不断完善和优化，长江上游地区正不断弱化行政区划界线和产业分割壁垒，以一体化的空间形式组合生产要素，区域内更具竞争力的生产组合和更为紧密的产业链正加快形成，产业发展水平正加速提高。该地区经济整体上呈现出强劲的发展势头，越来越成为我国经济发展的又一个重要增长极。

三、广西北部湾经济区产业发展模式

从狭义上说，北部湾经济区指的是南宁、北海、钦州、防城港四市所辖的行政区域，陆地国土面积 4.25 万平方公里，按第六次人口普查公报数据，区域人口近 1 293.03 万人，占广西总人口 28.09%。从广义上说，北部湾经济区辐射范围涵盖中国南海西北部、广西南部、广东雷州半岛和海南西面，越南东面，总面积近 13 万平方公里。本报告所指的是狭义北部湾经济区，物流条件优越，港口经济基础雄厚，自然资源如旅游、海洋生物、矿产、能源等十分丰富。作为我国西部地区唯一的沿海地区、主要出海大通道和与东盟海陆相连的重要区域，该经济区区位条件优越，发展潜力巨大，在我国经济发展布局中具有重要的战略地位。

（一）形成背景

北部湾经济区历史沿革。广西北部湾历史上就是中国对外贸易和交往的重要通道，如 2000 多年前合浦就是古代"海上丝绸之路"的始发港，近代钦州港是孙中山先生规划的南方第二大港，而 20 世纪 60—70 年代的防城港是著名的"海上胡志明小道"的起点等。改革开放后，北海（含防城港）在 1984 年被列为全国沿海 14 个开放城市之一，20 世纪 90 年代中央提出将广西建设成为西南出海大通道，北部湾地区外贸通道地位不断得以巩固。但在很长时间内，由于经济基础薄弱、基础设施落后、产业要素分散以及城镇化率

第二章 在实践中探索和开拓中国特色大西南与长三角区域经济发展模式

低等因素,北部湾地区的优势地位并不明显,一直是中国沿海经济体中发展最为薄弱的一环。直到20世纪初,尤其是2001年3月中国—东盟自由贸易区的正式成立,以南宁、北海、防城港、钦州四城市为中心的北部湾经济区迎来了发展的春天。2006年,站在国家战略的高度上,加快北部湾经济区发展正式写入广西"十一五"规划,同年,北部湾经济区规划建设管理委员会正式成立,同时提出的"一轴两翼"(即构建"南宁—新加坡"经济走廊以及"泛北部湾经济合作区"、大湄公河次区域合作)得到广东、香港及东南亚有关国家的积极回应。在此期间,随着财政加大投入和政策扶持,经济区基础设施明显改善,现代服务业、临海及临港大工业快速发展,高新技术产业的地位明显提高,区域经济实力明显增强。2008年,《广西北部湾经济区发展规划》颁布施行,北部湾经济区由此正式纳入国家战略,区域范围不仅包括南宁、北海、钦州、防城港所辖行政区域,还包括玉林、崇左的交通和物流,辐射范围包括广西全境、广东湛江等市以及东南亚泛北部湾地区。按照规划,北部湾经济区设立了"广西钦州保税港区",成为我国第六个保税港区和西部唯一的保税港区。

泛北部湾经济区的提出。早在20世纪80年代,中国经济理论界就曾对泛北部湾经济区进行过探讨。20世纪90年代中后期,尤其是1997年的金融危机激发了东亚地区各国推进地区合作、同舟共济的强烈愿望。是年,东盟成立30周年之际设立东盟与中国、日本、韩国的领导人定期会晤磋商机制("10+3"),同期成立东盟与中国领导人会议("10+1"),北部湾地区作为连接东盟和内地的桥头堡战略地位日显。2001年,东盟与中国领导人一致同意在10年内建立中国—东盟自由贸易区,北部湾地区作为自贸区的前沿阵地和主要区域,发挥着越来越大的作用。2004年,中越两国总理在会晤时提出了共建"两廊一圈"的提议,在两国政府发表的《中越联合公报》里,构建"昆明—老街—河内—海防—广宁""南宁—谅山—河内—海防—广宁"经济走廊和环北部湾经济圈纳入议事日程。至此,"两廊一圈"进入两国政府的合作构想,环北部湾经济圈成为东盟—中国框架下次区域合作的典范。随着"两廊一圈"的提出,泛北部湾大力改善交通基础设施条件,如新建区域高速公路、泛亚铁路、南广铁路等,同时,建立健全沟通协作机制。以南宁为例,从2004年起每年举办中国—东盟博览会与中国—东盟商务与投资峰会,积极实施泛珠合作、中国—东盟自贸区建设、两廊一圈建设和"M"型战略等,为广西北部湾沿海地区带来了多重发展机遇。泛北部湾地区合作交流平台较之以往更为便捷和高效，扩大了区域内经济容量，"海上东盟"大通道优势日益发挥出巨大作用。

（二）主要做法及成效

北部湾经济区作为国家战略规划中较为年轻的区域，地处华南经济圈、西南经济圈和东盟经济圈的重要节点，具有沿边、沿海的区位优势和较好的物流、工业、旅游等产业基础。该区域资源环境容量较大，经济开发密度较低，发展潜力较大，是新时期我国经济发展的重要增长区域，战略地位突出。

1. 主要做法

大力发展港口经济，以大流通引领大发展。广西沿海海域面积约13万平方公里，大陆海岸线1 595公里，主要沿海港口包括北海、钦州和防城港，万吨级以上泊位40个，年吞吐能力已超过1亿吨。北部湾经济区位置十分优越，"一抬脚就进入东盟国家"，与这些国家的物流成本很低。同时，北部湾经济区具备码头作业、保税物流、出口加工和管理服务等目前对外开放区域中的所有功能。基于这些比较优势，经济区发挥现代港口作为综合物流供应链龙头、生产要素最佳结合点、最重要的信息中心以及综合物流供应链中最大货物集结点等优势，大打港口经济牌。通过大力改善基础设施建设，弱化行政区划壁垒，改善运营条件落后状况，健全交通运输设施，完善金融支撑体系等方式，北部湾经济区在物流体系日臻完善基础上，临港工业也取得了快速发展。2006年以来，经济区遵循广西要跨越发展基础设施必须先行的原则，不断优化区域路网结构和产业园区建设，先后投入110多亿元到沿海基础设施建设上，基础设施的改善也为招商引资奠定了坚实的基础，2011年前6个月，经济区11个重点产业园区招商引资签约项目66个，总投资约738亿元。2012年，北部湾港（防城港、钦州港、北海港）完成货物吞吐量17 437万吨，比上年增长13.8%，实现了历史性突破。北部湾经济区大交通、大流通、大物通发展格局进一步形成，以港口为中心、港口城市为载体、综合运输体系为动脉、相关产业为支撑、海陆腹地为依托的产业集群、关联产业得到健康、可持续发展，与港口经济紧密相连的临海工业和商贸物流战略主导产业取得明显成效，以矿产加工、石油化工、能源、钢铁和铝加工、粮油食品加工、海洋、旅游、林浆纸、集装箱和物流等为主的港口生产结构布局和港口物流体系布局逐渐形成。

充分运用政策优势，着力打造南中国对外开放高地。北部湾地区既沿海、

第二章　在实践中探索和开拓中国特色大西南与长三角区域经济发展模式

沿江又沿边，加上民族自治区的身份，经济区不仅具有专门的政策规划，同时具有民族自治政策、西部优惠政策和边区优惠政策，优势明显，将政策优势转化成为经济优势是北部湾经济区的使命所在。自经济区管委会成立以来，尤其是上升为国家战略以来，经济区依靠自身力量，借助政策优势，确立了以港口为中心、以临海工业为重点、以基础设施为保障的发展思路。2008 年以来，经济区又相继建成了钦州保税港区、凭祥综合保税区和南宁保税物流中心等保税物流园区，区内保税物流体系逐渐完善。新时期，随着国家新一轮西部大开发战略的深入实施和基础设施建设的不断完善，北部湾经济区作为大西南的出海通道及物流枢纽，面对大西南和东盟十国人流、物流、信息流带来的巨大商机，越来越成为我国新一轮对外开放的前沿阵地和主要区域，主要表现在实际利用外资规模增幅较大、制造业在利用外资中占绝对主导地位以及园区经济效应日益明显等方面。与此相应，北部湾经济区的生产总值、财政收入、工业增加值、固定资产投资、进出口总额等指标呈现突飞猛进的态势。如生产总值从 2005 年的 1 180 亿元增加到 2010 年的 3 022 亿元，年均增长 16%。到 2013 年，实现生产总值 4 817.43 亿元，同比增长 10.5%，高于广西全区 0.3 个百分点；占全区的比重为 33.5%，比上年提高 0.76 个百分点。

统筹规划、突出重点，有条不紊地推动经济区新发展。北部湾经济区在起步之初，无序发展、恶性竞争、互设壁垒等现象时有发生，大大影响了经济区协力争先、共同发展的初衷，如区域内主要城市北海、钦州、防城港、湛江和海口等彼此直线距离在数十到数百公里之间，几个城市都不同程度存在市区人口少、财政总收入较低、基础设施较为落后、产业要素不健全等情况，但纷纷提出要建立"北部湾中心城市"的口号，结果造成无序发展、资源分散浪费、没有形成合力推动区域整体发展的氛围，内耗降低了整体竞争力。北部湾经济区管委会成立以后，尤其是发展规划的出台和自贸区的深化合作，经济区坚持突出重点、统筹规划，着力发展具有比较优势产业和新兴产业，通过采取产业升级与结构调整、中心城市联动发展、海洋与港口资源合理利用、区域性基础设施建设、区域协作机制构建等战略举措，重点发展物流、会展、商贸、新材料、环保节能战略型主导产业及食品加工战略性主导产业等，北部湾经济区在国内外发展格局中的战略地位日显。经济区在 2010 年审议通过《广西北部湾经济区重点产业园区布局规划》，对未来产业发展布局等进行了全面规划，按照抓产业、抓投资、抓招商、抓港口建设、抓保税物流体系建设的发展布局，经济区必将迎来发展的新突破。

2. 主要成效

港口经济增势强劲，成为经济区快速发展的主要支柱。北部湾海岸线漫长，海港条件优越，海上运输便利，是地理经济学上所说的"一日区"。大港口背后，必有大产业支持，港口同时也是人流、物流、信息流的交汇聚集中心。经过多年发展，物流、加工、外贸等产业具备进一步加快发展的基础，目前已初步形成以集装箱、矿业、化工、粮食、油气等为主的港口生产结构布局和物流体系布局。同时，新建或扩建大批深水码头和万吨级泊位，港口货物年吞吐能力已超过1亿吨，一个功能健全、基础设施不断完善、产业集群不断优化的北部湾港口群正跃然而出。为推进港口经济发展，区域内各经济主体针对无序发展、恶性竞争、互设壁垒等问题不断加以解决，出实招、见成效。如以前出口价值500万美元的集装箱时，都必须转口到南宁海关报关，但经过行政权限下放，现可以直接在地方报关，海关服务效率更高了。在打破各自为政的行政壁垒方面，2007年防城港、钦州港、北海港三家集团公司进行资产重组，组建"广西北部湾国际港务集团有限公司"，大大降低了区域性物流成本，2009年三港进一步整合，统一冠名"广西北部湾港"，效率得到进一步提升、实力得以进一步增强，港口经济在北部湾地区所占比重明显提高。2011年前三季度，4市生产总值GDP达2 530.83亿元，同比增长16.8%，高于全区4.5%，财政收入达448.22亿元，占全区的39.8%，同比增长44.9%，其中地税收入达223.8亿元，超过2010年全年收入，同比增收44.4亿元，对同期全区地税收入增长的贡献率达48.2%，成为推动广西地税收入快速增长的重要动力。[①] 2013年，北部湾港口经济继续快速发展，共完成规模以上货物吞吐量1.87亿吨，位居全国沿海规模以上港口第15位，同比增长7.09%；集装箱达到100.33万标箱，同比增长21.86%。其中，我国西部沿海第一大港防城港港口吞吐量达到1.06亿吨。

总部经济成效日显，成为我国连接东盟的前沿阵地和总部基地。中国与东盟自由贸易区的设立，保税物流园区的深化落实以及大交通、大流通条件的日臻完善，北部湾经济区越来越成为中国连接东盟的"桥头堡"，贸易自由化、服务自由化、投资便利化有力地促进了区域经济的强劲发展，通过"筑巢引凤"，经济区已成为广西生产要素最为集中、发展条件最为优越、发展成

[①] 《经济总量翻倍广西北部湾经济区"龙头"越舞越高》，http://www.gxnews.com.cn/，2011-11-15。

效最为明显的地区。突出体现在，一是经济区正由以往国家层面战略布局中的"神经末梢"变为连接东盟的"神经中枢"，随着区域内公路、铁路网络的完善，中国与东盟博览会永久落户南宁，大交通、大物流进一步带动了与东盟各国的技术、贸易、交通等方面的合作，经济区逐渐成为区域性旅游、商贸、物流中心。二是在"两廊一圈"战略和"一轴两翼"战略规划中地位特殊。南宁作为区域性国际化中心城市，在发展高新产业、金融业、外贸业、物流等方面成效显著；北海作为商贸旅游城市，在发展国际贸易、旅游、高新技术等方面优势日益凸显，已成为广西首个信息产业基地；钦州作为典型的临海工业城市，在发展重工业、港口服务业等方面基础雄厚，钦州石化产业园聚集了大批石化工业；防城港作为综合性港口城市，在发展出口加工、边境贸易、物流等方面取得明显成效，目前大西南临港工业园区入园企业已达上百家等。4个中心城市各具特色，进一步打造成为连接东盟总部基地的条件日渐成熟。

四、贵阳城市经济圈产业发展模式

贵阳作为贵州省会，是贵州的政治、经济、文化中心，是全省各种发展要素最集中、最多的区域，是引领全省经济社会发展的"火车头"。贵阳城市经济圈地处长江、珠江上游的黔中腹地，是黔中经济区的核心区域，也是泛珠三角经济区的重要组成部分。经济圈邻近成渝经济区，是贵州的重要对外口岸和大西南连接华南、华中、华东地区的重要陆路交通枢纽。同时，区域内自然资源丰富，是我国南方重要的磷及磷化工、铝及铝加工、电子信息和航天航空生产基地，区位优势十分明显。

（一）形成背景

贵阳城市经济圈的提出。早在20世纪80年代，以贵阳为龙头的黔中产业带就已进入理论工作者和实践家的视野，但直到2004年年初，"以贵阳为龙头的城市经济圈"才正式提出。之后，贵阳城市经济圈的建设不断得以加强。2006年8月，《贵阳城市经济圈"十一五"发展规划》发布实施，明确了经济圈区域范围，即以贵阳为中心、辐射半径为80—100公里的区域，包括贵阳市各区县市，黔南自治州的福泉、贵定、瓮安、龙里、惠水、长顺6市县，安顺市的西秀区、平坝、镇宁、普定等4区县，初步形成了"1+10"城市经济布局圈，规划区域国土面积达24 547.64平方公里，占全省国土面积的 13.93%；其中有特大城市 1 个，中小城市 3 个。

2010 年 6 月，国务院《全国主体功能区规划》将黔中经济区列为全国 18 个重点开发区域之一。接着《中共中央国务院关于深入实施西部大开发战略的若干意见》又再次将黔中经济区纳入重点经济区，黔中经济区正式取代贵阳城市经济圈的称谓并上升为国家战略。为了进一步对接国家战略、加快贵阳市在全省经济社会发展中的"火车头"和"发动机"作用，贵州 2010 年 7 月通过《关于加快城镇化进程促进城乡协调发展的意见》，第一次公开正式提出黔中经济区。同年 10 月又出台《省人民政府关于支持贵阳市加快经济社会发展的意见》，提出了通过提高贵阳辐射带动功能引领黔中经济区率先崛起，促进全省加速发展、加快转型、推动跨越的战略方针。2012 年 1 月，国务院《关于进一步促进贵州经济社会又好又快发展的若干意见》（国发〔2012〕2 号文件）出台，在空间布局上明确了"黔中带动、黔北提升、两翼跨越、协调推进"的原则，强调发挥黔中经济区辐射带动作用。至此，贵阳城市经济圈（黔中经济区）范围完全确定，即以贵阳—安顺为核心，以遵义、毕节、都匀、凯里等城市为支撑，包括贵州中部大部地区。也就是说，要着力构建以黔中经济区为核心，以贵阳—遵义、贵阳—安顺、贵阳—凯里和都匀为轴线，若干区域中心城市组团发展的山区特色城镇体系，区域涵盖核心增长极、核心城市、次区域中心城市集群及特色卫星小城镇。按照规划，2020 年黔中地区最终人口将达到 2 000 万人左右。[①]

（二）主要做法及成效

1. 主要做法

合理规划，围绕区域特色和比较优势做文章。贵阳城市经济圈自然资源丰富、自然风光和民族文化旅游资源优势明显。在长期发展中，经济圈逐步形成了一批优强产业，如"水火互济"的能源产业、航空航天、装备制造业，烟酒茶、中药、绿色食品为重点的特色轻工业，喀斯特高原风光与多民族特色文化相融合的旅游产业等。目前经济圈已形成了"五大"工业产业集群和"两大"区域服务经济网络体系，如以白云、金阳为主体的高新技术产业集群，龙里—修文—清镇—乌当—安顺为据点的现代中药产业集群等重点区域。同时，形成了沿贵黄、厦蓉等高速公路等为依托的现代物流及服务业网络体系和以织

---

① 张晓阳：《抢抓机遇推进黔中经济区建设》[N]，《贵州日报》，2010-08-26。

第二章 在实践中探索和开拓中国特色大西南与长三角区域经济发展模式

金洞—黄果树瀑布—龙宫—红枫湖为龙头的现代旅游经济网络体系等。

重点突破，着力改善制约区域协调发展的基础设施条件。交通、信息与物流的快速发展是城市群发展的主要驱动力，不论城市群的空间结构形态如何，城市群总要通过这些方面紧密相连。而事实上，交通等基础设施落后一直是制约贵阳城市经济圈发展的主要瓶颈，完善交通引领的基础设施条件成为贵阳城市经济圈或黔中经济区的重中之重。2006 年以来，贵州在国家的大力扶持下，采取市场化运作方式新建了一批重大交通基础设施。主要是规划并启动了"三环九射六联线"的高速公路和城市主干道相联结的现代公路交通运输体系建设工程，开建贵阳市域快铁项目和贵阳城市轻轨项目，启动贵阳至重庆、成都、昆明、南宁、长沙等地快速和高速铁路建设，逐步形成以贵阳为中心的交通运输网络。值得指出的是，贵广高速铁路作为我国首条山区高铁，于 2014 年 12 月 26 日正式开通运营，从而使"云贵万重山"的贵州正式迈入高铁时代，这是贵州交通史上的重大事件。"贵广高铁全长 857 公里，贵州境内 301 公里，设有贵阳北、贵阳、龙里北、贵定、都匀东、榕江、从江 8 个车站。贵广高铁不仅缩短了贵州与珠三角地区的时空距离，也奠定了贵阳大西南高铁枢纽和物流中心的重要地位，成为大西南便捷的出海通道，将来连接黔渝、兰渝、兰新铁路，将整个西部引向珠三角、港澳地区。"[①] 总之，随着贵阳城市组团互通环线，贵阳卫星城互通环线和过境高速公路，贵阳城市经济圈城市互通环线以及贵阳放射线等项目的完工或深入推进，贵阳城市经济圈各经济体之间时空距离大幅缩短，为将贵阳建设成为全国生态文明城市、西部地区高新技术产业重要基地、区域性商贸物流会展中心，为将贵阳城市经济圈打造为贵州乃至西部重要经济增长极等奠定了坚实基础。

转变观念，以生态文明理念指导产业发展方向。贵阳城市经济圈产业基础较为雄厚，是全省发展要素最集中、高等级要素最多的区域，具有进一步加快发展的巨大空间。然而，综观经济圈的发展历程，可以看出由于先发展、后规划以及交通制约等因素，经济圈产业布局凌乱、环境破坏严重等情况普遍存在。21 世纪以来，贵州"既要金山银山、又要绿水青山"的发展观阔步前行，以循环经济和生态文明为主要标志的科学发展观进一步确定。以贵阳市为例，2007 年 12 月出台了《关于建设生态文明城市的决定》，2008 年 10 月在全国首创"生态文明城市"指标体系，涵括生态经济、生态环境、民生

---

① 周娴、杨光振：《中国首条山区高铁：贵广高铁正式开通运营》，中国新闻网，2014 - 12 - 26。

改善、基础设施、生态文化、政府廉洁高效六个方面内容。接着，2009年10月，我国第一部推动生态文明建设的地方性法规《贵阳市促进生态文明建设条例》正式通过。为了在加快经济发展的同时切实保护好环境，2007年年底成立贵阳市中级人民法院环境保护审判庭、清镇市人民法院环境保护法庭，同时配套制定了《贵阳市禁止生产销售使用含磷洗涤剂规定》《贵阳市生态公益林补偿办法》《贵阳市关于建立生态补偿机制的意见》等多部"绿色法规"。

转变方式，以循环经济为重点推进产业结构优化升级。过去一段时间，贵州的产业发展呈现"老大黑粗"的格局，由于产品附加值低、产业链短、市场主体不完善等因素，贵州丰富的资源和良好的生态环境并没有带来优厚的财富，"宝山空手、乞醯邻家"的局面一直未有大的改变。而由于粗放式的增长方式，不仅在一定程度上浪费了资源，还严重破坏了生态环境，对可持续发展留下了隐患。21世纪以来，贵州省委省政府提出"保住青山绿水也是政绩"的观念，决心走可持续发展的路子，以循环经济为重点推进产业结构优化升级成为各级政府的共识。在深入落实生态文明理念的同时，"循环经济"成为贵阳城市经济圈重点选择的产业发展方式。经济圈通过合理规划、布局，淘汰落后的用能产品、设备和生产工艺，大力推进节能降耗和资源综合利用，加大节能监督管理、节能技改和节能技术推广应用力度等举措，形成了一批资源综合利用和环保产业骨干企业，如开磷集团被列为国家第一批循环经济试点企业等，经济圈中心城市贵阳也由此成为国家第一批循环经济试点城市之一。与此同时，经济圈通过不断延伸产业链条，形成产业集群，提高资源就地转化率等方式，在很大程度上实现了能量梯级利用、资源循环利用，低碳经济、绿色经济成效显著。

2. 主要成效

成为引领贵州经济社会发展的"主引擎"。近年来，贵州经济社会发展迅猛，统计数据显示：2011年贵州生产总值GDP为5 600亿元，增长15%，位列全国第二；2012年贵州以19.3%的经济增长率领跑全国；2013年贵州GDP增长12.5%，与天津并列第一。2014年贵州GDP达9 251亿元，增长10.8%，位列全国第三。贵州经济增速已连续4年居全国前列，主要经济指标均提前一年实现"十二五"规划翻番目标。但由于基数低、基础差，贵州仍然没有走出经济"洼地"，以投资拉动的经济增长也只在于缩差距。贵阳城市经济圈作为贵州经济的集聚中心和西南地区重要交通枢纽，作为西部大开发重点区域南贵昆经济区的三大核心区之一，以及珠三角城市圈的重要次区域和成渝经济区的重要次区域，长期以来生产总值和财政收入占贵州全省的近半壁江山，从产业基础、硬件环境和发展程度上看，已然到了调结构、转方式、上水平的阶段。以2013年为例，贵州生产总值GDP达8 006.79亿元，财政总收入达1 918亿元，而贵阳城市经济圈（贵阳、安顺西秀、平坝、镇宁、普定、龙里、惠水、福泉、贵定、瓮安、长顺、黔西、织金、金沙）生产总值为3 148.28亿元，财政总收入为814.49亿元，分别占全省的39.32%和42.47%，其中贵阳市占全省的26.05%和29.39%。

日渐成为大西南区域经济发展中的重要一极。随着以贵阳为中心的多条快速铁路、公路、水路以及航空港建设速度的加快，贵阳城市经济圈已然成为大西南连接华南、华东的重要节点和承接东部产业转移的重要阵地。2010年，贵州提出实施工业强省和城镇化带动主战略，随后进一步明确了将黔中经济区打造成为"贵州发展的增长极，中国西部的战略高地"的战略构想，并制定了配套系列措施，切实推动以贵阳为核心的黔中城市群加快发展。在地区功能规划过程中，通过紧密结合各行政单元特色条件、比较优势，有针对性地进行产业布局，同时由省统一协调完善协作机制、破除府际间的无序竞争，积极采取建立特色各具的产业园区、发展壮大县域经济、缩小城乡差距、保护区域生态环境等重要举措，贵阳城市经济圈目前已成为全省最为宜商、宜业、宜居的中心区域。特别是国发〔2012〕2号文件颁布下发以来，各项基础设施、人才、金融等相关扶持政策加速落地，贵阳城市经济圈必将加快成为我国西部经济发展中的重要一级。

五、成都市郊"小集镇变身中小城市"产业发展模式

成都市是经国务院批准的全国15个副省级城市之一，行政辖区由新中国成立之初的29.9平方公里扩大到现在的1.21万平方公里，辖9区4市（县级市）6县，2013年全市户籍人口为1 188.0万人，常住人口达1 429.8万人。自国家2007年批准重庆和四川设立全国统筹城乡综合配套改革试验区以来，成都市积极抢抓发展机遇，加快推进基础设施建设，坚持以市场联通为纽带、以公共服务为依托，着力带动和促进城乡经济共同发展，部分小集镇变身中小城市成效明显。

（一）主要做法

因地制宜，发挥比较优势，以特色产业助推城乡统筹发展。小城镇变身

中小城市的本质是要破除城乡二元经济社会结构，让城乡享有平等的发展机会，并切实提供制度支撑。成都市在统筹城乡发展实践中，依据业已形成的小集镇基础，充分发挥特色及比较优势，尤其是当地地域条件、生态条件以及社会发展基础条件，重点规划、因地制宜，支持发展一至两个产业作为支撑，有效加速了城乡一体化进程。如成都市依据三圣乡的良好生态环境发展休闲产业，以"五朵金花"，即万福村的"荷塘月色"、江家堰村的"江家菜地"、幸福村的"幸福梅林"、驸马村的"东篱菊园"以及红砂村的"花香农居"的成功运作，加快小集镇发展壮大。再如根据一些小集镇比较优势因地制宜大力发展会展业、休闲旅游、高新技术等产业，实现了农民离土不离乡、进厂不进城，减少了对城市扩张的压力，有效推进了小集镇农民就地市民化。

完善小城镇扶持政策，重点打造中小城市建设金融体系。小集镇变身中小城市需要着力推进城乡一体化进程，消除城乡二元经济结构。其中，小集镇基础设施建设的加强、特色优势产业的培植以及城乡一体化市场的建设等都离不开金融体系的支撑与扶持。2007年成都市开展试点工作以来，通过建立完善农村农业投融资机制，加快发展村镇银行、小额贷款公司，健全"三农"投资服务体系等，积极推动金融机构向农村延伸网点和服务，着力引导社会资本参与统筹城乡发展和新农村建设。同时，组建小城镇建设办公室，成立小城镇投资有限公司，大力引导和集聚信贷资金、社会资金等加大小城镇建设投入，主要是加强农村新型社区建设、乡镇基础设施建设、城镇建设及土地一级整理等，从而为农民增岗增收、产业布局和统筹发展、提升小集镇公共服务水平和土地集约利用等奠定了坚实的基础，有力地推动了小集镇向中小城市的转变。

以农村新型社区建设为突破口，高标准推进农村城镇化发展。城乡经济互动发展实质是逐步缩小城乡差别、实现城乡经济一体化的动态过程。其中，新型社区作为最具发展潜力和带动功能的城镇化发展要素，在小集镇变身中小城市中意义重大。为此，成都市高度重视和积极推进农村新型社区的构建。其发展目标是着力改善农民生产生活环境、提高公共管理服务水平以及缩小城乡差距，切实提升群众生活水平和发展后劲；基本思路是按照"城乡统筹，四位一体，统筹推进三个集中"的战略要求，统筹基础设施建设、公共服务供给和产业调整升级；发展手段是充分尊重农民意愿，通过市场化运作，促进农村土地资源集约化、资本化开发，从而推动农民高质量向社区和城镇集中，使群众留得住、能发展。成都新型社区建设为农民增岗增收，推进农村向新型城镇化发展，农业向现代化产业发展奠定良好的基础，有效解决了城

第二章 在实践中探索和开拓中国特色大西南与长三角区域经济发展模式

镇化中农民的后顾之忧。

统筹兼顾，创新制度模式推动小集镇向中小城市发展。城乡经济互动发展指的是在城乡明确分工、相互促进基础上，实现城乡经济之间双向发展的过程。但实践中由于城乡公共设施与公共服务存在差异，资源配置权力存在差异以及发展基础存在差异等客观实际，城乡发展存在天生的不平等，需要以制度方式统筹发展。综合配套改革试点开展以来，成都市加强制度模式创新，采取了系列举措着力提高城镇化水平。如深化农村产权制度改革，积极推进生产要素城乡之间的自由流动；深入推进户籍制度改革，全面实施居住证一元化管理制度，促进城乡居民平等享受基本公共服务和参与社会管理。[①] 通过一系列举措，小集镇群众不仅在身份上"入城"，而且在心理上也切实增强了归属感。

（二）主要成效

2007年成渝全国统筹城乡综合配套改革试验区工作施行以来，成都市农村居民人均纯收入显著提高，产业孵化成效明显，城镇化率不断提高，部分小集镇变身中小城市取得新进展。从农业总产值来看，从2006年的327.5亿元增长到2010年的470.2亿元，年均增长8.72%；从农民人均纯收入来看，从2006年的4 905元增加到2010年的8 205元，年均增长13.64%（参见图4、图5）。到2013年，成都市实现农业总产值达584.6亿元，同比增长3.5%；农民人均纯收入达12 985元，增长12.9%。[②] 两指标增幅均远远高于同期四川及全国平均水平。

	2006年	2007年	2008年	2009年	2010年
农民人均纯收入（元）	4 905	5 642	6 481	7 129	8 205

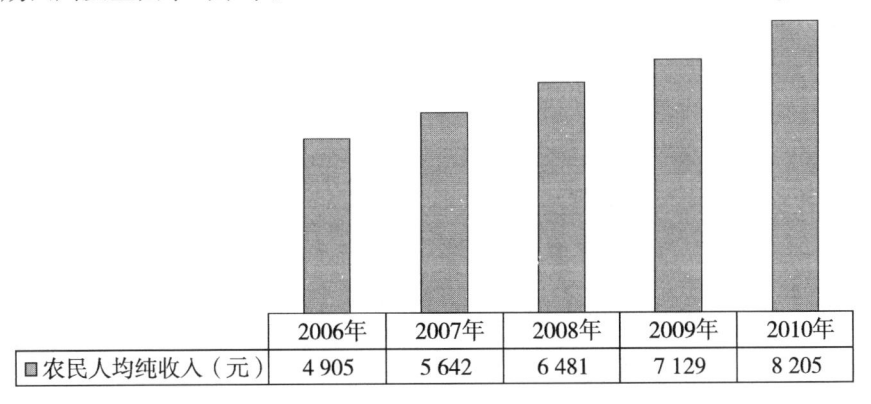

图4 成都市农民人均纯收入增长趋势

---

① 《2012年成都市政府工作报告》，http://www.chengdu.gov.cn/，成都市政府办公厅，2012-06-11。
② 参见2006—2010年和2013年成都市国民经济和社会发展统计公报。

	2006年	2007年	2008年	2009年	2010年
农业总产值（亿元）	327.5	402.09	464.6	441.1	470.2

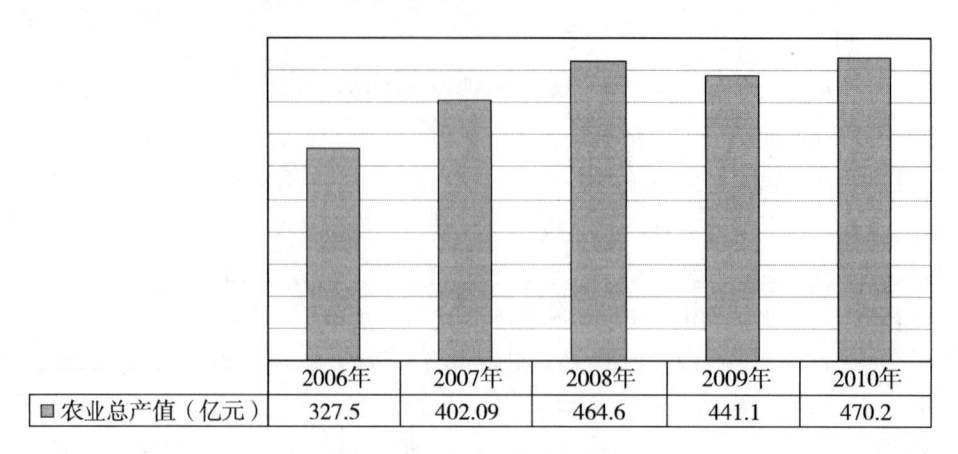

图5　成都市农业总产值趋势

从小集镇重点产业孵化成果来看，2007年成都市年产值或销售收入过5 000万元以上的市级农业产业化经营重点龙头企业有205个，2008年为226个，其中过亿元企业为78个；2009年年产值或销售收入过亿元的农业产业化经营龙头企业为89个，2010年过亿元的农业产业化经营龙头企业为94个。到2013年，成都市年产值或销售收入过亿元的农业产业化经营龙头企业达到146个，比上年增加20个，农业产业化经营带动面为81.6%。全市已建成现代农业示范园区145个，标准化农产品生产示范基地307个；已认证各类安全优质农产品1 123个，新增无公害农产品、绿色和有机农产品认证114个。[①]从城镇化率来看，成都市已从2006年的61.5%上升到2013年的69.4%，而同期四川城镇化率分别为34.3%与40.3%，远远低于成都市城镇化率水平。

通常衡量城市城镇化水平使用的是"人口城镇化率"指标，而成都在综合专家学者意见的基础上，结合自身情况，提出了"新型城镇化率"，制定了涵盖经济城镇化水平、人口城镇化水平、基础设施城镇化水平、公共服务城镇化水平、生活质量城镇化水平五大领域在内的城镇化发展水平监测评价体系，包括22个指标，更能体现统筹城乡发展、发展壮大小集镇的成果。从统计数据看，成都市新型城镇化水平成效显著，从试验区启动前2006年的46.5%上升到2012年的60.2%。[②]最近，国家住建部、发改委等7部委联合下发了《住房城乡建设部等部门关于公布全国重点镇名单的通知》，公布了全

[①] 参见2006—2010年和2013年成都市国民经济和社会发展统计公报。

[②] 参见2006年成都市国民经济和社会发展统计公报；《2013年四川城镇化水平与质量稳步提高》，四川省人民政府网站，2014-03-19。

第二章 在实践中探索和开拓中国特色大西南与长三角区域经济发展模式

国重点镇共 3 675 个,成都有 26 个镇入选,数量居全国副省级城市第一。而今《成渝经济区成都城市群发展规划(2014—2020 年)》又明确提出,到 2020 年,成都城市群作为全面建设小康社会的先行区,城市群同城化水平将进一步提升,新型城镇化率将达到 65%。

六、桂黔滇"金三角"开发区产业发展模式

广西、贵州、云南三省区交界处矿产资源富集、旅游资源丰富、民族民风淳朴,是发展工矿产业、能源产业、旅游产业和边境贸易业的富饶之地,同时也是大西南地区重要的交通枢纽。处在三省区交界处的广西百色市、贵州黔西南布依族苗族自治州与云南文山壮族苗族自治州是桂黔滇"金三角"地区三个地级行政区。根据第六次人口普查数据,黔西南州、文山州及百色市人口分别为 382.63 万人、339.81 万人和 351.79 万人,分别占三省区总人口的 11%、7.4% 和 7.6%。2013 年三市州生产总值 GDP 分别为 558.91 亿元、553.36 亿元和 803.87 亿元,分别占贵州、云南、广西生产总值 GDP 的 6.98%、4.72% 及 5.59%。[①]

近年来,随着改革开放和西部大开发不断加快,借力中国—东盟自贸区的建立和不断深化,桂黔滇"金三角"地区产业发展日趋成型,经济社会发展迅猛。一是依托优势能矿资源,做大做强工矿产业。黔滇桂三省区接合部拥有丰富的原煤、铝土矿、水能、锑、铜、石油、天然气、黄金、水晶、金矿等能矿资源,是我国十大有色金属矿区之一。通过区域协作推进、抱团发展,三市州结合地区逐步形成了以能源、冶金、化工、建材等产业为重点的工业体系。二是加强旅游产业合作,共建旅游经济圈。依托三市州得天独厚的人文历史、自然风光、民族风情等,通过推进区域旅游资源共享、编制区域旅游发展规划、协同管理区域旅游市场、共塑旅游整体形象、联合举办旅游资源推介会等举措,逐步形成了以百色红色旅游、黔西南州自然风光及文山州民族风情为特色的旅游文化产业圈。三是大力发展边境贸易产业,促进产业互补升级。依托快速交通网络和基础设施建设等的日臻完善,如蒙自—文山—百色铁路、汕昆高速公路、广昆高速公路等的投用。随着近年来与东盟联系的加强,三市州突破行政区划界线,联系日益紧密,产业互补升级取

---

① 根据贵州、云南、广西与黔西南州、文山州及百色市 2013 年经济社会发展统计公报和第六次人口普查数据计算得出。

得实效,作为大西南连接东盟的经济走廊雏形日显。

而今,为了适应广西、贵州、云南经济社会快速发展的需要,国务院已批复同意国家发改委《左右江革命老区振兴规划》,该规划跨越3省区8市州59县市区,期限2015—2025年,是指导左右江革命老区经济发展布局的重要依据。规划明确了老区的战略定位、发展目标等,老区"战略定位:面向东南亚、南亚全方位开放前沿地带;重要资源精深加工基地;著名红色文化及休闲旅游目的地;生态文明示范区;跨省互联互通先行区。发展目标:到2025年,左右江革命老区全面建成'新老区',综合经济实力大幅提升,安全高效的综合交通运输体系全面建成,现代产业体系基本确立,工业化、信息化、城镇化、农业现代化实现同步发展,兼容并包的开放型经济新体制基本建成,生态文明建设取得重大进展,活力老区、美丽老区、幸福老区、文化老区全面建成。空间布局:统筹区域发展空间布局,注重加强与珠江—西江经济带以及北部湾、黔中、滇中等周边经济区的联系,培育壮大沿边开发开放带,发展桂黔滇'金三角'组团、黔南桂西北组团,以百色、河池、崇左、兴义、都匀、文山等城市为中心,打造'两环三纵四横'的区域开发主骨架,形成'一带二组团多中心'的空间发展格局。"① 推进桂黔滇"金三角"组团发展,就是要以百色、兴义、文山三市为龙头,以南昆铁路、汕昆高速公路、南北盘江、红水河为轴线,依托三省区交界地区的开发开放和试验区等各种平台,全面加强经济合作。该规划的实施,使桂黔滇"金三角"开发区由发展的最大短板上升为国家战略。

---

① 邓伯祥:《打造活力老区美丽老区幸福老区文化老区让人民共享改革发展成果过上更加幸福美好生活》[N],《黔西南日报》,2015-04-10。

第三章　开拓创新，开启大西南承接长三角产业有序转移发展之先河

在中国现代经济史上，大西南与长三角产业转移和承接关系的发展形成及框架构想，经历了一个漫长的历史过程，几度潮起潮落。在这个过程中有三种取向："列强入侵、西风东渐"，"外引内联、东西对话"和"定向定位、东靠西移"。与三种取向相对应，大西南承接长三角产业转移发展出现了三次高潮：抗战"大后方"时期、战备"大三线"时期和西部大开发时期。随着国家大力组织和推动长三角等东部地区产业大调整大转移，大西南地区承接长三角产业转移发展取得积极进展，从而形成了大西南承接长三角产业有序转移发展的概念。

第一节　大西南承接长三角产业有序转移发展的三种取向

一、第一种取向："列强入侵、西风东渐"

"西风东渐"的含义是指西方的文化技术等逐渐流入东方，对东方有所影响。19世纪末期，帝国主义列强入侵中国，侵略者来到中国带来了西方的价值观、思想和文化，与中国传统的文化相区别称为西学，清末大量的西方思想影响着中国人的思维，因而被人们称为"西风东渐"。

（一）中国近代工业与市场的产生和形成

中国近代资本主义经济市场化、国家工业化和农村城镇化是紧密联系的，它们之间互为因果和相互依赖。如果说1912年元旦孙中山在南京就任临时大总统，宣告中国第一个资产阶级共和国成立，揭开了近代中国以国家政权为杠杆，直接推动市场经济和国家工业化发展历史新篇章的话，那么到20世纪初特别是20世纪20—30年代，随着中国经济市场化、国家工业化和农村城

镇化的进步和发展，产业转移由于地理环境优良中差、自然资源禀赋空间分布不匀，就出现了"列强入侵、西风东渐"的情况。首先涉及的是东部沿海沿江地区，大西南则历史性地滞后了。

中国近代市场发育是帝国主义列强入侵，中国市场被迫对外开放并成为世界市场一个组成部分的结果。两次鸦片战争后，列强在中国选择具有区位优势、物产丰富、历史悠久、交通便利的城市，强迫清政府开辟商埠。这就是我国东部沿海沿江的广州、汕头、琼州、福州、厦门、台南、宁波、上海、烟台、天津、营口、淡水、南京、镇江、汉口、九江等16埠。此外，沿陆路边境的城市，为沙俄开辟的是伊犁、塔尔巴哈台、喀什噶尔、库伦、张家口等5埠。在这些商埠，外国人可以携带眷属，自由租地建房居住，派驻领事等官员，可以自由进行投资贸易，开发、掠夺各种资源，谋求利润最大化。自此，列强在强迫清政府签订的一系列不平等条约中，都相继获得了许多政治和经济特权，对有关中外市场关系作出机制制度安排。所以，中国近代城市发展格局基本上是外国资本主义入侵和开埠后所形成的市场，逐渐形成"西风东渐"趋势。

然而，市场化和工业化是互为因果、相互促进的。中国近代城市形成和发展都是商业和市场发育的结果，城市化和工业化的发展又催促市场发育成长。那时，来华投资的外国企业多为国际性垄断组织，经济技术实力雄厚，管理方法先进，利用中国传统商品流通渠道，选择投资环境优越的东部沿海沿江地区投资，不断扩大在华势力，控制中国经济命脉。据中国社科院学部委员吴承明先生披露，"外国在华资本占中国资本总额比重1894年为60.7%，1913年为80.3%，1920年为70.4%，1936年为78.4%。"[①] 同时，中国民族工商业也开始出现集中现象。据1931年秋对我国最大最重要工业城市上海的调查，全市1883家工厂中有公司330家，只占工厂总数的17.53%，却占全部工业总资本的71.48%。其中，股份有限公司281家，只占工厂总数4.92%，其资本却占全部资本的63.11%，形成一批大型企业集团。如荣氏（荣宗敬、荣德生）资本集团1903年创办茂新面粉厂，到1921年有面粉厂12家，其中收购3家；1911年荣家投资纺织业，到1931年有纱厂9家，其中通过兼并收购4家。"先施公司作为中国第一家大型商业资本集团，是澳大利亚华侨马庆彪1912年在广州开设先施公司分公司后1917年在上海开设的分公司，经营环球百货和娱乐场所，资本由60万港元增加到200万港元。起初是

---

① 吴承明：《中国资本主义的发展述略》[M]，北京：中华书局，1981年，第337页。

第三章 开拓创新，开启大西南承接长三角产业有序转移发展之先河

港粤沪三地小先施公司属联号性质，1919年合并后由香港总公司统一经营的管理，资本达700万港元。另一家商业资本集团是上海永安公司，由华侨郭氏兄弟创办。1907年郭乐在香港开设永安百货公司，经营百货业务，附设金山庄经营进出口贸易；1913年在上海筹设上海永安公司，初定资本50万港元，后来增至200万港元；1918年开业后经营情况很好，日营业额突破万元。"[①] 到20世纪30—40年代，永安公司集团在澳洲悉尼和香港、广州、上海等地已拥有商业公司、工业公司、银行、金融保险公司、酒店和娱乐场所等数十家附属企业，生产经营多种农产品及其制品，开始向着商业与工业、金融一体化的方向发展，并开展跨国经营，使之更趋集团化和资本主义化。

城市依托市场化和工业化而发展，有赖于交通运输的自然条件和基础设施完善。随着经济市场化、国家工业化和农村城镇化发展，近代中国交通运输业结构发生重大变化，新式交通运输业取代旧式运输业，迅速创新和发展起来，一个立体型、多功能的交通运输网络体系在东部沿海沿江地区开始构建框架。据统计，1887—1914年间旧式交通运输业增长较快，产值年均增长5.1%。同时新式交通运输业开始出现，1914年产值为1.33亿元。1914—1936年近代交通运输业快速发展，产值增加1.38倍，年均增长4%，到1936年其在全部交通运输业中比重超过30%。旧式交通运输业增长减速，22年仅增长39%，年均增长1.5%，其在全部交通运输业总产值中比重降至70%以下。另据海关统计，1864—1903年进出口帆船每年以6.3%速度增长，1904—1914年增速减慢，年增长率为2.4%。1914—1930年间情况发生根本变化，往来帆船每年以4.4%的速度递减。

与此同时，1887—1936年间往来各通商口岸的外国轮船急剧增加，由165.3万吨增至1 008.47万吨，近50年增长6倍。全国所有轮船1877年只有2.53万吨，1914年增至9.26万吨，37年增长2.6倍。1914年后轮船运输业快速发展，1936年增至57.68万吨，22年增加5.2倍。在激烈的市场竞争中，轮船代替帆船运输的过程加速进行。以川江航运为例，1919年帆运比重占一半以上，1926年已全部被轮船代替。又如长江中下游运输一向以帆运为主，此时轮船运输以不可阻挡之势排挤了帆船运输。

新建铁路是近代中国交通运输业发展过程中具有革命性的变革。根据严中平等先生提供的资料，1887—1944年间中国修筑铁路2.41万公里，年均

---

① 张秀英：《近代中国公司制度的发展历程》[J]，《广西师范大学学报（哲学社会科学版）》，2001-06-30。

423.06公里。其中，1919—1937年间是旧中国历史上年均筑路最多的时期，其间共筑路1.03万公里，年均542.11公里，多于前后其他时期（1887—1919年间和1937—1944年间年均筑路337公里左右）。由此，中国铁路货运量1911年前尚不足10亿吨公里，到1936年已增至178亿吨公里（见表1）。

表1 1917—1936年中国铁路货运产品历年吨量指数

指数：1917年=100

年份	各种产品总计	制造品	矿产品	农产品	林产品	畜产品
1917	100.00	100.00	100.00	100.00	100.00	100.00
1918	123.80	124.60	127.60	123.50	120.90	97.80
1919	139.60	132.60	159.00	114.30	147.30	104.10
1920	164.10	138.20	165.00	186.20	171.60	102.30
1921	170.20	138.90	175.70	168.80	198.20	92.90
1922	143.90	155.70	151.40	127.80	188.80	127.70
1923	185.70	183.30	240.80	135.60	264.80	144.10
1924	165.20	157.30	199.40	102.70	226.10	121.50
1925	148.60	152.50	132.60	97.00	220.60	105.90
1931	101.10	217.00	165.30	101.30	151.60	113.90
1932	161.10	197.30	189.20	89.20	150.60	82.90
1933	172.40	200.90	192.40	94.60	146.30	89.30
1934	226.50	237.960	273.40	149.40	169.70	110.40
1935	243.50	268.30	282.40	132.90	152.00	122.30
1936	234.50	268.30	282.60	132.90	152.00	122.30

由表1可见，1917—1936年在中国铁路运输货物中，制造业产品和矿产品增长速度快，农林牧产品增长慢。这表明我国近代市场商品流通结构，以及农林牧产品商品化程度变化的趋势。

与铁路运输相匹配，这个时期公路运输和民用航空事业也从无到有发展壮大起来。1913年中国事实上无近代新式公路可言，到1915年竣工投产公路达5.90万公里。我国第一家民用航空公司建于1929年，1935年3家航空公司开辟通达全国各主要城市和港口的航线10条，通航里程为68万英里。

值得强调指出的是，在近代中国铁路、公路、民航等现代交通运输设施没有出现前，东部沿海沿江沿河沿湖的港口城市借助成本低廉的航运便利，

第三章 开拓创新，开启大西南承接长三角产业有序转移发展之先河

占尽交通运输的比较优势，能够对外与世界市场、对内与各地商埠联成网络。上海之所以成为全国经济中心，广州、汉口、天津、大连、南京、厦门、宁波、福州、重庆等城市之所以分别成为华南、华中、华北、东北、华东、西南最大进出口商品集散地，都是由于优越的交通运输条件所致。在铁路、公路兴建以后，它们与水路和航空交通互相对接联网，逐渐构建起水陆空结合、立体型、多功能的交通运输网络体系，取得 1+1>2 的功能效益。这些城市得益于铁路、公路、航空交通枢纽地位和购销均衡点作用，发挥越来越大的聚集和辐射功能，使城市和市场迅速扩张延伸，与其腹地建立比较协调、紧密的联系，促进工农业和工农产品加工制造业发展，许多出口商品都云集到东部沿海和长江沿岸各个口岸，使市场分布不平衡性和"西风东渐"趋势不断深化。根据严中平先生的资料，1871—1947 年间中国五大通商口岸对外贸易在全国对外贸易总额中的比重如下（见表2）。

表2 1871—1947年五大通商口岸对外贸易占全国对外贸易总额的比重

全国各海关总计 = 100

年份	上海	广州	天津	汉口	大连	其他
1871—1873	64.10	12.70	1.80	2.70	—	18.70
1881—1883	57.10	11.80	3.10	4.20	—	23.90
1891—1893	49.90	11.60	3.10	2.30	—	33.10
1901—1903	53.10	10.40	3.60	1.80	—	31.10
1909—1911	44.20	9.70	4.50	4.40	4.90	32.30
1919—1921	41.40	7.20	7.40	3.90	13.10	27.00
1929—1931	44.80	5.20	8.40	2.40	15.00	24.40
1993	53.40	6.10	10.60	2.10	—	27.80
1934	55.40	5.10	11.30	2.70	—	25.50
1935	53.10	4.10	11.70	3.10	—	27.20
1936	55.30	4.40	11.60	2.80	—	25.70
1947	69.40	5.10	5.60	—	—	19.90

由表2可见，从19世纪70年代起直到新中国成立前夕，上海都是我国对外贸易的中心，其在对外贸易总额中的比重，多年保持在50%以上高位。如果把广州和天津加上，在全国对外贸易总额中的比重占到70%以上极高位。如以地区划分，早期90%以上对外贸易集中在华东、华南和华中市场进行，到20世纪初后华东和华南对外贸易额占全国外贸总额比重继续稳居领先地

位，东北、华北外贸市场显著扩大，唯有交通闭塞的西南和西北地区始终是微乎其微。

总之，我国经济史学家们大都认同，中国近代史从 19 世纪 70 年代才真正开始。因为 19 世纪 40 年代鸦片战争以英国为首的各国列强使用武力打开中国大门，但其侵略主要方式仍沿袭以暴力掠夺为主。而中国传统社会经济结构和生产方式大概也是 70 年代才开始发生变化，其诱因就是鸦片战争后 30 年间外国机器制造商品大批量流入中国市场。当时英国国内工业劳动生产率不断提高，苏伊士运河开通、新大陆发现和海底电缆修通，加速了信息传递，在非洲取得更多特权和便利，大大增强了英国工业竞争力，从而促使中国传统经济基础——农业与手工业相结合的自然经济加速瓦解。在此基础上，中国近代工业先是官办后是民办，就开始产生和发展起来。

（二）大西南地区近代工矿业的发育成长

在这段时间里，大西南情况如何呢？外国列强对大西南地区的侵略是政治入侵先于经济渗透，咸同年间贵州各族人民开展反洋教斗争就是例证，如咸丰十一年（1861 年）"青岩教案"、同治元年（1862 年）"开州教案"等。但是，社会经济结构改变则是在第二次鸦片战争后，从 19 世纪 60—70 年代开始，洋货经汉口远销到西南地区。特别是 1895 年中法战争失败后，清政府被迫开放长江，同意在云南、广西中越边界开埠通商，这样外国商品长驱直入，部分县乡镇出现初级市场，农业与家庭手工业结合的自然经济逐渐分化瓦解，近代工业和近代市场发育成长了。

伴随着"西风东渐"资本帝国主义列强铁蹄声，地理环境恶劣、基础设施建设严重落后的大西南地区，由于蕴藏丰富的自然资源也成为帝国主义列强争夺和掠夺的对象。拿贵州来说，列强特别看重丰富的矿产资源。据史书史料记载，值得提出研究的有 11 次之多。

1. 法帝掠夺铁矿资源。1886 年，法帝瑞记商行经理商人戴玛德奉命到贵州"考察"青溪铁厂。次年，德法"泰来洋行高息借贷银 19.2 万两"，与该厂议定合同，"按年分期由厂本息清还"。后因大炉停产，被迫退还洋款，未借成功。

2. 英帝法帝掠夺汞矿资源。1899 年，英法联手在铜仁万山滑石坡设"英法水银公司"，强行开采中国最大汞矿——万山汞矿。10 年间共计掠夺水银 700 余吨，价值 400 余万美元。后因贵州各族人民团结一致，坚决反抗，被迫撤离。

3. 德帝掠夺锑矿资源。1899年，德商礼和洋行先后组织协成、黔兴、福源、中兴等公司，联合开采梵净山辉锑矿，盛产。还在铜仁设冶炼厂，从事炼锑业。1907年被中国政府收回主权。

4. 英帝法帝联手掠夺锑矿资源。英法在掠夺万山汞矿的同时，又在铜仁一带设"立兴公司、华兴公司"，压价收购生锑，运往汉口，售给亨达利洋行等外国公司，每吨赚银20多两。

5. 法帝掠夺银矿资源。1902年，法帝强迫清政府签约"宝利亨利公司合同"，开采思南和印江银矿资源，限期40年，后因军民反抗未开采即解散。同年，法帝又强迫清政府签订"华泽合办普安来福亨利公司合同"，限期20年，后因官民联合反抗未能组织实施。

6. 法帝掠夺铅矿资源。1902年，法帝强迫清政府订立"中法合办安顺矿务合同"，组织安顺丰泰公司。收购威宁妈姑黑白铅，开采永宁州鼎红和平远州播者铅矿，勘测威宁麻寨、盘州厅舒著和箐其洼铜矿资源。

7. 法帝掠夺云母矿资源。1906年，法帝强迫清政府签订"天益大罗公司合同"，由中国商人开办的天益公司与法国大罗公司合办，资本200万两银，限期30年，拟开采大定、平远云母矿资源，后因官民反对未能得逞。

8. 法帝英帝掠夺锑矿资源。1907年9月，法人白嘎士致书藩使，请求四川驻成都法总领事，请准开办"贵州八寨矿厂"，但"藩使批斥不准"才未得逞。1907年英帝密探梵净山，欲掠黔东锑矿。由此，英商瞿鸿史以收购锑矿为名，私自擅住梵净山，密探此处矿产，妄图"举办矿务"。后经巡抚尤鸿书提出警告，要求云贵总督"照会英领事，转达瞿鸿史"；今后不准再来此地探矿，激起民愤草草平息。

9. 安迪拟约"商矿事"妄掠夺印江矿产。1908年，法帝指使法商安迪拟好"草约，准备到贵州商办矿事"，以开采印江思茅山（梵净山之部分）矿产资源。后因惊闻贵州人民反对未敢启程。

10. 意帝掠夺矿产资源。1910年4月，意大利要挟清廷，欲开办矿产业。当时，意驻京公使正式向清政府提出要求，在贵州开办矿业，并声称若不见允，即失两国和谊。然而，迫于广大人民群众的强烈反对，清政府未敢答应。在这种情况下，意帝变换手法，竭尽全力经营中国汞矿资源最富集的地区之一大洞喇汞矿，疯狂掠夺富矿资源。

11. 美帝掠夺矿产资源。1943年4月，美帝竭力插足贵州，掠夺全省矿产资源。此举表明美帝对掠夺中国江西、湖南、云南等省钨、锑、锡等宝矿不满足，仍不忘深入贵州开发矿产。随即派美经济作战部莫里斯来华调查钨、锑、锡等矿产资源。其贵州汞业管理处立即受命"搜集资料，准备接待"，以仰人鼻息。

凡此等等，足以证明帝国主义列强竞相掠夺大西南禀赋自然资源之疯狂。然而，除了这些近代工矿业外，大西南就没有官办民办的近代工业企业了。在整个社会经济生活中，大西南仍是家庭手工业和农业紧密结合的自然经济占统治地位，近代工业经济技术发展水平处于非常落后的状态，与长三角等东部沿海地区相比差距十分显著。

（三）大西南与长三角产业转移与承接关系的出现

那么，在"列强入侵、西风东渐"大背景下，大西南与长三角等东部沿海地区产业转移发展关系如何呢？现举典型案例阐述如下。

如贵州铁矿资源丰富，虽然分布零星广泛，但由于矿石多、产量大、用途广，涉及各族人民生产生活各个层面，早在晚清时期就被普遍开发利用。据记载，当时全省铁矿主要有赤水厅图书坝的东皇殿、郎岱厅黑那拱、册亨州登年沙平等16处。到1886年，在洋务运动中才出现第一家官商合办近代工矿企业——青溪铁厂。青溪铁厂是贵州巡抚潘霨（又名潘慰如、潘中丞）创办。其目的有三：一是想开辟财源，增加收入，以求扭转历来"每岁度支全赖各省协济"财政困难窘境；二是与洋务派大官僚挂钩拉线，提高自己的经济和政治地位；三是受洋务运动影响和刺激，幻想以此"力敌洋庄，收回铁利"。由此，在有利于加强政府和洋务派经济实力的前提下，获清政府批准筹办，潘霨在清溪设立"炼铁总局"，在"镇远、常德、汉口、上海布置分局"，派江南制造局总理、胞弟潘露（字镜如）为青溪总局总调度、徐祖弈为副帮办。此外，派曾彦铨任汉口转运分销中局会办，陈世乡任帮办；王叔蕃任上海督销转运总局帮办，严国章任文书，汪庆禄任收支。随之，在全省内外招收商股，"每股收银一百两，共拾三千股，合银三十万两"，以敷资金周转，拟"先就股份最多者推为总办，其余一人能集百股者作为帮办"，产品抽课二成，官府只负责"督销、弹压、稽查、代筹出路"。接着，又将"众商凑集之银提出四万两"，在上海分局内添置机器。由官商凑银八万两，派员自外洋购办机器，并在贵州相地建厂房及运销各项事宜，至此，青溪铁厂筹建就绪。

1887年，采办人潘志俊促英国帝赛德厂购进整套炼铁机器设备，重1780余吨，价值12 610英镑，分三批陆续运抵沪，1888年经南京、汉口、常德运至镇远青溪河对岸一带。同时，潘露又从上海聘用由法人罗莱克管辖的英法籍工程师5人，从江苏浙江雇用一批技师和技工。该厂占地60余亩，有炼铁、炼钢、轧钢三大部分，大型机器32件。其中，炼铁器械有大炉一座、日炼铁25吨，吊矿煤机一座、日吊铁矿50吨和煤焦炭40吨，汽炉5座，鼓风机两座，热风炉4座。炼钢器械有焊铁炉、汽锤、轧轴各一座，钢炉、风炉各两座，机架、生铁炉、炭铁炉、鼓风机、钢板汽炉各一座。轧钢器械有大汽炉两座，双汽筒大机器一副，大剪床、锯床和水机各一座。全厂拥有固定技工约千人，加上采运铁矿和燃煤零工，约有员工5 000多人。1890年7月17日（农历6月1日）正式投产出铁，其"规模之大，在当时全国亦为仅见"。①

上述不争的史实验证，由于"列强入侵、西风东渐"，大西南近代工矿业兴起，大多数资金、技术、设备、工程技术管理人员和技术工人，都来自长三角等东部沿海地区，从而开启了产业转移和承接关系发展之先河。

二、第二种取向："外引内联、东西对话"

大西南是中国西部的多山地区，自然资源禀赋相对富集，组合态势良好，但是，由于基础设施建设自古滞后，长期处在封闭半封闭状态，对外经济协作比东部沿海先进地区落后，出现了"富饶的贫困"怪现象。

党的十一届三中全会后，改革、开放、搞活的春风吹遍大西南地区。1983年，各省区市政府相继批准成立对外经济协作办公室，把对外经济协作正式纳入各级政府工作的议事日程。1984年4月，中央领导同志视察调研时倡导的四川、云南、贵州、广西、重庆四省区五方经济协调会在贵阳召开。同年7月，贵州等省区市举行首届对外新闻发布会，纷纷发布提供优惠条件引进资金、技术、人才的决定。同年9月，国家计委、经委等五部委联合召开全国经济技术协作和横向联合会议，对全国横向经济技术协作和联合作出部署。自此，大西南对外经济协作由单一物资协作向资金、技术、人才、信息、管理全方位协作转变，并在实践中开拓创新，精心谋划经济技术协作和联合"顶层设计"，广泛开展多层次、全方位外引内联，推进东西对话交流。

——外引内联、东西对话指导方针：自力更生，各方联合，国家支持，共谋振兴。

——外引内联、东西对话运行机制：平等协商，谋求实效，求同存异，各方都有否决权。

——外引内联、东西对话新路径：军工先行先试，边境贸易异军突起。

---

① 贵州省文史研究馆：《贵州通志·前事志》（第40卷）[M]，贵阳：贵州人民出版社，1988年，第50页。

（一）军工先行先试，"摸着石头过河"

大西南是我国"大三线"建设的重点地区，彭德怀元帅奉命坐镇指挥，东部一线地区全国一流机器设备、科技精英人才和经营管理行家里手纷纷落地，形成一大批企业、企业集团和生产基地。改革开放后，中央重新估量国际国内形势，确认和平与发展是当代世界的主题，经济建设是全党全国的中心任务，重视市场在配置资源中的作用，军工企业实行"军转民""军民结合"的生产方针。在此背景下，中央作出在东部沿海沿江地区建设"经济特区""高新技术开发区"和发展外向型经济的战略决策，实施特殊的政策措施，引进国内外资金、技术、人才，加快经济社会发展的步伐。自此，大西南各省区市的三线军工企业中出现"孔雀东南飞""一江春水向东流"的现象，不仅在省内区内开展经济联合与协作，而且在东部沿海沿江地区开设的"窗口"迅速遍及上海、江苏、浙江、广州、深圳、珠海、福建、天津、海南等地，为高科技国产化产品打入国内国际市场，广泛进行产业配套协作，显示出较强的比较优势和竞争能力。东西对话新潮流一浪高过一浪，声势浩大，前所未有。

（二）开发边境贸易，开辟合作对话新路径

就整体而论，大西南是我国唯一沿海沿江沿边的"三沿"地区，扩大和深化对内对外开放的自然地理条件非常优越，然而，就个体而论，"三沿"条件消失，特别是云贵两省凸显不沿海、不沿江的弱势，没有自己的拓边通江达海的通道，如贵州地处大西南的心腹地区，不沿海、不沿江、不沿边，严重制约对内对外开放。但是，具有近海近江近边的相对优势，十分重视开发边境贸易。1990年和1991年，贵州"对外经济协作办公室"，连续组织了两次中缅边境贸易会，广泛开展多层次厂商直接对话交流，达成许多重要协议和共识。1991年，贵州外协系统在云南昆明、瑞丽、西双版纳和广西凭祥、防城港设立了公司、商号，开展了与缅甸、越南、泰国等国家的直接经济技术洽谈和商品贸易，贵州省通联工贸公司在凭祥、防城港成立了边贸公司，在河内成立贵州第一家合资公司，在8个省市建立商业网点，签订了一批具有实质性的合同、协议，为企业输出商品、资本、技术开辟了通道，为贵州借境通商、借船出海、借地生财，把全省的横向经济联合与协作同跨国经济技术交流与合作推上新台阶做贡献。

三、第三种取向:"定向定位、东靠西移"

1992年1月18日—2月21日,邓小平到武昌、深圳、珠海、上海等地区视察,发表了系列重要讲话,就当时一些有争议的重大理论和实际问题作出回答。其核心问题是,提出和阐述社会主义本质理论。进一步阐明共同富裕构想和"两个顾全大局"战略,要求一定要逐步解决沿海同内地贫富差距问题,同时,他还要求经济发展总要力争隔几年上一个台阶,广东20年赶上亚洲"四小龙",江苏、浙江等发展比较好的地区发展速度应比全国平均速度快,上海完全有条件搞得更快一点。并十分遗憾地说:"我的一个大失误就是搞四个经济特区时没有加上上海,要不然,现在长江三角洲、整个长江流域,乃至全国改革开放的局面,都会不一样。"如果浦东像深圳经济特区那样,早几年开发就好了。"开发浦东,这个影响就大了。不只是浦东的问题,是关系上海发展的问题,是利用上海这个基地发展长江三角洲和长江流域的问题。抓紧浦东开发,不要动摇,一直到建成。"至于上海发展目标和定位,邓小平说:"金融很重要,是现代经济的核心。金融搞活了,一着棋活,全盘皆活,上海过去是金融中心,是货币自由兑换的地方,今后也要这样搞。中国在金融方面的国际地位,首先要靠上海。"

为贯彻落实邓小平讲话精神,1992年4月,中共中央政治局委员、国务院副总理邹家华,在广西南宁主持召开《西南和华南部分省区区域规划研究》工作,做《坚持改革开放和联合协作促进区域发展》报告。他指出:"要按照经济合理和发挥整体优势的原则考虑生产力布局和联合协作,'七五'规划期间,将全国划分为东、中、西三大经济地带,并提出沿海地区经济发展战略。这个战略已经取得非常显著的成效。20世纪80年代,形成了经济特区、经济技术开发区、沿海开放城市、沿海开放地区这样一个开放体系,使沿海地区经济有了很大的发展。近几年的实践证明,在这个总体经济格局的基础上,根据各个地区的资源条件、经济基础和相互之间的经济联系,按照不同地区的特点,规划未来的发展。从更大的范围来考虑地区经济布局以及各省市之间的联合发展。"[①] 为此,国务院协同有关省区市,重点研究以上海浦东为龙头的长江沿岸地区、珠江三角洲地区、环渤海地区、西北地区、中部地区、西南和华南部分省区这六大片区的发展规划。其总的要求是,研究我国经济

---

① 《区域规划工作要适应经济的发展——邹家华副总理在区域规划工作会议上讲话》,《中国计划管理》,1992-07-29。

发展既要有总体发展战略规划,还要有经济区和省区市发展战略和规划。按照中央统一部署,大西南各省区市积极参与研究和制定《西南和华南部分省区区域规划》,同时也分别研究和制定各自发展战略和规划。如贵州省委省政府于1994年12月作出了关于实施开放带动战略、打好扩大开放总体战的决定,其主要决策之一,就是明确思路和重点,多层次多渠道多形式推进和扩大开放;确定全省工作主要着力点、战略目标和精准定位。凡此等等,使大西南各省区市承接长三角产业转移定向定位,彼此互联互动、行动快速,东靠西移逐渐成形。

亮点之一,解放思想,破除思想障碍,着力推进改革开放。由于地理环境恶劣,科学技术严重滞后,基础设施瓶颈制约,生产力和经济技术发展水平低,贵州穷根既粗又长。经认真学习和亲身实践,总结经验教训,全省各级党政领导干部明确认识到:在未来贵州经济社会发展中,扩大开放的程度和成效,将在很大程度上决定全省经济社会发展的速度和进程。越是过去封闭的越要扩大开放,否则就会坐失良机,贻误兴黔富民大计。因此,贵州深化改革扩大开放,必须是多层次、多渠道、全方位开放,必须构建与开放型经济发展相适应的新体制新机制,坚持改革与开放相辅相成、相互促进。要切实加强和扩大国内开放,积极发展与周边省区市和沿海、沿江、沿边地区的经济协作与交流,特别是要大力承接、合理选择东部沿海地区对中西部发展的辐射带动和产业转移,着力推动全省经济与国内国际经济实现对接互补。

亮点之二,加快开放,加速扩大自然资源的开发规模和深度。要紧紧围绕优势资源开发,加快发展优势产业和产品,促进贵州经济发展。全省工作主要着力点,"一是实施以南下为重点的全方位开放战略,着力搞好南下出海通道建设,积极发展与港澳台、周边国家和世界各国的经济技术联系和合作,走向国际市场。同时,抓紧搞好北上成渝入江通道建设,加强与以浦东为龙头的长江流域经济带的经济联系,形成南北两翼齐飞的开放格局。二是加快贵阳市建设现代化内陆开放城市的步伐,进而建设包括贵阳、遵义、安顺在内的黔中产业带,办好经济技术开发区,发挥对全省的带动和辐射作用。"[①]

亮点之三,扩大开放,着力加快基础设施和基础产业建设。采取切实措施,根本改变贵州封闭半封闭状态。要抓紧贵阳龙洞堡机场建设;积极支持南昆、水珠(复线)铁路建设;争取加快六红、黄织铁路建设;尽快建成贵

[①] 《贵州对内对外开放史研究》课题组:《贵州六百年对内对外开放的历史回顾与启示(之四)》[N],《贵州民族报》,2013-08-16。

阳至遵义高等级公路，并创造条件向北延伸，争取贵阳至南宁高等级公路早日开工。同时，力争3年内全省邮电通讯实现"两化三网"目标；积极开展省内公路重点区域综合开发；有步骤地进行乌江干流沿岸地区、攀西—六盘水地区和南北盘江、红水河沿岸地区的资源开发，以及赤水河、清水江流域综合开发立项前期准备工作，以配合重点工程建设，不断扩大招商引资范围。

第二节　大西南承接长三角产业有序转移发展的三次高潮

一、第一次高潮：抗战"大后方"时期

众所周知，1937年7月7日，日本帝国主义侵略者制造了卢沟桥事变，全面发起了灭亡中国的侵华战争。中国共产党随即向全国发出通电，号召全国人民、军队和政府团结起来，坚决抵抗日寇侵略。1938年2月中旬到9月下旬，共产党与国民党就合作抗战问题进行了6次谈判。同年9月22日"中共中央为公布国共合作宣言"发表，国共第二次合作宣告成立，抗日民族统一战线至此正式形成，受到了全国各族人民的热烈欢迎。伴随着时间的推移，侵华日军发动全面进攻，国民党战场节节败退，敌占区汪伪政权相继建立，共产党领导的抗日根据地不断巩固扩大，整个中国政治军事形势发生重大变化。在这种形势下，大批战区工业迁移到大西南——抗日战争的大后方。

中国近现代工业企业大都集中在上海、南京、杭州等东部沿海沿江城市，抗战爆发后不少民族资本家为使企业免遭日寇掠夺，纷纷向国民党政府申请将工厂迁往西南和西北地区，继续从事军需民用生产，支持抗日战争。如"八一三"淞沪抗战前夕，上海机器同业公会、大鑫钢铁厂、中国炼气公司、大中华橡胶厂等，要求国民党资源委员会拨给奖励金或低息贷款，把工厂迁到内地继续生产。为适应战时需求，国民党政府将其所属的一些厂矿内迁，还对愿意内迁的民族工业给予贷款和运输的方便，并强制一批国民党政府所需的工厂内迁。由此，抗战初期就有大批战区工业迁往内地。迁往内地工矿企业除资源委员会经营的厂矿外，以上海工厂最多，还有山西、河南、山东和天津等地的一些工厂，另外也有广州和南京一些工厂未及迁出。根据国民党政府经济部统计，到1940年，陆续内迁的厂矿企业共448家，机器材料70 900吨，技工12 000余人，到该年年底已大多复工。按行业统计，机械工

业占44.4%,织纺业占21.65%,化学工业占12.5%,教育用品业占8.26%,电器业占6.47%,饮食业占4.71%,矿业占1.78%,钢铁业占0.24%,其他工业占3.79%,其中属国防工业范围者达60%以上。其地域分布是四川占54.67%,湖南占29.21%,贵州、广西、云南、陕西等省也有一部分。大批工矿企业内迁对大后方经济发展、支持抗战等起到了很大的作用。

伴随着长三角等东部沿海沿江地区工矿企业内迁,给全民抗战展开和战时经济发展以强力支撑,掀起了一股巨大的生产要素大流动、产业结构大调整和产业大转移高潮,推动了大西南工业化快速前进,并取得良好的效果。

(一) 厂矿内迁促资产转移

抗战时期厂矿内迁造成资产大转移,1937年8月到1940年内迁厂矿共计639家,资产总额1亿元以上。厂矿内迁使大西南地区产业资本迅速增加,产业结构有所改进。抗战前西南地区工矿企业极少,只有一些纺织、面粉和日用化工等企业,其他行业都非常薄弱,规模狭小,设备陈旧。而内迁厂矿门类较为齐全,与本土企业相配匹,与丰富的自然资源相结合,培育了一批新兴企业成长,填补了许多空白产业,原先空白的工矿企业和产业明显增加。工厂内迁除直接增加和改善了大西南地区产业资本和产业结构外,更重要的是由于内迁工厂的扩张和示范作用,有效带动了大西南地区工业进一步发展,某些厂矿吸收了部分先进生产力。"通过内迁企业的复业、扩展,还带动了相关新企业建立和当地旧企业技术改造,迅速提高了西南地区工业化程度。到1940年,已初步形成重庆、川中、广元、川东、桂林、昆明、贵阳和宁雅等8个工业中心区,这些工业中心区有的初具规模,有的开始起步,为以后进一步发展打下了基础。"[1] 工业化水平的提高,不仅表现在厂矿数量增加,而且表现在资本额增加,其绝大多数是在内迁厂矿带动下发展起来的相关产业,逐渐形成产业链。

(二) 厂矿内迁促资本转移

厂矿内迁带来了资本转移,不仅带动了内迁厂矿自身的资金转移,更重要的是促进了金融资本市场和政府财政及其投资的内移。战前大西南地区川、康、云、贵、桂5省,共有银行总行20家,支行140家左右;资本相当薄弱,

---

[1] 林建曾:《一次异常的工业化空间传动——抗日战争时期厂矿内迁的客观作用》[J],《抗日战争研究》,1996-03-30。

整个西南地区只有约5 700万元资本。"从1938年起,西南地区金融业进入大发展阶段。首先,是长三角等东部沿海沿江地区的不少银行在西南设立总行和支行。其次,是西南本土银行业也在内迁银行和厂矿的带动下迅速发展起来。1938—1940年间西南5省就新设银行8家、支行355处。到1945年8月,西南5省银行总分支机构更是发展到1 558处。在银行发展的同时,银号、钱庄、信托、保险等金融机构也有不同程度的发展,其资本也急剧增加。到抗战结束时,其资本总额约8亿元,较战前增加12倍多。战时大西南地区金融资本的大幅度增长,既意味着沿海沿江发达地区的资本向西南地区转移;也意味着大西南地区社会资本的集聚和向工业资本的转化。此外,国民政府迁至重庆后,对内迁工矿企业的复业、扩展和新企业的创建也给予了较大的财政补助。主要是制定一系列的鼓励、资助工矿业发展的法令和条例,按法规提供奖励和贷款。并以减税、贷款、奖励等方式,鼓励在后方新办有关国防、民生之重要工矿业。"[①] 此外,国民政府还采用改造和充实大西南地区原有厂矿的特殊措施,发放贷款500万元至2 500万元。

（三）厂矿内迁促科技转移

厂矿内迁牵动科技人才内移是大西南工业获得发展的又一个重要原因。"内移科技人才,大致可分为三类。第一类是技术工人。厂矿内迁时就有部分技术工人随迁,后工矿调整处以贷给旅费、安家费和眷属费等办法,积极支持内迁厂矿从香港、上海、河北、山东等地招募技术工人。同时,各内迁厂矿还自行设法招募技术工人。据估计,通过各种路径迁入大西南的技术工人2万人左右。第二类是专业技术人才。1938年8月工矿调整处在武汉公布《技术人员调整办法》,动员各种技术人员内迁应聘。到1940年4月23日止,应聘技术人员已达1 419人。各内迁厂矿也通过各种关系自行招聘技术人员,为数约在3 000人以上。厂矿内迁时也有一些技术人员随迁,有6 000人左右。第三类是各种专业科技人员。主要是随着高等院校和科研机构内迁流入西南,数量亦相当可观。据统计,当时全国339个单位有各种专业科技人员7 746人,其中大多系迁西南地区者。"[②]

各类科技人才大量内迁,使大西南地区技术力量显著增强,有力地推动

---

① 林建曾:《一次异常的工业化空间传动——抗日战争时期厂矿内迁的客观作用》[J],《抗日战争研究》,1996 – 03 – 30。

② 林建曾:《一次异常的工业化空间传动——抗日战争时期厂矿内迁的客观作用》[J],《抗日战争研究》,1996 – 03 – 30。

了大西南工业的发展和创新。其主要表现在:"①提高工人技术水平。一般来说,长三角等东部沿海沿江内迁的技术工人具有较内地工人为高的生产技能,使西南地区技术工人结构得到改善和优化。②改进技术设备。内迁的技术人员积极仿造或改造西南地区工业生产所需的各种生产设备,推进陈旧设备技术改造,弥补了设备不足,提高了劳动生产率。③推动新产品研发。1938—1945年间各种发明创造的专利多达512件。④开展矿产勘察与资源开发。内迁的地质勘察人员在内地发现和开发了不少很有价值的矿产资源。⑤加强人才培训与科技交流。内迁科技人才还通过各种方式把科技知识传授给西南地区职工,培养了一批新生科技人才和技术工人。内迁工矿企业长期坚持职工培训制度,大型企业往往都办有职工学校、子弟学校和各种培训班;中小型企业则联合开办学校和培训班;内迁的高等院校内附设各种职业培训班;政府招聘一些内迁科技人员开设各种职业学校。此外,内迁厂矿企业、科教机构还把发达地区科技交流方式带入内地,如开展信息交流会、学术讨论会、产品展览会;创办厂刊、会刊;组织外出考察、参观学习;设立研究机构等。"①

(四) 厂矿内迁促市场转移

抗战前大西南地区就已经是国内和国际市场的一部分,与国内国际都存在经济贸易关系,战争爆发使其发生了明显变化。进口额大幅减少,许多物资奇缺,供不应求,价格上涨;农副产品和工业原材料出口也大幅下降,严重滞销,价格下跌。大量人口内迁,使大西南人口剧增,城市规模不断扩大。到1941年,由东部地区往西部迁移的总人数约2 000万人以上,这使城市人口迅速增加,市场需求扩大,并导致市场外延扩大。国民政府迁都和第二次国共合作后,大西南地区成为全国抗战主要后方,担负着供应前方军需的任务,大西南市场延伸到抗战前方。大西南市场状况的变动为内迁厂矿复业和发展提供了有利条件,同时也使内迁厂矿需适应战时市场的变化状况,这表明战时市场对内迁厂矿有着潜在的牵动作用。其主要表现:"①商品经济发展、商业行业增多。工业的发展和产品种类的增加,必然引起销售工业品和供应原材料市场的扩大和商业服务行业的增多,不断增强同全国各地的经济联系和经济关系。②商业企业和经营规模逐步扩大。战时大西南地区各种类

---

① 林建曾:《一次异常的工业化空间传动——抗日战争时期厂矿内迁的客观作用》[J],《抗战战争研究》,1996 - 03 - 30。

第三章 开拓创新，开启大西南承接长三角产业有序转移发展之先河

型、不同等级规模的商业中心城市形成和发展。重庆、成都、贵阳、昆明等城市随着厂矿内迁和当地工业的发展而发展成为工业和金融业中心，加之进出口贸易通道的某些改变，它们也分别发展成为不同层级和多功能商贸中心。不仅在西南地区商贸发展中发挥重要的功能作用，而且以其为连结点初步形成了西南的区域大市场。在厂矿内迁和西南地区工业发展带动下，渐趋完善的西南市场的内在结构，以及由战事而引起的市场供求结构的变化，共同营造一个有利于西南地区工业化的市场环境。"[1]

（五）厂矿内迁的时空特点

首先，具有鲜明的军事目的。厂矿内迁主观目的主要是出于军事需要考虑。企业是为免使厂矿落入日寇之手，向政府提出内迁的建议。政府则从抗战军用物资供给出发而实施厂矿内迁。其次，内迁范围广泛。这是由厂矿内迁动机的军事性所决定的，其范围遍及面临日军侵占的所有工业较发达的城市和地区，只要业主或政府认定需要避敌或以资抗战，就可由政府协助或企业自主内迁。因而，内迁厂矿的行业种类和企业数量随着业主和政府认定范围的扩大而不断增加。最后，政府组织和督导。这次厂矿内迁虽然由业界和政府共同发起和实行，但总体来说，仍然是政府起领导和主导作用。

总之，抗战时期长三角等东部地区厂矿内迁大西南的产业大调整大转移，对大西南地区工业化虽然起着加速作用，使大西南与长三角等东部沿海沿江地区差距有所缩小，但并不是一次完美无缺的有序行动。因为它付出了重大代价，而且带有很大的局限性。事前没有足够准备，许多厂矿设备在中途被毁坏、被掠夺，遭受严重损失；或因交通受阻而抛弃，或因绕道迁移而增加费用。同时，还造成国家资本急剧膨胀，造成工业资本结构中国家资本与私人资本构成严重失衡。这次由厂矿内迁引起的工业化的空间传动，带有明显的避难、位移和抗敌性，因而当这些地区被日军占领之后，厂矿内迁即结束，表现出了传动动力的非经济性和传动时间的短暂性。这样，当抗战胜利之后，大多数内迁厂矿又迁回原地，使大西南地区工业化速度和水平从战时高峰状态转入停滞和低落状态。

二、第二次高潮：战备"大三线"时期

新中国成立后，我国立即开展经济和军事建设，着力推进工业化发展进

---

[1] 林建曾：《一次异常的工业化空间传动——抗日战争时期厂矿内迁的客观作用》[J]，《抗日战争研究》，1996-03-30。

程。早在"一五"时期,大西南地区的四川、重庆等地区就承接了苏联援建的"一五六项工程"中部分民用和军用项目的建设。然而,到 20 世纪 60 年代,美苏两霸加紧对中国进行军事威胁。1961 年 5 月,美国公然干涉越南内政,阻挠越南南北方统一,发动所谓的"特种战争",提供武器、金钱、派遣教官和顾问,装备、训练并直接指挥南越军队镇压南方人民。1964 年 8 月,美国悍然轰炸越南北方,并于第二年 3 月正式出兵侵略越南,从而对我国安全构成新的军事威胁。至于苏联,20 世纪 60 年代中期在蒙古大量驻军并在中苏边镜地区驻扎重兵;20 世纪 70 年代末又支持越南入侵柬埔寨和出兵侵略阿富汗,大肆进行扩张称霸活动。此外,美国公然违背中美两国建交原则以及美方对中方的政治承诺,1979 年 4 月卡特总统签署《与台湾关系法》,声称"美国作出同中国建立外交关系的决定,是以台湾的前途以和平方式解决台湾问题这种期望为基础的;凡是企图以非和平方式来解决台湾问题的努力,都将会威胁西太平洋地区的和平与安全,引起美国的严重关注"。对此,美国还提出要向我国台湾地区提供防御性武器。为应对美苏两国军事威胁和维护国家主权与领土完整,经济建设中备战问题被提上党和国家的重要议事日程。

为建立国家战略后方基地,准备进行反侵略战争,中共中央和毛泽东决定组织实施和开始布局大规模"三线"(战略后方)建设和投资,积极引导东部沿海地区特别是长三角地区产业向西部地区转移。其指导方针是,对一、二线建设采取"停"(停建一切新开工项目)、"缩"(压缩在建项目)、"搬"(将部分企事业单位搬到三线)、"分"(把一些企事业单位一分之二,分出部分迁往三线)、"帮"(从技术力量和设备等方面对三线企业实行对口帮助)。[①]对此,毛泽东提出"备战、备荒、为人民"战略口号,特别强调要着眼于发展农业和调动地方建设积极性。其投资重点是,加强军事工业和与之相配套的重工业以及交通运输业建设。其建设布局是,出于战略需要,一些企业分散在山沟里,也有相当一部分集中在大中城市。具体来说,主要是集中在陕西、四川和贵州三个省,尤其是西安、重庆、成都和贵阳等大中城市。20 世纪 80 年代,国家又成立"三线"企业调整办公室,对"三线"企业作出评估,一些环境差的企业,执行国家搬迁政策,再次向大中城市集中,使一些城市集中的"三线"企业增多。

西安是"三线"军工企业和科研院所最集中的地区。重庆提升为中央直

---

① 张世飞:《国民经济调整任务的完成》,http://www.zgdsw.org.cn/,中国共产党历史网,2011-09-28。

第三章 开拓创新，开启大西南承接长三角产业有序转移发展之先河

辖市，川渝行政区划调整后，陕西军工企业总量超过四川，名列全国第一，其中省会城市西安占有很大比重。西安军工企业主要有航天、航空、兵器、电子信息等工业，航空航天工业在全国具有显著优势，西安飞机工业公司已经成功研发"神舟60"民用支线飞机，其配套企业上百家，成为具有全国优势的大型航空研制基地，并进一步开发新材料和新能源等产业，这些高新技术产业与西安的输变电工业、电子工业等组合在一起，成为西安未来发展的新经济增长点和支柱产业。

重庆军工企业主要有兵器、船舶、航天、核工业、电子等，已成为重庆市工业经济重要组成部分。尤其值得关注的是，重庆军工是军转民、军民结合起步最早最成功的地方，其中汽车、摩托车生产在全国占有相当大的份额，能带动数百家企业配套生产，目前已成为重庆三大支柱产业之一。"三线"企业调整时，搬迁重庆的一批电子、光学系统的研究所和工厂，既研发新军品，又开发民品，如用于手机的模拟集成电路部件、光机电一体化的医疗器械等产品，都有广阔的市场前景。

成都军工企业主要有电子、航空、航天、核工业、生物制药、有机材料等。其中，一批军工研究所特别是电子信息类研究院所，对我国航天事业的发展和民品开发都做出了重要贡献。如电子某所除承担重要军品生产任务外，还建立"天奥"公司，研发高技术产品，为全所提供可观的经济收入。从发展趋势看，这些科研院所研发的高技术产品，将和其他高等院校、科研机构、军工企业，以及民营高科技企业结成联盟，开拓创新产学研相结合的新路径，共同组建成都的支柱产业和产业集群。

贵州"三线"建设投资规模仅次于陕西和四川，为102亿多元，居全国第三位。从1965年冬起投资建设几乎涉及所有工业部门。如国防科技军工系统建设了航空（011）、航天（061）和电子（083）三大基地，在钢铁、有色金属、化工、煤炭、电力、建材等行业都新建、扩建和改建一批大中型骨干企业，以机械电子工业项目最多。按照国家统一安排，从长三角等东部沿海地区搬迁，新建项目多达200多项，其中仅1972年列入国家建设的大中型项目就有105项。其投资布局以贵阳为中心，沿黔桂、湘黔、川黔、贵昆4条铁路干线展开，一个以贵阳、遵义、安顺、六盘水、都匀和凯里市为中心的6个工业区逐渐形成。

——贵阳工业区。该工业区为综合性工业中心，已逐渐形成包括纺织、食品、烟草、钢铁、仪器仪表、有色、机械、电子、煤炭、化工、建材等行业，以贵阳市区为中心，辐射周边12个片区的工业布局。

——遵义工业区。该工业区建成包括纺织、烟草、饮料、电力、黑色金属、有色金属、化工、机械电子、汽车、航天等工业行业和部门在内的工业产业基础，其中酿酒、烟草、低压电器、汽车、铁合金等产品久负盛名。

——安顺工业区。该工业区分布着纺织、饮料、皮革、烟草等轻工业，以及电子、煤炭、建材、化工、机械、汽车等重工业，不过整个工业产业分布则以纺织、化工、电力、机械和航空工业为主。

——六盘水工业区。该工业区是"大三线"建设时期成长起来的新兴工业区，以发展煤炭、钢铁工业为主，建设我国南方煤炭、钢铁基地。

——都匀工业区。该工业区是"大三线"建设时期成长起来的电子信息产业基地，同时发展了纺织、机械、化工、建材等工业。

——凯里工业区。该工业区森林工业最集中，此外就是在"大三线"建设中形成的电子工业基地，同时发展了机械、电子、化肥、造纸等工业部门。

总之，在"大三线"建设时期，我国掀起了一次史无前例的全方位、宽领域的产业大调整大转移，依靠高度集中统一的计划经济体制，依靠党和政府的巨大动员力量，全国上下大力支援"三线"建设，一大批现代工业、科研院所等搬到了贫穷落后的西部地区。1964—1980年，大西南地区的四川、重庆、贵州、云南和广西全面承接了国家"三线"建设中来自国家多个部委、沿海和东北、华北10多个省市数百个工业企业和科研单位、学校、医院等转移。经过不断调整，大西南成为全国国防科技、能源、冶金、化工、装备制造等重要工业基地，并拥有一批小"三线"企业。当时，国家通过"大三线"建设着力组织和引导长三角等东部地区产业进行大转移大调整，其意义和作用重大，具有深远的影响。根据中央和国家决策，大西南积极承接长三角等地区产业转移，区域经济实力大为增强，有效奠定了工业化和城镇化的基础，从而推动了经济社会加快发展。

三、第三次高潮：西部大开发时期

我国西部地区地理环境恶劣和科学技术滞后，由于经济社会发展历史和现实生活中各种错综复杂的成因，一直以来困扰发展的主要矛盾是贫穷落后。为根本改变这种状况，1988年9月12日邓小平在听取关于价格和工资改革初步方案汇报时明确指出："沿海地区要加快对外开放，使这个拥有两亿人口的广大地带较快地发展起来，从而带动内地更好地发展，这是一个事关大局的问题，内地要顾全这个大局。反过来，发展到一定的时候，又要求拿出更多的力量来帮助内地发展，这也是个大局。那时沿海也要顾全这个大局。"这就

第三章　开拓创新，开启大西南承接长三角产业有序转移发展之先河

是邓小平提出的著名的"两个大局"重要思想。

2000年10月，中央决定实施西部大开发战略，制定了若干政策措施，并提出具体发展思路。这就是依托欧亚大陆桥、长江黄金水道和大西南出海通道，建设西陇海经济带、长江上游经济带和南贵昆经济带，从而为大西南承接长三角产业对接转移，提供了有利时机，创造了有利条件。然而，人们激动了一阵，就很快冷却了。随之，2008年美国次贷危机引发国际金融和经济危机不断加深，世界经济增长放缓，许多国家和地区面临较大的通货膨胀压力，纷纷采取对策应对困难。我国也不例外，各省区市都忙于按照中央统一部署，千方百计应对国际金融、经济危机的巨大冲击和通货膨胀的巨大压力。而且大西南地区接连发生历史罕见的低温雨雪冰冻灾害、汶川特大地震和山洪暴发、泥石流等严重自然灾害和灾后恢复重建工作，许多地方、部门和企业正常的工作和生产秩序被打乱。面对这种严峻局面，大西南承接长三角等东部沿海地区产业对接转移，陷入八仙过海、零星分散、无序乱动、不成气候、收效甚微的情况。不过，有问题就有解决问题的办法，问题和矛盾因积累而尖锐突出了，也就到了非解决不可的时候了。随着时间的推移，2011年西部大开发进入第二个十年时期，中央和地方下决心解决问题了。党中央和国务院重申，继续实施西部大开发的决心不变，基本政策不变，倾斜力度不减。新一轮西部开发将坚持以大开放带动大开发，努力实现重点突破，为国家战略调整开创新局面，为西部发展注入新的活力。

从长三角地区来看，长三角作为一个区域经济单元，是我国现阶段进行产业承接和转移交通运输体系最完善、经济技术实力最强大、集聚和辐射效应最丰厚的区域，并展示出多元化发展态势。在工业化发展上，长三角已步入工业化中后期阶段，而全国整体上仍处于中期阶段，相当一部分省区市和区域还处于初级阶段。未来十年快速工业化进程的持续推进，其集聚和辐射范围势必超出长三角自身，沿长江黄金水道、沪昆和沪汉渝高速铁路等大通道向我国中西部内陆地区扩展延伸，带动华东、华中和长江流域经济社会发展。在经济发展上，长三角拥有我国发展程度最高的民营经济基础，同时与外来资本技术相结合，形成了强大的发展动力和极具国际竞争力的中坚力量。特别是在改革开放大潮中乡镇企业异军突起，通过引进外资、与外商合作进行技术改造，已改变规模狭小、技术落后状况，正向集团化、国际化、现代化的方向发展，成为带动国民经济增长、推动区域产业结构优化升级的重要力量。在产业集群发展上，我国改革开放以来经济增长主要得益于以经济特区、开放城市、开发区和中心城市建设为核心的点状拉动。而长三角则是我

国国家级开发区、工业园区、软件产业园最密集的地区之一，如浦东综合开发区、苏锡星火产业带、南通经济技术开发区，以及苏州、无锡、杨州旅游度假区，张家港、宁波保税区等。况且，在市场作用下区域内相关企业、生产商、专业供货商、服务供应商等分布相对集中，经济辐射和产业扩散渠道顺畅，产业链和产业集群基本成型，工业生产活动更趋向于专业化和高效化。在城镇化进程上，长三角城镇体系发展健全完善，城市等级规模齐全，大中小城市群结构完整，首位城市功能突出，已形成以上海为中心，以沪、宁、杭为主体，以苏、锡、常等大中城市为依托，以密集城镇群体为支撑，以长江黄金水道流域为广阔腹地的经济网络体系。在吸纳外商投资上，长三角投资环境好，能够获得丰厚投资回报，因而一直是外商直接投资FDI集聚的重要地区。1990年长三角实际利用FDI仅3.66亿美元，2010年则增长到548.07亿美元。2012年长三角地区实际利用FDI为542.5亿美元，比京津冀和珠三角地区分别多317.1亿美元和327.3亿美元；长三角地区占全国的比重达47.9%，比京津冀和珠三角地区分别高28和28.9个百分点。[①] 长三角已成为外商投资我国第一热点地区和承接发达国家、新兴工业化国家与地区产业转移的首选目的地之一，如江苏昆山市我国台湾地区的厂商云集，被人们称为"小台湾"。

从大西南地区来看，主要以贵州为例，2011年贵州新省委领导班子主持召开省第十一次代表大会，决定积极创抓西部大开发的历史性机遇，坚持加速发展、加快转型、推动跨越的主基调，大力实施工业强省和城镇化带动的主战略，统筹推进全省经济建设、政治建设、文化建设、社会建设和生态文明建设。随之，2012年国发2号文件颁布出台，文件进一步指明了贵州经济社会发展的方针、政策和措施，要求加快完善公共服务设施，加快信息化建设，推进综合化城市建设和信息资源整合，促进互联互通和资源共赢；实施电子政务提升工程和"三农"信息服务工程。坚持创新驱动，走出一条信息化高端切入工业化的新路子，为发展提供强有力支撑。因此，如何更好地利用信息化助推工业化，促进新型工业化、生产管理水平和传统产业改造以及优化产业结构，加快信息化与工业化深度融合，激活源泉不断创造正能量，就成为各级党政、各经济区、各服务企业必须面临和认真思考的紧迫问题。

为此，贵州积极实施工业强省和城镇化带动战略，不断拓展承接长三角产业对接转移的领域和空间。其关键之点，一是加大投入和产出总量，助推

---

① 根据《中国统计年鉴2013》和《广东统计年鉴2013》相关数据计算得出。

第三章 开拓创新，开启大西南承接长三角产业有序转移发展之先河

工业转型升级，关注企业效益，把握保护生态底线，把扩大就业作为工业富民的聚集点。二是实行创新驱动战略，积极支持和鼓励企业加大科技投入，不断提升产品质量、产业层次和行业地位，鼓励企业同省内外高等院校、科研院所、研发中心和其他组织联合组建实验室、研发中心等产学研战略联盟，加快创新转化和产业化。三是认真落实中央关于调整对口帮扶贵州新方案，由上海帮扶遵义市、江苏帮扶黔东南、浙江帮扶黔西南，继续做好产业对接帮扶工作。为此，各派工作组开展对口调查研究，解决能转移什么产业、能承接什么产业、怎样转移和承接产业三大问题，并积极研究和制订产业转移实施方案。根据我们研究，在实施方案中可实行"四定二拨一规范"措施。四定就是定点、定企业、定项目、定领导；二拨就是对转移产业企业开发新技术产品的研发、试制、投产的项目和改造传统产业产品生产线的技术改造项目，由中央财政和地方财政按一定比例拨款扶持，以减少产业转移的成本和转移方的负担；一规范就是根据大西南军事工业和军事科研机构多、实力强、潜力大的特点，制定军品定货、付款、军品生产流动资金低息或无息贷款制度，以调动军工企业和科研院所的积极性和创造性，获取丰厚的经济、社会、生态效益。四是认识历史渊源，东靠西移，让产业转移星火相传，并在实践中不断研究新情况和新问题。

与此相应，贵州着力加强与长三角、珠三角、港澳台地区的双边和多边互访互动，进行贸易和投资合作交流，广泛推动招商引资、招商选资活动，签订了一大批合作协议，并酝酿一批意向性合作交流设想。当前中央已明确安排由上海对口帮扶贵州遵义市，并研究制定了《援送干部安排意见，帮助解决干部问题》。2013年年初，第一批20多名想干事、能干事、干成事的优秀干部入遵，奉命上岗履职进入角色。接着，中共上海市委书记韩正率领上海市党政代表团一行，应邀访问贵阳和遵义市，作实地调查研究，召开多层次座谈会和看望支援"大三线"建设的"老三线人"，听取各方面要求和意见，并就援建贵遵高速公路复线达成协议。在061基地，支援"大三线"建设的"老三线人"相对集中，牵线搭桥，星火相传，迎来新客户新伙伴，继续复制上海地名的地标一个接一个，如外滩、汇川、大世界等，甚至还形成兴旺发达的"小上海"一条街。

总之，对于大西南来说，积极承接国内外产业转移，特别是跨梯度承接产业转移，是实施全方位开放合作的重要举措，是推进产业优化升级、增强区域竞争力的迫切需要，是加快工业化、城镇化、信息化、农业现代化进程，推动实现加快发展、科学发展、又好又快发展的重要途径。自西部大开发战

略实施以来,大西南各省区市积极研究和制定承接产业发展的实施方案和指导意见,加强产业承接的规划和指导,不断推出财政、金融、税收等系列优惠政策和保障措施,并着力抓好具体贯彻与落实,加大产业承接力度,从而有力推动了长三角等地区对大西南产业转移的发展步伐。据不完全统计,通过积极开展东西合作、对口支援、招商引资来等活动,长三角等东部地区有10多万个大小企业向大西南地区投资了1万多亿元举办各种企业,其进展与典型案例后文再详述。通过加快基础设施和城镇建设,加强矿产能源等优势资源开发,积极承接长三角等地区产业转移,大力发展优势特色经济,大西南经济社会发展取得了长足进步。大西南地区从无到有、从小到大、从低到高,逐步建立起特色鲜明、优势互补、分工合理、门类齐全的现代工业体系和现代服务业体系,有效加快了工业化和城镇化进程,农业现代化也加速推进。这不仅对大西南地区今后进一步加快发展带来了深刻影响,而且对促进全国工业布局加快改善也起到了极其重要的作用。

第三节　大西南承接长三角产业有序转移发展概念的形成

研究问题切忌割断历史,我国东部沿海地区和西部内陆地区产业技术差异是历史形成的。直到新中国成立前,大西南地区工业基础仍然十分薄弱,经济发展非常落后,各省区市基本上还分别处于农业、牧业、渔业社会阶段。但是,由于国家实施历史性的大开发大建设,大力组织和推动长三角等东部发达地区产业进行大调整大转移,加强东西部良性互动,深化区域合作,大西南与长三角产业转移和承接关系获得快速发展。大西南地区通过着力发展特色鲜明的区域经济,逐渐形成了优势突出的现代产业体系,有力推动了经济社会加快发展。

一、实施战略性产业转移与承接取得积极进展

在全国战略性的产业大转移大发展中,大西南地区一直是承接长三角等东部发达地区产业转移的主要目的地。新中国成立后,国家大力组织开展了"大三线"建设,21世纪以来又加紧实施西部大开发战略,从而使大西南承接产业转移发展取得了积极进展和明显成效。特别是2010年9月国务院《关于中西部地区承接产业转移的指导意见》(国发〔2010〕28号)下发以来,

第三章 开拓创新，开启大西南承接长三角产业有序转移发展之先河

一大批电子、汽车、家电、装备制造等大型企业落户大西南的重庆、四川、云南、贵州等地，大西南地区承接产业转移步入了发展快车道，下面列举数例加以说明。

四川省委、省政府注意从宏观上敏锐把握国内外产业转移的新特点，超前谋划，及早动手，在改善和优化投资软硬环境上不遗余力，有效推动了全省承接产业转移快速发展。2011年6月，四川出台了《关于加快推进承接产业转移的实施意见》，明确提出：要紧紧抓住当前承接国内外产业转移的重大机遇，坚持通过3—5年的努力，力争将四川建成为承接国内外产业转移发展的重要基地。并且要求，"一是围绕加快战略性新兴产业发展，有重点有目标地承接发展电子信息、生物、航天航空、现代中药等高新技术产业，装备、汽车等先进制造业，油气化工产业等能源矿产开发和加工业，农产品加工业，以及现代物流业、商贸流通业等现代服务业，纺织服装业、皮革产业等优势特色产业。二是充分利用现有产业基础，着力引进具有自主知识产权的国内汽车生产企业和国际知名汽车整车项目，建设西部重要的汽车整车及零部件生产研发基地；围绕建设攀西战略资源创新开发试验区和成德绵钛产业带，重点承接发展含钒钢等精品钢材和钒钛高档产品，加快引进钨、钼、铜等深加工产品技术，积极推进稀土应用产品产业化发展。三是抓住跨国公司产能整合、生产布局调整和东部地区加工贸易向中西部转移的契机，重点围绕便携式电脑、集成电路、电子元器件等产品，积极承接国际国内加工贸易订单和加工贸易企业；以成德绵地区为依托，建设汇集终端高新技术和现代制造业加工贸易龙头企业的集聚区。"[1] 随着投资环境的加速改善，各种优势叠加，四川形成了承接产业转移的综合优势，因而成为跨国公司和国内知名企业投资落户的重点地区。近两年，四川承接的产业项目和资金总额均居中西部第一位，全省实际利用外资总额年均增长68%。到2013年年底，"世界500强企业来川落户的达269家，其中境外世界500强企业达200家，直接投资总额达112.6亿美元，持续保持中西部第一的领先优势。境外世界500强主要来自欧美国家及地区，其投资多为制造业，其次为服务业。世界500强在川直接投资企业营业收入超过1600亿元，占四川外企营业收入总额的36%以上；纳税总额超过100亿元，占四川外企纳税总额的1/3以上；解决就业超过20万人以上，占四川外企就业人数的37%以上；充分彰显了境外世界500强投资的综合优势。"[2]

---

[1] 四川省人民政府关于承接产业转移的实施意见－百度文库，http://wenku.baidu.com/view/b1605fc64028915f804dc25a.html。

[2] 《2013年四川新增22家世界500强企业》，中华人民共和国商务部，2014-01-28。

云南砚山工业园区作为省级工业园区，始建于2007年，规划面积30.21平方公里。自园区建设以来，砚山县贯彻落实国家产业政策，充分发挥资源、区位、交通、劳动力等优势，抢抓东部地区电子、服装等产业转移机遇和中国连接东南亚、南亚大通道目标的机遇，不断加快园区建设，探索产业转移新模式，引导园区走新型工业化道路，着力推动产业转型升级。其主要做法：一是创新开发理念，科学规划园区。按照"经济增长核心区、科技创新试验区、城市发展新城区"的定位，将园区布局为循环经济区、特色农产品加工区、新型建材加工区、承接产业转移加工区。二是撬动民间资本，加快园区建设。按照"政府引导、社会参与、多元投资、市场化运作"的模式，积极引入民间资本和民营企业，组建园区开发公司，加快基础设施建设。三是整合资金项目，完善配套设施。县财政每年安排500万元专项资金用于园区基础设施建设，通过积极整合，促进园区配套设施完善。四是争取外力支持，沪滇共建园区。抓住上海与云南对口帮扶合作的机遇，争取与松江工业园区合作共建，在全省率先实现上海对口帮扶由农村及社会事业向工业转变。五是承接产业转移，优化经济结构。立足比较优势和有利条件，结合县域经济实际，选准产业转移的承接点，重点引进服装、电子、玩具、纺织等劳动密集型产业，不断优化经济结构。2012年以来，砚山工业园区重点谋划建设承接产业转移加工区，该区于2013年7月被省工信委确定为"省级新型工业化产业示范基地"，现正积极申报创建国家级新型工业化产业示范基地。截至目前，工业园区入园企业达69户，其中规模以上企业27户，从业人员1.38万人。2014年1—10月，园区实现工业总产值81.99亿元，同比增长32.45%。[①] 通过着力承接产业转移，砚山工业园区为促进民族地区产业结构优化，促进少数民族农村劳动力转移就业，改善少数民族居民生活条件，为中西部民族地区和贫困地区发展建立造血机制，实现经济社会跨越发展作出了有益探索和积极示范。

贵州凯里经济开发区属省级经济开发区，于2000年7月成立，开发区位于贵州黔东南苗族侗族自治州州府所在地及凯里—麻江同城化的中心区域。开发区区位优越，是华东、华南进入大西南的主要通道，是贵州乃至西南地区南下东进的重要门户；交通便捷，已形成了公路、铁路、航空并举，国道、省道、高速公路、高速铁路并存的立体交通网络。开发区建立以来，紧紧抓住深入实施西部大开发和贯彻国发2号文件的政策机遇，积极开展招商引资，大力承接产业转移。一是坚持把招商引资作为经济发展的"生命线"来抓，

---

① 《加快承接产业转移步伐着力推进产业转型升级》，云南省工业园区网，2014-12-09。

第三章　开拓创新，开启大西南承接长三角产业有序转移发展之先河

组建招商小分队，围绕国内外500强和大集团、大财团，以长三角、珠三角、成渝经济圈、长株潭经济带为主要区域，全方位开展招商活动。聘请经济发达地区企业法人代理招商、以商招商；对投资额度大、投资意向强的客商主动对接，进行长期跟踪、联络和前期投资服务，切实提高了项目履约率和入驻率。二是坚持依托优势资源，严格按照国家产业政策和园区规划，围绕调整产业结构和提高产业层次，着力引进投资规模大、科技含量高、社会效益好的项目，做到在承接中转型、在转型中升级。对创新能力强，发展前景好的高新技术企业，给予扶持政策和科技经费上倾斜，促进了工业经济发展由"三高一低"（高投入、高消耗、高污染和低效益）模式向"三低一高"（低投入、低消耗、低污染和高效益）模式转变。近年来，开发区对外招商与产业发展呈现出省外项目多、投资规模大、投资方向好的良好态势。2011年，开发区签约省外合同项目29个，占当年引进项目总个数的72.6%；签约资金361.6亿元，占当年项目签约总额的88.12%，平均每个项目投资12.46亿元。其中，承接沿海发达地方投资项目占项目总数45%，主要来自香港、广东、山东、江苏、上海、浙江、福建、江西等地区。2012年1—8月，开发区承接产业转移的力度进一步加大，共引进省外项目24个，主要为电子信息、装备制造、医药、新材料、文化发展和物流、金融等项目；签约资金256.08亿元，占项目签约总额的94.9%。其中，承接沿海发达地方投资项目占项目总数52.9%。① 目前开发区产业层次不断提升，已初步形成了以电子信息、装备制造、医药食品等工业为主体的产业结构体系。承接产业转移作为经济发展的新引擎，为开发区经济持续快速发展注入了新的增量，提供了新的动力。

贵州榕江工业园区于2011年6月成立，规划面积16.4平方公里，园区与县城紧密连接，紧靠贵广快速铁路火车站场和物流中心，具有"产城互动"优势。园区建立以来，大力开展招商引资，前期以木材加工为主导产业，先后引进木材精加工企业近20家，形成了集刨花板、指接板、实木家具、实木地板和实木门等为一体的市场畅销产品。其中，长三角民营企业"一马当先"，率先挺进，参与园区建设。如浙江义乌民营企业家吴涉兴入户园区，投资新建明清轩古典红木家具厂，是该园区引进的第二家木材加工企业。其创业宗旨是研发现代高端红木家具，主要原材料红木从盛产红木的东南亚运来。吴涉兴投资榕江工业园区，其主要原因：一是榕江县地处贵州和广西交界处，经广西从东南亚进口原材料运输距离短，成本低。二是贵广高铁和厦蓉高速公路通车，榕江县成为贵州面向珠三角前沿阵地，具有"桥头堡"区位优势。

---

① 《贵州凯里开发区承接产业转移增强发展活力》，中国经济网，2012-10-12。

三是榕江县为企业创建了"优商、利商、安商"的好环境,积极出台相关优惠政策和奖励措施,即对招商引资成绩突出的单位、个人予以重奖;采取各种灵活方式,实行党政领导带头招商、分管领导及园区领导率队驻点招商;对入园企业实行"减二免三"的扶持政策;对投资额度大、税收及社会贡献大的企业,通过"一事一议""一企一策"的办法扶持发展。近两年来,园区树立绿色工业理念,着力培育新兴产业,将电子产业和加工贸易等劳动密集型产业作为发展重点,先后引进企业110家,已投产企业99家;项目总投资达33亿元,实际到位资金26.8亿元,资金到位率达81%,从而形成了以木材加工、服装加工、民族制品、电子、食品、冶金等主导产业。截至2014年10月底,园区规模以上企业累计完成工业总产值30.86亿元,同比增长29.6%;实现工业增加值7.12亿元,同比增长34.7%;规模以上工业企业达到22家,产值超过2 000万元的企业达到16家。[①]榕江县工业园区下一步将继续贯彻落实可持续发展观,大力优化发展环境,加强基础设施建设,进一步扩大对外开放,着力提高发展质量和效益,全面推动园区又好又快发展。

二、大西南承接产业转移发展积累的基本经验

大西南承接长三角等地区产业转移发展目前已积累了许多宝贵经验,为推动承接产业转移进一步加快发展,应从战略高度和理论深度,认真总结历史经验,以便作出正确选择。我们认为,其基本经验主要是遵循规律、加强服务,突出重点、明确方向,区域合作、规模转移,激发动力、科学推进。具体来说包括以下几个方面。

1. 市场导向,创新机制。在西部大开发中的中央投资只是用于基础设施和生态建设,大西南地区承接产业转移发展则以企业为主,自愿合作,自行投资,自我发展。大西南承接长三角等东部发达地区企业对自然资源的开发和经济资源的配置,处理利益主体关系,推动社会再生产,都是以市场作为基本联结方式、遵从等价交换的价值规律,地方政府仅提供必要服务和公共服务,鼓励创新承接产业转移发展的体制、激活机制。

2. 调整结构,促进升级。大西南地区坚持以能源及化学工业、矿产开采及加工业、装备制造业、高新技术产业、农副产品加工业、旅游业为特色优势产业,积极承接长三角等东部发达地区相应产业的转移发展,目标明确,要求具体,努力使六大产业的产品、技术、地域、市场等结构逐步得到调整

[①] 《榕江:工业园区企业生产忙》[N],《黔东南日报》,2014-11-20。

和优化。如投资305亿元的贵州普安青山煤化工一体化、投资8亿元的贵州修文氢氧化铝等项目便属此类。

3. 东西互动，转承结合。在东西部地区之间，特别是上海与云南，广东与广西，大连、青岛、宁波、深圳与贵州等对口帮扶的对子之间，北京等与四川地震灾区对口援建的对子之间，合作项目广泛。这种政府间互动的乘数效应有效带动了民间互动，上海、浙江、江苏等大量民营企业积极在大西南地区开展投资兴业，促进了生产基地、整个产业链西移等产业转移与承接的相互结合。

4. 因地制宜，科学推动。大西南各省区市坚持联系实际，根据各自比较优势，选择合适的产业承接发展重点和方向，规范市场行为，严格产业准入，积极推动科学发展，基本防止了低水平的重复建设和污染严重、生产能力落后的产业进入。政府在改善基础设施、实行优惠政策、提供多种服务特别是分类指导等方面，发挥了积极的作用。

三、大西南承接产业转移发展存在的主要问题

马克思主义唯物辩证法认为，任何事物都有一个产生、发育、成长到成熟的过程。产业转移与承接是市场经济条件下生产要素集中流动的重要形式，在我国，产业有序转移是一个新生事物，有其发生发展的演变过程。况且，大西南是一个欠开发欠发达的贫穷落后地区，承接长三角产业有序转移是一个跨省区市、跨经济区、跨国越境的巨型系统工程，不可能一蹴而就。目前大西南承接长三角产业有序转移发展尚处于起步阶段，面临着不少新情况和新问题，归纳起来主要有以下几个方面。

1. 区域产业承接能力尚有差距。大西南六省区市的经济发展，无论从静态的基础条件还是从动态的综合竞争能力来看，都存在不同的甚至较大的差距，因而对产业转移的承接能力、承接后的发展就产生了不同的影响。四川的都江堰科技产业园已吸引了江苏扬子江药业等大型企业入驻，重庆壁山县的西部鞋城由浙江奥康鞋业股份有限公司投资建设从而形成了联结东西部的产业链条，这当然是好，但在其他地方，这类集群转移还不多见。

2. 产业发展环境尚需进一步改善。当前大西南地区经济发展的综合环境有待优化，如基础设施等投资硬件环境正在建设、改善、升级当中，同东部地区相比仍有很大的差距。为产业发展和企业经营服务的软环境建设较为滞后，招商引资、承接产业转移发展的一系列政策，或不配套，或不透明，或不落实；行政、办事不依法，执法、检查不规范，司法、仲裁不公正，服务、解难不及时等情况时有发生。大西南地区投资软环境仍不理想，特别是政策

环境、信用环境、法制环境等亟待完善。

3. 产业转移发展成本有所升高。目前大西南地区高层次、高素质的经营管理人才较为紧缺,土地的经济供给量不大,原材料价格不一定都低,企业立项办事还会产生隐性费用等,因而包括生产要素、生活服务、生产交易等成本的产业转移成本有所升高,有的甚至高过长三角。这样,产业发展也就没有什么优势了,自然会影响产业转移成功率的提高。

4. 产业转移发展方式还需转变。大西南各地区为促进承接产业的集聚发展,普遍建立了各级各类经济开发区、产业带、产业园等产业转移承接基地,这使本来就很脆弱的生态环境又承受了新的压力,有些园区还或多或少地占用了耕地,使失地、少地农民增加。对此,应转变产业转移发展方式,坚持科学发展,严防对自然资源的无序开发、污染转移、生态失衡、环境恶化,切实安置好农民转移就业。

另外,在大西南地区承接产业转移发展中,有些地方和部门还存在对产业转移与承接重要性认识不足、工作力度不大的问题,其原因主要是对当前国内外产业转移发展的大趋势,特别是对长三角等东部地区产业转移的深层次原因与转移方式等缺乏深入研究和准确把握,这些都严重制约和影响着大西南与长三角产业转移加快发展。

综上分析,我们可以看到,随着世情国情的发展变化,大西南地区在全国战略性产业转移发展中,先后经历了抗战"大后方"时期、"大三线"建设时期和西部大开发以来三次历史性的大开发与大建设,大西南承接长三角等东部发达地区产业转移走过了一条曲折的发展道路,时起时落,呈波浪式。但是,通过战略性产业转移承接与发展,特别是实施西部大开发战略以来,大西南与长三角产业转移与承接关系获得了快速发展,并取得了积极明显的成效。总体来说,大西南承接长三角产业有序转移发展的概念已基本形成,尽管还存在不少问题和制约因素,但大西南承接长三角产业转移发展已由"大三线"建设时期的政府主导转向西部大开发时期的市场主导。这充分体现了长三角等东部发达地区承接国际产业转移发展已融入经济全球化的洪流和世界产业链,通过自身转移和再转移带动了滞后的大西南地区经济发展实现历史性跨越;充分体现了区域经济合作已由单项经济技术联系转向综合性的产业结构和产业布局优化调整,进而实现了产业转移方与承接方的双赢。

战略篇

第四章　新时期大西南承接长三角产业转移发展面临的新形势

当前，大西南地区深入实施西部大开发战略，全面贯彻落实国务院《关于中西部地区承接产业转移的指导意见》，大力承接长三角地区产业转移，推动经济又好又快、更好更快发展正处于关键时期。党的十八大报告指出："综观国际国内大势，我国发展仍处于可以大有作为的重要战略机遇期"。"当今世界正在发生深刻复杂变化，和平与发展仍然是时代主题。"世界正处于大发展、大调整、大变革之中，世界多极化、经济全球化深入发展，文化多样化、社会信息化持续推进，科技革命孕育着新突破。我国经济发展受国内资源环境约束、国际经济复苏不稳定的双重压力影响，发展方式向集约型转变日益迫切，但总体保持着平稳较快增长，并进入"新常态"。因此，大西南承接长三角产业转移理所当然地迎来发展的新变化和新特点，面临着错综复杂的国内外新形势。

第一节　新时期世界经济发展形势的新变化

进入21世纪以来，世界经济发展势头总体良好，但是2008年由美国次贷危机引发了国际金融危机，使全球经济发展模式、供需关系、治理结构等发生深刻变化，从而使世界经济发展形势出现许多新特点，发展格局与20世纪末相比有了很大不同。

一、国际金融危机带来的严重冲击

2008年国际金融危机是由美国次贷危机引发演化而成的席卷全球的金融危机。所谓美国次贷危机是指美国房地产市场上的次级按揭贷款危机，相对于资信条件较好的按揭贷款，次级按揭贷款资信条件较"次"，通常要支付更高利率、遵守更严格还款方式。过去六七年来美国由于信贷宽松、金融创新活跃、房地产和证券市场价格上涨的影响,对此并没有真正实施,有的金融机构为一己之利,纵容次贷过度扩张及其关联的贷款打包和债券化规模,导致次级按揭贷款违约事件规模不断扩大,这使次级按揭贷款的还款风险由潜在变成现实。次贷危机正是因为大批次级抵押贷款的借款人不能按期偿还贷款,证券化的房地产泡沫破灭而引发。2007年7月,美国次贷危机爆发,投资者开始对按揭证券的价值失去信心,次贷危机向信贷危机转化,致使金融危机发生。到2008年危机开始失控,多家大型金融机构倒闭或被政府接管,随后危机进一步发展,席卷美国、欧盟和日本等世界主要金融市场,最终演化为全球性实体经济危机。

(一) 国际金融危机使全球经济陷入严重衰退

此次金融危机为二战以来最为严重的金融危机,对全球经济造成了严重冲击和深远的负面影响。危机爆发后,世界经济陷入深度衰退,全球经济总体下行,发达经济体出现严重衰退,新兴市场和发展中经济体出现减速,世界经济出现放缓。全球经济GDP增长率,2005年为4.5%,2008年为2.8%,2009年为-0.6%,2010年为4.0%,2011年为2.7%,2012年为2.5%,2013年为2.4%,当前仍处于波动之中。

这里主要表述发达经济体陷入衰退的情况。从经济增速看,整个发达经济体2007年为2.8%,2008年为0.5%,2009年为-3.2%,2010年为2.3%,2011年为1.6%,2012年为1.3%。按市场汇率计算,发达经济体GDP总量占全球的比例,2011年为64.1%,同比下降1.6个百分点。其中,美国GDP增速,2007—2012年分别为2.1%、-0.3%、-3.9%、3.0%、1.8%、2.2%,严重衰退期从2007年12月至2009年6月共18个月;欧元区GDP增速,2007—2012年分别为2.8%、0.6%、-4.1%、2.4%、1.4%、-0.4%,目前仍处于衰退期;日本GDP增速,2007—2012年分别为2.4%、-1.0%、-5.5%、4.5%、-0.8%、0.9%,日本衰退程度更深,目前衰退期尚未结束,仍处于复苏停滞状态。

国际金融危机爆发至今,世界经济复苏依旧脆弱并不稳定,仍然面临着危机后遗症的许多严峻挑战。其中,发达经济体经济疲软是全球经济减速、复苏困难的主要根源。由于国际金融危机严重冲击,发达经济体经济低迷、投资和工业生产活动疲弱,国内需求萎缩,使新兴市场国家和发展中国家的投资、生产和出口增长遇阻,对世界经济发展拖累甚大。当前世界经济面临的是发达经济体危机,且为结构性顽症,根治需要很长时间。虽然世界经济逐渐趋稳,进入了低位震荡期,但复苏将是漫长曲折的过程,专家估计世界经济可能需要10年左右时间,才能走出危机阴影,重回正常发展轨道。

(二) 国际金融危机使欧美主权债务持续攀升

主权债务是指一国以主权为担保,不管是向国际货币基金组织还是向世界银行,还是向其他国家借来的债务。主权债务危机则是指一个主权国家借入的负债超过了其自身清偿能力,从而不得不违约或者进行债务重组的现象。本来主权债务危机即国债危机是个历史问题,已有一二百年的记录,但国际金融危机却加大了它的风险。进入21世纪后,先进经济体的低利率政策导致金融市场资金大量成为政府贷款,形成旧债。2008年国际金融危机爆发,美欧国家纷纷采取超常的扩张性政策刺激经济复苏,由此造成了巨额的财政赤字和加重了政府债务,形成新债。旧债加新债,使一些经济体政府入不敷出,还债违约风险加大,主权债务危机重重。2009年希腊主权债务危机爆发,迅速蔓延至欧洲各国,葡萄牙、西班牙、爱尔兰、意大利等欧元区国家深陷其中,连欧元区外的英国也未能幸免。2011年8月美国政府宣布提高债务上限,随即国际评级机构标准普尔下调其主权债务级别,这样又引爆了新一轮的全球性债务危机。

受欧美主权债务危机的影响,发达经济体普遍面临严重的"三高一低"乱象,即高失业率、高财政赤字、高主权债务和低经济增长,因而世界经济衰退不可避免。表现在世界经济增速放慢,国际金融市场剧烈动荡,主要货币汇率和大宗商品价格大幅波动,贸易保护主义抬头,新兴经济体发展困难增加。特别是银行,拥有大量主权债务,股价大幅下跌,2011年美国股市涨幅大体持平,而欧洲股市则累计下跌11%。这类银行都是大型银行,又有债务,不如那些小型银行可以进行有效重组。多项经济指标显示,欧元区经济2012年衰退0.4%后,经济前景仍不容乐观。美国虽然没有陷入第二轮经济衰退,但金融市场动荡,出口放慢,令经济复苏放缓。欧债危机现在虽已度过最困难时期,但危机仍然还是无解,尤其是重债国希腊、葡萄牙、意大利、西班牙等已陷入深度衰退。

二、世界经济发展形势的基本面

经济发展的主流和规律反映了世界经济的基本面,这个基本面又展现了世界经济曲折发展的前景。国际金融危机爆发以来，世界各国为摆脱经济危机影响，纷纷采取各种刺激手段，努力寻求经济增长的新动力。然而，经济引擎的频繁异动、局部经济波动的不断加剧、各国刺激政策的不同步及其潜在的负面影响、地缘政治对经济的持续冲击，这些都使世界经济的复苏进程缓慢而脆弱。欧元区2014年9月欧洲经济研究中心（ZEW）经济景气指数跌至14.2，是2012年12月以来的低位，这表明欧元区经济复苏依然令人堪忧，复苏尚需一段时日。美国经济复苏势头近期略好于主要发达经济体，2014年GDP增长2.4%，这是自2010年以来全年增速的最佳结果。日本经济增速回落显著，政府债务风险上升，未来发展很不乐观。新兴市场国家和发展中经济体的困难进一步增加，经历周期高点后潜在增长率在下降，对世界经济复苏贡献显著降低。尽管世界经济复苏面临极大的不确定性，但仍然呈现出以下发展主流和基本面。

（一）经济全球化继续推进

20世纪90年代初冷战结束后，经济全球化以历史上最快的速度推进，形成潮流。进入21世纪，经济全球化在曲折中发展，国际金融危机后继续推进。

1. 国际贸易规模不断扩大。自1995年世贸组织成立以来，世界出口贸易总额从5.16万亿美元增至2011年的18.21万亿美元，增幅超过252%。其中，2000—2008年平均增速为12.0%，2009年受金融危机影响降为−12.2%；2010年恢复性增速达14.5%，出口贸易额达15.27万亿美元；2011年增速达19.5%，贸易额为18.21万亿美元。作为经济全球化先导，近两年来国际贸易发展又呈现出许多新变化。一是贸易主体由清一色发达经济体占优势转变为有中国等新兴经济体进入外贸大国行列；二是新兴经济体出口贸易大步进入发达经济体市场。如货物出口额2007年中国超过美国位居第二，自2009年超过德国后位居第一。同时，除个别指标外，印度、俄罗斯等外贸总额已居世界前16名。根据2014年世界进出口总额的统计结果，中国已连续两年位列世界第一，贸易总额达到4.303万亿美元（约合人民币26.7万亿元）；美国位列第二，4.032万亿美元；德国位列第三，2.728万亿美元；日本以1.506万亿美元排名第四。新兴经济体已成为全球经贸合作的重要推动力量，对世界贸易发展的贡献越来越大。

2. 金融全球化趋势加速发展。国际金融市场、外汇市场交易额逐年增长，国际游资、直接投资流动性增加,金融领域跨国活动迅猛发展,金融以其核心作用推动着经济全球化深入扩展。金融全球化促使资金在全球重新配置,使欧美等国金融中心蓬勃发展,也使新兴市场经济国家获得了大量经济发展的启动资金。但是,随着国际资本运行脱离经济实体发展到一定程度后,金融危机便会产生,如墨西哥金融危机、东南亚金融危机和国际金融危机等。从2008年起,国际金融开始转向金融规则的改革、资本市场的治理和决策权力的调整等,通过二十国集团(G20)首脑会议(峰会)的协调,加强了全球金融、贸易等方面的合作,国际货币体系重组,国际金融市场运行、国际资本投放有望趋向正常。一个可喜的变化是,发展中国家在国际货币基金组织(IFM)中的份额和投票权力上升了6%,中国的份额由3.72%增至6.39%,投票权力由3.65%增至6.07%,成为仅次于美、日的第三大投票权力国,国际金融秩序全球治理正走向民主、公平。

3. 国际生产分工不断深化。随着跨国公司的全球扩张、国际产业分工不断深化和新一轮国际产业转移规模不断扩大,以国际分工为主要内容的生产全球化加速形成和发展,其表现为生产要素、产品和生产过程的国际化。生产全球化的发展已由以商品(货物)生产为主转向商品生产与服务提供相结合,由以产业层次和产业链条上的垂直分工、行业分工为主转向以跨国公司的内部分工为主,由以先进经济体垄断为主转向先进经济体与新兴经济体互补。当前新兴经济体生产增长速度明显加快,如在工业方面,2013年我国制造业产出占世界比重达20.8%,已连续4年保持世界第一大国地位。国际金融危机以来,全球产业结构经历着大规模的深刻调整,发达国家加快产业升级并优化增长方式,产业结构向知识密集、技术密集和服务密集的方向升级,大力增强产业竞争和技术优势,促进全球产业调整、产业转移速度加快、范围扩大,跨国并购重组和服务外包增多。

(二)区域经济集团化继续延展

区域经济集团化是经济全球化的重要组成部分,经过20世纪50年代以来的发展,目前全球区域经济集团已达数十个,遍及欧美亚非等各大洲。

1. 国际金融危机爆发后,区域经济集团化进一步加快。随着区域经济集团规模大为扩展,成员结构发生较大变化,形成了北美、欧盟等超级大型区域经济集团,作为经济论坛和磋商机构的亚太经合组织(APEC)的运行已常态化。北美自贸区欲向南扩展(会受CELAC抵制),欧盟在向东延伸,APEC

在加强实际工作。此外,还有东盟10国,中、日、韩、印度、澳大利亚、新西兰的亚太"10+3+3",即区域全面经济伙伴关系(简称 RCEP),16国经济规模总合约达23兆美元,占全球经济规模的1/3。RCEP 由东盟发起,希望通过谈判以削减关税及贸易壁垒,建立16国统一市场的自由贸易协定(FTA)。目前 RCEP 已启动谈判程序,争取在2015年达成协议,届时其 GDP 将超过欧盟,这样全球就形成了区域集团化的多足鼎立之势。

2. 区域经济集团化主要是为成员国共建自由贸易区。如中国—东盟自贸区已于2010年1月1日正式运行;欧盟根据《欧洲经济和货币联盟条约》,要"建立无内部边界的空间,加强经济、社会的协调发展和建立最终实行统一货币的经济货币联盟"。2011年,一些欧洲国家主权债务危机严重,但为防止解体特别是欧元区解体,除英国外欧盟主要成员国积极维护了区域一体化。目前世界各国各集团都积极寻求加强相互间经济合作,一些横跨大洲的双边、多边自贸区或恢复合作或更加活跃,如北美自贸区与欧洲自贸区形成横跨大西洋的泛大西洋自贸区,APEC 地跨亚洲、北美洲、南美洲和大洋洲,形成泛太平洋经济合作体等。

(三)新兴经济体地位不断凸显

新兴经济体指博鳌亚洲论坛提出的新兴经济体11国(简称 E11国),即阿根廷、巴西、中国、印度、印尼、韩国、墨西哥、俄罗斯、沙特、南非和土耳其。近年来,E11国经济高速稳定发展,经济地位不断提升,引起了国际社会的关注和认可。

1. 从经济增长看,国际金融危机爆发后新兴经济体 GDP 增长率由2007年近9.0%降至2009年2.8%,到2009年第1季度便出现强劲复苏,2010年约为8.0%;2011年全球经济增速回落,新兴经济和发展经济体经济增长开始放缓,2011年经济增长率为6.2%,2012年为4.9%,2013年为4.5%。发达经济体则由2007年2.8%降至2009年-3.2%,滞后新兴经济体1年,至2010年第1季度才停止负增长,2010年经济增长率为2.3%,2011年为1.6%,2012年为1.5%,2013年为1.3%。E11国中以中国、印度、印尼等国发展势头最好(见表1)。从2012年开始,主要的新兴市场经济体都积极采取措施稳增长、调结构、促转型,这些政策已开始逐步发挥作用。

第四章 新时期大西南承接长三角产业转移发展面临的新形势

表1 国际金融危机后发达经济体与新兴经济体GDP增长率

经济体	2007年	2009年	2010年	2011年	2012年	2013年
发达经济体	2.8%	-3.2%	2.3%	1.6%	1.5%	1.3%
新兴经济体	9.0%	2.8%	8.0%	6.2%	4.9%	4.5%
中国	14.2%	9.2%	10.5%	9.2%	7.7%	7.7%
印度	9.9%	6.6%	10.6%	7.2%	5.0%	4.7%
印度尼西亚	6.3%	4.6%	6.2%	6.5%	6.2%	5.7%

（联合国数据）

2. 从经济规模看，在持续较高经济增速推动下，以金砖国家（巴西、俄罗斯、印度、中国和南非）为代表的E11经济规模呈明显放大趋势，E11整体名义GDP规模较20年前扩大5.6倍，占全球GDP份额则翻了一番，远远领先于其他经济体。在E11内部又以金砖国家整体表现更为突出。目前金砖国家人口占全球42%，国土面积占全世界近30%，经济总量已占全球21%，外贸总额占全球15%，吸收外资占全球53%。最近10年尤其是国际金融危机爆发以来，多数国家经济增长率超过西方主要经济体，经济表现骄人，已成为世界格局中一支重要新生力量（见表2）。

表2 21世纪以来金砖国家主要年份经济总量GDP占世界的比重

单位：10亿美元

地区	2013年 GDP	2013年 GDP比重(%)	2010年 GDP	2010年 GDP比重(%)	2005年 GDP	2005年 GDP比重(%)	2000年 GDP	2000年 GDP比重(%)
世界	73 982.14	100	63 049	100	45 719	100	32 244	100
金砖国家	15 722.46	21.25	11 539.05	18.30	5 036.85	11.02	2 697.95	8.37
巴西	2 240.31	3.30	2 087.89	3.31	882.04	1.93	644.73	2.00
俄罗斯	2 091.05	2.83	1 479.82	2.35	764.57	1.67	259.72	0.81
印度	1 855.81	2.51	1 729.01	2.74	840.47	1.84	467.79	1.45
中国	9 184.99	12.42	5 878.63	9.32	2 302.72	5.04	1 192.84	3.70
南非	351.13	0.47	363.70	0.58	247.05	0.54	132.88	0.41

（联合国数据）

3. 从发展前景看,新兴经济体作为世界经济中一股强大的力量,在经济上与发达经济体差距将逐步缩小,其经济中速增长将成为一种常态,在世界经济中将发挥更加重要的作用。国际金融危机发生以来,以金砖国家为代表的新兴经济体经济保持较快增长,是拉动世界经济的主要力量。近两年在发达国家需求持续疲弱、国际资本异动困扰、各国自身深层次的结构性矛盾凸显下,新兴经济体无法独善其身,经济增速回落明显,但包括中国和印度在内的亚洲发展中国家仍是世界上经济增速最快的地区。随着发达经济体复苏乏力、经济低迷,新兴经济体将继续领跑世界经济增长,未来几年金砖国家对全球生产总值 GDP 增长贡献将超过 60%,其经济总量在世界经济中比重将继续上升,从而推动世界经济格局发生广泛而深刻的变化。

三、世界经济发展呈现的新趋势

国际金融危机发生以来,世界经济总体处于危机应对期和结构深度调整期。由于世界发达经济体债务持续处于高位,主要新兴经济体增速逐渐下降,这导致了世界经济增速明显放慢。在这样的大背景下,世界经济疲软的复苏态势很可能会持续相当长的时间。当前,尽管世界经济发展还面临诸多不稳定、不确定的因素,但经历了国际金融危机的历史转折后,世界经济保持恢复态势,近年来又呈现出一些新的发展趋势。

(一) 以双边为主的自由贸易进一步发展

在世贸组织多哈回合谈判长期没有结果、多边贸易受阻的情况下,双边或地区贸易因简单易行而进一步发展起来。在全球特别是亚洲,国际收支不平衡或外汇储备不足并实行外汇管制的国家,为保证有必要的进口、出口额,避免出现严重的贸易逆差,便签订了多项双边自由贸易协定,开展双边贸易,实行关税优惠或无关税制度。截至 2013 年 1 月,向世界贸易组织报告的区域贸易协议共有 546 个,其中 354 个已实施(多为自由贸易协定)。几乎所有世贸组织成员都参加了一个或多个区域贸易协议,而经济规模最大的几个自由贸易区为北美自由贸易区、欧盟、中国—东盟自由贸易区等。

(二) 国际大宗商品对经济发展的影响加大

一是世界原油、矿石、农产品等大宗商品特别是其中的不可再生资源性产品,2002 年以来出现了价格以上涨为主的波动,这既富裕了有产品出口的发展中国家,又增添了作为进口方的新兴经济体的困难和物价上涨风险等。

而今世界自然资源性产品贸易额比例约为 1/4，比 20 世纪末增长 6 倍多，推动贸易额增长的价格因素影响较大。二是大宗商品的金融化，即大宗商品的期货市场、远期市场及相应金融衍生品的扩展和变动，吸引了大量金融资本参与大宗商品交易，利率、汇率、流动性和金融秩序等又反作用于大宗商品市场，这引起了商品、金融两大市场的波动。也就是说，大宗商品已脱离供求状况而通过货币、金融渠道对世界经济造成冲击。

（三）国际贸易保护主义将不断兴风作浪

金融危机导致世界经济发展放慢，复苏动力不足，催生了新贸易保护主义。其"新"在于可通过全球化网络加以扩散，可从贸易到生产要素进行全面保护，可用关税、环保、社会责任等壁垒限制货物进口，用运输、签证、经营权审核等手段限制服务进口，用产品标准、技术认证、流通渠道等隐蔽措施限制进口，针对进口国成立专门执法小组保护进口等。当前美国、欧盟成员和印度、巴西等许多国家都采取了贸易保护措施，其保护增加，领域扩大，手段隐密，危害深远。历史经验证明，经济危机下的贸易保护主义只会达到"损人不利己"的效果。因此，WTO、G20 峰会等均表示反对，但遏制与反遏制的较量将是长期的。

（四）发达经济体消费模式将发生相应变化

由于美国过度消费模式是引发国际金融危机的最根本原因，因而以低利率风险为支撑，以个人、企业等资产负债结构扭曲为特点，以美元霸权地位为保障的负债消费模式在欧美特别是美国等发达经济体受到了普遍质疑和挑战。随着金融监管进一步加强，金融风险定价逐步回归正常，社会各个层面的负债结构得到改善，作为世界结算、储备货币的美元地位趋于下降，消费倾向随之弱化，储蓄倾向强化，包括消费决策、消费机制、消费方式、消费行为、消费过程、消费组织等的自主消费模式更趋合理、有益。这虽然使消费需求一时下降，但可持续的消费模式将有利于世界经济的发展。

（五）世界经济发展方式转型将进一步加快

为推动经济转型复苏，实现加快发展，当前作为主要发达国家，如美、法、英、意等常年出现货物贸易入超，德、日、意等常年出现服务贸易入超，这些国家都企图改变国际分工现状，重振或加强制造业，加大实体经济比重，回到再制造业化的轨道上，以推动经济复苏，实现经济恢复增长。金砖国家等新兴经济体在发展出口拉动或导向型经济受阻后，力图稳定并尽可能拓展外需市场，同时积极扩大内需市场，加快转变经济发展方式，以投资拉动消费，以消费支撑投资，促进经济协调可持续发展。俄国、巴西等大宗商品出口国，凭借资源优势，加大开发强度，积极发展制造业等，力求削弱对资源型经济发展模式的采用。

（六）世界产业结构面临新一轮的战略调整

由于国际金融危机的重创，发达经济体依靠先进减排技术，制定了包含"碳关税"条款的法案，提出严格的碳排放标准，向新兴市场和发展中国家挑战，力图以绿色产业带动经济复苏。对于碳排放，欧美不愿作出应有承诺，反而向新兴市场和发展国家提出无理要求，使其面临巨大压力。尽管如此，低碳经济也将会是一种必然趋势，谁也无法回避。因此，提高煤炭、石油等传统能源的利用效率，逐步减少其使用量，进而发展以清洁能源为动力、以低碳技术为基础的产业群体，将是一个世界性的大趋势。从未来发展看，加快产业结构调整，推动产业转型与升级迫在眉睫，美国在生物能源等清洁能源和新能源汽车，欧盟在知识经济、低碳经济，俄罗斯在可再生能源，韩国在绿色经济等诸多方面的发展上，都将取得重大突破。

（七）世界科技创新与人才培养将进一步强化

科技创新与人才培养对国际经济秩序重构、产业转型与升级起着决定性作用。没有在某个或某些领域的重大科技创新，很难成为带动和引领世界经济发展的发达经济体。为此，2009年美国提出《美国创新战略：推动可持续增长和高质量就业》，拟恢复基础研究等国际领先地位，在新能源等领域取得重大突破，培养世界一流科技人才和劳动者。同年日本提出《数字日本创新计划》，拟在信息网络等开发和建设上取得新的突破。2010年欧盟提出《欧洲2020战略》，拟加快开发资源高效利用技术和绿色技术、智能经济技术，培养高端科技人才。新兴市场和发展中经济体中，俄罗斯提出《国家政策重点方向》，拟开发可再生能源等技术。印度、巴西、墨西哥、南非等也提出了各自科技创新计划。可以预计，世界科技创新能力将得到更大加强。

（八）科学理论和高新技术产业化正寻求新突破

后金融危机时期，尽管带领世界经济走出危机阴影的新技术革命前景仍不明朗，但一个密集的科技创新时代的到来则是可以预期的，因为每次重大的经济危机都会催生新技术革命产生。"当今世界科技发展已呈现出多点突破、交叉汇聚的态势,大数据科学成为新的科研范式,人类可持续发展的重大问题成为全球科技创新焦点。世界各国更加重视利用科技创新培育新的经济增长点,一些重要科学问题与关键技术发生革命性突破的先兆已显。大数据浪潮、信息技术和制造业的融合,以及能源、材料、生物等领域的技术突破,将催生新的产业,引发产业革命性变革。"[①] 各国将以新能源为核心,围绕包括信息技术、生命科技、环保科学、新型材料等在内的新兴产业和技术展开激烈竞争,以形成新的经济制高点。

第二节　新时期中国经济发展形势的新变化

在复杂多变的国际环境中,中国紧紧抓住20世纪冷战后期以来的战略机遇期,坚持科学发展,努力克服国际金融危机带来的巨大冲击和重重困难,经济发展登上了一个又一个新台阶,取得了举世瞩目的巨大成就,总体上呈现出良好发展态势。

一、成功应对国际金融危机的巨大冲击

(一) 金融危机对中国经济带来严重冲击

1. 发展出口贸易难度加大。出口贸易是中国在金融危机中受影响最直接、最严重的。欧盟和美国分别是中国第一和第二大出口市场,其经济低迷直接影响了中国出口。2008年前3季度,中国出口增速回落4.8个百分点,净出口对经济增长拉动同比减少1.2个百分点。中国货物出口增长率2008年降到17.2%,2009年又降到-16.0%。出口增速的回落,使东部沿海地区企业和产业发展受到显著冲击,订单减少,不少企业处于停产、半停产状态。其结果是工人歇业,大量农民工返乡,经济发展面临重重困难。

2. 经济增长速度有所放缓。我国外贸依存度自2007年开始不断下降,出口交货值从2008年第2季度起也在波动中下降,再加上国内需求有所抑制,从而影响了GDP增长。2008年我国GDP增长9.6%,尽管居于全球之首,但比上年下降4.6个百分点。到2009年我国经济增长又降到9.2%,同比下降0.4

[①] 白春礼:《全球科技呈多点突破、交叉汇聚态势》[N],《人民日报》,2013-01-07。

个百分点。这次经济增速下降有别于前几次,如 1980—1981 年下降是主动进行大规模的宏观调控,1989—1990 年下降是政治等外部因素的影响,1998—1999 年下降是东南亚金融危机的影响,而这一次经济增速下降受到影响最大。

3. 产业结构失衡更加突出。我国经济发展主要依赖于第二产业,工业增加值占生产总值 GDP 比重长期在 50% 左右,工业受金融危机冲击最大。2008 年下半年以来,中国进入了经济周期下行阶段,规模以上工业增加值增速由 6 月的 16% 回落到 11 月的 5.4%。以建材、钢铁、有色金属、化工等为主的原材料行业,以煤炭、石油、天然气、电力等为主的能源行业处于产业链最前端,对经济周期变化最为敏感,其中原油、钢材、铜、铝及石化产品等价格大幅跌落。因此,金融危机使我国产业结构失衡问题越发严重。这虽然对经济增长带来极大挑战,但也为加快经济结构调整带来了难得的机遇。

4. 金融业发展受到一定损失。进入"十一五",中国外汇储备已有一定规模,金融机构开始向外大量投资,因而在金融危机中面临一定风险,受到一定损失。2008 年,美国雷曼兄弟国际公司破产,造成中国银行等 7 户中资银行在该公司的债券和贷款损失 7.2 亿美元。欧洲富通金融集团的股票下跌使中国平安财产保险股份有限公司的股份市值缩水 60% 以上。对美国房利美、房地美债券,中国银行等 5 户中资银行持有 240 亿美元左右,也面临缩水等风险。中国股票泡沫风险基本排除后,但国际金融流动性的紧缩,又使短期国际资本(热钱)流出,造成股票市场进一步不振,2011 年沪深股市的股票价格累计下跌 22.2%。

5. 投资增长一度受到影响。金融危机恶化后,中国实际利用外资规模开始压缩,金融机构外汇占有有所减少,资金外流,再加上人民币升值,缩小了外资利用空间。如 2007—2011 年中国实际利用外资增幅分别是 16.8%、21.6%、-3.6%、18.5%、8.2%。在国内企业投资意愿和能力同样受到影响,固定资产短期投资规模受到挤压。由于外需和内需不足,以自筹资金为主投资的企业,其利润下滑、投资效益下降、资金周转困难,特别是外贸企业存在大量海外商业资金难以回笼等风险,投资能力下降。

(二) 中国应对金融危机冲击取得突出成效

面对突然袭卷而来的国际金融危机,党中央和国务院沉着应对,果断决策,明确提出要将国际金融危机对经济发展的压力转化为动力,变挑战为机遇,加快转变经济发展方式,着力加大结构调整,努力形成新的经济增长点和竞争优势,推动经济实现可持续发展。为切实有效扩大内需,我国迅速启动了 4 万亿元投资计划,采取促进经济平稳较快增长的十大措施,通过不断

第四章 新时期大西南承接长三角产业转移发展面临的新形势

丰富和完善相关政策,形成了全方位的"一揽子"系统计划。其主要措施和成效如下。

1. 制定出台十大重点产业调整和振兴规划。针对我国一些工业行业产能过剩、增长乏力,外部压力空前严峻,为推进产业结构调整升级,2009 年年初国务院审议通过并公布了汽车、钢铁、装备制造、纺织、船舶、电子信息、轻工业、石化、有色金属、物流等十大产业调整和振兴规划。这些振兴规划涉及范围广、政策力度大、决策效率高。全国各地各部门迅速行动,抓紧落实规划,又制定了 165 项配套实施细则,较短时间内形成了一批新的增长点。

2. 实施积极财政政策和适度宽松货币政策。2008 年第 4 季度,我国开始实行积极财政政策和适度宽松货币政策。在中央 4 万亿元投资计划中,有 3 700 亿元投向自主创新和结构调整,2 100 亿元投向节能减排和生态工程,两项合计约占总投资的 15%。2008 年 11 月,中央财政政策开始由稳健转向积极,货币政策由从紧转向适度宽松。到 2009 年第 3 季度,央行数据显示货币供应量增速达到 29.31%,增幅比上年末高 11.49 个百分点;新增贷款总额 8.67 万亿元,同比增加 5.19 万亿元。

3. 以大力度消费政策积极鼓励和扩大消费。针对外部需求急剧萎缩,我国采取了一系列政策措施积极扩大内需。从 2009 年起实行增值税转型,减轻企业负担 1 200 亿元;中央财政投资 450 亿元,对家电、汽车、摩托车下乡等与汽车、家电等以旧换新和农业机具购置等进行补贴;减半征收小排量汽车的购置税,减免住房交易相关税收,鼓励购买自住性住房,停征储蓄利息税等。在政府投资中财政还增加了对养老、医疗、教育等方面的支出,更加注重和保障民生,大幅提高社会保障水平,促进社会事业发展。

国际金融危机虽然对中国经济造成了重击,但我国采取了迅速有力的应对措施,切实加强宏观调控,对遏制经济和信心下滑发挥了重要作用,确保了经济平稳较快发展。根据国家统计局数据,2009 年一季度我国生产总值 GDP 增速降至 6.1%,但半年后经济迅速走出低谷,二季度经济增长恢复到 7.9%,三季度回升至 8.9%,成功实现了 V 形反转,在全球经济体中率先实现企稳回升,从而成功化解危难,使中国经济保持了平稳较快增长势头。此后,中国经济进入转型和复苏阶段,尽管 2009 年我国经济增长下降到 9.2%,但 2010 年开始复苏,增长率达 10.4%,仍处于全球领先水平。2008—2011 年间,中国 GDP 增长率分别为 9.6%、9.2%、10.4%、9.3%;社会消费品零售总额增长率分别为 15.9%、16.9%、18.3%、17.1%,保持两位数增长;全社会固定资产投资实际增长率分别为 25.9%、30.0%、12.1%、23.8%,全社会固定资产投资总额占 GDP 比例分别为 55.0%、65.9%、62.7%、

65.7%，其中2009年均为最高值。可见，面对这场百年罕见的国际金融危机，我国应对有力并成就卓著，保住了经济增长势头，同时也为世界经济复苏做出了重要贡献。

二、经济发展总体保持着良好势头

近两年来，我国经济进入转型发展新阶段，尽管存在世界经济复苏缓慢，国内产能过剩问题突出、结构调整压力增大等不利条件，但党中央、国务院牢牢把握大势，坚持稳中求进的工作总基调，进一步发挥市场作用，积极推出系列改革创新举措，大力调整结构，着力改善民生，经济运行保持着总体平稳、稳中有进、稳中提质的良好发展态势。

（一）现代化建设进程正不断加快

世界由工业化进入信息化带来的产业革命，推动了中国经济起飞和现代化加快。中国现代化起自1860年洋务运动，甲午战争后停滞，新中国成立后才真正开始，改革开放以来全面推进。根据《中国现代化报告2015》，按10项指标测算，2012年中国第一次现代化指数约为96，在世界131个国家中排第58位，比上年提高3位；中国第二次现代化指数为42，世界排名第56位，与上年持平；综合现代化指数为44，世界排名第62位，比上年提高3位。2012年中国仍属初等发达国家，现代化总体水平约处于发展中国家中间水平，与世界中等发达国家的差距比较小，但与发达国家的差距比较大。[①] 进入21世纪后的实现情况如下。

1. 工业化。2013年，在全国全社会固定资产投资中，第二产业占42.3%，达到18.48万亿元，同比增速为17.4%。其中，制造业占33.76%，达到14.74万亿元，同比增速为18.5%。这说明工业已居国民经济主体地位，全国进入了工业化中期阶段。2013年，全部工业增加值210 689亿元，比上年增长7.6%；占国民经济的比重为37.04%，工业制成品出口占商品出口总额的95%左右。据联合国《2013年工业发展报告》，2013年中国钢、煤、发电量、水泥、化肥、棉布等220多种工业产品产量居世界之首，工业制成品出口额也居世界第一位。[②]

2. 信息化。全国以信息化带动工业化、以工业化促进信息化、信息化和工业化相融合的趋势，促进了生产方式变革和经济发展方式转变，形成了工

[①] 中科院中国现代化研究中心：《中国现代化报告2015：工业现代化研究》，2015-06-06。
[②] 国家统计局：《2013年国民经济和社会发展统计公报》，2014-02-24。

业化的重要技术支撑。2013年,全国电信业务总量达到13 954亿元,增长了7.5%。"电信业局用交换机总容量达41 052万门;新增移动电话交换机容量12 522万户,达到196 545万户。固定电话用户达26 699万户,新增移动电话用户11 696万户,达到122 911万户,其中3G移动电话用户达40 161万户;电话普及率达110.5部/百人。互联网普及率达到45.8%,上网人数达6.18亿人,其中手机上网人数5.0亿人。"① 全国信息设施水平迅速提高,固定和移动电话、互联网用户数均居全球之首,数字中国即信息中国正在加速建设中。

3. 城镇化。进入21世纪后,中央明确提出要积极推进城镇化,特别是中共十六大报告提出要"全面繁荣农村经济,加快城镇化进程"。根据这些要求和精神,我国城镇化速度明显加快,城镇化率由2000年的36.2%提高到2005年的43.0%、2010年的50.0%、2011年的51.3%、2012年的52.6%。到2013年年末,中国大陆总人口为136 072万人,城镇常住人口为73 111万人,乡村常住人口62 961万人,中国城镇化率达到了53.7%,比上年提高了1.1个百分点。全国大中小城市、中心城镇和小城镇相结合的城镇体系正在形成。

4. 市场化。随着社会主义市场经济体制不断完善,市场在经济发展和资源配置中的决定作用进一步发挥,实现了基本经济制度下的多种所有制经济共同发展。全国市场开放,微观经济实体自主经营,国家进行必要的宏观调控。2013年,全国"工业增加值达210 689亿元,增长7.6%,其中规模以上工业增加值增长9.7%。在规模以上工业中,国有及国有控股企业增长6.9%;集体企业增长4.3%,股份制企业增长11.0%,外商及港澳台商投资企业增长8.3%;私营企业增长12.4%。规模以上工业企业实现利润62 831亿元,增长12.2%,其中国有及国有控股企业为15 194亿元,增长6.4%;集体企业为825亿元,增长2.1%,股份制企业为37 285亿元,增长11.0%,外商及港澳台商投资企业为14 599亿元,增长15.5%;私营企业为20 876亿元,增长14.8%。"②

5. 国际化。我国全方位、多层次、宽领域的对外开放格局已全面形成,水平不断提高。对外贸易快速发展,从规模型转向质量型,2013年我国进出口总额达到41 589.90亿美元,同比增长7.55%。其中,进口19 499.9亿美元,出口22 096亿美元,分别增长7.3%和7.9%。资金方面,2013年我国直接利用外资达1 176亿美元,增长5.3%;对外直接投资达902亿美元,增长

---

① 工业和信息化部电信研究院:《2014年中国工业发展报告》[M],北京:人民邮电出版社,2014年。
② 国家统计局:《2013年国民经济和社会发展统计公报》,2014-02-24。

16.8%。我国整体上已由以利用外资为主转向利用外资与对外投资并重,中国已成为世界最大外资投资目的地,利用两个市场、两种资源的能力大为增强。

(二) 经济结构正加速转型升级

国际金融危机的倒逼,使我国经济结构调整和增长方式转变悄然而生,各方面结构正从低端向高端、从失衡向优化转变。

1. 实施稳外需、扩内需政策取得新的进展。自2000年以来,我国经济外贸依存度快速增加,由2001年的38.5%增至2006年的65.2%的峰值后,2009年达到最低点44.23%,2012年仍为47.0%;外贸顺差开始迅速缩减,占GDP比重已由金融危机前最高点8.8%下降到2012年的2.8%,并且还将继续下降。同时,出口依存度和进口依存度都有所回落。[①] 从理论上讲,中国经济仍处于起飞期,国民收入的70%要用于投资。但是,2007年我国投资率为47.7%、消费率为48.0%,2012年分别为49%、48%,投资率和消费率相当接近。这表明在外需放缓的情况下,我国经济增长正由外需拉动向内需驱动转变,由投资出口的外循环向投资消费的内循环转型。

2. 积极推进产业升级,经济结构开始改善。我国三次产业增加值之比由2000年的15.1∶45.9∶39.0已调整为2013年的10.0∶43.9∶46.1,一产逐步下降,三产增加值占比首次超过二产。当前,三大产业内部结构调整不断加快,正向高度化方向迈进,在加强传统产业改造升级的同时,战略性新兴产业快速发展。工业中的新一代信息技术、生物医药、新能源等重点产业,服务业中的现代物流业、高技术服务业、家庭服务业等产业加快发展。能源、交通等基础产业的实力大为增强,产业振兴和改造、淘汰落后产能、促进产业聚集发展的力度明显加大。我国高技术产业自2006年起,产品出口交货值连续多年保持世界第一。2012年我国高技术产业主营业务收入达102 300亿元,利税总额为9 500亿元,出口交货值达46 700亿元,同比分别增长16.86%、21.51%和15.03%。

3. 积极调整投入结构,发展方式转变加快。随着科学发展观全面落实,我国生产要素的投入已经由以物质资源的投入为主转向以科技进步、自主创新和劳动者素质提高的投入为主。特别是实施国家技术创新工程和计划,企业进一步成为技术创新的主体,产品科技含量和附加值普遍提高。2013年,我国研究与试验发展(R&D)经费支出达11 900亿元,增长15.6%,占全国

---

① 李扬等:《2015年中国经济形势分析与预测》[M],北京:社会科学文献出版社,2014年,第365页。

GDP 的 2.09%；受理境内专利申请 221.0 万件，授予境内专利权 121.0 万件。全国 114 家国家高新区实现工业总产值 197 000 亿元，实现增加值 58 000 亿元——占全国 GDP 比重达 10% 以上；在全国经济增长中，科技贡献率已在 40% 以上。[①] 在投资结构方面，国家对城乡、产业、地区投资不合理等加强了调整，经济增长主要依靠投资拉动的状况正在改变，投资对经济增长的贡献率已由 2009 年的 87.58% 下降至 2013 年的 54.4%。

（三）经济综合实力大为增强

我国经济长期高速发展，特别是在国际金融危机冲击中率先复苏，并保持平稳较快增长，从而使经济综合实力显著增强。

1. 发展为世界第二大经济体。国际金融危机后世界经济处于复苏期，但 2010 年中国经济比上年增长 10.3%，经济总量 GDP 达 398 000 亿元，按市场汇率计算为 58 790 亿美元，中国正式超过日本经济总量 GDP 54 740 亿美元，成为仅次于美国的全球第二大经济体。2012 年，中国经济在转型中增长 7.7%，经济总量 GDP 为 519 500 亿元，按市场汇率计算为 82 300 亿美元，相当于美国的 50.66%；人均 GDP 为 6 093 美元，居世界 84 位左右。

2. 经济运行整体态势平稳。到 2013 年，世界经济形势依然严峻，但中国经济保持着平稳发展态势，经济增长 7.7%，仍是全球平均增长率 2.4% 的 3 倍多，无疑是不太景气的全球经济中的最大亮点。当年中国经济总量 GDP 达到 90 400 亿美元，即 568 845 亿元，稳居世界第二大经济体的位置，人均 GDP 达到了 6 767 美元。全社会固定资产投资达 451 110 亿元，社会消费品零售总额达 237 810 亿元，同比分别增长 19.3% 和 13.1%。一些主要产品产量是：粮食 60 194 万吨，原煤 36.8 亿吨，原油 2.09 亿吨，发电量 53 975.9 亿千瓦小时，成品钢材 106 762.2 万吨，汽车 2 211.7 万辆，水泥 24.2 亿吨等，都有大的或较大幅度增长。

3. 发展为世界第一大贸易国。2011 年，在全球经济复苏乏力、金融危机和欧洲主权债务危机持续恶化的情况下，中国外贸发展再创历史新高，进出口总额跃居世界第二，达 36 418.6 亿美元，同比增长 22.46%，中国已连续 3 年成为世界最大出口国和第二大进口国。2012 年，在全球贸易严峻的形势下，中国进出口总额为 38 671.2 亿美元，同比增长 6.19%。2013 年，我国外贸进出口表现在全球主要经济体当中最好，对外贸易规模达到 41 600 亿美元，同

---

① 国家统计局：《2013 年国民经济和社会发展统计公报》，2014-02-24。

比增长 7.6%。中国超越美国的 39 100 亿美元，首次成为世界第一大贸易国。

4. 企业市场竞争力明显增强。随着经济的持续增长，我国企业发展规模不断扩大、市场竞争力增强。2008 年，进入美国《财富》杂志全球前 50 位大公司排名的中国企业有中国石油化工集团公司、中国国家电网公司、中国石油天然气集团公司（均居前 10 位）3 户、占 6.0%，进入全球前 500 位的有 46 户、占 9.7%。2012 年，进入全球前 500 位的企业已连续第 9 年增加，共有 73 家公司上榜，比上年增加 12 家。其中，中国石油化工集团公司、中国石油天然气集团公司和中国国家电网公司分别排名第 5、6、7 位。中国大陆上榜公司数量已经超过了日本，仅次于美国的 132 家。

三、经济持续健康发展面临许多有利条件

（一）内需持续不断扩大

国际金融危机爆发以来，扩大内需特别是消费需求已成为我国经济持续健康发展的立足点和着重点。2008—2013 年三大需求对我国 GDP 增长的贡献和拉动，总的趋势是：内需在扩大，投资有所波动，出口出现负面影响。其对 GDP 增长具体影响是：最终消费贡献率分别为 44.2%、49.8%、43.1%、56.5%、55%、50%，拉动百分点分别为 4.2、4.6、4.5、5.2、4.2、3.9；资本形成贡献率分别为 46.9%、87.6%、52.9%、47.7%、47.1%、54.4%，拉动百分点分别为 4.5、8.1、5.5、4.4、3.63、4.2；净出口贡献率分别为 8.82%、-37.38%、4.05%、-4.22%、-2.12%、-4.4%，拉动百分点分别为 0.95、-3.54、0.42、-0.39、-0.06、-0.3。[①] 其中，净出口在 2009 年和 2011 年以来对经济增长的贡献已转为负面，表明内需已完全能够拉动经济增长。展望"十三五"，随着产业结构调整升级，城镇化加快推进，我国进入世界中等偏上收入国家行列，消费需求和发展需求将大幅增长，这必然会对经济持续较快增长起到决定性作用。

（二）自主创新能力增强

随着中国进入科技快速发展期和世界科技大国行列，科技整体实力与发达国家的差距日益缩小，在重点领域已具有局部优势，自主创新能力进一步增强。主要表现在：中央与地方财政对科技的投资持续增长，我国科技投入

---

① 李扬等：《2015 年中国经济形势分析与预测》[M]，北京：社会科学文献出版社，2014 年，第 77 页。

已居世界前列，投入 R&D 人员全时当量已占全球 1/5，居世界首位；以企业为主体的产学研战略联盟快速发展，企业已成为科技创新的主体，成为科技与经济相结合的核心；科技产出快速增长，科技论文、发明专利、创新效率等方面均居世界前列，在科技前沿领域取得了一批具有国际影响力的重大成果；科技对产业发展的引领作用明显增强，高新技术开发及产业化，有力促进了传统产业改造升级，也推动了战略性新兴产业改造和发展，并走向国际市场；通过积极开展国际科技合作活动和项目，增强和扩展了国际科技合作与交流的能力。

（三）劳动力资源十分丰富

我国尽管老龄化速度较快，但劳动力资源还能满足发展需要。一是适龄劳动力将长期增长。据全国第六次人口普查，我国 15—60 岁劳动年龄人口为 9.2 亿人。据联合国预测：2030 年前中国 15—60 岁劳动年龄人口将一直增长，在 2018—2020 年达到峰值即 10 亿人。每年需在城镇就业的劳动力约 2 500 万人，大约能安排一半，农村剩余劳动力约 1 亿人尚待转移。从总量看，我国劳动力资源将长期供大于求，数量型人口红利不会很快消失。二是劳动力素质将逐步提高。进入"十二五"以来，全国加强了各类教育和职业培训，建立健全了人才服务体系，劳动力素质逐步提高，质量型的人口红利开始体现出来。2012 年全国劳动力平均受教育年限为 9.76 年，参加过专业技术培训的比例为 14.87%。三是劳动力成本仍具比较优势。近年来全国劳动力成本提高较快，但随着劳动工资不断增长，劳动生产率也在提高。而且相对于美国等发达经济体、印度等其他金砖国家，我国劳动力工资水平并不高。

（四）资金支持力度加大

我国国内资金比较充裕，对经济发展的支撑能力较强。经济快速增长带来了财政收入的快速增长，2012 年全国财政收支分别达 117 200 亿元和 125 700 亿元，比 2000 年分别增长 7.75 和 6.91 倍，支大于收仅 8 000 亿元。全国财政运行良好，财政赤字占国内生产总值的比重从 2009 年的 2.8% 降到 2012 年年的 1.5% 左右，赤字率和债务负担率保持在安全水平，为政府消费和投资提供了有力支撑。在金融体系建设方面，根据国际市场发展需要，进一步完善了多层次、多功能的金融市场体系，促进经济多元化发展。全国金融体系运行稳健，银行业风险抵御能力不断增强，资本充足率从 2007 年的 8.4% 提升到 2012 年的 13.3%，不良贷款率由 6.1% 下降到 0.95%，一直保持在较低水平。截至 2012 年年底，我国银行业金融机构资产总额达到 1 336 000 亿元；外汇储备余额达 33 100 亿美元，已连续 5 年位居世界最大对外债权国之列。

（五）基础设施大为改善

一是交通运输能力持续增强。随着铁路客运专线、轨道交通不断扩展，"五纵七横"国道主干线和西部大开发干线公路投入运营，一批专用码头相继建成，机场建设有序推进，油气输送管道里程大幅增长，我国交通运输综合网络基本形成，技术装备大大改观，服务水平大为提高。二是能源生产和供应能力明显提高。我国能源产量和消费量均居世界之首，当前能源生产能力稳步提高。特别是可再生能源和新能源的生产和使用正快速推进，节能减排工作大力开展，能源结构走向优化。三是水利和防灾减灾体系不断完善。全国新建大批蓄、引、提水工程，水库库容大为扩展；大批重点水利枢纽建成运行，水土保持和河湖生态修复加快推进；对旱灾、水灾、台风、地震等自然地质灾害的防灾减灾能力进一步增强，加强了对灾害的防治和预警预报，灾后恢复重建取得重大成就。基础设施迅速发展，对全国经济社会发展发挥了重要支撑作用。

（六）宏观调控有力有效

社会主义市场经济体制既可以充分发挥市场配置资源的决定作用，又可以对宏观经济运行实行有力调控，防止市场失灵，因而中国是世界上宏观经济调控最有序、有力、有效的国家。对宏观经济调控，我国已形成了比较科学的顶层设计，即对国民经济的生产、分配、交换、消费各环节都有科学的规划和安排，对调控目标、任务、体制、机制、政策、措施等宏观调控体系，不断进行完善或更新，以保持经济持续健康运行。进入 21 世纪以来，我国调控能力明显增强，做到了见事早，行动快，效果好。如 2008 年中央为应对国际金融危机，实施有力的政策措施，最后形成了"一揽子"计划。2009 年以后把调控重心放在着力处理好经济平稳较快增长、结构调整和通货膨胀预期管理上。2012 年坚持按照稳中求进的主基调，根据发展形势的变化适时适度进行预调、微调，进一步提高调控政策和措施的针对性、灵活性和前瞻性，都取得了积极效果。

四、经济发展迎来并处于重要战略机遇期

（一）中国抓住了 21 世纪初的重要战略机遇期

一个国家或地区的振兴，一般要经历一个或几个形势良好、特色鲜明、

速度较快、整体跨越的特定发展阶段,这些阶段就是一个个战略机遇期。在历史上,中国曾失掉15世纪末期的大航海、20世纪冷战时期前半个战略机遇期。21世纪初战略机遇期最早由美国提出来,欧盟、俄罗斯、日本、印度等国也抓住了这个战略机遇期,实施了各自发展战略。改革开放以来,中国自觉地抓住了冷战时期后10年、20世纪90年代特别是21世纪初战略机遇期,利用良好国际和平环境、技术革命成果和多元世界市场,加快经济发展,实现了经济起飞。这一机遇期至少要到2020年或更长时期,中国将继续前进。

(二) 中国进入了全面建成小康社会的关键时期

我国总体小康实现程度,1990年为46.3%,2000年为95.6%。全国全面小康,监测指标已由总体小康的16项增为23项,并有数值上的调整,要在2020年全部实现。2013年我国人均GDP等一些总量指标已经超进度达到,但缩小居民收入差距等一些结构性指标的如期实现则难度较大。因此,在21世纪第二个10年,全国要根据中共十八大精神,坚持科学发展,从增强发展的协调性、实现经济又好又快发展,加快社会事业发展、全面改善人民生活等多方面努力,切实提高经济总量GDP中服务业构成比例、研发支出相对比例等,不断缩小城乡、区域等差距,着力取得具有决定意义的成就。

(三) 中国面临深化改革和转变发展方式的攻坚期

进入21世纪特别是第二个10年以来,我国经济结构战略性调整和垄断行业、财税、金融等一些重点领域及关键环节的改革需要到位,推动科学发展、促进社会和谐的体制需要健全,收入分配关系的调整和基本公共服务均等化的推进等还需要加快,改革已进入攻坚阶段。自20世纪90年代后期提出转变经济增长方式到后来提出转变经济发展方式,我国经济发展方式转变仍不够快,平衡、协调、可持续方面不理想的问题仍较突出。为此,中共十八大作出了关于全面深化改革的战略部署,十八届三中全会通过了《中共中央关于全面深化改革若干重大问题的决定》。对此,我们必须大胆推进全面改革,注重改革的系统性、整体性、协同性,要改变资源、环境对发展的制约,增强竞争能力,从容应对各种挑战,要从观念、体制、政策到战略、模式、技术等方面,尽快加以转变,紧紧抓住转变经济发展方式的攻坚时期,以求大有作为。

(四) 中国实现全面协调、可持续发展的前景广阔

进入21世纪第二个10年,中国将深入贯彻科学发展观,坚持以人为本、

全面协调、统筹兼顾，注重保障和改善民生，促进社会公平。尽管经济增长出现结构性减速，但经济发展进入新常态，增速合乎逻辑地放慢，有利于加快转变经济发展方式，实现科学发展，形成又好又快发展的格局。当前和今后一个时期，我国已经明确经济发展的主攻方向，这就是以提高经济增长质量和效益为中心，进一步深化改革开放，加强和改善宏观调控，强化创新驱动，切实保障和改善民生，促进经济持续健康发展和社会和谐稳定。因此，我国经济实现可持续发展的空间很大，发展前景良好。

第三节 长三角与大西南地区经济发展的新形势

长三角和大西南地区分属我国的东部和西部地区，在全国经济发展中占有极其重要的地位和作用。近年来，长三角与大西南地区特别是长三角地区，遭受了国际金融危机的巨大冲击，但经过努力应对，长三角与大西南地区经济结构调整转型加速推进，产业优化升级等取得积极进展，经济增长总体上都保持着持续快速健康发展的良好势头，从而使大西南承接长三角产业转移发展面临着经济发展的新形势。

一、长三角地区

（一）成功应对国际金融危机的巨大冲击

由于国际金融危机的严重冲击，作为国民经济外贸依存度高达82.6%的长三角地区（2011年），2008年外需急剧萎缩，出口动力减弱，当年长三角地区进出口总额增幅大幅下降，其回落的百分点数，上海为10.6，江苏为10.9，浙江为11.4。这造成了长三角地区企业经营状况恶化，利润增幅下降，亏损面扩大，2%左右的规模以上工业企业停产和破产，从而使整个区域经济增长速度减缓。区域生产总值为65 500亿元，同比增长11.0%，增速回落的百分点数，上海、浙江均为4.6，江苏为2.5。上海经济增速仅为9.7%，是1992年以来首次降到一位数，处于最低状态。为应对国际金融危机，长三角地区采取的主要措施及取得成效如下。

1. 努力扩大内需。2008年长三角三省市努力增加对汽车、家用电器等产品的消费，积极开拓农村市场，推动了长三角消费需求的结构升级、需求增长、市场繁荣，从而成为长三角经济增长的重要动力。当年长三角社会消费品零售总额增幅达17%以上,为进入"十一五"后最好水平,且高于同期全社会固定资产投资增速。到2011年,三省市社会消费品零售总额达到34 800亿元,同比增长16.4%。

2. 加快产业结构调整。从2008年起,长三角加快了对服务业特别是信息传输、软件开发、计算机服务、金融服务等新兴服务业的发展,2011年长三角第三产业增加值占GDP比例达45.9%,比全国平均水平高2.5个百分点。工业发展方面,上海加速淘汰传统的落后生产能力,发展成套设备、信息产品制造等高端制造业和高新技术产业;浙江则促进工业结构由轻型转向轻重工业相结合,出口导向型战略由一般消费品生产转向资本品生产。

3. 积极调整贸易结构。在努力改变对欧美出口疲软的同时,积极开拓新兴市场,进一步扩大机电产品和高新技术产品的出口,其出口额比例持续增大,如2008年上海这两类产品出口额比例分别为70.0%和42.1%。到2011年,长三角外贸进出口总额为12 865.07亿美元,同比增长18.2%。

(二) 区域经济发展综合实力显著增强

长三角地区作为我国经济发展的"火车头",是我国最重要的经济增长极,经济发展综合实力全国第一,经济总量GDP相当于中国的20%,经济增长率远高于全国平均水平,其进出口总额、财政收入、消费品零售总额均居全国第一。长三角是我国最大的经济圈,经济实力雄厚,发展活力强劲,正带动着全国经济的持续快速发展,为产业结构升级和产业转移发展提供了良好基础。

1. 经济发展综合实力十分雄厚。长三角是我国最大经济圈,在全国经济发展中具有举足轻重的地位和作用。2012年,长三角经济总量GDP为108 763.53亿元,占全国的20.94%,平均每平方公里土地GDP为5 157.11亿元,分别高于珠三角、京津冀等地区。分省市来看,上海GDP为20 101.33亿元,同比增长7.5%;江苏54 058.2亿元,同比增长10.1%,成为国内第二个经济总量突破50 000亿元的省份;浙江34 606亿元,同比增长9.6%。三省市人均GDP均处全国前列,上海为85 630元,江苏68 438元,浙江63 346元。长三角核心区16城市,GDP总量逼近90 000亿元,达89 951亿元,平均增长10.1%,占全国GDP的17.3%。其中,除上海、苏州较早迈入GDP"万亿俱乐部"外,有6个城市GDP总量超过5 000亿元。GDP总量前5位的城市为上海(20 101.33亿元)、苏州(12 011.65亿元)、杭州(7 803.98亿元)、无锡(7 568.15亿元)和南京(7 201.57亿元)。16城市地方财政一般预算收入实现10 355.04亿元,增长9.9%;城市居民人均可支配收入达34 033元,增长12.1%;人均消费支出21 595元，增长9.4%。到2013年，长三角经济总量GDP达到118 332.62亿元，占全国的20.8%。其中，上海GDP总量为21 602.12亿元，江苏为59 161.75亿元，浙江为7 568.49亿元；人均GDP上海为89 444.22元；江苏为74 515.81元；浙江为68 331.19元。[①] 长三角已成为我国最具实力的经济区域，号称中国的"金三角"。

2. 产业发展基础扎实、体系完整。经过长期开发建设，长三角农业已形成良好基础，第一产业发展和设施水平在全国处于前列，大型农业生产园区众多，现代农业成为发展主流，农业科技含量不断提高，高端优质农产品不断增多，新型农业发展形态不断涌现。特别是长三角以对外开放为契机，以发展制造业为重点，充分发挥有利条件和优势，大力引进外资，大量引进国外工业资本，推动了区域经济迅速发展。目前长三角工业发达，门类齐全，体系完整，尤以制造业和高技术产业最为发达，如机械、汽车、钢铁、石化、纺织服装、电子信息、生物医药等在全国具有举足轻重的地位，拥有众多先进制造业基地。2013年长三角规模以上工业增加值达47 870.04亿元，占长三角经济总量的40.45%，占全国工业增加值的23.14%。长三角服务业发展水平也领先于全国，随着金融、贸易、物流和信息服务等服务业发展快速，信息网络技术运用广泛深入，传统服务业不断改造升级，现代服务业产业能级不断提升。2013年长三角服务业增加值达到45 419.36亿元，占长三角经济总量的38.38%，占全国服务业增加值的17.32%。

3. 形成了比较完备的城镇体系。长三角地区分布着我国最为发达的都市圈，区域内直辖市、副省级市、地级市、县级市和建制镇一应俱全，已建成包括1个直辖市（上海市）、3个副省级城市（南京、杭州和宁波）、12个地级市（苏州、无锡、常州、南通、镇江、扬州、泰州、嘉兴、湖州、绍兴、舟山、徐州）的城市群。上海市以建设国际大都市为目标，南京、苏州、无锡、杭州、宁波等城市将建成为国内具有重要地位的特大城市。作为我国城镇化水平最高的地区之一，2013年长三角全社会固定资产投资为61 824亿元，占全国的13.83%，其中江苏为35 982.5亿元，居全国首位，增速与全国持平。区域城镇化率，江苏为64.1%、浙江为64%、上海为88.02%，均大大高于全国水平。整个长三角地区城镇空间分布密集，平均每万平方公里城镇达100多个，分布密度是全国平均密度的5倍多。在全国百强县中，长三

[①] 国家统计局：《2014年中国统计年鉴》[M]，北京：中国统计出版社，2014年。

角地区拥有50个县市，占比达到50%，其中在前十强县中占据8席，在前二十强县中占据15席。作为中国最大的城市群，目前长三角城市群已跻身于国际公认的继纽约、芝加哥、巴黎、伦敦、东京都市圈之后的世界第六大都市圈，并致力于在2018年建成为世界第一大都市圈。

4. 区域经济一体化走在全国前列。自长三角城市经济协调会成立以来，特别是《国务院关于进一步推进长江三角洲地区改革开放和经济社会发展的指导意见》（国发〔2008〕30号）发布实施以来，在国家积极支持下，长三角三省市加强了区域合作，各会员城市利用地域相邻、文化相融、人员交流和经济往来密切的条件，积极推动和加强经济联合与协作。通过颁布长三角区域规划条例，统筹区域发展，消除区域政策障碍和行政壁垒，实现资源共享、相互开放市场、科技人才流动、产业密切合作以及共建基础设施，推动了区域经济一体化迅速发展，其成效以产业和交通等方面最为突出。如产业方面，以上海为增长极，正在形成包括苏州、无锡、杭州和宁波等的现代服务业圈，包括南京、嘉兴、绍兴、常州和镇江等的电子信息等战略性新兴产业和先进制造业圈，包括扬州、南通、湖州和舟山等的三次产业协调、现代农业突出的综合产业圈，具有优势互补、分工合理、共生繁荣等特点。经过多年统筹协调发展，长三角地区在各地政府与民间之间，已建立起了各种协调工作机制，形成了多层次、宽领域的合作交流机制，一体化进程不断推进，一体化水平明显提升，一体化发展成为长三角发展的有力支撑。目前长三角会员城市已扩容至30个，为未来长三角进一步推进一体化发展奠定了更加坚实的基础条件。

5. 迈向世界级经济中心的区域。长三角是我国改革开放的主要前沿阵地和较早试验地。面对开放的国际市场，长三角发挥自身独特优势，积极发展开放型经济，形成了全方位、多层次、高水平的对外开放格局。1984年，长三角的连云港、南通、上海、宁波、温州5市被国家列入沿海对外开放城市之中。1990年，中央作出开发开放浦东决策，为长三角改革开放提供了重大契机，推动了经济发展向外向型转变。经过不断探索试验，长三角社会主义市场经济体制框架基本建立，经济发展不断成熟。特别是通过大量引进外国资金、跨国公司资金、港澳台资金，长三角以制造业为重点的工业经济迅速发展，成为全国经济产出最高的区域，成为东部地区经济发展的重要支撑之一，并在国家层面参与国际合作与竞争。随着长三角把产业优化升级作为主攻方向，推动经济积极调整、大胆创新、加快转型，实现速度与结构质量效益相统一,着力增强现代服务业中心功能,加快构建与现代化国际大都市相适应的现代产业体系,长三角多个产业融入了全球经济分工体系。当前,长三角改革开放发展势头良好,成效显著,贸易、金融、航运等经济领域继续深化,制度环境、社会、文化等非经济领域加速推进,开放经济发展呈现出深层性、功能性、同步性、服务性等新特征。上海作为长三角地区的核心,正向国际经济、金融、贸易和航运中心迈进,在其发展带动下全区域正在或将会较快地成为重要的世界经济中心之一。

二、大西南地区

(一) 成功应对国际金融危机的严重冲击

大西南地区经济对外依存度较低,直到 2011 年仅为 14.5%,仍比全国低 35.5 个百分点,因而受国际金融危机直接冲击较小。但是,由于我国东部地区受国际金融危机冲击影响严重,对大西南的煤炭、电力、钢铁和化工等产品需求量普遍下降。加上东部地区就业形势严峻,用工量大减,大西南农民工大量返乡,仅四川 2008 年年底,从省外返乡农民工就达 92.96 万人。这无疑对大西南经济发展增添了较大压力,当年各省区市经济增速普遍下降,其中四川下降最多、达 4.7 个百分点,云南和重庆均下降 1.3 个百分点,贵州下降 3.5 个百分点,广西下降 2.1 个百分点。为应对国际金融危机,大西南各省区市主要采取以下措施,取得了积极成效。

1. 促进经济持续快速发展。大西南各省区市坚持实施西部大开发战略,切实加大开发建设力度,努力调结构、保增长。2009 年大西南地区经济发展开始回升,GDP 增速以四川最快,达 14.5%,净增 3.5 个百分点。2010 年经济继续复苏,增速进一步加快,其中重庆增速最高,达 17.1%,居全国第二位。2011 年各省区市经济增速均在 12% 以上,重庆增速为 16.4%,居全国之首。

2. 努力扩内需、惠民生。推进西部大开发使大西南地区得到实惠,社会消费大为扩张。社会消费品零售总额增幅,2009 年大西南为 19.3%—22.9%,贵州增长 22.9%,居西部之首;2010 年为 11.8%—17.4%,贵州增长 17.4%,居西部第二位;2011 年达 19.5%—30.8%,云南增长 30.8%,居西部之首。

3. 加快全社会固定资产投资。2009 年大西南地区加强了交通和水利等基础设施、重点经济区，以及汶川震后重建等工作，全社会固定资产投资增长22.4%—58.1%。其中四川增长58.1%，广西增长50.8%，分别居西部第一和第二位。城镇固定资产投资增幅，2011年大西南达18.5%—43.1%，贵州增长43.1%，居西部第二位。

4. 促进工业经济稳步回升。从2009年3月起，大西南地区工业经济扭转了下滑趋势，特别是原煤、发电量、钢材、水泥等能源和资源深加工恢复较快，全年工业增加值增幅为10.6%—19%，四川增长19%，居西部第二位。规模以上工业企业增加值增幅，2010年为14%—23.7%，重庆、广西均增长23.7%，居全国之首；2011年为18%—22.7%，重庆增长22.7%，仍为全国之首。

5. 加快推进城镇化进程。2009年大西南各省区市城镇化率提高的百分点为0.8%—1.6%，其中重庆净增1.6个百分点达到51.6%，居西部第二位。2011年大西南城镇化率按高低排列，依次是重庆55%、四川41.8%、广西41.8%、云南36.8%、贵州35%、西藏22.7%，全国为51.3%。

（二）区域经济发展综合实力不断提升

大西南六省区市均处西部，属国家实施西部大开发战略的区域，战略地位十分重要，同时也是发展潜力巨大，可以在自然资源开发等方面支撑全国发展的重要区域之一。随着西部大开发战略的深入实施，大西南综合经济实力不断增强，经济地位迅速提升。

1. 区域经济总量加速扩大。改革开放以来，特别是实施西部大开发战略以来，大西南地区经济发展明显加快，区域经济规模快速扩张，经济综合实力不断增强。2010年，大西南经济总量GDP为49 079.21亿元，是2005年的1.86倍，年均增长13.24%；区域经济总量GDP占全国的12.54%，比2005年提高1.12个百分点。到2013年，大西南经济总量GDP达73 825.16亿元，占全国的12.98%。其中，四川26 260.8亿元，增长10.0%；广西14 378.0亿元，增长10.2%；云南11 720.91亿元，增长12.1%；贵州8 006.79亿元，增长12.5%；重庆12 656.69亿元，增长12.3%；西藏807.67亿元，增长12.1%。大西南实现工业增加值达29 093.06亿元，占全国的13.81%。其中，四川11 578.5亿元，增长11.0%；重庆5 249.65亿元，增长13.1%；云南3 767.58亿元，增长12.0%；广西5 749.65亿元，增长11.4%；贵州

2 686.52亿元,增长13.1%;西藏61.16亿元,增长12.2%。[①] 经过多年建设开发,大西南地区已形成支撑经济持续快速健康发展的物质技术基础,因而完全可以与长三角转移产业进行高起点、创新性的对接发展。

2. 形成了独具特色的产业体系。依托丰富的自然和人文资源,大西南地区建立发展了一系列特色优势产业。各省区市注意利用农林牧资源条件,大力发展特色农业,在区域内建立起全国重要的粮食、烤烟、茶叶、果品、桑蚕、蔗糖、药材产区和牧区、林区,还着力发展淡水和海洋养殖业,形成了全国重要的特色农产品生产基地。通过发挥自然资源组合优势,实行重点开发,建立发展特色工业,大西南工业化取得明显成效,逐步构建起以水电、煤炭等能源工业,铝、铅、钒等有色金属工业,磷煤、天然气等化学工业,航空航天、汽车制造、矿山机械等装备制造业,烟、酒、食品等轻工制造业,生物医药制造业等为主的现代工业体系。大西南已成为全国重要的能源生产、原材料生产、装备制造、轻工产品生产等特色产业基地,特别是资源深加工产业具有广阔的发展前景。另外,通过发挥旅游资源优势,大力发展特色旅游业,大西南又成为全国重要的红色旅游、生态旅游、登山旅游、草原旅游、边境旅游、风情旅游、文化旅游、探险旅游、科普旅游、工业旅游、农业旅游等目的地。因此,与长三角产业转移相结合,优化产业的垂直分工和水平分工,可加快发展大西南特色农业及其产品加工、轻工纺织、精细化工、电子信息、新能源、新材料、先进制造、物流等产业。当前,大西南正处在城镇化、工业化、农业现代化的加速推进期,成渝等多个重点开发区的发展极功能正在增强,能够有效促进产业转移与承接。

3. 产业发展布局不断优化。大西南属欠开发、欠发达地区,各省区市经济发展水平总体相差不大,都是资源大省、资源大区、资源大市,区域经济具有资源多、市场大、共性多、互补性强的显著特点。经过长期开发,特别是国家大力实施西部大开发战略,大西南地区"老、少、边、远、穷"落后面貌迅速改变,目前已形成了以长江上游经济带和南贵昆经济区为核心的发展格局。长江上游经济带包括重庆、成都、拉萨、攀枝花等中心城市,已确立了汽车机械制造、食品生产加工等一批优势产业;南贵昆经济区以南宁、贵阳、昆明三大中心城市为犄角,具有自然资源、旅游资源等明显优势,有色金属产业已形成较好基础。另外,大西南还拥有一批"三线"企业、工业

[①] 国家统计局:《中国统计年鉴(2014年)》[M],北京:中国统计出版社,2014年。

基地和中心城市，以及庞大的资产存量和产业人才队伍。2008年，国家商务部就已将重庆等城市列为全国加工贸易梯度转移重点承接地，着力加强其承接产业转移的能力。这些都为大西南地区加快产业承接发展、构建现代产业体系奠定了良好基础和有利条件。

4. 对内对外开放加速发展。自20世纪80年代大西南经济协调会成立以来，大西南各省区市着力加强区域内横向联合，突出以联合促开放、以开放促开发，努力打破地区间条块分割和封锁的局面，力求实现资源优势互补，提升区域整体竞争力，促进区域合理开发和经济发展。通过积极推进区域统筹发展，切实加强跨区域的协调与合作，大西南地区建立了六省区市七方经济协调会，各省区市经济合作日趋紧密，形成了多个多边合作框架。从而，使区域竞争力明显提高，整体优势不断凸显，推动了大西南与东部和周边地区更大范围、更高层面、更宽领域的经济合作加速发展。同时，大西南发挥沿边、沿海的地缘优势和区域对外开放的有利条件，切实加快对东南亚、南亚开放步伐。近年来，云南、广西边境口岸数量不断增加，规模不断扩大，特别是大西南与东盟国家经贸关系不断深化，在许多方面取得了良好的合作成果。目前大西南地区已成为中国西南的重要门户，已成为对东南亚、南亚开放的前沿和对外交往的重要通道，在我国对外经济发展中作用愈来愈大，地位越来越明显。

5. 良好生态环境的重要屏障。大西南各省区市均处于国家主体功能区规划建设和保护的"两屏三带"为主体的生态安全战略地区中，青藏高原生态屏障、黄土高原—川滇生态屏障、南方丘陵山地带都经过这里。同时，大西南又处于我国一些大江大河的上游地带，对保护这些江河全流域（包括境外流域）的生态环境，建设生态文明是一道道重要的天然屏障。对此，我国已分别实施了长江中上游和珠江防护林体系建设工程、长江上游和珠江上游水土流失重点防治区工程等系列生态建设工程，加强了对天然林的保护。在保护好生态环境的前提下，着力推进水电开发、航道建设；对资源加工型产业进行结构、技术、布局上的科学调整，推进节能减排，加快转变发展方式。经过多年努力，大西南流域污染得到防治，水源得到涵养，洪水流量得到调节，河流和库区泥沙淤积大为减轻，三峡等水电设施安全运转，主要河流航道畅通，从而使全国最重要的长江、珠江两大三角洲地区的生态安全和环境友好有了根本保障。

第五章 大西南与长三角经济增长的实证比较分析及增长环境评价

第一节 "十一五"时期大西南与长三角产业结构和经济增长实证分析

为比较分析大西南与长三角两大地区产业结构对经济增长的贡献差异，本书采用偏离—份额分析方法构建相应的计量模型来进行测度分析。

一、偏离—份额分析方法

偏离—份额分析方法是"进行结构分析，尤其是跨地域结构分析的经典方法，其本质上是一种指标分解方法。"[①] 它将区域经济总量在某一时期的变动分解成份额分量、结构偏离分量和竞争力偏离分量之和，然后按照三种变量的不同组合来解释区域发展和衰退的影响因素。

设 G 代表一个地区的经济总产出（用地区生产总值度量），RS 代表地区增长份额，PS 代表产业结构份额，DS 代表竞争力份额；则有

$$G = RS + PS + DS \quad (1)$$

$$RS = \sum_{i=1}^{n} Y_i^0 \quad (i = 1,2,3) \quad (2)$$

$$PS = \sum_{i=1}^{n} Y_i^0 R_i - \sum_{i=1}^{n} Y_i^0 R = \sum_{i=1}^{n} Y_i^0 (R_i - R) \quad (i = 1,2,3) \quad (3)$$

$$DS = \sum_{i=1}^{n} Y_i^0 r_i - \sum_{i=1}^{n} Y_i^0 R_i = \sum_{i=1}^{n} Y_i^0 (r_i - R_i) \quad (i = 1,2,3) \quad (4)$$

式中，Y_i^0 代表该地区第 i 产业的基期产值，R 代表全国经济增长率，R_i 代表全国第 i 产业的增长率，r_i 代表该地区第 i 产业的实际增长率。

则该地区的经济增量总偏离为该地区的实际增长额与份额增长之间的差

[①] 孙福庆等：《上海产业发展》[M]，格致出版社、上海人民出版社，2008年。

值，即 $(G - RS) = PS + DS$ （5）

同样地，设 K 代表地区经济增长率，K_R 代表地区偏离—份额增长率，K_P 代表产业结构偏离—份额增长率，K_D 代表竞争力偏离—份额增长率，则有：

$$K = K_R + K_P + K_D \quad (6)$$

$$K_R = \frac{RS}{\sum_{i=1}^{n} Y_i^0} \quad (i = 1,2,3) \quad (7)$$

$$K_P = \frac{PS}{\sum_{i=1}^{n} Y_i^0} \quad (i = 1,2,3) \quad (8)$$

$$K_D = \frac{DS}{\sum_{i=1}^{n} Y_i^0} \quad (i = 1,2,3) \quad (9)$$

则该地区经济增长总偏离增长率为该地区经济的实际增长率与地区份额增长率之间的差值，即 $K - K_R = K_P + K_D$ （10）

如果该地区产业以全国总增长率计算得到的增长量，高于其实际的增长水平，则 $RS > 0$，反之 $RS < 0$；如果该地区以快速增长型产业为主，则 $PS > 0$，反之 $PS < 0$；如果该地区竞争力高于全国水平，则 $DS > 0$，反之 $DS < 0$。

二、偏离—份额实证分析

在此，本书选取"十一五"期间大西南地区和长三角地区各省区市生产总值 GDP、三次产业增加值等主要数据作为样本，以 2005 年为基期、2010 年为报告期，对两大地区及其内部各省区市进行偏离—份额计算分析，从而得到两大地区及其内部各省区市的偏离—份额分量（见表1、表2、表3）。

表1　大西南与长三角地区及其各省区市经济数据

单位：亿元

地区省份	GDP 2005	GDP 2010	第一产业 2005	第一产业 2010	第二产业 2005	第二产业 2010	第三产业 2005	第三产业 2010
全　国	184 937.4	313 927.5	22 420	27 963.81	87 598.1	154 942.8	74 919.3	131 020.9
长三角	40 897.7	73 162.85	2 434.66	2 905.188	21 974.1	39 618.29	16 488.93	30 639.37
上　海	9 154.18	15 316.49	80.34	76.83607	4 452.92	7 293.063	4 620.92	7 946.588

续表

地区省份	GDP 2005	GDP 2010	第一产业 2005	第一产业 2010	第二产业 2005	第二产业 2010	第三产业 2005	第三产业 2010
江 苏	18 305.66	34 316.19	1 461.49	1 793.402	10 355.03	19 912.06	6 489.14	12 610.73
浙 江	13 437.85	23 530.17	892.83	1 034.95	7 166.15	12 413.16	5 378.87	10 082.06
大西南	21 129.09	39 357.97	4 244.58	5 363.016	8 380.01	18 847.62	8 504.49	15 147.34
重 庆	3 070.49	6 080.169	463.4	573.246	1 259.12	3 030.186	1 347.97	2 476.737
四 川	7 385.115	13 800.4	1 481.14	1 758.956	3 067.23	7 221.469	2 836.74	4 819.974
贵 州	1 979.06	3 481.601	368.94	463.6266	826.63	1 531.843	783.49	1 486.132
云 南	3 472.89	6 100.355	669.81	888.4576	1 432.76	2 829.983	1 370.32	2 381.914
西 藏	251.21	450.7833	48.04	58.09398	63.52	135.7911	139.65	256.8982
广 西	4 075.749	7 808.624	912.5	1 185.728	1 510.68	3 622.028	1 652.57	3 000.868

（资料来源：《中国统计年鉴（2005—2010）》，各省区市 2010 年统计公报；表中数据按 2005 年价计算处理）

表2 大西南与长三角地区及其各省区市偏离—份额计算结果

地区省份	总增长 增量（亿元）	总增长 增率（%）	地区份额分量 增量（亿元）	地区份额分量 增率（%）	产业结构分量 增量（亿元）	产业结构分量 增率（%）	竞争力分量 增量（亿元）	竞争力分量 增率（%）	总偏离 增量（亿元）	总偏离 增率（%）
长三角	32 265.15	78.89	28 525.32	69.75	1 317.57	3.22	2 422.28	5.92	3 739.83	9.14
上 海	6 162.31	67.32	6 384.86	69.75	518.65	5.67	-741.20	-8.10	-222.55	-2.43
江 苏	16 010.53	87.46	12 767.83	69.75	413.66	2.26	2 829.04	15.45	3 242.69	17.71
浙 江	10 092.32	75.10	9 372.63	69.75	385.26	2.87	334.43	2.49	719.69	5.36
大西南	18 228.89	86.27	14 737.11	69.75	-876.67	-4.15	4 368.46	20.68	3 491.78	16.53
重 庆	3 009.68	98.02	2 141.60	69.75	-49.62	-1.62	917.70	29.89	868.07	28.27
四 川	6 415.28	86.87	5 150.97	69.75	-302.43	-4.10	1 566.76	21.22	1 264.31	17.12
贵 州	1 502.54	75.92	1 380.35	69.75	-66.92	-3.38	189.11	9.56	122.19	6.17
云 南	2 627.47	75.66	2 422.27	69.75	-129.02	-3.72	334.21	9.62	205.19	5.91
西 藏	199.57	79.44	175.21	69.75	-9.93	-3.95	34.29	13.65	24.36	9.70
广 西	3 732.87	91.59	2 842.75	69.75	-218.23	-5.35	1 108.35	27.19	890.12	21.84

（资料来源：由笔者计算整理）

第五章 大西南与长三角经济增长的实证比较分析及增长环境评价

表3 大西南与长三角地区三次产业偏离—份额计算表

单位：亿元

地区省份	第一产业 RS	第一产业 PS	第一产业 DS	第二产业 RS	第二产业 PS	第二产业 DS	第三产业 RS	第三产业 PS	第三产业 DS
长三角	1 698.126	-1 096.11	-131.492	15 326.49	1 567.007	750.6886	11 500.7	846.6687	1 803.079
上 海	56.03553	-36.1698	-23.3696	3 105.822	317.5447	-583.224	3 222.999	237.2736	-134.604
江 苏	1 019.36	-657.976	-29.4711	7 222.425	738.4333	1596.174	4 526.044	333.2024	1 262.34
浙 江	622.7309	-401.96	-78.6508	4 998.245	511.0293	-262.262	3 751.653	276.1926	675.3438
大西南	2 960.509	-1 910.95	68.87637	5 844.888	597.5915	4 025.128	5 931.71	436.686	274.4545
重 庆	323.2122	-208.627	-4.73918	878.2108	89.78981	803.0656	940.1819	69.21517	119.3698
四 川	1 033.065	-666.823	-88.4268	2 139.331	218.7289	1 796.178	1 978.569	145.6601	-140.996
贵 州	257.3282	-166.1	3.458579	576.5578	58.94827	69.70662	546.4685	40.23041	115.9431
云 南	467.179	-301.555	53.02323	999.3212	102.1723	295.7297	955.7706	70.36279	-14.5392
西 藏	33.50693	-21.6281	-1.8249	44.30392	4.52971	23.43745	97.40306	7.170707	12.67445
广 西	636.4504	-410.816	47.59357	1 053.669	107.7289	949.9502	1 152.634	84.85568	110.8076

（资料来源：由笔者计算整理）

由表3可见，"十一五"期间长三角地区生产总值增长速度高于全国平均水平，总偏离为3 739.83亿元，总增率偏离9.14%，其中产业结构优势带来的增长量为1 317.57亿元，竞争优势带来的增长量为2 422.28亿元；长三角地区生产总值增长速度比全国平均水平高9.14%，其中，产业结构贡献3.22%，竞争力贡献5.92%。大西南地区生产总值增长速度高于全国平均水平，总偏离为3 491.78亿元，总增率偏离16.53%，其中产业结构优势带来的增长量为-876.67亿元，竞争优势带来的增长量为4 368.46亿元；大西南经济区生产总值增长速度比全国平均水平高16.53%，其中，产业结构贡献-4.15%，竞争力贡献20.68%。总体上看，大西南地区生产总值增长率总偏离相对较高，而长三角地区生产总值增长率总偏离相对较低。

按照产业结构的偏离—份额与竞争力的偏离—份额，我们可以将地区划分成四种类型（见表4）。

Ⅰ类地区：PS＞0，DS＞0。地区经济增长得益于产业结构因素和竞争力

（区域）因素都比较优越，地区经济增长是产业结构和竞争力因素同时推动的结果。

Ⅱ类地区：PS>0，DS<0。地区经济增长得益于产业结构因素比较优越，而竞争力因素优势不明显，地区经济增长主要由产业结构推动。

Ⅲ类地区：PS<0，DS>0。地区经济增长得益于竞争力因素比较优越，而产业结构因素优势不明显，地区经济增长主要由竞争力推动。

Ⅳ类地区：PS<0，DS<0。产业结构因素和竞争力（区域）因素都不具比较优势，经济增长受到产业结构因素和竞争力（区域）因素的制约。

表4　偏离—份额分析结果的主要类型

类型	结构性因素（PS）	地方性因素（DS）
Ⅰ	+	+
Ⅱ	+	−
Ⅲ	−	+
Ⅳ	−	−

综合大西南与长三角两大地区的情况来看，长三角属于Ⅰ类地区，总体上产业结构因素和竞争力因素具有比较优势。长三角地区产业结构分量和竞争力分量均为正，产业结构偏离分量增长量为1 317.57亿元，竞争力分量增长量为2 422.28亿元，产业结构和竞争力推动经济增长的效应均为正效应，长三角地区经济增长由产业结构和竞争力两大因素共同推动。大西南属于Ⅲ类地区，总体上竞争力因素具有相对优势，而产业结构因素优势不明显。大西南经济区竞争力分量均为正，竞争力偏离分量增长量为4 368.46亿元，而产业结构分量为负，产业结构偏离分量增长量为－876.67亿元，经济增长主要由竞争力因素推动，相反产业结构因素对经济增长形成制约。

对两大经济区分产业进行偏离—份额分析：

从产业结构偏离—份额看，大西南经济区和长三角地区第二、三产业的结构偏离—份额均为正值，仅第一产业的结构偏离—份额为负值。这说明两大地区第一产业的专业化优势都明显低于全国平均水平，而第二、三产业体现了专业化优势，长三角地区第二、三产业的专业化优势更优于大西南经济区。

第五章 大西南与长三角经济增长的实证比较分析及增长环境评价

从竞争力偏离—份额看,大西南经济区三大产业的竞争力偏离—份额均为正值;长三角地区第二、三产业的竞争力偏离—份额均为正值,而第一产业的竞争力偏离—份额均为负值。这说明大西南经济区一、二、三产业均具有相对较强的区位竞争优势,长三角地区第二、三产业具有相对较强的竞争力,而第一产业竞争力相对较弱。长三角地区第三产业的竞争力相对更强,而大西南经济区第二产业的竞争力相对更强。

从两大经济区内部各省区市情况看,属于Ⅰ类地区（PS＞0,DS＞0）的省份是江苏、浙江,全部都属长三角地区,大西南经济区没有。江苏、浙江两省情况比较相似,产业结构分量和竞争力分量均为正,在三大产业结构偏离—份额中,两省第一产业结构偏离—份额均为负值,第二、三产业结构偏离—份额均为正值;在三大产业竞争力偏离—份额中,两省第一产业竞争力偏离—份额均为负值,第三产业竞争力偏离—份额均为正值,江苏第二产业竞争力偏离—份额为正值,浙江第二产业竞争力偏离—份额为负值。这说明在"十一五"期间,两省总体上产业结构和竞争力因素均具有比较优势,产业结构与竞争力因素共同推动了两省经济增长。两省第一产业的专业化优势都明显低于全国平均水平,而第二、三产业体现了专业化优势,两省第一产业竞争力相对较弱,第三产业具有相对较强的竞争力,江苏第二产业具有相对较强的竞争力,浙江第二产业竞争力优势不明显。

属于Ⅱ类地区（PS＞0,DS＜0）的省份是上海市,属长三角地区。大西南经济区没有。上海产业结构分量为正,而竞争力分量却均为负,这说明在"十一五"期间,上海经济增长主要由产业结构因素推动,区域经济结构比较好,竞争力优势不明显。上海第一产业结构偏离—份额为负值,第二、三产业结构偏离—份额均为正值,说明第一产业没有优势,第二、三产业具有一定优势。而三大产业竞争力偏离—份额均为负值,说明上海三个产业的增长速度小于全国平均增长水平,上海的经济增长速度落后于全国经济增长平均水平。

属于Ⅲ类地区（PS＜0,DS＞0）的省份是重庆、四川、贵州、云南、广西和西藏,全都属大西南经济区,长三角地区没有。各省区总偏离均为正值,按偏离多少依次为四川、广西、重庆、云南、贵州和西藏,说明大西南各省区市的地区生产总值实际增速都快于全国平均水平。四川、广西、重庆的总偏离增量分别达到1 264.31亿元、890.12亿元和868.07亿元,分别占到大西南经济区总偏离增长量的36.21%、25.49%和24.86%，表明在"十一五"期间，四川、广西、重庆三省区市的经济增长高于全国平均水平和大西南平均水平，增长优势比大西南其余四省区更为明显。六省区市情况比较相似，产业结构与竞争力具有一致性特点，各地区产业结构偏离分量增量均为负值，竞争力偏离分量增量均为正值。这表明大西南各省区市产业结构总体上不甚合理，产业结构因素不具有明显优势，有待进一步调整优化；竞争力因素具有相对优势。在三大产业结构偏离分量中，六省市区第一产业结构偏离—份额均为负值，第二、三产业结构偏离—份额均为正值；这说明在"十一五"期间，六省区市第一产业专业化优势不明显，第二、三产业具有比较优势，第二、三产业比较优势按偏离多少依次为四川、广西、云南、重庆、贵州和西藏。在三大产业竞争力偏离—份额中，六省区市第二产业竞争力偏离分量增量均为正；云南、广西和贵州的第一产业竞争力偏离分量增量为正，其余三省市为负；重庆、贵州、广西和西藏的第三产业竞争力偏离分量增量为正，其余两省为负。表中数据表明，"十一五"期间大西南经济区第二产业竞争力因素具有明显优势的省份按偏离多少依次为四川、重庆、广西、云南、贵州，第一产业竞争力因素具有比较优势的省份按偏离多少依次为云南、广西，第三产业竞争力因素具有比较优势的省份按偏离多少依次为重庆、贵州和广西。

第二节　大西南与长三角经济增长三因素对区域经济发展贡献的比较分析

一、大西南与长三角地区三大需求对经济增长的测度

投资、消费、出口三大需求是拉动经济增长的强大动力，人们通常称为拉动经济增长的"三驾马车"。地区经济总量（生产总值）按支出法计算由最终消费支出、资本形成总额以及货物和服务净出口三大需求构成。最终消费支出由居民消费支出和政府消费支出构成，其中居民消费支出又由农村居民消费支出和城镇居民消费支出构成。资本形成总额由固定资本形成总额和存货增加构成。货物和服务净出口是货物和服务出口减货物和服务进口的差额。在不同的国家、不同的地区以及这些国家、地区处在不同

第五章　大西南与长三角经济增长的实证比较分析及增长环境评价

的经济发展阶段,投资、消费、出口三大需求对经济增长的拉动效果会有所不同。

三大需求对经济增长的贡献率,即三大需求增长率在经济增长率中的份额,是一个动态指标。一般来说,经济增长率等于三大需求各自增长率的加权和,权数就是三大需求各自在基期占经济总量的份额,表达式为:

$$\frac{In}{In_0} - 1 = \sum_{i=1}^{4} K_{i0}\left(\frac{In_i}{In_{i0}} - 1\right) \quad (1)$$

式中,In 表示经济总量(地区生产总值),In_0 是基期的地区生产总值,In_i 是三大需求($i=1,2,3$ 分别代表最终消费支出、资本形成总额、货物和服务净出口),In_{i0} 是基期的三大需求,K_{i0} 是基期 In_{i0} 占 In 的份额。

将式(1)进行变形处理,写成如下形式,则为:

$$\frac{\Delta In}{In_0} = \sum_{i=1}^{4} K_{i0} \frac{\Delta In_i}{In_{i0}} \quad (2)$$

令

$$\zeta_i = K_{i0}\frac{\Delta In_i}{In_{i0}} \bigg/ \frac{\Delta in}{In_0} = \frac{\Delta In_i}{\Delta In} \quad (3)$$

即为三大需求增加各自对地区生产总值增长的贡献率。

根据长三角地区和大西南地区各省区市"十一五"时期的数据样本,利用式(3),本书研究测算了"十一五"时期两大地区及其内部各省区市三大需求增长对经济增长的贡献率(见表5、表6和图1)。

表5　大西南地区与长三角地区支出法生产总值及其构成

单位:亿元

年份	长三角地区				大西南地区			
	支出法国内生产总值	最终消费	资本形成总额	货物和服务净出口	支出法国内生产总值	最终消费	资本形成总额	货物和服务净出口
2000	19 073.94	8 432.47	8 736.32	1 905.15	11 243.94	7 568.16	4 358.89	-683.11
2001	21 103.32	9 751.13	9 424.65	1 927.54	12 267.26	8 013.54	5 148.64	-894.92
2002	23 737.57	10 999.24	10 685.52	2 052.81	13 546.83	8 669.26	5 729.66	-852.09
2003	28 106.64	12 622.28	13 778.64	1 705.72	15 195.86	9 485.87	6 966.85	-1256.86
2004	34 205.62	14 652.39	17 382.05	2 171.18	18 153.74	11 048.05	8 574.95	-1 469.26
2005	40 897.69	18 330.27	19 948.74	2 618.68	21 207.69	13 240.65	10 636.75	-2 669.71

续表

年份	长三角地区				大西南地区			
	支出法国内生产总值	最终消费	资本形成总额	货物和服务净出口	支出法国内生产总值	最终消费	资本形成总额	货物和服务净出口
2006	47 753.96	21 521.31	22 733.77	3 498.88	24 665.68	14 812.92	12 916.8	-3 064.04
2007	56 710.44	25 485.78	26 451.72	4 772.94	29 813.47	17 352.5	15 817.83	-3 356.86
2008	67 975.92	29 370.44	31 951.26	6 654.22	37 846.11	20 693.72	20 516.78	-3 364.39
2009	72 494.20	32 770.20	34 945.20	4 778.70	40 618.60	22 170.2	24 462.9	-6 014.5
2010	86 313.80	39 333.10	41 531.60	5 449.10	49 079.40	25 732.9	31 584.7	-8 238.2

（资料来源：根据中国历年统计年鉴、各省市历年统计年鉴数据由笔者计算整理）

表6 大西南与长三角地区支出法生产总值及其构成增长对地区生产总值增长的贡献率

单位：（%）

年份	长三角支出法地区生产总值各构成增长对地区生产总值增长的贡献率（%）			大西南支出法地区生产总值各构成增长对地区生产总值增长的贡献率（%）		
	最终消费	资本形成总额	货物和服务净出口	最终消费	资本形成总额	货物和服务净出口
2000						
2001	64.98	33.92	1.10	43.52	77.18	-20.70
2002	47.38	47.86	4.76	51.25	45.41	3.35
2003	37.15	70.80	-7.94	49.52	75.03	-24.55
2004	33.29	59.08	7.63	52.81	54.37	-7.18
2005	54.96	38.35	6.69	71.80	67.51	-39.31
2006	46.54	40.62	12.84	45.47	65.94	-11.40
2007	44.26	41.51	14.23	49.33	56.35	-5.69
2008	34.48	48.82	16.70	36.03	55.24	8.73
2009	75.24	66.26	-41.51	61.49	128.94	-90.43
2010	47.49	47.66	4.85	42.11	84.17	-26.28
2000—2005	45.35	51.38	3.27	56.93	63.01	-19.94
2005—2010	46.25	47.52	6.23	44.82	75.16	-19.98
2000—2010	45.96	48.77	5.27	48.01	71.96	-19.97

（资料来源：由笔者计算整理）

第五章　大西南与长三角经济增长的实证比较分析及增长环境评价

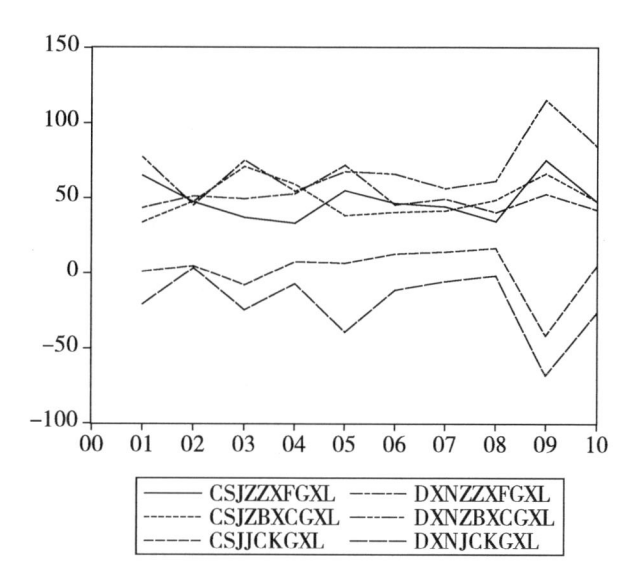

图1　2000—2010年大西南与长三角地区支出法生产总值
及其构成增长对地区生产总值增长的贡献率示意图

注：CSJZZXFGXL——长三角地区最终消费增长对地区生产总值增长的贡献率；CSJZBXCGXL——长三角地区资本形成总额（投资）增长对地区生产总值增长的贡献率；CSJJCKGXL——长三角地区货物和服务净出口增长对地区生产总值增长的贡献率；DXNZZXFGXL——大西南经济区最终消费增长对地区生产总值增长的贡献率；DXNZBXCGXL——大西南经济区资本形成总额（投资）增长对地区生产总值增长的贡献率；DXNJCKGXL——大西南经济区货物和服务净出口增长对地区生产总值增长的贡献率

二、大西南与长三角地区三大需求对经济增长贡献分析

前面的测算结果表明，在不同时期长三角与大西南两大地区各自的消费、投资和净出口构成对经济增长的贡献和作用有很大不同。

——长三角地区。"十五"时期，投资（资本形成）的贡献最大，居绝对主导地位，整个长三角地区经济增长的51.38%由投资（资本形成总额）增长来贡献，其次是消费的贡献，消费增长对长三角经济增长的贡献率为45.35%，净出口的贡献最小，净出口增长对长三角经济增长的贡献率只有3.27%。"十一五"时期，投资、消费和净出口对长三角经济增长的贡献排位未发生变化，仍然是投资贡献最大，随后依次是消费和净出口，但三者对长三角经济增长的贡献率相对"十五"时期却发生不同程度的上升或下降。投资增长对长三角经济增长的贡献率出现一定程度的下降，降为47.52%，相对"十五"时期下降了3.86个百分点。消费、净出口增长对长三角经济增长的贡献率却出现不同程度的上升，消费增长对长三角经济增长的贡献率上升到46.25%，相对"十五"时期约提高0.9个百分点；净出口增长对长三角经济增长的贡献率上升到6.23%，相对"十五"时期约为提高2.96个百分点（见表7、表8）。

——大西南地区。"十五"时期，投资（资本形成）的贡献最大，居绝对主导地位，整个大西南地区经济增长的63.01%由投资（资本形成总额）增长来贡献，其次是消费的贡献，消费增长对大西南地区增长的贡献率约为56.93%，净出口的贡献为负，净出口负增长对大西南经济增长的贡献率为-19.94%。"十一五"时期，投资、消费和净出口对大西南经济增长的贡献排位未发生变化，仍然是投资贡献最大，随后依次是消费和净出口，但与"十五"时期相比，三者中，净出口对大西南地区经济增长的贡献率几乎没有变化，主要是投资和消费的贡献发生了相反方向的变动。投资增长对大西南经济增长的贡献率显著提升，比"十五"时期高12.15个百分点，达到75.16%，相反消费增长对大西南经济增长的贡献率下降明显，比"十五"时期低12.11个百分点，降到44.82%（见表9、表10）。

如果将"十五"以来的10年作为一个完整时期进行考查，则对于长三角地区而言，投资增长对经济增长的贡献虽然排在第一，但是投资与消费对经济增长的贡献率差距不太明显，投资贡献率仅比消费贡献率大2.52个百分点，净出口贡献率为5.27%。而对于大西南地区，投资增长对经济增长的贡献居于完全主导地位，投资与消费对经济增长的贡献率差距明显，投资贡献率远远高于消费贡献率，投资贡献率比消费贡献率高23.95个百分点，净出口贡献率显著为负（-19.97%）。

从地区之间的比较可以看出，长三角地区经济增长主要由消费和投资并行带动，消费和投资增长对经济（GDP）增长的贡献比较接近，共同居于领头羊位置。货物和服务净流出对经济增长也做出了贡献，尽管贡献相对前二者要小很多，净出口也是经济增长的动力之一。大西南地区经济增长主要由投资拉动，其经济发展模式是典型的投资主导增长型模式，消费对经济（GDP）增长的贡献率虽然不低，但相比投资而言，显得较为逊色。净出口不但没成为经济增长的动力，相反还拖累了经济增长。

第五章　大西南与长三角经济增长的实证比较分析及增长环境评价

表7　2000—2010年长三角地区各省市支出法生产总值及其构成

单位：亿元

年份	上海 支出法国内生产总值	上海 最终消费	上海 资本形成总额	上海 货物和服务净出口	江苏 支出法国内生产总值	江苏 最终消费	江苏 资本形成总额	江苏 货物和服务净出口	浙江 支出法国内生产总值	浙江 最终消费	浙江 资本形成总额	浙江 货物和服务净出口
2000	4 551.15	1 947.10	2 117.94	486.11	8 482.79	3 710.72	3 944.78	827.29	6 040.00	2 774.65	2 673.60	591.75
2001	4 950.84	2 149.07	2 294.46	507.31	9 403.30	4 295.96	4 239.17	868.17	6 749.18	3 306.1	2 891.02	552.06
2002	5 408.76	2 455.67	2 409.39	543.70	10 532.81	4 801.91	4 808.67	922.23	7 796.00	3 741.66	3 467.46	586.88
2003	6 250.81	2 769.74	2 957.20	523.87	12 460.83	5 484.04	6 182.38	794.41	9 395.00	4 368.50	4 639.06	387.44
2004	7 450.27	3 261.42	3 607.1	581.75	15 512.35	6 667.64	8 026.08	818.63	11 243.00	4 723.33	5 748.57	770.8
2005	9 154.18	4 418.99	4 186.86	548.33	18 305.66	7 538.04	9 313.16	1 454.46	13 437.85	6 373.24	6 448.72	615.89
2006	10 366.37	5 079.76	4 762.86	523.75	21 645.08	9 005.61	10 673.86	1 965.61	15 742.51	7 435.94	7 297.05	1 009.52
2007	12 188.85	6 016.31	5 568.49	604.05	25 741.15	10 817.13	12 371.23	2 552.79	18 780.44	8 652.34	8 512	1 616.1
2008	13 858.22	7 004.32	6 100.52	753.38	31 750.16	12 751.9	15 697.51	3 300.75	22 367.54	9 614.22	10 153.23	2 600.09
2009	15 046.50	7 718.8	6 766	561.6	34 457.30	14 375.4	17 571.9	2 510	22 990.40	10 676	10 607.3	1 707.1
2010	17 166.00	9 424.3	7 407.8	333.9	41 425.50	17 238.1	21 173.9	3 014.1	27 722.30	12 670.7	12 950.5	2 101.1

（资料来源：中国历年统计年鉴、长三角各省市历年统计年鉴）

表8　长三角支出法生产总值及其构成增长对生产总值增长的贡献率

单位：（%）

年份	上海市 最终消费	上海市 资本形成总额	上海市 货物和服务净出口	江苏省 最终消费	江苏省 资本形成总额	江苏省 货物和服务净出口	浙江省 最终消费	浙江省 资本形成总额	浙江省 货物和服务净出口
2000									
2001	50.53	44.16	5.30	63.58	31.98	4.44	74.94	30.66	-5.60
2002	66.95	25.10	7.95	44.79	50.42	4.79	41.61	55.07	3.33
2003	37.30	65.06	-2.35	35.38	71.25	-6.63	39.20	73.27	-12.47
2004	40.99	54.18	4.83	38.79	60.42	0.79	19.20	60.05	20.74
2005	67.94	34.03	-1.96	31.16	46.08	22.76	75.17	31.89	-7.06
2006	54.51	47.52	-2.03	43.95	40.75	15.31	46.11	36.81	17.08

续表

年份	上海市生产总值各构成增长对地区生产总值增长的贡献率			江苏省生产总值各构成增长对地区生产总值增长的贡献率			浙江省生产总值各构成增长对地区生产总值增长的贡献率		
	最终消费	资本形成总额	货物和服务净出口	最终消费	资本形成总额	货物和服务净出口	最终消费	资本形成总额	货物和服务净出口
2007	51.39	44.21	4.41	44.23	41.44	14.34	40.04	39.99	19.97
2008	59.18	31.87	8.95	32.20	55.35	12.45	26.81	45.75	27.43
2009	60.13	56.00	-16.14	59.97	69.24	-29.21	170.47	72.90	-143.37
2010	80.47	30.28	-10.74	41.08	51.68	7.23	42.15	49.52	8.33
2000—2005	53.70	44.95	1.35	38.96	54.65	6.38	48.64	51.03	0.33
2005—2010	62.47	40.20	-2.68	41.96	51.30	6.75	44.09	45.52	10.40
2000—2010	59.27	41.93	-1.21	41.06	52.30	6.64	45.64	47.40	6.96

（资料来源：由笔者计算整理）

表9　2000—2010年大西南地区各省区市支出法生产总值及其构成

单位：亿元

年份	广西				重庆				四川			
	支出法国内生产总值	最终消费	资本形成总额	货物和服务净出口	支出法国内生产总值	最终消费	资本形成总额	货物和服务净出口	支出法国内生产总值	最终消费	资本形成总额	货物和服务净出口
2000	2 050.14	1 443.17	676.12	-69.15	1 597.53	994.39	690.58	-87.44	4 010.25	2 522.87	1 485.43	1.95
2001	2 231.19	1 597.05	769.04	-134.9	1 769.77	1 078.06	819.08	-127.37	4 421.76	2 691.47	1 726.33	3.96
2002	2 455.36	1 698.54	877.93	-121.11	2 020.38	1 228.89	990.05	-198.56	4 875.12	2 894.10	1 976.68	4.34
2003	2 735.13	1 850.81	1 030.40	-146.08	2 327.08	1 415.31	1 314.20	-402.43	5 456.32	3 155.90	2 295.26	5.16
2004	3 320.10	2 079.28	1 344.73	-103.91	2 745.35	1 579.2	1 640.82	-474.67	6 556.01	3 824.88	2 728.1	3.03
2005	4 075.75	2 477.08	1 747.42	-148.75	3 149.10	1 803.43	1 939.77	-594.1	7 385.11	4 357.69	3 326.22	-298.8
2006	4 828.51	2 803.2	2 259.82	-234.51	3 566.78	2 046.98	2 206.79	-686.99	8 637.81	4 824.88	4 150.62	-337.69
2007	5 955.65	3 283.21	3 034.53	-362.09	4 303.84	2 460.49	2 679.18	-835.83	10 505.30	5 671.56	5 185.46	-351.72
2008	7 406.48	3 856.73	3 890.41	-340.66	6 652.75	3 598.84	3 975.83	-921.92	12 815.12	6 540.17	6 811.05	-536.1
2009	7 759.20	4 339.7	5 795.8	-2 376.3	6 530.00	3 184.3	3 818.6	-472.9	14 151.30	7 212.5	7 696.6	-757.8
2010	9 569.90	4 853.5	7 883.4	-3 167	7 925.50	3 811.9	4 576.5	-462.9	17 185.50	8 609.6	9 219.9	-644

（资料来源：由笔者计算整理）

第五章　大西南与长三角经济增长的实证比较分析及增长环境评价

续表 9　2000—2010 年大西南地区各省区市支出法生产总值及其构成

年份	贵州 支出法国内生产总值	贵州 最终消费	贵州 资本形成总额	贵州 货物和服务净出口	云南 支出法国内生产总值	云南 最终消费	云南 资本形成总额	云南 货物和服务净出口	西藏 支出法国内生产总值	西藏 最终消费	西藏 资本形成总额	西藏 货物和服务净出口
2000	993.53	775.25	495.89	-277.61	1 955.09	1 481.81	724.70	-251.42	119.67	66.16	45.51	8.00
2001	1 084.90	833.87	599.95	-348.92	2 074.71	1 430.44	929.73	-285.46	138.31	82.79	49.72	5.8
2002	1 185.05	890.31	649.33	-354.59	2 232.32	1 526.25	887.49	-181.42	174.72	99.95	72.19	2.58
2003	1 356.11	942.97	759.63	-346.49	2 465.29	1 597.60	1 147.12	-279.43	184.50	168.06	104.58	-88.14
2004	1 591.90	1 086.53	870.73	-365.36	2 959.48	1 889.2	1 450.44	-380.16	211.54	187.11	173.97	-149.54
2005	1 979.06	1 627.27	1 024.94	-673.15	3 472.89	2 321.75	1 989.93	-838.79	251.21	184.72	184.14	-117.65
2006	2 282.00	1 824.79	1 174.77	-717.56	4 006.52	2 615.77	2 386.22	-995.27	291.01	149.97	241.22	-100.18
2007	2 741.90	2 134.39	1 421.01	-813.5	4 741.31	2 908.08	2 666.73	-833.5	342.19	241.08	272.5	-171.39
2008	3 333.40	2 260.76	1 750.7	-678.06	5 692.12	3 390.1	3 017.36	-715.34	395.98	264.35	313.81	-182.18
2009	3 912.70	2 571.8	2 100.5	-759.6	6 169.80	3 746	3 756.6	-1 332.8	441.40	307.2	380.6	-246.4
2010	4 602.20	2 887.1	2 575.3	-860.2	7 224.20	4 291.1	5 578.6	-2 645.5	507.50	326.5	565.5	-384.5

（资料来源：由笔者计算整理）

表 10　大西南支出法生产总值及其构成增长对生产总值增长的贡献率

单位：单位(%)

年份	广西 最终消费	广西 资本形成总额	广西 货物和服务净出口	重庆 最终消费	重庆 资本形成总额	重庆 货物和服务净出口	四川 最终消费	四川 资本形成总额	四川 货物和服务净出口
2001	84.99	51.32	-36.32	48.58	74.61	-23.18	40.97	58.54	0.49
2002	45.27	48.57	6.15	60.19	68.22	-28.41	44.70	55.22	0.08
2003	54.43	54.50	-8.93	60.78	105.69	-66.47	45.04	54.81	0.14
2004	39.06	53.73	7.21	39.18	78.09	-17.27	60.83	39.36	-0.19
2005	52.64	53.29	-5.93	55.54	74.04	-29.58	64.26	72.14	-36.40
2006	43.32	68.07	-11.39	58.31	63.93	-22.24	37.29	65.81	-3.10
2007	42.59	68.73	-11.32	56.10	64.09	-20.19	45.34	55.41	-0.75
2008	39.53	58.99	1.48	25.62	37.61	36.77	37.61	70.38	-7.98
2009	136.93	540.20	-577.13	46.46	78.65	-25.11	50.32	66.27	-16.59
2010	28.38	115.29	-43.67	44.97	54.31	0.72	46.05	50.20	3.75
2000—2005	51.04	52.89	-3.93	52.14	80.51	-32.65	54.37	54.54	-8.91

续表

年份	广西生产总值各构成增长对地区生产总值增长的贡献率(%)			重庆生产总值各构成增长对地区生产总值增长的贡献率(%)			四川生产总值各构成增长对地区生产总值增长的贡献率(%)		
	最终消费	资本形成总额	货物和服务净出口	最终消费	资本形成总额	货物和服务净出口	最终消费	资本形成总额	货物和服务净出口
2005—2010	43.25	111.68	-54.94	42.05	55.20	2.75	43.39	60.14	-3.52
2000—2010	45.35	95.84	-41.20	44.52	61.41	-5.93	46.20	58.70	-4.90

年份	贵州生产总值各构成增长对地区生产总值增长的贡献率(%)			云南生产总值各构成增长对地区生产总值增长的贡献率(%)			西藏生产总值各构成增长对地区生产总值增长的贡献率(%)		
	最终消费	资本形成总额	货物和服务净出口	最终消费	资本形成总额	货物和服务净出口	最终消费	资本形成总额	货物和服务净出口
2001	64.16	113.89	-78.05	-42.94	171.40	-28.46	89.22	22.59	-11.80
2002	56.36	49.31	-5.66	60.79	-26.80	66.01	47.13	61.71	-8.84
2003	30.78	64.48	4.74	30.63	111.44	-42.07	696.42	331.19	-927.61
2004	60.88	47.12	-8.00	59.01	61.38	-20.38	70.45	256.62	-227.07
2005	139.67	39.83	-79.50	84.25	105.08	-89.33	-6.02	25.64	80.39
2006	65.20	49.46	-14.66	55.08	74.24	-29.31	-87.31	143.42	43.89
2007	67.32	53.54	-20.86	39.79	38.19	22.02	178.02	61.12	-139.14
2008	21.36	55.74	22.90	50.70	36.88	12.43	43.26	76.80	-20.06
2009	53.69	60.38	-14.08	74.51	154.76	-129.26	94.34	147.05	-141.39
2010	45.73	68.86	-14.59	51.70	172.80	-124.50	29.20	279.73	-208.93
2000—2005	86.45	53.68	-40.13	55.34	83.36	-38.70	90.13	105.39	-95.52
2005—2010	48.03	59.10	-7.13	52.50	95.66	-48.16	55.32	148.80	-104.12
2000—2010	58.52	57.62	-16.14	53.32	92.12	-45.44	67.13	134.08	-101.20

(资料来源:由笔者计算整理)

第五章　大西南与长三角经济增长的实证比较分析及增长环境评价

对两大经济区各省区市比较分析：

从长三角地区各省市来看，上海经济增长以消费拉动为最，投资拉动为配合。消费增长对生产总值GDP增长的贡献率总体呈上升态势，消费增长对GDP增长的贡献率"十一五"时期高达62.47%，比"十五"时期提高8.77个百分点；投资增长对GDP增长的贡献率总体呈下降态势，投资增长对GDP增长的贡献率"十一五"时期下降到40.20%，比"十五"时期降低了4.75个百分点；净出口对经济增长的贡献率为负。江苏经济增长以投资拉动为最，消费拉动为配合，净出口拉动也发挥着比较重要的作用。"十一五"时期，投资、消费和净出口增长对GDP增长的贡献率分别为51.30%、41.96%和6.75%，相比"十五"时期，投资增长贡献率下降3.35个百分点，消费增长贡献率提高3个百分点，净出口贡献率约上升0.37个百分点。浙江经济增长以投资和消费的增长并行驱动，投资、消费增长贡献基本相当，净出口拉动作用明显。"十一五"时期，投资、消费和净出口增长对GDP增长的贡献率分别为45.52%、44.09%和10.40%，相比"十五"时期，投资增长贡献率降低5.51个百分点，消费增长贡献率降低4.55个百分点，净出口贡献率却显著提高10.07个百分点。净出口增长对经济增长的拉动作用表现出强劲的增长态势。

从大西南地区各省区市来看，广西经济增长以投资拉动为最，消费拉动为配合，净出口显著为负。投资增长对生产总值GDP增长的贡献率总体呈上升态势，投资增长对GDP增长的贡献率"十一五"时期高达111.68%，比"十五"时期提高58.79个百分点；消费增长对GDP增长的贡献率总体呈下降态势，消费增长对GDP增长的贡献率"十一五"时期下降到43.25%，比"十五"时期降低7.79个百分点。重庆经济增长也是以投资拉动为最，消费拉动为配合，净出口拉动作用显现。"十一五"时期，投资、消费和净出口增长对GDP增长的贡献率分别为55.20%、42.05%和2.75%，相比"十五"时期，投资增长贡献率降低25.31个百分点，消费增长贡献率降低10.09个百分点，净出口贡献率显著提高35.4个百分点。四川经济增长也是以投资拉动为最，消费拉动为配合，净出口为负。"十一五"时期，投资、消费和净出口增长对GDP增长的贡献率分别为60.47%、43.39%和-3.52%，相比"十五"时期，投资增长贡献率提高5.6个百分点，消费增长贡献率降低10.98个百分点，净出口贡献率提高5.39个百分点。贵州经济增长也是以投资拉动为最，消费拉动为配合，净出口为负。"十一五"时期，投资、消费和净出口增长对 GDP 增长的贡献率分别为 59.10%、48.03% 和 -7.13%，相比"十五"时期，投资增长贡献率提高 5.42 个百分点，消费增长贡献率降低 38.42 个百分点，净出口贡献率约提高 33 个百分点。云南经济增长也是以投资拉动为最，消费拉动为配合，净出口为负。"十一五"时期，投资、消费和净出口增长对 GDP 增长的贡献率分别为 95.66%、52.50% 和 -48.16%，相比"十五"时期，投资增长贡献率提高 12.3 个百分点，消费增长贡献率降低 2.84 个百分点，净出口贡献率约为降低 9.46 个百分点。西藏经济增长也是以投资拉动为最，消费拉动为配合，净出口为负。"十一五"时期，投资、消费和净出口增长对 GDP 增长的贡献率分别为 148.80%、55.32% 和 -104.12%，相比"十五"时期，投资增长贡献率提高 43.41 个百分点，消费增长贡献率降低 34.81 个百分点，净出口贡献率约降低 8.6 个百分点。

第三节　新时期大西南与长三角产业结构优化升级与经济增长环境分析

一、长三角地区产业优化升级与经济增长环境

（一）区域优势与有利条件

1. 区位条件优越

长三角地区地理位置十分优越，具有得天独厚的区位优势。长三角濒江临海依湖，地处长江入海口，位于我国 1.8 万公里海岸线的中枢，是中国经东海走向世界的要冲。长三角处于我国东部沿海地区与长江流域的接合部，拥有海域面积 30 多万平方公里，大陆海岸线和海岛岸线长 8 200 多公里。特别是长三角有长江、大运河、太湖水系组成的内河航道网，通航大小河流有数千条，2011 年其内河航道里程达 36 228 公里，占全国的 29.1%，是全国航道密度最大的地区，平均密度比全国高 12.23 倍。地处长江口最前沿的上海，构成了我国弓箭型江海格局的关节点，是全国南来北往、西来东去的交通中心。长三角经济腹地广阔，若以泛长三角洲地区而论，其范围可沿江上溯到大西南的重庆、四川、云南、贵州等省区市。由于"外通大洋、内联深广腹地"，长三角可通过长江水运大动脉，沟通面积达 180 万平方公里、人口 3.5

第五章　大西南与长三角经济增长的实证比较分析及增长环境评价

亿、工业产值占全国半数的长江流域。这样的区位条件，非常有利于加强区域合作，发展对外经济贸易，促进产业的转移和发展。

2. 交通设施完善

新中国成立以来，黄金水道长江和沪杭、京沪铁路干线建设，使上海成为贯通中国东西南北的交通枢纽，在国际上形成了海、陆、空多式联运网络。近年来，随着洋山深水港、杭州湾跨海大桥、长江越江通道等重大交通设施等的建成和运营，长三角组合港的规模日益扩大，交通运输条件得到了极大改善。目前长三角地区现代化港口群密布，海陆空立体交通网络密集发达，交通运输十分便利，已成为全国港口、航空、铁路最发达的地区之一，与海外国际、内地腹地能够实现便捷对接。水运兼有海运和河运，承担着本地区90%以上的能源材料和外贸物资的运输。河运有5万吨以上泊位的张家港、南通、江阴、镇江、南京等长江港口，海运有全国四大深水港之一的宁波港、世界大港上海港、濒临黄海的连云港等，这些海港可达世界300多个港口。航空已形成多中心、辐射状的航空网络，可达国内外189个城市，上海成了国际航空货运枢纽。陆路交通也很方便，有一大批干线铁路、高速铁路和地区高速公路和国道高速公路，可通达全国各地，客货运输十分繁忙。长三角集"黄金海岸线"和"黄金水道"于一身的区位优势，使其形成了完善的综合交通运输体系，具有面向国内、国外两大市场极为有利的经济发展条件，蕴藏着巨大的发展潜力。

3. 资源禀赋独特

长三角地区资源禀赋条件良好，具有森林、河流、湖泊、河口、海岸、湿地及近海海域等丰富多样的自然生态系统，在生态空间格局和服务功能上拥有自身独特优势。长三角属典型的亚热带湿润季风气候地区，热照充足，雨量充沛，雨热同期，四季分明，其温和湿润的气候类型十分适合于人们的生产与生活。据历年气象资料统计，长三角地区年平均降雨在1 000毫米以上，特别是在夏季降水尤为集中，而且这时正值高温时节，雨热同季，对农作物的生长十分有利。年平均气温在15℃—17℃，无霜期为240天以上，积温达5 600℃以上，适宜于种植水稻、瓜果、蔬菜等亚热带作物。该区域地势低平，以平原为主，土壤肥沃，农业发达，物产丰富，是我国重要的粮食生产基地和人口最稠密的地区之一。整个区域横跨淮河、长江、新安江三大水系，拥有数以千计的湖泊和河流，水网密布，水系发达，淡水资源极其丰富，在全国五大淡水湖中长三角的太湖、洪泽湖和巢湖就占3个，这些星罗棋布的湖泊河流，就像千姿百态的珍珠撒落在绿色沃野上，编织成为世界上不可多得的以"江南水乡"为特色的黄金三角洲。加上江、海岸线优良绵长，沿海滩涂资源丰富，因而长三角具有江河湖海之利，成为我国重要的水产养殖基地。

4. 人文环境良好

长三角地区具有理性、开放、创新和兼容并蓄的人文精神，拥有底蕴深厚的人文环境。长三角开发历史悠久，其经济在六朝时有新的开拓，宋元时发展，明清时繁荣，新中国成立后达到顶峰并继续发展。长三角较好地继承了五千多年中华文化传统，历史文化名城和名胜古迹众多，文化积淀深厚。长三角作为我国南北文化的交汇地带，兼具南北文化的优秀基因，既具有南方文化务实、创新、开放的品格，又表现出较高的品位，多类型文化交相辉映。良好的人文环境与秀美的自然风光相结合，使长三角地区旅游资源极为丰富，加上三省市地缘相近、血缘相亲、文脉相连，因而旅游资源分布密集，以相关性和互补性突出。目前长三角共有中国优秀旅游城市66个，国家历史文化名城23个，国家五A级景区30个，四A级以上旅游景点总数约占全国一半。长三角地区多元文化交汇融合的人文资源优势，使其形成了较强的文化亲和力，在当代形成了浙江模式、苏南模式等，其文化内涵丰富，创业、立业、兴业已成为普遍价值观，仅温州常年在外就业人员即达200多万人。长三角地区人文资源和旅游资源优势突出，人类发展指数和经济水平较高，对企业和人才具有较强吸引力，无疑为促进长三角经济更好更快发展提供了良好条件。

5. 科技实力雄厚

长三角地区科技、教育事业素来发达，科教资源丰富，综合科技实力雄厚，是我国科技创新的重要基地之一。长三角区域创新能力居全国前列，是我国科技人才最为密集的地区之一，科研机构和高等学校众多。从总量指标来看，2011年，长三角地区有普通高等学校325所、占全国的13.1%，在校学生数307.82万人、占全国的13.3%；公有制企事业单位专业技术人员218.16万人、占全国的9.3%；规模以上工业企业R&D人员全时当量57.05万人年、占全国的29.4%，经费1 723.56亿元、占全国的28.8%，项目72 983项、占全国的31.4%；国内三种专利申请受理数60.57万件、占全国的40.3%，授权数37.80万件、占全国的42.8%；技术市场成交额886.08亿元、占全国的18.6%。长三角已成为我国引进世界先进技术和科技创新的一个核心地区，目前该区域正加强科技平台创建，大力推进包括中国技术进出口贸易中心等项目的建设，积极扶持高新技术企业发展，科技进步与创新在经济结构转型和调整中的引领作用日益凸显。长三角的区域创新能力有利于推动区域互动、合作致富、产业转移与升级，因而成为促进长三角持续发展的新动力源。

（二）面临良好发展机遇

从长三角地区发展来看，长三角是我国综合实力最强的区域，已经成为提升国家综合实力和国际竞争力、带动全国经济又好又快发展的重要引擎。由于国家鼓励东部地区率先发展，长三角长期受到国家高度重视，其发展早已进入国家总体发展战略层面。为进一步提升长三角整体实力和国际竞争力，近年来国家进一步加大了政策、制度方面的扶持，2008年9月《国务院关于进一步推进长江三角洲地区改革开放和经济社会发展的指导意见》出台，2009年6月《江苏沿海地区发展规划》出台，2010年5月《长江三角洲地区区域规划》出台等。国家对长三角发展提出的战略定位是："把长江三角洲地区建设成为亚太地区重要的国际门户、全球重要的现代服务业和先进制造业中心、具有较强国际竞争力的世界级城市群"，这为长三角未来发展指明了方针和方向。发展目标是："到2015年，长三角率先实现全面建设小康社会的目标，人均地区生产总值达到82 000元（核心区100 000元），服务业比重达到48%（核心区50%），城镇化水平达到67%（核心区70%左右）；到2020年，力争率先基本实现现代化，人均地区生产总值达到110 000元（核心区130 000元），服务业比重达到53%（核心区55%），城镇化水平达到72%（核心区75%左右）。"[①] 所有这些，必将使长三角地区的发展条件和政策环境更加有利，将进一步促进生产要素在区域内合理流动和优化配置，有效提高了生产效率，从而为长三角在新时期新阶段积极拓展产业发展空间，优化产业结构带来宝贵的政策驱动机遇。

从国内外发展形势来看，当今世界国内外形势正发生深刻变化，国际金融

---

① 国家发改委：《长江三角洲地区区域规划》，http：//www.china.com.cn/，中国网，2010-06-22。

危机导致的世界经济衰退,正在催生新的技术革命,主要涉及新能源、新材料、生物技术、海洋技术等诸多领域,新的技术革命必然带来新的产业革命。为促进经济复苏,世界各国都面临产业结构调整升级的巨大压力,一些发达经济体实施了再工业化、回归制造业等战略。随着经济全球化进程不断加快,各国各地区相互依存、相互渗透的经济关系越来越紧密,世界经济发展总体上延续着复苏态势,联合开发和多边合作已成为区域经济发展主流,国际间产业转移和区域间经济合作不断深化。我国经济发展依然处于重要战略机遇期,经济保持着平稳较快增长态势,继续成为全球经济增长亮点。这些为长三角地区加快发展创造了非常有利的条件,为长三角未来产业发展拓宽了增长空间,为长三角加强创新、推进转型发展融入了更大空间,为长三角进入更新、更宽、更广的领域发展带来了更多的现实机遇,长三角地区经济竞争力和发展活力将继续增强,将加快向中西部地区推进产业转移。长三角作为我国最发达的经济圈和最重要的经济增长极,就可以充分发挥区位和经济优势,在世界前沿的高起点上加快发展战略性新兴产业,并积极承接国际产业转移,利用可能引进的先进技术和资金,促进高端产业快速发展。这样,就能为向大西南等地区转移各类产业找到接替、接续发展的新型产业,从而实现产业升级和经济转型。

(三) 存在问题与挑战制约

在当前新的历史条件下,长三角地区要进一步增强科技创新能力和可持续发展能力,大力发展战略性新兴产业、先进制造业和现代服务业,推进产业结构调整和优化升级,加快经济一体化,实现经济持续稳定发展,当然还面临着一系列突出问题和挑战,需要采取有力的措施加以解决。

1. 产业结构同构化问题比较突出

长三角地区各中心城市区位相近,不仅自然资源禀赋相似,而且社会、文化发展条件相当类似。同时,有的城市发展缺乏准确定位,产业发展缺乏有效分工与合作,加之受条块分割的影响和地方保护主义的驱使,长三角各地区之间产业结构同化、特点同化、职能同化现象较为突出,几乎整个区域工业发展均以整合外来资源的加工工业为主。如苏南地区、苏中地区、浙北地区、浙东地区各城市产业结构相似系数都在0.95以上;上海、江苏和浙江三省市在"十二五"规划中均把汽车、船舶、石化、钢铁、电子信息产业作为重点产业,江苏与浙江均把纺织、轻工、建材作为重点产业。产业结构趋同使各地区比较优势难以发挥,区域整体优势被削弱,抑制了区域一体化联动效应的发挥。

2. 区域内资源紧张、能源短缺

长三角地区土地、矿产等资源严重缺乏，煤、电、油、运紧张，人力资源特别是高级技术工人缺乏，与制造业发展明显不相匹配。近年来，长三角经济结构向高层次转化的进程虽然不断加快，但整个经济运行并未摆脱粗放经营的特征，各地经济快速扩张仍建立在资源高消耗基础上，粗放型经济仍占较大比重，经济增长基本依赖于劳动密集型和资源密集型产业。随着经济快速增长，工业化和城市化进程加快推进，长三角资源消耗加速发展，生产要素供应不足的瓶颈制约日益凸显，这使长三角在加快转变制造业增长方式上面临着巨大的压力。

3. 区域内重复建设现象比较突出

长三角经济实现共同发展是必然的大趋势。然而，在当前行政考核体系下，其发展仍然存在地区间各自为政、分工不明、政策差异、过度竞争等诸多"瓶颈"。由于受地方行政区划的限制，城市间联系不够紧密，区域基础设施建设缺乏统一规划和整体协调，交通、能源、通信等重大基础设施还没有形成有效的配套与衔接，导致区域内基础设施低水平重复建设。以机场建设为例，各地都从本地经济发展考虑进行机场建设，难免会产生重复建设，目前长三角地区每万平方公里的机场密度为0.8个，超过了美国。因此，长三角地区需要进一步完善促进要素合理流动的制度环境和市场体系，以加快一体化进程，实现资源优化配置。

4. 生态环境恶化对发展构成严重制约

由于城市化、工业化加快发展和产业不断聚集的影响，长三角地区资源开发利用强度大、污染程度高，区域生态适宜性遭到严重破坏。大量的氮、磷及有机物的排放，使区域内水体污染严重，水质日趋恶化；土壤污染突出，严重影响了农产品品质。特别是长三角地区"三废"排放增长迅猛，是全国二氧化碳排放密度最高的地区之一，污染物排放量占全国的1/5，酸雨发生频繁，生态环境脆弱。当前环境污染问题已成为长三角地区所有城市发展面临的最严重问题，也是长三角进一步发展所亟须解决的问题。区域内生态环境约束日益明显，阻碍着长三角向世界级城市群挺进的步伐。

在经历了多年高速增长之后，长三角地区的投资密度、环境承载能力等均已接近饱和。同时，区域经济发展重外轻内，导致区域发展内部关联度低，经济对外依存度过高,又使长三角在全球经济频繁剧烈波动状况下,经济发展面临的不确定性风险不断加大。面对日益严重的资源环境约束,长三角发展已处于经济转型升级的关键期,当务之急是要切实处理好经济、资源、环境的关系,着力提高自主创新能力,加快实现转型发展、率先发展。

二、大西南地区产业优化升级与经济增长环境

(一) 区域优势与有利条件

1. 区位优势独特

大西南地区位于我国西南边陲,地理空间巨大,区位优势独特,是中国西南的重要门户和对外交往的重要通道。该区域兼有漫长的陆地边境线和海岸线以及内河航道。其中,广西北部湾沿海海岸线长1595公里,占全国近1/10;有大小港口20来个,这些港口邻近港澳台,与东南亚的柬埔寨、泰国邻近,与菲律宾、马来西亚、文莱和印度尼西亚隔海相望,通过沿海港口可与西方发达国家发展经贸关系。沿边与东南亚、南亚的越南、老挝、缅甸、印度、不丹、锡金、尼泊尔等多个国家接壤,广西、云南和西藏陆地边境线长8600多公里,有数十个国家级、省级口岸和数百个通道,可直接通往中南半岛和南亚多个国家,是我国通往东南亚、南亚最便捷的陆路通道,通过陆上边界可与东南亚、南亚和西亚国家发展经贸关系。另外,澜沧江—湄公河连接中、老、缅、泰、柬、越6国,是联系东南亚各国的重要国际河流,被称为"东方的多瑙河"。大西南地区还有两大河流——长江和珠江流过,长江对大西南有向东直通长三角经济发达地区出海之便,珠江、红水河、西江对大西南有直通珠三角经济发达地区向南出海之便。此外,还有多条国家干线铁路、国道公路。可见,大西南地区具有实施沿海、沿边、沿江、沿路"四沿"的区位开放条件,已成为我国对东南亚、南亚开放的前沿地带和基地。

2. 交通显著改善

大西南地区作为中国与东南亚、南亚的地理接合部,与东南亚、南亚国家山同脉河同源,经济文化关系历史悠久。同时,大西南地处我国西部内陆腹地,素为我国的战略大后方,其中川、黔、滇三省为新中国"大三线"建设的重点地区。随着国家加快实施西部大开发战略,大西南地区以交通、通信等为重点的基础设施建设获得快速发展,铁路、公路、港口、航运、通信

第五章　大西南与长三角经济增长的实证比较分析及增长环境评价

网络等设施条件显著改善，陆海空立体交通网络体系的基本架构已经形成。近年来，大西南地区在沟通太平洋、印度洋，连接东亚、东南亚和南亚方面的独特优势日益凸显，目前已具备了面向国内、国外两大市场进一步实施全方位开放的基本交通设施条件，能够与海外国际、国内中部地区、东南沿海地区实现便捷对接。大西南地区已成为中国与东盟和南亚国家开展经贸合作的重要桥头堡和出海门户，这为增强区域竞争力注入了强劲动力，使大西南在全国区域协调发展格局中的地位进一步提升。

3. 资源禀赋优越

大西南地区资源富集，拥有丰富的土地、矿产、能源、生物、海洋、气候、风光等自然资源和多种多样的人文资源，在全国具有十分重要的地位。该区域地跨我国地势三大阶梯，地势起伏大，河流众多，地貌复杂，山地丘陵分布较广；气候多样，分属于亚热带气候、热带气候、高山气候等，日照充足，耕地复种指数高，适合各种气候类型的生物和农作物生长，区内生物资源和农林资源非常丰富。区域内能源资源十分丰富，开发潜力大，种类比较齐全，主要能源有煤炭、天然气、石油、水能、风能、地热和生物质能，特别是水能、天然气等清洁能源资源非常丰富，可开发性强。据统计，六省区市水能资源可开发量达3.8亿千瓦，占全国的70%，其中四川、云南、西藏三省区水力资源蕴藏量分别居全国前三位。从长远来看，大西南的电力将出现较多的富裕，对其他地区可提供大力支援。另外，大西南天然气储量居全国各大区之首，四川、重庆天然气可开采量分别居全国第三位和第五位；煤炭储量在全国各大区中占第三位，此外石油储量也相当可观。目前大西南已建成为全国能源工业基地和西电东送基地。区域内矿产资源富集、品种齐全，全球已知的140多种有用的矿产品，大西南几乎都有分布，特别是有色金属资源储量丰富，钒、钛、锡资源储量居世界首位，铝、磷、铅等资源储量居全国前列。区域内拥有非常丰富的生物资源，资源量大、品种繁多，具有许多优势品种，动植物种类繁多，药用及经济价值较高。区域内拥有得天独厚的旅游资源，少数民族文化和民俗风情多姿多彩，雪山、湖泊、石林、温泉、瀑布等自然景观独特，旅游资源丰度大、特色突出，具备发展旅游业的极好基础。综合来看，大西南地区各种资源的总体丰度在全国各大区中居于首位，资源多样化程度与组合状况极为优越。大西南突出的资源优势，正好能够满足长三角转移产业发展的需要，解决长三角的资源约束问题。

4. 劳动力资源丰富

大西南地区劳动力资源极为丰富、成本较低，其中四川、重庆、贵州等省市均属传统劳务输出大省（市），传统优势明显。如四川2000年农村出省务工人员约600万，2010年即达1 050万，2012年增加到1 117.3万。但四川2012年农村劳动力省内转移输出达1 291.9万人，首次出现省内输出农村劳动力超过省外输出的转变。这说明我国区域经济结构调整开始深化，东部地区产业向中西部转移进入加速发展阶段，就业能力释放出来。另外，大西南劳动力工资水平比较低。2011年城镇单位就业人员平均工资，大西南除西藏外其余五省区市都不足4万元，而上海为7.60万元，江苏为4.55万元，浙江为4.52万元，均高于除西藏外的大西南地区。大西南劳动力素质也在加快提高之中，与周边具有成本优势的东南亚、南亚国家劳动力相比，大西南劳动力平均受教育年限要高5年左右。因此，对于承接长三角产业转移发展所需的劳动力，大西南完全可以满足。

5. 科技基础坚实

大西南地区科技教育资源丰富，综合科技基础坚实，科技优势明显。区域内拥有大批高等院校和科研机构，拥有大批高级专业人才，具有较强的综合科技实力，在全国具有一定的比较优势。特别是在航空航天、核工业、机械电子、化工、烟酒制造、冶金等方面，大西南已形成了雄厚的技术力量，对于发展高新技术产业可以发挥更大潜能。在成渝经济带的成都、重庆、绵阳等地区就聚集了大量国防科技工业和大批专业技术人才，拥有大批对经济建设至关重要的、为国防建设配套的重点企事业单位，具有雄厚的科技实力和较强的竞争能力。如成都是西南地区高等院校、科研院所最集中的城市之一，有四川大学、电子科技大学、西南交通大学、西南财经大学等42所高校，中等职业学校93所，在校学生数90万人左右；还拥有专业技术人才、经营管理人才、技能人才、农村实用人才等各类人才总量近200万人。

6. 区域市场庞大

大西南地区经济腹地广阔、内需市场庞大。六省区市国土总面积达257.1万平方公里，占全国的26.8%，为长三角的12.28倍。2013年，大西南总人口达24 297万人，占全国的17.86%，为长三角的1.53倍；经济总量GDP为73 825.16亿元，占全国的12.98%；大西南每平方公里GDP仅相当于长三角的 5.12%。① 大西南可开发土地比长三角多得多、安全保障强得多，经济产出也能在现有基础上大幅提高。随着经济快速增长，长三角资源消耗加速和环境污染现象突出，资源环境瓶颈日益凸显，全区受保护地区面积严重不足。大西南则没有这类问题，承接产业转移发展的空间广阔。此外，大西南内需市场也非常庞大，大西南地区人均居民消费支出还不到长三角的 1/2。在国家优惠政策的支持下，主要依靠内需拉动经济增长的大西南，除具有广阔的区域外市场，将逐步释放出比长三角大得多的区域潜在需求，这将为产业转移提供庞大市场，同时也可借助长三角经济优势承接出口产品生产经营。

7. 各民族团结发展

大西南地区是我国少数民族聚集地之一，是促进民族团结、边防巩固、共谋发展的重点地区。该区域内民族族别及人口数量最多，2013 年六省区市有民族自治区 2 个、民族自治州 14 个、民族自治县 66 个、世居民族 36 个，分别占全国的 40.0%、46.7%、55.0%、64.3%；少数民族人口达 5 220.53 万人，分别占全国少数民族人口和大西南人口的 57.89% 和 21.49%。作为一个多民族地区，大西南各民族长期和睦相处，共同创造了大西南的辉煌与和谐，社会稳定，边疆巩固。当前大西南少数民族群众，多居住在山区，贫困面仍较大。加快推进大西南民族地区扶贫开发，使之尽快脱贫致富并于 2020 年与全区域、全国同步全面实现小康目标，既是全国总体发展战略的要求，也是对我国社会主义建设的重大贡献。

（二）面临良好发展机遇

从大西南地区发展来看，自 20 世纪末以来，国家开始实施西部大开发战略，大西南地区发展全面进入了国家区域发展总体战略层面。特别是随着国家加快推进区域发展总体战略，深入实施西部大开发战略，研究出台了一系列政策措施，着力完善区域经济布局，积极促进全国区域协调发展和开放合作，从而为大西南地区加快承接产业转移和经济发展创造了良好的宏观环境。近年来，国家高度重视大西南地区发展，国务院对大西南各省区市专门制定下发了加快改革开放和发展的区域规划和指导意见，相继颁布和出台了一系列促进大西南加快发展的政策意见和重大举措。2007 年 6 月，国家发改委出台了在重庆、成都设立统筹城乡综合配套改革试验区文件，这是继上海浦东

---

① 国家统计局：《2014 年中国统计年鉴》[M]，北京：中国统计出版社，2014 年。

新区和天津滨海新区之后又一国家综合配套改革试验区。2008年1月,出台了《广西北部湾经济区发展规划》,这是北部湾经济区开发开放上升为国家战略的重要标志。2009年2月,出台了《西藏生态安全屏障保护与建设规划》,该规划对西藏生态环境建设和保护具有非常重大的意义。接着,批准同意在大西南设立了两个国家级承接产业转移示范区,分别是2010年10月批复的广西桂东承接产业转移示范区和2011年1月批复的重庆沿江承接产业转移示范区。2011年5月,出台了《成渝经济区区域规划》,成渝经济区作为中西部地区发展条件最好的区域,被定位为全国经济发展的重要增长极;同时出台了《国务院关于支持云南省加快建设面向西南开放重要桥头堡的意见》,明确了云南发展战略定位,要求利用区位、资源和经济优势,充分挖掘和发挥云南在国际国内区域发展和合作中的特色和作用。2012年1月,出台了《国务院关于进一步促进贵州经济社会又好又快发展的若干意见》,从国家层面全面系统地提出支持贵州发展的综合性政策,对贵州发展具有重大而深远的影响。

另外,为推动产业转移和承接转移加快发展,国家进一步加强了对承接产业转移发展的宏观指导。国务院《关于中西部地区承接产业转移的指导意见》,对中西部地区承接产业转移和经济发展提出了总体指导意见和政策支持。该意见要求坚持市场导向、减少行政干预原则,转移和承接劳动密集型产业、能源和矿产资源开发和加工业、农产品加工业、装备制造业、现代服务业、高技术产业、加工贸易业等七大类特色产业,国家在财政税收、金融、产业与投资、土地、商贸、科教文化等方面,积极提供政策支持和引导。这些支持和引导,使长三角地区在国内外产业分工的深刻调整中,进一步加快经济转型和产业升级,大西南地区则加快了新型工业化和农村城镇化进程,双方共同推动相关产业的转移、承接和发展。上述国家区域发展战略、规划和指导意见的出台实施,使大西南各省区市均具有了国家层面上的区域发展战略规划和战略目标定位,获得了国家政策的有力支持。

从国内外发展形势来看,国际金融危机后经济全球化继续深入发展,国际产业分工不断深化,世界各国各地区大力推动产业加速发展和经济转型升级(前面已述及,不予赘述)。这使大西南地区加快发展面临着产业结构调整升级的巨大压力和良好发展机遇。随着中国—东盟自贸区建设的全面启动,贸易投资不断深化,大西南地区与东盟国家的经济联系日益紧密,长三角等东部地区产业向中西部地区转移的趋势不断加强,这就为大西南承接长三角

第五章 大西南与长三角经济增长的实证比较分析及增长环境评价

产业转移加快发展提供了有利条件。大西南可以充分发挥比较优势，大量承接长三角产业转移，积极发展新型产业，努力拓展产业发展空间，促进产业优化升级和经济转型发展。当前，在国家特殊政策的大力支持下，大西南各省区市切实加强了交通、水利、能源等基础设施建设，促进重点生态功能区等方面生态环境的改善，强化了国家重要的能源、战略资源接续地和产业聚集区的功能，推动了成渝、黔中、滇中、藏中、广西北部湾等地区建设和发展。与此同时，在国家区域发展战略总体框架下，我国区域经济合作又有新的发展，国家正加大对大西南革命老区、民族地区、边疆地区和贫困地区的扶持力度，增强其区域合作能力和自我发展能力。而且，鼓励包括长三角和大西南等多个地区之间加快完善互利共赢的互助合作机制，把政府引导和市场调节结合起来、促进区域间生产要素的合理流动和优化配置，把对口支援和增强自我发展能力结合起来、促进东西携手共进和协调发展。这些区域协调发展机制的完善，有助于长三角和大西南根据自身的特点，充分发挥优势，开展多层次多领域的区域合作，为产业转移发展提供良好机制。

综合来看，随着国家发展战略和重大举措的具体实施，大西南与长三角地区未来经济社会发展必将获得更多、更大的国家政策支持和引导，从而使双方产业转移和承接转移有了良好的宏观经济背景。毫无疑问，大西南各省区市加强区域合作，进行合理分工，进一步建立完善区域经济协作平台，推进区域统筹协调发展的环境条件将更加有利。在今后较长时期内，长三角地区推进产业结构调整、加快产业转移与大西南地区加强产业转移承接，都面临着众多有利条件和难得的发展机遇。

（三）存在问题与挑战制约

大西南地区作为次开发、次发达地区，经过多年努力开发，经济社会获得了显著进步，尽管拥有良好的资源优势和其他许多优越条件，但受各种因素的影响，大西南情况与整个西部地区相似，经济发展滞后，经济规模偏低，发展质量和效益不高，经济社会总体发展水平较低，在全国居于落后地位。当前，大西南地区推进产业优化升级与加快经济发展还面临着不少问题与挑战。

1. 工业化发展水平在全国最低

与东部发达地区相比，大西南地区产业发展基础薄弱，以资源密集型、劳动密集型、高能耗高污染产业为主，能源资源消耗很大。特别是资源型重化工业多数处于产业价值链的低端，产业技术创新能力不足，市场竞争力不强，致使整个区域经济结构低水平趋同，经济增长的粗放型特征明显。由于工业素质和竞争能力低下，大西南区域工业发展水平基本还处于工业化中期前半阶段，在全国各大区域中处于最低位置，而且与东部的差距还在逐渐扩大。

2. 经济发展方式需要加快转变

当前大西南粗放的经济发展方式问题突出，不少地方为促进承接产业的集聚发展，普遍建立了各级各类经济开发区、产业带、工业园等产业转移承接基地，有些园区还或多或少地占用了耕地，使失地、少地农民增加。一些地方政府，囿于政绩建树，缺乏长远战略眼光，未能按国家政策严格产业准入、市场准入，引进了一些高消耗、高污染的产业，另有一些尚未采用清洁生产、循环经济模式的企业和一些与相邻地带重复的企业，从而严重影响了产业的健康转移和承接。对此，应转变产业转移发展方式，坚持科学发展，严防对资源无序开发、污染转移，同时要安置好农民转移就业。

3. 产业发展环境需进一步改善

当前大西南地区基础设施等投资硬件环境正在加快建设、改善、升级当中，同东部地区相比还有不小差距，如交通等基础设施建设相对薄弱，对产业、经济发展支撑能力有待加强。而一些地区为企业发展服务的软环境较为滞后，特别是在政策环境、信用环境、法制环境等方面仍有许多亟待解决的突出问题。如招商引资、承接产业转移发展的系列政策，或不配套，或不透明，或不落实；行政、办事不依法，执法、检查不规范，司法、仲裁不公正，服务、解难不及时等情况时有发生，投资软件环境仍不理想。

4. 生态环境发展压力不断增大

大西南地区构建产业转移发展体系，其产业基地建设、矿产资源开发、特色经济发展等，都会涉及资源节约、环境友好问题。而大西南地区又是我国岩溶发育最强烈最典型的地区，生态环境十分脆弱。整个区域岩溶石灰岩连成一片，石漠化面积达50多万平方公里，集中分布于贵州、云南、广西等省区；岩溶山区以农业为主，人地矛盾突出，水土流失和石漠化极为严重，人口承载力低下。由于生产和生活发展，生态环境退化日益突出，严重影响着经济社会可持续发展。同时，作为长江、珠江上游生态屏障，国家对大西南生态环境保护与建设提出了极高要求，这就对区域产业发展尤其是资源型产业发展形成了明显制约。

第六章 新时期大西南承接长三角产业转移发展的新任务和新战略

第一节 大西南承接长三角产业转移发展的新任务

根据国务院《关于中西部地区承接产业转移的指导意见》与国家总体发展战略及相关区域规划的基本要求，借鉴和参考国内外产业转移发展理论，结合当前经济发展变化的新形势和新趋势，我们认为，新时期大西南承接长三角产业转移应坚持从发展需要和有利条件出发，正确面对存在问题与挑战制约，着力抢抓历史性发展机遇，加快推进承接产业转移发展。其面临的新任务，是切实打好基础、增强吸引力，加强指导服务、营造发展环境，着力构建产业转移与承接发展机制，大力承接产业转移，确保转移产业能进得来、稳得住、发展好，以促进经济持续快速发展。具体来说主要有以下几个方面。

一、着力激活承接产业转移发展机制

（一）从宏观着眼，构筑发展机制

在经济全球化、区域集团化的大背景下，中国国内产业转移发展，关系到中国对全球产业链的深度融入，关系到全国生产力布局的优化、东中西部合理产业分工体系的形成、经济发展方式的转变，关系到中华民族伟大复兴中国梦的实现。加快推进国内区域产业转移是实施东部地区率先发展、新一轮西部大开发等区域总体战略，促进长三角经济转型和加快大西南新型工业化、城镇化的重要内容，具有重大的现实意义和深远的历史意义。大西南承接长三角产业转移发展，应着力构筑精神高地，不因循守旧，不小富即安，要提高认识、转变观念，不等不靠、自立自强，锐意改革、勇于创新，开拓进取、艰苦创业。只有进一步解放思想，振奋精神，抓住机遇，投身于产业转移的洪流中，才能激活承接产业转移的动力机制和形成机制，才能切实增

强对长三角转移产业的吸引力,产业转移才会真正展开并取得突出成效。对此,要着力加强学习、研讨、宣传,以取得大西南各省区市广大群众的广泛共识、支持和参与。

(二) 从微观入手,健全运作机制

大西南承接长三角产业转移发展,必须坚持以市场为导向,以企业为主体,进一步减少行政干预,切实搞好政府规划引导、政策支持,大力改善投资环境,不断提高公共服务水平。一是要建立健全产业转移等方面的市场信息机构和网站,以现代化的信息载体,促进国家和地方相关的法规、规划、经济动态,市场和企业的供求、经营、发展方向等各种信息加速流动,为产业转移与承接发展提供决策依据、开拓市场、改善管理。二是要建立健全会计师、审计师、律师等事务所,公证、仲裁、资产和资信评估、计量和质量检验等机构,经纪人、行业协会、商会等组织,充分发挥市场中介组织在产业转移发展中促进生产要素流动、交易成本节约、市场行为规范、运行效率提高等方面的重要作用。三是要建立健全省区市之间区域性的金融、技术、劳务、信息、房地产等市场体系,促进生产要素流动,有效配置资源,为产业转移与承接发展服务。四是要采用经济、行政、法律等手段,对产业转移发展涉及的市场信息秩序、市场行为秩序(市场进入、竞争、盈利、选择、风险、退出等行为规则)、市场信号秩序(价格、工资、利率等市场信号形成、变化所应遵循的规则)、市场维护秩序等进行监管,对市场进行必要的、灵活的调控。五是要在充分发挥市场功能的前提下,进一步发挥计划目标、经济政策、经济杠杆等的宏观制衡、竞争保护、效益优化等功能,并将两者紧密结合起来,防止市场失灵和计划失灵。

二、切实加强区域基础设施建设

(一) 完善交通网络体系

以西部最大的铁路枢纽和南下重要的公路通道、内陆重要的复合型枢纽机场和河运港口等为重点,加快建设和完善大西南综合交通运输体系。建设拉萨—成都、成都—南宁等横向、纵向高速铁路10余条,可东去长三角,向南出海;建设一批城市环线、城际连线、区际网线等高速铁路。以国家高速公路横向的G42线(上海—成都)、G50线(上海—重庆)、G56线(杭州—

第六章 新时期大西南承接长三角产业转移发展的新任务和新战略

瑞丽)、G60线(上海—昆明)、G85线(重庆—昆明)等为骨干,分别建设横向、纵向高速公路各10余条,分别去长三角、珠三角,出海出边。通过改建、扩建、迁建和新建,建设完善贵阳、昆明等近40个机场,优化机场布局,加大航线密度,形成枢纽、支线、通用等机场相结合的民用航空网,飞往全国各地和东南亚等地。整治和建设长江、珠江、澜沧江等水系的境内航道,增加三级以上航道里程,建设一大批内河航运枢纽、港口,建设沿海防城、钦州、北海等港域的航道、码头,2015年三个港口吞吐量将超过3亿吨。

(二) 加强水利设施建设

以解决工程性缺水问题为重点,建设四川亭子口、贵州黔中、云南滇中、广西藤峡等水利枢纽和一批大中型水库及其配套设施,充分利用雨源和过境江河水源,尽可能实行跨区域、跨流域调水,增强对水资源的蓄引提能力和供调输能力。加强对水体的污染防治和水质监测,建立健全城镇、产业园区、产业聚集区等生产生活用水的安全保障体系,推进水务一体化。

(三) 加强能源生产建设

以建设全国重要的水电基地和煤电基地、境内外电力交换枢纽、煤炭生产储备基地、天然气生产转化基地、石油和成品油战略储备基地等为目标,保障能源供给,扩大西电东送能源输出,建设以非化石、低碳、清洁能源为主的绿色、安全、可靠的能源生产供应体系。优先建设金沙江、雅砻江、大渡口、乌江、澜沧江、红水河等20来个梯级水电站,扩展大中型水电集群;优化建设珙县、内江、石柱、桐梓、织金等20多个重点煤电厂,推广高效洁净燃煤发电技术,建设广西防城红沙等核电站;适度发展天然气发电;加快对生物质能、太阳能、风能、煤层气、页岩气、沼气、地热、浅层地温等新能源的开发、转化和利用。建设交直流特高压、超高压骨干电网、特高压交流输电线路,实施新一轮城乡电网改造,推动电网智能化。建设川南、渝南、黔西、北海等煤炭基地和储运基地,实行煤电联营,发展坑口、路口电站的生产。建设宁夏中卫—贵阳天然气管道、西气东输二线工程、中缅天然气石油管道、兰州—成都石油管道、成都—贵阳成品油管道、洋浦液化天然气站线及油气储备库等油气管网。

（四）加强通信设施建设

以信息网络基础设施和数据共享平台为重点，建设"数字西南"，提高经济社会信息化水平。实施智能化、宽带化、新一代移动通信、新一代广播电视网（NGB）、"三网"（电信网、广播电视网、计算机通信网）融合、西部数据园、物联网、信息安全等工程，建设国际重要的离岸云计算数据处理中心、面向全国和西部的数据交换中心、互联网数据中心、容灾备份中心、国家级信息资源集散地、西部通信枢纽。建设网络标准完善、系统互联互通、信息资源共享的公共信息服务综合系统，加快经济社会信息化。建设和完善企业、行业的信息系统以支撑面向全社会的信用服务、网上支付、物流配送等，发展电子商务；建设和完善政务信息系统，加强制度化、规范化和专业化的运行和维护，使之信息共享、网络协同，提高行政审批、信息公开、网上信访等公共服务信息化水平。工业上积极推进生产设备数字化、生产过程智能化、经营管理扁平化。继续提高邮电普遍服务水平。加强信息安全保障体系，确保基础信息网络和重要信息系统的安全。通过加强通信设施建设，完善信息通道，促进产业转移与承接加快发展。

三、切实增强物质经济技术基础

（一）促进经济持续快速健康发展

全面贯彻落实科学发展观，坚持以十八大和十八届三中全会精神为指导，以加快转变经济发展方式为主线，以提高经济增长质量和效益为中心，深化改革开放，实施创新发展战略，促进大西南经济的全面、协调、可持续健康发展。一是要坚持以人为本，统筹兼顾，全面推进包容发展、和谐发展、可持续发展等科学发展规划，使经济发展更有活力、更富效率、更惠于民。二是要把转变经济发展方式贯穿于经济发展的各领域、全过程，把转变和发展结合起来，使经济增长和发展转到结构合理、功能明显、效益良好、环境优美、民生改善的轨道上来。三是要按照与全国同步在2020年建成全面小康社会、构筑西部经济发展高地等要求，使区域经济实力显著增强。全区域经济总量GDP、地方财政一般预算收入、农民人均纯收入、城镇居民人均可支配收入、社会消费品零售总额在"十二五"时期的年均增长率分别在10%、13%、11%、10%、15%以上，重庆速度可更快一些，其GDP、人均GDP在

第六章　新时期大西南承接长三角产业转移发展的新任务和新战略

2010年的基础上到2015年将会翻番。这样大西南承接产业转移发展的能力将逐步增强，从而加快对长三角产业转移发展的承接。

（二）进一步优化土地要素供应

土地作为生产要素，是物质生产和人们生存的载体、经济活动重要的物质资料。大西南承接长三角产业转移发展必须保证土地供给，一是要在土地自然供给的基础上优化土地的经济供给。这就是说，要根据土地总体规划，合理安排、科学使用土地。根据产业布局和引进产业的需要，在提高单位土地面积生产效益、保护生态环境、防治灾害破坏等前提下，搞好土地供给。对于工业、服务业等非农产业，要尽量利用荒山、荒沟、荒丘、荒滩、石漠地等，开发工业梯田、科技硅谷、游乐胜地等。二是要完善土地利用的各种基础设施。施工中在临时设施建设即三通一平（水通、电通、路通和场地平整）的基础上，要注意搞好永久性的七通一平建设（三通一平加排水通、燃气通、热力通、通信通）。三是要做到科学合理使用土地。为使产业聚集发展和发展循环经济等新型经济，要建立各类产业园、生态经济区等，园区内甚至要建设标准厂房，直接引进项目对号入驻。区别供应一类、二类、三类工业用地，特别要慎重供应有严重干扰和污染的三类工业用地，尽量避免对周围环境造成负面影响。

（三）进一步增强科技创新能力

坚持自主创新、重点跨越、支撑发展、引领未来的方针，依靠科技，促进大西南承接长三角产业转移发展。一是加强技术创新体系建设。加强大西南的国家技术创新工程试点省、创新型城市、知识产权示范区及创新集群、高新技术产业带等建设，建立和完善以企业为主体、以市场为导向、政府支持、产学研形成战略联盟的科技创新体系，增强产业转移发展的核心技术、关键技术、共性技术方面的创新能力；强化技术创新公共服务体系、产业技术开发体系、企业技术创新体系，建设重大科技基础设施，强化重点实验室、工程实验室、技术研究中心、企业技术中心等，以提供多方面、多层次的产业创新支撑。二是加快科技成果的转化。继续强化包括重点产业技术转移中心、重点产业科技孵化器等的创新服务体系和科技成果转化推广体系，推动新一代信息技术、新材料、新能源和所转移产业所需的重大科技成果的产业化。同时，要发挥国防科技工业的优势，促进一批创新成果向民用工业、地方产业转化。

（四）进一步加强人才资源支撑

大力实施人才强区战略，坚持以各类人才支撑大西南承接长三角产业转移发展。一是着力构筑西部人才发展高地。坚持以创新型、创业型人才为引领，以急需型、紧缺型人才为纽带，以实用型、技能型人才为基础，高中低三个层次人才相结合，加快实施系列人才开发计划和工程，加强党政人才、企业管理人才和专业技术人才队伍建设，积极培养产业转移承接发展所需的各类人才。同时，积极引进国内外高层次人才、优秀人才，更好地满足产业转移承接发展的人才需求。二是切实加强人才资源高效使用。将人才作为增强产业竞争能力的核心，加以合理聚集、科学配备、高效使用，特别要建立完善高层次人才使用机制，把人才使用、加强管理、科技创新、产业发展结合起来，努力吸引和推动长三角产业向大西南转移。三是加快健全完善人才发展环境。着力建立健全创新创业体系、改善工作生活条件、采用长效激励机制、营建柔性流动制度、加强保障服务等，进一步优化人才发展环境，真正使各级各类人才选得准、育得好、进得来、用得巧、留得住、干得欢，特别要吸引高层次人才愿意在大西南落户创业。

四、加快推动经济发展方式转变

大西南承接长三角产业转移发展，必须加快转变经济发展方式，推动消费、投资、出口"三驾马车"协调运行，三次产业协同带动，切实加强科技进步、劳动者素质提高、管理创新支撑，以拉动经济增长，促进区域经济健康发展。

（一）扩大消费需求，拉动经济增长

消费是经济增长的动力，对经济发展具有重要的基础作用，应把落实短期消费政策和建立扩大消费的长效机制结合起来，促进消费持续增长。为此，一是要减少对外贸等外部需求的过度依靠，以新型城镇化扩展区内市场，使经济发展主要依靠内需的扩大。二是要实现城乡居民收入与经济大体同步增长，这就要改革收入分配制度以增加中低收入者的收入并扩大中等收入者的队伍，继续加强公共服务体系，稳定物价总水平，提高居民消费能力。三是要鼓励对大宗消费品的持续消费，以新领域、新业态、新模式扩大服务消费，推行带薪休假、旅游，尽快进入绿色消费领域，以新的消费热点促进消费升级。四是要保障安全消费、推进便捷消费、促进信用消费，改善消费环境，增强消费意愿，催生消费行为。

（二）发挥投资对经济增长的关键作用

投资稳定增长和投资结构优化，对经济稳定增长、就业岗位增加、消费拉动、民生改善等具有关键作用。为此，一是要加大政府对已规划、立项的重大项目的投资和各项有效投资（能推动产业结构升级、生态环境和民生改善等），以节能减排和自主创新等投资来优化投资结构、提高投资质量和效益，改善城镇基础设施，调控社会投资方向和质量，着力发挥政府投资的导向作用。二是要以独资、合作、控股、参股等方式拓宽投资渠道，积极引导资金投向新能源开发等新领域，切实改善非公有制经济的发展环境，加强对中小企业、小微企业的支持力度，有效促进社会投资的稳定增长。三是要以战略性新兴产业的培育、制造业的转型升级、制造业布局的优化等作为投资重点，大力促进产业结构的优化和国际竞争力的提升。

（三）转变发展方式与区域发展相结合

大西南区域经济持续健康发展，必须加快转变发展方式，要坚持在发展中转变，在转变中发展。对此，一是要保持较高的经济增速，以略高于全国平均水平为好，这样能使需求平稳，并使生产经营成本和物价处于可控范围，不致出现通货膨胀。二是要从战略高度、长远目标出发谋发展，加强对三次产业、分配、消费、投资、科技、区域、城乡、所有制等经济结构有序调整。调控要有预见性，要落实宏观调控政策，保持消费、投资和出口三者供求的平衡，以求物价稳定、就业充分、经济增长和国际收支平衡。调控要有实效性，要根据经济发展周期和各种经济比例关系的变化，在调控中灵活掌握时机的先后、力度的轻重和节奏的缓急。三是要加快对财政、货币、产业、环保、土地、科技等政策的调整和相互协调，使之形成合力，促进经济发展。

五、加速推进区域现代化进程

（一）坚持工业化与信息化融合

大西南地区正进入工业化加速阶段，应按照新型工业化的要求，把市场导向与政府推动结合起来,以工业聚集发展、集约发展和可持续发展等模式,改造提升传统工业,扩大增强支柱工业,培育发展新兴工业,延伸产业链条,建设国家重要的能源基地、资源深加工基地、制造业基地和出口加工基地等。要加快区域通信枢纽建设,提高干线传输能力,延伸国际出口宽带,增强国际通信保障能力,并以信息资源、信息技术、信息传输、数字内容等的服务为重点,创新服务模式和产业形态,发展信息服务业。要借助国防科技工业的优势,发挥地方企业的积极性,发展电子信息产品制造业,以系列投资类、消费类电子产品满足经济社会信息化的需要。对重点行业的关键环节,要加大智能传感、云计算等新兴技术的应用,建设智能电网等,以形成实时响应、精准管理、高效运行、安全可靠的现代基础工业体系和基础设施体系,促进工业结构的优化升级。要以信息化带动工业化,以工业化促进信息化,促进两者融合,加快工业信息化进程。

(二) 坚持工业化和城镇化互动

大西南地区已进入城镇化加速期,应遵循城镇化规律,按照智能、绿色、宜居等要求,坚持以培育壮大城市群为支撑,以稳步推进农民工市民化为重点,着力增强综合承载能力,创新体制和激活机制;以多样化、特色化、组团化、圈带化等思路和模式构建区域城镇网络体系,不断提高城镇化发展水平。要积极创造条件,发展壮大成渝、黔中、滇中、广西北部湾,以及藏中南城市群和城镇群,通过培育若干城市群,推动承接产业转移加快发展,打造特色优势产业群,有效增强产业聚集能力,形成新的增长极,促进经济增长和市场空间由长三角等东部地区向大西南拓展。要按照国家层面、省区市层面重点开发区建设的功能要求,增强城镇综合承载能力和辐射带动能力,使之成为环境优美、人口宜居、经济发展特别是能够促进新型工业化、带动农村发展的新型城镇。

(三) 坚持城镇化和农业现代化协调

大西南地区应把加速城镇化作为解决"三农"问题的根本途径,积极稳妥地加以推进。要积极发展城镇的第二、三产业特别是工业、建筑业,以吸纳农村富余劳动力转移就业;以城镇化支撑农业现代化和农村经济的发展,鼓励和支持农业富余劳动力向城镇转移,为农业规模经营创造条件。对于农业现代化,城镇化所承担的任务,一是为粮食和农产品的生产提供稳定的需求,搞活农贸市场;二是生产和提供农业所需的现代物质资料和技术装备,支持改善农业生产条件;三是鼓励城镇工商企业严格按照准入条件和监管制度,租赁农户所承包的耕地、林地、草地,开展农业生产经营现代化的试验、示范,解决土地碎片化等问题;四是以龙头企业带动农业产业化、集约化、现代化;五是坚持主体多元化、服务专业化、运行市场化原则,发展农业服务业,构建公益性与经营性服务相结合的新型农业社会化服务体系;六是在城镇化过程中要注意保护好耕地、生态等农业资源环境。

六、着力促进区域经济协调发展

大西南承接长三角产业转移发展,应以缩小区域发展差距和促进公共服务均等化为目标,通过对产业转移发展的承接等途径,努力构筑区域之间、省区市之间、省区市内部优势互补、主体功能定位清晰、国土空间高效利用、人与自然和谐相处的区域发展格局。

(一)强力推进新一轮西部大开发

自2011年起大西南地区进入了新一轮西部大开发阶段。为此,要继续加强基础设施建设和环境保护,实施以市场为导向的优势资源转化战略、新兴产业发展战略,在资源富集区和重点开发区,大力承接长三角产业转移,建设一批资源开发及资源深加工项目、战略性新兴产业项目,建设和壮大国家重要的能源、战略资源接续地和产业聚集区、战略性新兴产业基地,同时加快发展现代高效农业、特色旅游业等现代服务业。要着力优化布局,培育新的增长极,努力建设和壮大成渝经济区、黔中经济区、滇中经济区、北部湾经济区,云南沿边开放经济带、西江经济带、藏中南经济区、南贵昆经济区等。

(二)推进主体功能区的开发与形成

根据区域资源环境承载能力和未来发展潜力,对大西南地区国土空间进行高效、协调、有序的开发和保护,以有效承接长三角产业转移发展。从国家层面看,在开发方式上,大西南没有优先开发区域,但有其他主体功能区。要把属于国家层面的重点开发区即重点进行工业化城镇化地区的北部湾、成渝、黔中、滇中、藏中南五大地区,作为支撑全国经济发展的重要增长极、实施区域发展总体战略、促进区域发展的重要支撑点、全国重要的人口和经济区来建设和发展。其主要任务是统筹规划国土空间,健全城市规模结构,促进人口加快聚集,构建现代产业发展体系,提高发展质量。对于省区市级的优先开发区域、重点开发区域，也要进行上述建设。国家和省区市两个层面的限制开发区即农产品主产区和重点生态功能区，要分别增强农业综合生产能力、生态产品生产能力，不能进行工业化和城镇化的开发；禁止建设开发区，要对各级各类自然文化资源进行保护，禁止工业化和城镇化的开发。

（三）进一步加强区域经济合作

大西南承接长三角产业转移发展，涉及自然、环境、经济、科技、人力、政策等诸多因素和广大地域，目前各省区市已制定和执行了相应的实施意见、工作方案等，并取得了可喜的进展。因此，应继续加强六省区市合作，促进基础设施互联互通、生产要素自由流动、优势产业协作配套、统一市场有序运转，加快区域经济一体化。建议进一步加强六省区市七方经济协调会的协调，积极开展双边、多边的合作，共同做好承接工作。最好能有一个类似《西南和华南部分省区区域规划纲要》（国发〔1993〕56号）那样的文件，对大西南承接长三角产业转移发展进行统筹，以便在总体上能符合国家相关战略规划的安排，正常发挥市场机制的作用，使进入国家层面的重点开发区域的开发能充分发挥自身优势、体现地区特色，从而避免重复建设、结构趋同和地域分工无序。

第二节　大西南承接长三角产业转移发展的新战略

大西南承接长三角产业转移发展，要全面完成新时期面临的新任务，必须坚持与时俱进、因地制宜，进一步创新发展思维。要紧密结合国内外产业转移加速发展大趋势，以国家总体发展战略、产业转移和相关区域发展规划为指导，根据大西南与长三角经济社会发展现状及特点，充分发挥区域比较优势，从战略高度和理论深度，作出正确的战略选择。要积极采取和实施区域性的新战略，切实加强承接产业转移发展体制机制创新，着力构建特色鲜明的大西南承接长三角产业转移发展体系，加快推动区域产业优化升级，促进区域经济加快转型和共同发展，实现产业转移方与承接方的双赢。

一、大西南承接长三角产业转移发展的战略要求

新时期大西南承接长三角产业转移发展，应沿着前人足迹继续前进，自觉自愿东靠西联，星火灯传。所谓东靠西联，东靠是要依托已形成的立体型、

第六章 新时期大西南承接长三角产业转移发展的新任务和新战略

多功能、综合性交通运输网络体系,穿越长三角,走向亚太;西联是要依托逐渐形成的亚欧大陆桥和古丝绸之路经济带,穿越中东欧,走向世界最大的一体化区域性联合体欧盟。其中,穿越的都是新兴工业化国家和地区以及其他发展中国家,终端都是资本主义发达国家,这样就可以形成跨越东中西三大地带,跨越亚欧两大洲,跨越太平洋、大西洋两大洋,跨越发展中国家、发达国家两大经济体的国内国际产业转移大格局大循环,凝聚无限正能量,创造无限改革开放红利,惠及全国各族人民、世界各国各地人民。

国家对长三角地区经济发展的基本要求是,"加快发展现代服务业,努力形成以服务业为主的产业结构""全面推进工业结构优化升级,努力建设国际先进制造业基地""实现科学发展、和谐发展、率先发展、一体化发展"等。随着国务院《关于中西部地区承接产业转移的指导意见》的深入贯彻和落实,长三角地区在当前国际市场竞争激烈、人民币汇率升值、出口退税下调、加工贸易政策从紧、生产经营成本上升、节能减排加强等巨大压力下,应着力克服产业转移将导致资金、税源、财政受损,出现产业空心化和结构性失业等顾虑,切实加大传统劳动密集型产业、能源矿产开发及加工业、装备制造业和某些新兴高技术产业的转移力度,以形成东西合作、区域互动、优势互补、协调发展的格局。

大西南地区则应在周边东南亚、南亚等国家生产成本可能低于自身的不利情况下,紧紧抓住最新一轮国际产业转移、长三角产业转移的历史机遇,以降低产业转移承接、发展成本和缩短东西部之间的时间距离、提高生产要素流动时效为中心,切实加大承接力度。其战略要求:一是着力完善交通运输网络等基础设施,加快建设以保税物流、加工贸易等为主的产业园区,积极发展现代物流业,以低成本的生产服务业营造成本优势,吸引产业转移。二是建设高新技术产业基地,从劳动密集型、运输成本不高、生产时效要求不急等的高端软件、高端服务器、软件和信息服务外包等产业逐步扩展到加工制造业,以接近销售市场和生产资料供应地等条件努力营造空间优势,推动产业转移。三是加强东西合作,进一步扩大加工贸易规模,以东部接单、西南制造、内外销售为生产经营链发展现代制造业等模式着力营造产业优势,加快产业转移。四是建立紧密的东西经济战略联盟,以若干经济协作区为基地,从企业、行业、产业等层面,全面开展经济社会各个领域的合作,促进生产要素、文化元素等自由流动和高效配置,促进移入大西南产业的大发展,使东西地区都受益。

二、大西南承接长三角产业转移发展的战略选择

当前我国中西部地区承接东部地区产业转移发展，已进入以资源深加工、装备制造、高新技术产业等多类别产业为主要内容的新时期。目前产业转移与承接的时间长、地域广、产业多、技术新，已融入了工业化、信息化、城镇化和农业现代化的大潮。从战略选择上看，大西南承接长三角产业转移发展，必须适应这一新特点和新趋势，要切实将现代服务业和新型工业的大规模资本投入、企业并购、产业重组结合起来，不断增强产业和企业综合实力，着力构建特色鲜明的大西南承接长三角产业转移发展体系，也就是要积极构建具有中国特色的，全方位、宽领域、多层次、对称式、复合型的产业转移发展体系。

（一）全方位

大西南承接长三角产业转移发展，必须实行全方位对外开放。首先，全方位对外开放是发达地区经济发展的成功经验，更是经济欠发达地区抢占先机、争取主动、加快发展的必由之路，只有大开放才能带动大发展。其次，这是由大西南区情决定的，大西南经济发展起步较晚，但自然资源丰富、生产要素成本较低，只有通过全方位对外开放，大力吸收外来投资和承接产业转移，借助外部先进力量，才能推动经济持续快速发展，缩小与发达地区的差距，实现后发赶超。因此，在经济全球化、区域经济一体化的大趋势下，大西南必须坚持全方位的对内对外开放战略，紧紧抓住发达地区、发达国家资本投资和产业转移的历史机遇，顺势而行，积极引导生产要素向本地区流动和聚集，创造经济发展的新优势。

1. 将扩大开放与我国对外开放战略向西南转移结合起来

当前我国面向西南的开放进一步扩大，这一重大战略的实施，为大西南扩大对东南亚、南亚等周边国家开放提供了新的重要机遇。按照国家将云南建成面向西南对外开放桥头堡、将广西建成中国对接东盟重要窗口的战略构想，一是将有力带动大西南各省区市成为面向西南开放的核心腹地。特别是随着中国—东盟自贸区建成运行，大西南与东盟贸易将呈现爆发式增长势头。二是将形成大西南各省区市对外开放的捷径。国家加强西南通道建设，如推动中缅铁路建设，将显著增进国家经济安全，同时将改变大西南对外开放格局。为此，大西南地区应审时度势，抓住机遇迅速扩大开放，加强通道建设，推动结构调整，充分发挥资源优势和区位优势，带动内陆腹地发展，切实增强用好两种资源、两个市场的能力，构筑大西南对外开放的新优势。

第六章 新时期大西南承接长三角产业转移发展的新任务和新战略

2. 将扩大开放同长三角地区深化开放紧密结合起来

大西南地区应支持和配合长三角培育新的国际竞争优势，建设研发设计、品牌营销、服务外包等基地，转移加工制造业等产业，强化先进制造业基地，推进区域经济合作，积极主动地承接长三角产业的转移发展，充分获取扩大开放的比较效益和规模效益。大西南四川、重庆和广西沿江沿海地区，要加快港域、港口、航道等水运设施和产业基地建设，优化承接产业转移发展的条件。广西、云南、西藏沿边地区，要借助良好的地缘条件，实行特殊的开放政策，加快边境口岸、城镇、经济合作区、开放开发实验区建设，承接长三角产业转移和促进对外经济贸易发展。贵州内陆地区，要实施积极主动的全方位开放战略，以完善开放型经济体系为目标，以大开放吸引长三角产业的转入。

3. 坚持全方位扩大开放，实施更加积极主动的开放战略

大西南各省区市应进一步完善互利共赢、多元平衡、安全高效的开放型经济体系，以多元化、多领域的经济合作来引导和支撑产业转移发展。一是要继续加强大西南区域内合作，特别是要推进中心城市之间的经济合作，建立技术创新等方面的战略联盟，促进优势互补，形成增长极，增强其辐射带动效应，加快推进区域一体化。二是要全面加强东西合作，加强大西南与长三角等地区之间经济技术合作，对技术难题等共同攻关，推进大西南和长三角质量技术标准一体化、产品认证统一、著名商标共用、区域名牌互认、监管信息互通、技术服务市场统一开放。三是要以同长三角的经济合作为基础，进一步扩大与港澳台在贸易、投资、技术和产业开发等方面的合作，加大合作的广度和深度；通过加强与周边的东南亚、南亚国家经济合作，融入中国—东盟自贸区，实现对东南亚、南亚开放的新突破。另外，还要积极拓展其他国际经济合作，进一步加强与中亚、东北亚、俄罗斯、欧美、非洲、拉美等经济合作。

（二）宽领域

大西南承接长三角产业转移发展，必须全面贯彻落实国家产业发展政策和措施，加快推进产业结构调整，推动产业优化升级，着力构建现代产业体系，促进经济转型发展。

1. 产业结构体系

着力推动产业转移结构调整升级，促进第一、二、三次产业由传统型向现代型加速转变。在加快推进新型工业化的同时，要大力提高第二产业特别

是第三产业在经济总量GDP中的比重，使第三产业增加值较快超过第二产业，以形成三次产业的合理结构体系。

2. 行业结构体系

着力构建三次产业内部合理的结构体系，现代农业主要应发展安全高效的粮食产业，健康养殖业，特色农业，生物质产业等。现代工业应按照国务院《关于中西部地区承接产业转移的指导意见》（国发〔2010〕28号）的要求，积极转移和承接劳动密集型产业，能源矿产开发及加工业，农产品加工业，装备制造业，高技术产业和加工贸易业等重点产业。现代服务业应主要发展农林牧渔服务业，海洋服务业，交通运输、仓储和邮政业，信息传输、计算机服务和软件业，金融业，房地产业，租赁和商务服务业，科学研究、技术服务和地质勘察业，水利、环境和公共设施管理业，旅游业等。

3. 产业其他结构体系

主要有按产品需求类型划分的上游产业、中游产业和下游产业，按产业功能和成长阶段划分的基础产业、朝阳产业、主导产业和支柱产业，按生产要素划分的劳动密集型产业、资本密集型产业、技术密集型产业和知识密集型产业等。

（三）多层次

1. 需求满足的多层次

消费决定需求，生产决定消费，因而要以消费的层次性推动生产的多样化。在大西南承接长三角产业转移发展中，要生产和提供多层次的消费品（包括商品与服务）。第一类为生存资料，包括食品、衣着、住房、贸易服务等。第二类为发展资料，包括高级营养品、文化体育用品、教育服务等。第三类为享受资料，包括娱乐设施、豪华住宅、旅游服务等。生产和提供消费品与服务应加快消费资料工业发展，这样就可以拉动生产资料工业发展。

2. 生产力发展水平的多层次

在大西南承接长三角产业转移发展的进程中，以社会化大机器生产为物质基础的产业转移与承接必然会占较大比重。对这类产业转移发展，应在劳动工具和生产过程的更新及生产过程中机械化、自动化、智能化的选择等方面，根据市场需求、科学发展、未来潜力展现等要求来进行，以体现生产力发展水平的多层次。

第六章 新时期大西南承接长三角产业转移发展的新任务和新战略

3. 生产技术的多层次

大西南各产业部门特别是工业部门,应积极促进生产技术中的先进技术、中间技术和一般技术(先进的资本密集型技术、中间型技术和劳动密集型技术)的结构层次趋向合理。在承接产业转移发展中,要高度重视技术选择、技术引进、技术创新,把技术先进性和经济合理性结合起来,优化技术结构,以节约生产投资、充分利用优势资源、降低生产成本和改善劳动条件。要把整个产业发展转到新的技术基础上来,即通过承接产业转移来改造特别是要用高新技术来改造传统产业,用先进技术来发展战略性新兴产业,着力鼓励和支持企业的技术开发、技术创新,切实提高产品科技含量和附加值,从而形成合理的、多层次的技术结构。

4. 经济效益的多层次

大西南承接长三角产业转移发展,应综合利用资源、降低劳动消耗,努力获取更多的符合社会需要的劳动成果。在工业方面,要着力提高工业增加值率、总资产贡献率、流动资金周转次数、工业成本费用利润率、全员劳动生产率、产品销售率和降低资产负债率等。要把企业的微观效益、行业的中观效益、社会的宏观效益统一起来,在服从宏观效益的前提下,提高处于基础地位的微观效益、确保实现宏观效益的中观效益。

5. 企业规模的多层次

从企业组织结构上看,产业发展应有合理的大型企业、中型企业、小微企业体系。大型企业作为行业的骨干企业,在经济中起主导作用;中小型企业投资少见效快,便于实现专业化,生产经营灵活,市场应变能力较强。为了提高大西南承接长三角产业转移发展的竞争能力,要切实增强企业的集聚度,积极发展企业集团,并使企业不断壮大。

6. 承接管理的多层次

在大西南承接长三角产业转移发展中,各省区市的省、市、县三级特别是省级政府部门和专职机构,应按级别、按层次进行管理,切实加强指导和服务,使产业转移承接工作有序、有效地进行,以促进区域经济持续、快速、健康发展。

(四) 对称式

1. 促进区域协调

坚持以承接产业转移发展作为契机和纽带,切实加强大西南与长三角的经济联系与合作。以产业关联上的地域分工、以产业基地联结东部技术（或市场）条件、强强联合、强弱合作等方式，积极推动两大地区经济实现一体化发展。加快构建大西南承接产业转移发展体系，促进经济起飞，同时要防止长三角产业空心化。

2. 促进城乡协调

大西南各省区市应认真贯彻落实工业反哺农业、城市支持农村的方针，坚持在农村、城乡接合部等地带着力建设一批改革开放先行先试功能区、经济技术开发区、产业转移承接基地等（如重庆两江新区等），积极构建城乡协调的产业转移发展体系。坚持以新型工业化推动新型城镇化，实现以工促农、以城带乡、城乡互动、协调发展，逐步改变城乡二元经济结构现状，不断缩小城乡差距。

3. 完善需求结构

坚持扩大内需特别是消费需求，促进外需稳定增长，并将两者紧密结合起来，共同拉动大西南承接长三角产业转移发展体系的构建。要以商品消费、服务消费等最终消费加上结构优化的投资来拓展国内外市场，同时继续采取出口退税、增加出口退税免税企业户数、实行信用保险、改进外汇管理、改善外贸发展环境、转变外贸发展方式等，积极拓展国外市场，切实带动产业转移与承接加快发展。

4. 坚持生产关系与生产力相适应

当前大西南地区生产关系是适应生产力发展水平的，但随着生产力的发展，大西南地区的所有制表现形式、资源配置方式、收入分配制度、经济政策等则应通过不断深化改革进行调整与创新，以适应生产力的发展要求，并不断推动生产力水平的提高。

5. 坚持发展速度与质量相结合

大西南承接长三角产业转移发展，应紧紧抓住难得的历史性机遇，充分利用和优化配置生产要素，保持合适的经济增长速度，使之与潜在经济增长率相协调，与生产要素的供给相适应，同时坚持科学发展，加快转变发展方式，进一步优化经济结构，切实提高经济增长质量和效益。

6. 坚持产业承接与发展环境相协调

大西南各省区市应正视生态环境的脆弱性，要按照各级各类主体功能区的功能定位进行开发和保护，确保全国重要的生态屏障状况良好。同时，要科学承接长三角产业转移发展，着力发展绿色经济、循环经济、低碳经济，推进节能减排和资源节约集约利用，切实提高对产业的承载能力，促进区域经济全面、协调、可持续发展。

（五）复合型

构建中国特色的大西南承接长三角产业转移发展体系，其复合型主要体现在转移、承接市场化，模式、业态时代化，功能、效益最大化等方面，包括三个子体系。

1. 产业体系

即现代产业体系，在市场取向上坚持内需与外向型相结合、以内需型为主，在发展阶段上坚持新兴型与传统型相结合、以新兴型为主，在发展方式上坚持节约型与集约型相结合、以质量效益为中心，逐步形成东西合作、优势突出、特色鲜明、门类较全、布局合理、充满活力、运行高效、资源节约、环境友好的新型产业体系。

2. 支撑体系

包括完整的基础设施、配套的政策法规、广阔的内外市场、成组的优势资源、持续的科技创新、强大的人才队伍、必要的资金储备、浓厚的文化氛围等，物质技术基础和社会环境较好。

3. 服务体系

包括显效的战略实施、有力的调控手段、周到的微观服务、明确的分类指导等。要制定或修订各省区市对重点产业、重点企业、重点项目的承接方案并加快实施，加快产业承接园区的建设，满足入驻企业对生产要素等外部条件的要求。对此，还要加强服务条件、中介机构等的建设，加快服务体系的完善。要成立必要的领导、工作机构，建立部门联席会议制度，开展统筹协调工作。实行重大投资项目、重大承接项目的目标责任制、督办责任制、跟踪服务制，提供一事一议服务、全程服务。

第三节　构建中国特色大西南承接长三角产业转移发展体系的基本依据

如上所述，新时期大西南承接长三角产业转移发展，必须采取和实施区域性的新战略，即构建具有中国特色的，全方位、宽领域、多层次、对称式、复合型的大西南承接长三角产业转移发展体系。当前,大西南实施承接长三角产业转移发展新战略,构建特色鲜明的产业转移发展体系,其主要依据包括理论依据和实践依据,当然在实践中也还存在一些疑难问题。

一、构建产业转移发展体系的理论依据

关于产业转移发展的理论问题,自 20 世纪 80 年代以来,国际国内学者已进行了有益探索,已形成了比较完整的理论体系(前面已述及,不予赘述)。当前实施大西南承接长三角产业转移发展新战略,构建中国特色的大西南承接长三角产业转移发展体系,其主要理论依据如下。

(一) 中国特色社会主义理论体系

该理论体系是中国对马克思列宁主义、毛泽东思想的坚持、发展和继承、创新的成果,也就是马克思主义中国化的成果。它包括邓小平理论、"三个代表"重要思想和科学发展观,是我们行动的指南,是构建大西南承接长三角产业转移发展体系的根本理论依据。

1. 社会主义初级阶段理论

该理论指出了基本实现社会主义现代化等历史任务(三步走战略)、正确处理人民日益增长的物质文化需要同落后的社会生产力之间的矛盾等重大问题,以经济建设为中心、大力发展生产力便成为构建大西南承接长三角产业转移发展体系的目标和轴线。

2. 社会主义社会基本矛盾理论

根据正确处理生产关系和生产力之间的矛盾、上层建筑和经济基础之间的矛盾等理论,社会主义基本经济制度等实现形式的具体体制深化改革,即完善社会主义市场经济体制,便成为构建大西南承接长三角产业转移发展体系的动力和保障。

3. 对外开放基本国策

在经济全球化不断发展的背景下,充分利用国内外两个市场、两种资源、国外资金来发展国内经济,可以加快速度、提高质量、增大效益、同国际对接。根据这一理论,扩大开放、提高开放水平便成为构建大西南承接长三角产业转移发展体系的存在条件、发展途径和奋斗动力。

4. "两个大局"设想

根据沿海地区要加快对外开放、首先发展起来从而带动内地更好地发展,

发展到一定时候要拿出更多力量来帮助内地发展等理论，实施东西合作、西部大开发战略等，大大推动了产业转移发展体系的构建。

5. "三个代表"重要思想

该思想明确提出中国共产党要始终代表中国先进社会生产力的发展要求，始终代表中国先进文化的前进方向，始终代表中国最广大人民的根本利益。根据这些思想，中共中央、国务院关于推动生产力解放和先进生产力发展、加快经济发展和社会进步、把人民根本利益放在首位的一系列战略、规划、决定、意见等，成为构建大西南承接长三角产业转移发展体系的指导思想、政策法规、实施方案等的顶层依据。

6. 科学发展观

根据这一理论，坚持把发展作为第一要义，把以人为本作为发展的核心，把推进全面协调可持续作为基本要求，把统筹兼顾作为根本方法，把持续健康发展作为实质体现等，构成一条理论红线，贯穿在整个构建大西南承接长三角产业转移发展体系中，体现了全新的发展战略思想。

(二) 区域经济发展梯度转移理论

区域经济发展梯度理论认为由于国家间发展不平衡，当高梯度国家的产业、产品生命周期处于生产标准化阶段时，便会出现这类产业、产品向低梯度国家转移。20世纪80年代，国内学者通过研究，认为产业梯度也会在一国之内出现。当时，国家"七五"计划提出了根据经济技术发展水平与地理位置相结合形成的梯度而划分的东中西三大地带。东部为高梯度，西部为低梯度，中部为中梯度，产业转移一般由高梯度地区转出，由低梯度地区承接。构建大西南承接长三角产业转移发展体系就遵从了上述理论。

1. 选择承接对象地区

根据区域经济差异的客观存在，选择长三角等高梯度地区，设计大西南承接产业转移发展体系，创造良好的承接条件，以加快转移与承接的进程。

2. 增强承接转移吸引力

根据高梯度区域产业向低梯度区域转移的必然趋势，积极营造大西南多重比较优势，增强吸引力，以承接长三角产业转移。着重以技术构成相似而价值构成趋优或技术构成虽低但价值构成却高的产业成长机制更多地吸引产业转移、稳定产业转移。

3. 强化区域合作

根据产业转移会导致高梯度与低梯度区域之间经济联系加强的理论，构建大西南承接长三角产业转移发展体系的重要着力点，就是以产业转移为契机、为纽带，促进两大区域的全面合作、共同发展，以规模经济、规模效益取胜。

4. 跨越式发展的实现

根据低梯度地区的某些单项产业、单项技术甚至产业投资也会逆梯度向高梯度地区转移的理论，构建大西南承接长三角产业转移发展体系也有营造后发优势、跨越式发展、促进经济外向化的设想。

（三）区域经济发展辐射理论

区域经济辐射理论即增长极理论，20世纪50年代出现后，逐步形成了多个学派、多种观点，并经常与产业集群理论、集聚经济理论结合起来使用，在一些落后地区广泛应用。根据辐射理论，大西南各省区市积极调整和优化产业布局，从空间与时间的结合上构建承接产业转移发展体系。大西南地区产业布局形成的产业集群特别是工业集群，就是一系列的增长极。这类增长极多属规模较大、优势突出、产业关联度高和发展较快的成长型产业，其增长、发展首先不同程度地出现在一些地方，然后逐步向外扩展，产生经济辐射和终极影响，促进所在地区及周围地区经济走向繁荣。

1. 建立增长中心

大西南地区建立了一系列的开发区、产业带、产业园、保税区等，形成了经济地理空间的多重节点，与城镇化相结合，推动承接产业转移发展，增强增长中心的辐射作用。

2. 发展规模产业

根据大型产业辐射理论，推动承接产业转移加快发展。即以现代大型工业企业发展内部规模经济、培育单体增长极，以扩展产业前后联系、采用循环经济模式、集聚同类或相近产业等方式发展外部规模经济，培育群体增长极，以增强市场竞争优势，带动区域经济持续、快速、健康发展。

3. 发挥城市辐射带动作用

根据城市的载体功能、集聚辐射功能、导向带动功能理论，带动承接产业转移发展。即依托现有城市和城镇，积极承接都市型工业、现代服务业的转移发展，充分发挥其对周围地区经济的渗透、扶植、引导和推动作用。

4. 培育增长极梯度链

根据增长极相互辐射理论，把构建产业转移发展体系中产业发展水平不同的相邻地区串联起来，以地域垂直分工为主，兼顾水平分工，促进生产最终产品的发达地区（一般为城市）、生产中间产品的中等发达地区、生产初级产品的欠发达地区逐级辐射和反向辐射，以形成具有梯度的增长极链，并不断缩小增长极之间的差距。

5. 构建综合增长极

根据增长极综合辐射理论，不断扩展大西南构建产业转移发展体系的内容，以地域的水平分工为主，兼顾垂直分工，积极承接产业转移发展，从经济、科技、文化、教育、卫生等多方面辐射其周围地区，促进经济发展和社会进步。

（四）区域经济可持续发展理论

区域经济可持续发展理论是构建大西南承接长三角产业转移发展体系的重要理论依据，根据该理论，要求大西南承接长三角产业转移发展，必须在区域内外能够保证同代人中各个部分、当代人后代人全体生存发展机会相同的社会公平，维护在良好生态系统基础上发展经济、经济系统与生态系统相协调的经济安全，经济发展的速度、质量、效益相协调。

1. 产业体系

构建大西南承接长三角产业转移发展体系，应具有对资源进行合理配置、节约安排、高效利用、循环再用和有效保护、扩大替代等的现代产业体系和环境友好型企业，能够实现节约发展、清洁发展和安全发展。

2. 技术体系

构建大西南承接长三角产业转移发展体系，应具有节能减排、"三废"（废气、废液、废渣）利用、污染治理、综合开发、科学管理等的现代技术体系，能够支撑绿色经济、循环经济和低碳经济的发展。

3. 政策体系

构建大西南承接长三角产业转移发展体系，应具有促进经济发展方式转变、产业结构优化升级、资源要素市场配置、环境条件有偿使用、国民经济核算合理等产业政策体系，能够促进质量效益型、科技先导型、资源节约型、环境友好型企业的发展。

4. 发展机制

构建大西南承接长三角产业转移发展体系,应具有分工明确、优势互补、协调联动、利益共享的区域合作机制,能够促进产业转移,推动经济加快发展。

二、构建产业转移发展体系的实践依据

(一) 条件具备

产业转移与承接是一个具有时空二维结构的产业重组和深化跃升的过程。目前加快实施大西南承接长三角产业转移发展新战略,构建大西南承接产业转移发展体系,已有一些实践经验,其条件已经具备,并且比较充分。

1. 区域发展梯度能够推动产业转移发展

长三角与大西南地区分别属于高梯度地区和低梯度地区。2013 年人均生产总值 GDP,长三角为 7.74 万元,大西南为 3.04 万元,长三角高出 1.55 倍;每平方公里 GDP,长三角为 5 610.84 万元,大西南为 287.14 万元,长三角高出 18.54 倍。高梯度的长三角和低梯度的大西南,顺梯度可按垂直分工,承接低端的产业转移;也可按水平分工,承接高端的产业转移。大西南还可逆梯度单项地向长三角开展产业转移。产业梯度转移的推进,可首先由东西姊妹城市、对口帮扶城市启动,然后逐步扩展。

2. 产品市场变化能够拉动产业转移发展

产品要进入市场才能变为商品,具有价值和使用价值。国际金融危机爆发后,外需较快下降且在短期内难以明显好转,扩大内需已列为全国经济发展的长期战略方针。2011 年居民消费水平,长三角三省市为 1.72 万—3.54 万元,大西南六省区市为 0.47 万—1.18 万元,前高后低。大西南地区市场空间巨大,因而对经济外贸依存度非常高的长三角地区,内需市场应向大西南等地区延展。产业结构决定产品结构,产品市场发生变化,产业结构必然受到影响。产品市场的扩展,自然会推动产品生产区位的转移也就是长三角相关产业的转移。

3. 产业发展级差能够驱动产业转移发展

产业发展级差,即产业结构低级与高级之间的差距,主要表现在生产技术上。产业级差的存在会导致低端产业的转移。长三角地区在传统产业充分

第六章 新时期大西南承接长三角产业转移发展的新任务和新战略

发展以后，产业结构的优化升级主要是构建以现代服务业、先进制造业为主的现代产业体系，传统产业的转移是必然的。大西南地区尚在改造并在新的技术基础上发展传统产业，承接传统产业和一些新兴产业的转移也是必然的。在生产要素成本存在差异、产业技术结构水平相似的情况下，大西南地区此类产业的价值构成会高于长三角，那么这类产业就会发生转移。在此情况下，大西南在技术进步与技术结构、投资规模与投资结构、对外贸易、就业等方面，就可以进行开发、创新、调整与扩展，以吸引长三角产业移入。

4. 新型现代企业能够吸引产业转移发展

产业转移实质上是资本转移，根本上是技术转移，载体上是企业转移。企业转移包括单体转移、集群转移，投资转移、搬迁转移，都取决于原在地区的推力和承接地的拉力。对于需要转移的企业，长三角地区的推力（实际上是排斥力）在逐渐增大，大西南地区的拉力（实际上是吸引力）也在逐渐增大。大西南企业从组织形式、内部结构、产权制度、管理体制、经营机制到市场开拓、企业边界、企业战略、企业素质、企业形象、企业文化、企业活力、竞争能力等都在科学设计、力求创新、积极构建、有效运作，以资源节约、环境友好、低成本、高效益营造优势，从而促进自身的持续健康发展，力避简单的原型、同构移植。

5. 承接工作就绪能够加快产业转移发展

国务院《关于中西部地区承接产业转移的指导意见》发布实施后，大西南六省区市都制定出台相关文件对承接产业转移发展作了明确部署，准备充分，且已成功承接了多项转移。在思想上，对承接长三角等地区产业转移的重要性、迫切性等认识不断深化，态度积极。在理论上，对国内外产业转移理论比较熟悉并加以借鉴。在组织上，成立了省（区、市）、市（州、地）两级领导机构和工作班子，开展了承接服务工作，提供了地方政府的指导、支持和帮助。在实践上，建立产业转移承接园区等基地加快承接长三角产业转移发展，招商引资等工作正在积极推进。

（二）时机成熟

当前，加快实施大西南承接长三角产业转移发展新战略，构建大西南承接产业转移发展体系，正值全国发展难得的战略机遇期、实现中华民族伟大复兴的历史时期、经济全球化深入推进的重要时期，其发展时机已经成熟。

1. 全面建成小康社会目标的引领

到 2020 年，大西南地区要与全国同步建成全面小康社会，然后进入基本实现社会主义现代化的第三步发展战略目标的新阶段。大西南地区全面建成小康社会，在经济方面，要求坚持科学发展，着力增强物质经济技术基础。一是切实转变经济发展方式；二是实现经济总量 GDP 和城乡居民人均收入在 2010 年的基础上翻一番；三是使科技进步对经济增长的贡献率大幅上升；四是构建现代新型产业发展体系，基本实现工业化，信息化和城镇化水平明显提高，农业现代化和社会主义新农村建设等取得显著成效；五是通过实施区域发展总体战略，充分发挥各地比较优势，基本形成区域协调发展体制机制；六是积极营建开放型经济发展新优势，大力提高对外开放水平，进一步增强国际竞争能力。这六个方面的基本要求，为构建大西南承接长三角产业转移发展体系，提供了新的依据和动力。

2. 国内产业转移发展趋势的带动

第二次世界大战以后，全球范围的产业转移发展不断加速。在国际产业转移发展浪潮的推动下，改革开放以来，我国国内产业转移发展不断加快，已经历了加工贸易、规模制造业和部分高新技术产业的两次转移，当前正在进行重型装备制造业、能源和重化工业，现代服务业和先进制造业的两次转移。随着新型工业化、信息化、新型城镇化、农业现代化"四化"的加速推进，长三角产业向大西南地区转移，已是大势所趋。可以预期，大规模的资本流动、企业并购、转移企业本地化等新一轮产业转移会很快到来，并获得快速发展，这是非常难得的历史机遇。

3. 新型工业化加速推进的给力

从世界范围来看，20 世纪 90 年代前的工业化属于传统型工业化，之后的工业化属于新型工业化。新型工业化的基本特点是，工业的科技、信息含量高，资源、能源的消耗少，与生产性服务业关系密切。目前长三角地区已基本走完了工业化全程，上海进入工业化后期稳定增长阶段。长三角将会成为世界性的先进制造业，大企业经营管理、品牌创建、战略投资、集中采购，新产品、新技术、新信息展示、交流、交易等三大中心，全国性的产品研发、技术创新和知识产权交易，人才培训两个中心和新型工业化示范基地。大西南地区已基本进入工业化中期阶段，有些地区还处于初期阶段，无论从增速还是从总量看，工业都是推动区域加快发展的主动力。整个产业从劳动密集型到资本密集型、技术密集型、知识密集型，在长三角是逐渐衰退的，在大西南是依次上升的，两大区域的重合，整个产业将由转移到再生、发展。

4. 发挥产业集群效应的驱使

长三角地区早年通过生产要素的流入、集聚而形成的产业集群，经过诞生、成长期后,已进入了成熟、衰退期。其中,纺织、服装、鞋帽、玩具、食品、电气设备、五金制品等传统的劳动密集型产业集群,在集群内的企业分工主要属于产品品种、规格、花色等的水平分工,与原在地的产业关联度小,产品销往国内外,对远洋运输成本、人民币汇率的变化并不敏感,而且内销的贸易成本较低,因而也集群式地转移到四川、重庆等大西南地区。在其带动下,长三角将会有更多的处于成熟、衰退期的产业和产业集群向大西南地区转移。

5. 长三角工业经济实力的支撑

经过着力应对国际金融危机,长三角经济继续保持着平稳较快发展,其总体实力继续居于全国前列,大西南经济与其相比,差距仍然很大。下面我们主要以工业发展为例加以说明(见表1)。因此,长三角工业行业和企业只要具有转移的倾向和动力,向大西南地区投资和转移是完全可能的。

表1　2011年长三角与大西南地区工业经济发展比较　　　单位:%

指标	规模以上工业企业(个)	工业总产值(万亿元)	资产总值(万亿元)	流动资产(万亿元)	主营业务收入(万亿元)	主营业务税金及附加(亿元)	利润总额(亿元)
长三角	88 028	25.65	15.64	9.00	19.67	2 176.16	12 648.71
大西南	27 425	7.01	6.58	2.83	6.78	1 739.73	5 016.58
长三角与大西南之比	3.21	3.66	2.38	3.18	2.90	1.25	2.52

(资料来源:根据大西南与长三角各省区市2012年统计年鉴有关数据计算整理)

三、构建产业转移发展体系的疑难问题

实施大西南承接长三角产业转移发展新战略,构建大西南承接产业转移发展体系,当然还有一些疑难问题需要研究和解决,主要有以下几个方面。

(一)空间邻近性削弱了产业梯度转移的可能性

除了对劳动对象(矿产资源等)有特别需求等情况外,顺梯度的产业转移,从空间距离来看,邻近地区占有天然的区位和地缘优势,大西南地区距长三角地区较远,在这方面不具优势。以高速公路优先、取最短距离计,政

府间的距离,在六个省区市省会级城市中,距上海最近的是贵阳、1 846公里,最远的是拉萨、4 172公里;距南京最近的是重庆、1 674公里,最远的是拉萨、3 893公里;距杭州最近的是贵阳、1 671公里,最远的是拉萨、4 170公里。地理区位当然影响产业转移的选择,实际上,长三角产业转移正是由区域中心上海向江苏、浙江两翼推进,江浙两省内已由中心地带(主要是城市)分别向苏北、内陆山区推进。中部地区的安徽、江西等地也是优选的承接之地。安徽东向发展战略将合肥、马鞍山至安庆的沿(长)江开放带作为承接产业转移的重要基地,出现了与长三角的无缝对接,其承接项目投资1 000万元以上的占50%以上。江西对东部产业转移的成功承接,则以"江西现象"著称。对此,大西南要营造多元比较优势,才能赢取产业承接。

(二)偏高的产业转移成本制约了产业的集聚转移

当前,大西南地区产业转移发展成本有所升高,主要表现是区域劳动力资源虽然丰富,但素质较低,结构性矛盾突出,且劳动工资呈较快增长态势,高层次、高素质的经营管理人才较为紧缺,其聘用费用比长三角高;土地的经济供给量不大,综合用地价格高于全国平均水平,比西北、东北、中南等地区都高,成渝地区还高于苏州等地;原材料价格中含有多种附加费用、较高课税,价格并不一定低,优势渐失;各种优惠政策的落实、办事效率的提高、规费的减免、运输成本的调整、诚信体系的建设等都有难度。投资软件环境仍不理想,势必增加企业生产要素、生活服务、生产交易等成本负担。另外,大西南基础设施等投资硬件环境仍在建设、改善、升级当中,目前与东部地区相比仍有不小的差距,这使企业没有什么优势,自然会影响产业转移成功率的提高。

特别是大西南地区工业化内生动力不足,尚处在传统工业化中期阶段转换时期,产业缺乏强劲吸引力和竞争力。以西部经济大省四川为例,近年来四川坚持把大力推进工业化作为加快发展的核心战略,着力培育"7+3"特色优势产业(包括电子信息、装备制造、能源电力、油气化工、钒钛钢铁、饮料食品、现代中药等优势产业和航空航天、汽车制造、生物工程以及新材料等潜力产业),工业发展成效显著。2013年,四川完成工业增加值11 578.5亿元,同比增长11.1%,其中"7+3"产业增加值已占全省工业的80%左右。但四川产业结构性矛盾仍然尖锐突出,其主要表现就是在产品结构中,中低档产品多,"三高"产品少,缺少全国市场占有率高的特色优势拳头产品、名牌产品和核心产品;在组织结构中,大中型骨干企业少,中小型企业多，集聚－辐射效应低；在技术结构中，生产技术装备陈旧老化的多，严重老化和必须淘汰的设备曾经高达50%左右。再从研究与试验发展R&D经费投入来看，全年四川R&D经费支出400亿元，居西部首位，同比增长14.0%。其中，企业R&D支出184.7亿元，增长20.1%。尽管企业R&D活动经费支出增幅最大，其占比已升至46.2%，但仍明显低于全国76.6%的平均水平。而且，全省R&D经费投入增速明显回落，增速下降了5.3个百分点；R&D经费投入总额在全国的排位，也从2005年的第8位下降到第10位，投入强度从第7位下降到第12位。企业是科技创新投入的主体，目前四川许多大中型企业没有建立研发机构，已建立的有经费投入的企业也只占一半左右。这种情况造成了工业新产品开发能力脆弱，产值率呈下降趋势，低于全国平均水平。总之，在经济新常态下，四川工业结构"依然存在产业低端化、产品初级化等问题，如原材料资源型传统产业占比高达43%、低端制造业占比近30%，工业整体竞争力较弱制约着全省工业运行质量效益的提升。"[1]

（三）管理调控的难度阻碍着产业的加快转移

构建大西南承接长三角产业转移发展体系，实际上是市场机制和政府调控的产物。大西南六省区市经济发展，无论从静态的基础条件还是从动态的综合竞争能力来看，都存在不同的甚至较大的差距，这对产业转移的承接能力、承接后的发展具有不同的影响。如四川都江堰科技产业园已吸引了江苏扬子江药业等大型企业入驻，重庆璧山县的西部鞋城由浙江奥康鞋业股份有限公司投资建设，从而形成了联结东西部的产业链条，这当然是好，但在其他地方，这类集群转移还不多见。一些地方部门实行招商引资行政化、计划化，实施了"全民招商""增比进位"，过分依赖招商引资，从省区到县乡层层下达招商引资的计划指标，出现了各地区引资"饥不择食"，来者不拒，"捡到篮里就是菜"，不管项目好与坏，不管什么"鸟"都要、什么"菜"都捡的现象。有些地区不重视产业和产业园区的科学合理布局，没有考虑当地产业配套能力和园区产业的集聚效应，不少地方和园区项目之间协作关联度不高，生产服务跟不上，使园区成了变相的"圈地"，园区成了烂摊子，大多数园区的产业产品零部件配套率很低，许多核心零部件必须从外地购进，难以满足转移企业的发展要求。

---

[1] 吴亚飞、董世梅：《我省将启动实施"工业升级三年行动计划"》[N]，《四川日报》，2014-12-31。

因此，大西南六省区市之间以及内部省市县三级之间，在产业承接上都存在横向、纵向的博弈问题。六省区市之间的博弈是非合作博弈，省市县的博弈是合作博弈。要避免无序的产业承接，应进行动态博弈、完全信息博弈，使决策主体具有科学发展观和产业转移知识，开展充分调查研究，进行民主决策、科学决策，准确预测收益效果，以达到最优的均衡的对策组合、行动组合、收益组合。这就是说，在产业转移发展体系的构建中，要推动大西南区域经济一体化，反对"行政区经济"的阻碍、封锁。可是，要达到这个目标，确有难度。

（四）区域合作机制有待于进一步建立健全

如何开发建设大西南，党中央和国务院长期关注。20世纪80年代中央大力提倡"地区经济技术合作"，力推一批区域合作组织建立和发展。其中，有不少协作组织一直延续到今天，取得良好的效果。根据合作组织成员构成，区域合作组织可分为4种类型：省际间经济协作区，如西南五省区七方经济协调会、西北五省区经济协调会等；毗邻地区经济协调会，如南京经济协作区、闽西南赣东经济协作与发展联席会议等；城市间经济协作网络，如长江沿岸城市经济协调会、丝路重镇经联会等；省内经济协作区，如辽宁中部经济区、闽东北五地市经济协作区等。

作为大西南跨省区市经济协调会——西南五省区七方经济协调会，在时任中共中央政治局委员、四川省委书记杨汝岱同志的团结带领下，协调会着力建章立制，发挥沿江、沿海、沿边"三沿"区位优势，在促进跨省区市资源联合开发、建设跨省区市交通通讯航运基础设施，联合扩大对东南亚和南亚开放，共同促成重点开发建设项目立项和实施、推进企业联合与行业协作等许多方面都发挥了很大的积极作用，取得了非常明显的成效。比如说，1984—1994年间该经济协调会共促成区域内联合开发能源、交通、通讯和农业重点项目60多项；自1993年以来每年联合举办一届昆交会，为促进大西南对外经济技术合作交流发挥了很大的促进作用。

但是，由于大西南各省区市经济欠发达和缺少活力，尚处于传统引资阶段，协作基础薄弱，经济规划设计没有法律依据和权威性，缺乏相对约束和跨省区市的决策与仲裁机制，致使区域协作缺乏必要的推动力，规划实施主体因党政人事变动缺位等原因，所制定的规划未能如期组织实施，已组织实施的项目也无人检查、验收、结项。由此，大都落得了制定规划轰轰烈烈、过后无声无息的命运。其中，最典型的事例是，1992年根据邓小平南方谈话精神，时任国务院总理朱镕基委托国务院副总理邹家骅直接领导，大西南五省区市和国家有关部委领导以及相关专家学者积极参加研究制定的《中国西南及华南部分省区发展规划》。在当时的背景和环境下，规划应该是极具权威性的科学规划和决策。令人遗憾的是，20多年过去了，组织实施的情况如何？有什么新情况新问题？目前没有任何相关信息。鉴于大西南各省区市经贸联系还不够紧密，经济优势没有充分发挥出来，尚未形成合理的产业分工与合作格局。因此，适应经济发展的新形势和新要求，大西南应进一步创新完善区域协作模式。

（五）区域发展实力逐步由整体转向个体和分解

伴随着大西南五省区七方经济协调会的停摆或解体趋势，大西南经济区实力由整体转向个体和分解。这种情况表现出两种态势：

1. 坚持大西南联合协作，走向东南亚和南亚，走向亚洲太平洋的总体思路

着力推进投资贸易自由化、便利化，既引进来，又走出去，以求逐步实现产业跨省区市、跨经济区、跨国越境，双向梯级转移，为中国—东盟自贸区（10+1）、中日韩—东盟自贸区（10+3）注入新鲜血液。如云南领办的"昆交会"和广西领办的"中国—东盟博览会"，发展态势良好。

2. 研究和制定次区域发展规划，着力增强次区域经济实力和竞争力

其中又有两种趋势：一是选择优越区位构建经济带或经济走廊，如北部湾经济区等；二是以核心城市为中心，构建次区域，着力发展城市经济，培育发展极，如成渝经济区。这两种趋势的共同特点是，都体现了中央关于扎实搞好西部大开发这项世纪工程的重大决策，体现了"要把突出重点与全面发展结合起来。西部地区幅员辽阔，开发不可能全面铺摊子。要坚持有所为有所不为，搞好科学规划，选准实施重点，集中财力物力解决一些关系西部发展全局的重大问题，以带动西部大开发的全局。要切忌大呼隆，切忌一刀切，切忌做表面文章"的指导方针。不过，也要防止和克服不顾西南"大家"只顾省区市"小家"，受局部利益的驱使，另起炉灶的异化、分化现象。

然而，在研制和实施次区域发展规划的过程中，也出现了一些不可忽视的矛盾和问题，影响着承接长三角产业的有序转移。如在成渝经济区建设中，成渝两地区位条件相似，处于相同发展阶段，都具有强烈的发展冲动，相互竞争激烈。因此，加快承接长三角产业转移发展，必须切实处理好竞争与合作的关系。关于成渝竞争和合作的关系，双方主要领导早在规划获批之前就表现出积极的善意,如四川省委书记刘奇葆对成渝经济区发展曾说过:"川渝合则两利,争则两伤"。① 对此,不少专家学者都认为:"区域发展本身就是竞合关系,单纯强调竞争和合作都不正确,况且竞争和合作在不同的发展阶段表现是不一样的。"如四川社科院戴宾研究员表示,双方现在应在达成共同利益的领域大力推进合作,对形不成共识的问题先搁置分歧。重庆社科院李勇研究员则建议,规划获批后双方应尽快共同协商基础设施建设及对接问题,在基础设施及产业布局等重大项目上联合向中央提交报告。目前四川已就加快成渝经济区发展拟定了一个"一极一轴一区块"的细化布局方案,所谓"一极"是指成都核心,"一轴"是指成渝连线,"一区块"是指四川环重庆的六市未来将依托重庆发展。经过专家学者深入研讨,该方案已引起省市委高度重视,正逐步进入实施层面,其目标是建成西部经济中心,形成国家新的增长极。从而,引导长三角等东部沿海产业更多的转移,涌入利益增加的正能量。

---

① 李秀中、程维:《成渝经济区规划终获批》[N],《第一财经日报》,2011-03-03。

区域篇

第七章　大西南和东南亚与长三角和东北亚产业转移发展体系的形成与演化

自 20 世纪 50 年代起,美国开始向日本转移劳动密集型产业,由此日本、亚洲"四小龙"、东盟及中国等东亚国家和地区先后融入国际产业分工体系中,东亚成了国际产业转移最活跃的地区。随着国际产业转移步伐不断加快,特别是日益向中国大陆扩展,我国国内区域产业转移也加速发展。在这样的大环境大背景下,构建中国特色大西南与长三角产业转移发展体系,就必须密切关注国际产业转移加速发展的大趋势,关注国际产业转移发展浪潮的重大影响,着力研究大西南和东南亚与长三角和东北亚产业转移发展问题。只有这样,我们才能更深入、更全面地了解和认识大西南与长三角产业转移的发展态势,更准确地把握大西南承接产业转移发展的历史性机遇,从而积极顺应国内外产业转移发展的大趋势,加强承接产业转移体制机制创新,深化区域产业分工与合作,加快构筑大西南承接长三角产业转移发展体系。

第一节　大西南与东南亚产业转移发展体系的形成和演化

一、东南亚产业转移发展综合分析评价

(一) 东南亚产业转移发展进程

东南亚产业转移是在区域内各国政治上获得独立、经济上实行开放后发展起来的,其产业转移发展经历了以下 5 个阶段。

1. 第一阶段(20 世纪 60—80 年代中期)。20 世纪 60 年代,发达国家加快将劳动密集型工业向亚洲"四小龙"转移。20 世纪 70 年代东盟国家积极承接日本、欧美发达国家及亚洲"四小龙"产业转移,"出口工业生产基地

型"外资投资获得迅速发展。到 20 世纪 80 年代，外资对东南亚投资仍属小规模、试验性投资，东南亚承接国际产业转移方式为加工贸易。

2. 第二阶段（20 世纪 80 年代下半期—90 年代上半期）。20 世纪 80 年代中期，东盟国家承接国际产业转移迎来黄金时代，日本、我国台湾地区、韩国和欧美资本大量投入东盟。1985—1990 年东盟外资年均流入达 60.5 亿美元，1991—1996 年达 203.2 亿美元，1997 年前东盟一度吸引世界直接投资近 10%。东盟国家第二产业外资投资明显增大，技术层次明显提高，同时也开始转移劳动密集型产业。

3. 第三阶段（1997—2001 年）。1997 年东南亚爆发金融危机，国际产业向东南亚转移明显放慢。当年流入东南亚 FDI 总量为 341 亿美元，1998 年剧减到 196 亿美元，1999 年为 169 亿美元，2000 年仅为 86 亿美元。危机期间撤离东南亚外资高达 400 亿美元，东盟吸收 FDI 占世界比重持续下降，东南亚产业转移发展遭到沉重打击。2001 年东南亚产业转移发展才开始复苏。

4. 第四阶段（2002—2007 年）。随着经济复苏和发展加快，东南亚产业转移发展开始新一轮快速增长。2005 年吸收 FDI 为 410.7 亿美元，2007 年增至 633 亿美元，远超危机前水平。这一阶段，东盟内部进行了深刻调整与改革，加之全球 FDI 止跌回升，中国—东盟自贸区建设加快，有效带动了外资投入东盟。

5. 第五阶段（2008 年至今）。国际金融危机爆发后东盟经济又遭到巨大冲击和影响，FDI 流入大幅下降。2008 年为 600 亿美元，下降 14%；2009 年加剧下降，如越南 2009 年 1—8 月，吸收外资 104.53 亿美元，同比减少 81.6%。通过采取各种救助和干预措施，东盟经济迅速复苏。2010 年东盟吸收 FDI 达 758 亿美元，比上年增加 1 倍，超过危机前最高值，东南亚产业转移发展进入一个新阶段。

（二）东南亚与中国产业转移发展

20 世纪 80 年代中国与东盟相互投资开始启动，双方不断拓宽合作渠道，丰富合作内容，提高合作水平，深化合作关系，相互产业转移快速推进。特别是随着中国—东盟自贸区建设不断深化，中国与东盟投资合作巨大潜力不断挖掘，双方产业转移迅速扩大，进入了崭新发展阶段。

1. 东南亚对中国的产业转移

中国与东盟对话关系建立以来，双边贸易增长迅速，1991 年仅 79.6 亿美

第七章　大西南和东南亚与长三角和东北亚产业转移发展体系的形成与演化

元，2004年突破1 000亿美元，2007年达2 000亿美元；2010年双边贸易达2 927.76亿美元，同比增长37.5%，中国成为东盟最大贸易伙伴和第一大出口目的地，东盟为中国第三大贸易伙伴。东盟对华投资不断扩大，1991—2000年平均增长28%；2003—2010年东盟投资额从29.3亿美元增长到63.2亿美元。截至2011年8月，东盟对华直接投资累计达673亿美元，成为中国第三大外资来源地。东盟对中国产业转移的特点是：投资增长迅速，但项目规模偏小；投资方式逐步向多样化模式发展转变；投资领域较广，以第三产业和制造业为主；投资来源主要集中于东盟老成员国（新加坡、马来西亚、泰国、印尼和菲律宾）；以华人企业投资为主，华人资本占绝大比重；以香港地区作为对中国大陆投资的战略基地和桥头堡；投资地域主要分布于中国东南沿海地区。

2. 中国对东南亚产业转移

中国对东南亚投资起步较晚，1991年投资总额仅1.5亿美元，到2003年投资总额9.41亿美元，仅为东盟对华投资的2.9%。随着中国实施"走出去"战略和中国—东盟自贸区建设推进，中国对东盟投资持续升温，2003—2009年中国对东盟实际投资额增长超过13倍，到2012年8月中国对东盟投资累计达185亿美元，东盟成为中国对外投资第一大市场。中国对东盟产业转移的特点是：产业转移发展迅速，但规模明显偏小，尚未形成规模与集聚效应；产业转移领域不断拓宽，但产业层次不高，技术和资本密集型产业投资明显偏少；产业转移地域遍及东盟各国，但极不均衡，中国投资大多投向了东盟老成员国及缅甸、越南等国。

目前中国对东盟投资增长迅速，东南亚已成为中国产业转移的主要目的地。但中国对东盟投资仍处于低水平阶段，与东盟对中国投资相比，中国对东盟投资规模要小得多，很不相称，致使相互投资上"中国少，东盟多"的不均衡问题十分突出，这与双边贸易快速发展很不相称。

（三）东南亚产业转移发展综合评价

1. 产业转移发展取得突出成效

（1）形成了出口导向型经济结构。通过开放市场，推进贸易自由化，东盟大力承接国际产业转移，积极利用国外资源与开拓国际市场，以生产出口产品带动国内经济发展，以出口增长带动国内经济增长，东盟产业水平迅速提高,为经济增长提供了巨大动力。

(2) 迅速提升了工业化发展水平。以外资为载体的全要素流入,促进了东盟资源劳动密集型产业向资本密集型产业转化,工业化迅速发展。东盟国家形成了服务生产＞工业生产＞农业生产的产业结构,在较短的时间内实现了以制造业为中心的工业化。

(3) 促进了经济结构进一步升级。东盟老成员国积极开展对外投资,建立国际生产体系。产业转移地域重点是位置邻近、市场容量大、经济发展活跃的亚洲新兴国家。这一方面转移淘汰了部分落后产业,有效提升了国内产业层级;另一方面带动了产业升级换代,推动了整个产业结构重组优化,促进了产业结构高度化。

(4) 经济发展实现了迅速崛起。正是利用国际产业大转移的良好机遇,东南亚经济实现了持续高速增长。1971—1997年,东南亚整体经济年均增长6.5%,而同期亚洲为4.7%、世界为3.2%。尽管金融危机使东南亚经济受到沉重打击,但仍属令世界瞩目之列。到2011年,东盟10国生产总值GDP达20 702.36万亿美元,进出口总额约2.4万亿美元,成为世界第六大经济体。

2. 产业转移发展存在不少问题

(1) 产业转移发展层次仍然较低,区域分布不平衡。东盟国家承接产业以劳动密集型、资源开采和加工制造业为主,转移产业主要为劳动密集型、资源和市场型的传统产业,高新技术产业很少,因而在产业转移产业链中处于低端水平。另外,承接产业转移发展极不平衡,老成员国和越南等新兴增长区吸收了大量外资,其他国家承接产业转移很少。

(2) 出口导向模式容易遭受国际经济波动的巨大冲击。东南亚出口导向型经济高度依赖于国外资本、技术和市场,尤以美国、日本、欧盟为最重要出口市场。加之,产业技术含量低、竞争力较弱等,因而容易遭受发达国家经济波动的冲击和转型调整的拖累,亚洲金融危机和国际金融危机期间东南亚经济均受到沉重打击,经济安全遭到严峻挑战。

(3) 投资环境存在缺陷,制约了产业转移加快发展。东南亚投资环境缺陷主要是政治风险较大,部分国家政局不稳,社会环境欠佳;中下游国家基础设施薄弱等问题突出;软环境不完善,特别是欠发达国家市场运行机制不规范,如政策变化较快,税收体系不完善,外汇支付能力弱,投资壁垒较多,政府调控能力较差等。

(4) 产业配套能力不足,限制了对产业转移的吸纳。东南亚上游国家通

第七章　大西南和东南亚与长三角和东北亚产业转移发展体系的形成与演化

过承接国际产业转移，大力推进工业化，形成了很多规模较大、配套齐全的产业集群，但中下游国家工业化处于中初级阶段，产业基础薄弱，结构不合理，配套能力严重不足。东盟都是中小型国家，产业转移容纳能力有限，许多产业转移难于集群扎根。

3. 产业转移发展前景展望

（1）拥有突出优势和优越条件。一是地理交通位置十分优越，东南亚地处连接太平洋—印度洋与亚洲—大洋洲海陆交通的十字路口，港口众多，海运方便，区位优势突出。二是自然资源和劳动力资源丰富，东南亚矿产、能源等资源十分丰富，原材料、土地等生产成本具有较大优势；同时劳动力富余，价格相对低廉。三是政策优惠条件较好，东南亚各国政府积极鼓励引进外资，对外资税收优惠较多，投资手续大为简化，放宽外资准入。四是比较容易实行市场经济，东南亚国家历史上为西方殖民地，独立后许多国家处于资本主义体系之中，这使东南亚成为接受发达国家产业转移的前沿。

（2）面临良好的区域和外部环境。一是东盟加快区域经济一体化建设。随着自贸区建设加快，区域统一市场不断形成和完善，将进一步增强对外资的吸引力，为产业转移发展创造更有利的条件。二是东盟与周边国家经济合作不断加强。东盟与中国、日本、韩国、印度、澳大利亚等国签订双边自由贸易协定，为贸易与投资增长带来了广阔国际市场，有利于进一步提高区域竞争力。三是世界产业结构大调整大转移加速推进。国际金融危机成为国际产业转移"催化剂"，全球加工制造业向低成本地区转移的趋势进一步增强。东南亚各国经济条件和社会环境各不相同，加之经济不断复苏和回升，以及特有的发展优势，因而区域产业转移与经济增长面临良好发展契机。

当前，东南亚产业转移发展和经济增长已为全球投资界所关注，外国投资者普遍看好其前景。据经合组织预测，尽管面临复杂的国际政治经济局势及竞争压力，但在地区总体局势稳定的前提下，东南亚经济将持续快速增长，产业转移将加速发展，并保持良好势头。展望未来，在较长时期内东南亚都将是最新一轮国际产业转移发展的重要承接地和发展主体。

二、大西南与东南亚产业转移发展体系的构建

大西南与东南亚产业转移发展体系是双方在共同的区域经济基础之上，循序渐进地发展起来的一种符合国际潮流要求的产业分工与协作体系。大西南与东南亚地缘相近、民族同源、文化相通，以及各自经济发展活力和潜力

形成的巨大吸引力,为经济合作提供了直接驱动力。下面,分析大西南与东南亚产业转移发展体系的形成与演化,鉴于西藏的特殊区位,基本上不涉及西藏。

(一) 改革开放前经贸关系的曲折发展

大西南与东南亚特别是中南半岛地区的经济交往最早可追溯到中国南方丝绸之路开辟时期。公元前2世纪,以云南为中心,通往缅甸、印度和四川的古代南方丝绸之路,就是大西南与东南亚和南亚两千多年交往的重要通道。19世纪中叶后,英法以缅甸和印度支那殖民地为基地,勘探进入云南和广西的通道,对云南和广西进行渗透和蚕食。抗战时期,国民政府通过云南、广西到缅甸、越南的通道转运战略物资、接受美英国援助和发展对外贸易等。新中国成立后,东西方严重对峙,东南亚成为亚洲冷战的重要战场。20世纪70年代,中国与东南亚关系发生变化,马来西亚、菲律宾和泰国与中国建交,越南和老挝基本与中国断交。由于我国实行封闭政策和"文革"十年动乱,大西南与东南亚经济交往几乎陷于停顿。如广西,既对印支三国、缅甸、新加坡等友好交往,也与其他国家交往。广西与新加坡一直保持民间贸易往来,尽管20世纪50—60年代出口额不大;与泰国1950—1956年间无贸易往来,1957—1959年间出口仅0.35万美元;与印尼在万隆会议当年出口4万美元,1955—1965年间年均出口5万美元以下,1966年印尼实行反华政策后贸易中断。20世纪50—70年代,大西南与东南亚经济交往被局限在印支、缅甸、新加坡等国家,从属于政治和军事意图,民间经济交往一直没有中断,其形式是边境贸易,但发展慢、规模小。

(二) 改革开放后经贸关系的恢复与发展

我国实行对外开放后,受国际环境变化影响,东南亚印支地区对大西南关上了经济交往大门,而东盟国家则敞开了大门。至20世纪90年代初,大西南与东南亚经济交往开始缓慢发展。

1. 双边贸易发展开始加速

这时期东盟国家成为大西南对外经济新交往点。如广西,贸易对象主要为马来西亚、泰国、菲律宾等国。1975年中泰贸易恢复后,广西对泰出口从1975年3万增加到1988年333万,增长110倍,年均增长14.6%;1971年中马贸易恢复,广西对马来西亚出口超过600万美元;广西对新加坡出口发展

第七章 大西南和东南亚与长三角和东北亚产业转移发展体系的形成与演化

加快,"七五"期间出口值超过 5 000 万美元。20 世纪 80 年代中期后广西对东盟出口呈上升趋势,1985 年出口 1 733 万美元,1988 年达 3 199.5 万美元,1991 年增加到 4 827 万美元。

2. 边境贸易获得新发展

云南 1984 年前仅开设了几个很小的边贸点,1985 年后开通了 100 多个口岸;1989 年边贸总额达 16 亿多元,成为全国边贸最大省区。如德宏州 1991 年边贸总额 13 亿多元,比 1984 年增长 33.8 倍。广西 1983 年开办 9 个"草皮街"贸易点,允许越南边民参加集市贸易;1989 年边贸总额为 4.3 亿元,1991 年近 22 亿元。

3. 经济合作领域不断扩展

大西南与东南亚经济交往开始出现资金合作、技术合作等新内容。如广西从 20 世纪 80 年代起东盟企业开始前来投资,1981—1985 年有 3 家合资企业落户北海、梧州等地,涉及生产、服务等领域。1986—1988 年东盟国家又在广西投资了 6 个合资项目,金额近 600 万美元,涉及旅游、化工、食品、橡胶生产等行业;广西对泰国投资了 2 个项目,分别为开发农化技术和经营机电产品。

(三) 20 世纪 90 年代经贸关系的深化拓展

20 世纪 90 年代我国与新加坡、印尼、越南等国建交,与东南亚关系进入历史最好时期。我国加快沿边开放步伐,大西南成为面向东南亚开放的前沿,与东南亚经济的交往与合作开始深化,尤其是广西和云南最为突出。

从广西来看,边境贸易,1992 年桂越边贸为 26 亿元,1997 年达 30.9 亿元。边境经济合作,推进"中国东兴—越南芒街经济合作区"和"中国凭祥—越南谅山互市贸易区"建立;1993—1998 年跨境旅游中方收入为 7.45 亿元,其中广西约占 80%。经济技术合作,1993 年东盟对广西投资,其中新加坡 9 305 万美元、泰国 6 286 万美元、马来西亚 1 806 万美元;2000 年东盟对广西投资,其中新加坡 6 179 万美元、马来西亚 3 117 万美元、菲律宾 2 800 万美元。广西对东盟经济合作,1991—1995 年桂越经济技术合作项目 18 个;1994 年在泰国兴办针织厂,在缅甸兴办卷烟厂,共投资 238.79 万美元;1998 年在新加坡兴办新加坡维宝建筑机械有限公司,在马来西亚兴办马广金矿有限责任公司等。

从云南来看，边境贸易1993—2000年边贸累计近20亿美元。积极参与大湄公河次区域经济合作（GMS）和中、老、缅、泰四国毗邻地区的黄金四角经济合作，其中大湄公河次区域经济合作涉及交通、通信、能源、旅游、环保、人力资源开发、禁毒等领域，共投入2.8亿美元。经济技术合作，1992年与缅、老、越三国合作项目为26个，合同金额为6 302.6万美元；2000年合作项目达118个，合同金额为9 731万美元。

由上可见，大西南与东南亚经济交往与合作历史悠久，新中国成立后到20世纪末经历了一个曲折的发展过程。在大西南实行对外开放前，双方经济交往十分有限，并出现过严重波折；在对外开放后双边贸易不断扩大，特别是20世纪90年代后相互投资明显加快。

三、大西南与东南亚产业转移发展体系的形成

进入21世纪以来，在中国—东盟自贸区建设助推下，大西南迎来了全面加强与东南亚经济合作的历史性机遇。通过深化多层次、宽领域的合作与交流，努力实现互利双赢，大西南与东南亚贸易投资快速增长，产业转移不断加快。

（一）双边贸易关系日趋紧密

1. 进出口贸易快速增长

以广西和云南增长速度最快，广西"十一五"期间与东盟进出口贸易年均增长37.5%，高出全国21.3个百分点，东盟连续12年成为广西最大贸易伙伴；云南与东盟进出口贸易近年来累计达156亿美元，同比"十五"增长1.9倍。2011年，广西与东盟进出口贸易居西部各省区市之首，并以46.6%的增长速度高居全国榜首；整个大西南与东盟进出口贸易达1 212.66亿美元，占大西南外贸总额的20.45%，远高于全国9%—10%的水平（见表1）。

2. 双边贸易向纵深发展

大西南以资源型产品为主的进出口结构发生根本逆转，机电和高新技术产品逐渐增多。出口商品主要为机电产品、化医产品、金属及其制品、农矿产品、纺织产品、轻工产品和高新技术产品，进口商品主要为机电产品、农矿产品、原材料及零部件。贸易方式以一般贸易为主，但加工贸易和其他贸易增长迅速。东盟已成为云南、广西、重庆和贵州的第一大贸易伙伴，双方

第七章　大西南和东南亚与长三角和东北亚产业转移发展体系的形成与演化

市场的互补作用日趋明显。

表1　2011年大西南与东盟进出口贸易额及比重情况

省（区、市）	进出口贸易额（亿美元）	与东盟贸易额（亿美元）	占全省（区、市）贸易额比重（%）
广西	233.31	95.6	41.0
云南	160.53	59.5	37.1
四川	477.8	38.05	7.96
重庆	292.18	45.9	15.71
贵州	48.84	8.97	18.37
合计	1 212.66	248.02	20.45

（资料来源：泛珠三角合作信息网）

（二）相互投资规模不断扩大

1. 东盟对大西南投资快速增长

随着中国与东盟《投资协议》的签署和实施，东盟资本开始大量投向中国，大西南由于地缘优势成为吸纳东盟投资和产业转移的重点目的地。广西发挥中国--东盟的桥梁和通道优势，积极开展投资促进活动，吸收东盟投资日益增多，东盟成为广西外资主要来源地。"十一五"期间吸收东盟企业88家，合同金额11.2亿美元，实际金额4.7亿美元。2011年实际利用东盟资金2.29亿美元，增长84.7%，占全区实际利用外资22.6%。截至2012年6月，广西吸收东盟企业达484家，合同金额21.6亿美元，实际金额14.7亿美元。云南发挥独特的资源和区位优势，抓住"建设中国向西南开放的桥头堡"的重大机遇，加强招商引资，积极承接东盟产业转移。2003年至今，云南先后引进了泰国正大、印尼力宝集团、菲律宾世纪金源集团、印尼金峰集团、新加坡三德集团等一批世界500强和世界华商500强企业入滇投资，累计达成项目86个，总投资98亿美元，实际资金40亿美元。四川吸收东盟投资发展明显加快，除老挝外新加坡、马来西亚、泰国、印尼等9国均已在四川投资，主要涉及农产品加工、食品、机械、服务业、房地产等行业。其中新加坡对川实际投资，2005年仅0.66亿美元，2011年猛增为6.45亿美元。截至2012年，东盟在川投资项目总数754个，实际金额40.7亿美元。

2. 大西南对东盟投资不断增加

大西南各省区市积极实施"走出去"战略，大力加强市场开拓，对东盟国家投资水平不断提高，东南亚成为大西南对外投资的首选地。云南对东盟投资实现跨越式发展，"十一五"期间在东盟新设企业32家，协议投资81.9亿美元，实际投资4.74亿美元，较"十五"同比增长19倍，在西部和沿边地区排名第一位。2011年云南对外投资5.7亿美元，同比增长20.4%，其中对湄公河次区域5国投资达5.01亿美元，占87.8%。云南对东盟投资呈现出立足周边、央企带动、宽领域、多主体、方式多样、层次逐步提高的良好局面。广西对东盟投资迅速增长，2009—2011年广西对东盟国家投资非金融类境外企业（含办事处）77个，协议投资额4.41亿美元，涉及矿产、农业、制造、批发和零售等。其中，2009年为1.25亿美元，2010年为1.40亿美元，2011年为1.75亿美元。东盟已成为广西对外投资主要目的地之一，大项目多、推进速度快、示范带动效应好是广西走向东盟的最大特点。四川对东盟投资势头强劲，截至2012年，四川已在东盟除文莱外的9个国家设立101家企业，投资总额11.1亿美元，主要开展电站建设、矿产开采、饲料生产、通讯网络、家电生产销售等业务。四川新希望集团、开元集团、通威集团等龙头企业在东盟发展良好，特别是新希望集团在东盟设立了多家工厂，被我国政府与当地政府认定为外向型投资成功的企业。

（三）相互投资结构和层次日趋合理

1. 相互投资主体集中度很高

东盟对大西南投资高度集中于新加坡、马来西亚、印尼、泰国和菲律宾等老成员国，这些国家经济水平较高，资本输出能力较强。其中，新加坡是东盟对大西南投资的主力，是东盟对大西南投资最多的国家，见广西吸引东盟投资的情况（见表2）。大西南对东盟投资则遍布东盟各国，但极不均衡，集中分布于泰国、新加坡、印尼、柬埔寨和越南等国。

2. 东盟新成员国成为相互投资新增长点

随着中国—东盟经贸关系快速发展，东盟新成员国对广西和云南投资明显增加。如越南对广西投资，2005年投资项目数为18个，投资额为1 548万美元；到2010年年底，投资项目数增加到23个，投资额达9 049万美元。同时，大西南对东盟新成员国投资也迅速增长，如云南对东盟投资近90%集中

第七章 大西南和东南亚与长三角和东北亚产业转移发展体系的形成与演化

在湄公河次区域五国,尤其是缅甸、老挝、越南周边三国,东盟邻国已成为云南对外投资最大对象国。

表2 截至2010年年底东盟各国在广西投资情况

国别	项目数（个）	合同外资额（万美元）	实际利用（万美元）
新加坡	176	75 571	50 265
马来西亚	104	70 463	10 755
印度尼西亚	23	37 943	26 273
泰国	119	30 592	26 416
文莱	6	2 510	1 110
菲律宾	10	9 905	1 228
越南	23	9 049	1 779
缅甸	3	199	57
柬埔寨	10	898	315
老挝	1	15	5
合计	475	237 145	118 203

（资料来源：广西商务厅网站）

3. 相互投资项目规模不断扩大

近年来,东盟对大西南投资大项目日益增多,如云南前五届东盟华商会签署1 000万美元以上大项目12个,投资金额14.16亿美元,占总投资84.8%。重点项目有泰国TCC集团投资收购昆明邦克酒店、樱花酒店、玉林泉酒厂项目；新加坡三德集团投资新建水泥生产线项目等。大西南对东盟投资大项目发展也十分迅猛,如广西到2010年年底,已批准900万美元以上项目12个,最大投资项目是广西农垦集团投资的中国·印尼经贸合作区。

（四）相互投资领域和形式不断拓宽

随着投资合作进一步加快,大西南与东盟国家相互投资领域和形式发生明显变化。投资领域非常广泛,开始由加工贸易和劳动密集型产业向资金技术密集型产业发展,开始向能源、资源、环保、工业园、市政建设等产业转移,同时向金融资本转移。投资形式更加多样化,已由直接投资设厂向跨国并购转变，并发展了技术投资、BOT 等多种形式。东盟投资以垂直一体化直接投资为主，多为两头在外生产加工项目，集中于制造业、饭店酒店业和房地产业。如新加坡投资包括金融、交通运输、旅游、商业零售等，以及餐饮和房地产业。投资方式日益多样化，如投资基金、证券融资、参与国企改造和收购金融不良资产等投资增多。大西南投资偏向于市场导向型，开始由传统的建筑、商贸等行业向能源、采矿、制造业和商业服务领域转移，主要有电力、采矿、化工、饲料、日用品、农业、食品加工、建材、电子信息、机械、生物资源开发等行业。投资形式更加多样化，除投资设厂外，还采取股权并购、换股、参股等方式。

（五）经济技术合作发展势头良好

东盟国家是大西南对外工程承包重要的传统市场，近年来大西南各省区市着力创新方式、优化发展，大力开拓东南亚市场，积极承揽并参与投资包括电站、道路、桥梁、机场等基础设施工程项目，大西南与东盟国家经济技术合作不断扩大，取得了积极进展和丰硕成果。广西进入越南工程承包企业不断增加，开拓马来西亚、印尼、缅甸等国工程承包市场获得明显进展。2009—2011 年，广西对东盟工程承包合同金额累计 5.68 亿美元，完成营业额累计 3.81 亿美元，项目涉及电站、桥梁、公路、民用建筑等。云南 2011 年在东盟签订了合同额为 1.25 亿美元的越南美德水泥厂项目、合同额为 1.6 亿美元的老挝老街钢铁厂 EPC 总承包等大项目，在缅甸完成营业额 2.68 亿美元，项目主要涉及房建、水电、交通建设等。四川在东盟工程承包快速递增，到 2009 年年底，四川在东盟承揽工程项目合同额累计达 58.75 亿美元，主要涉及电力、化工、路桥、房建、轻工等行业。目前四川对东盟工程承包已覆盖了越南、印尼、菲律宾和老挝等地，东盟已成为四川工程承包最大市场。

（六）国际通道合作建设取得显著成效

2011 年，我国明确提出把广西建成与东盟合作的新高地，把云南建成向西南开放的重要桥头堡，鼓励支持大西南利用地缘优势开展国际通道建设。大西南与东盟开展经济通道合作主要有大湄公河次区域经济合作（GMS）、中越"两廊一圈"合作、泛北部湾经济合作、南宁—新加坡经济走廊等。其中，GMS 合作是中国与东盟最早开展的区域合作，也是大西南与东盟经济合作的标志性项目。大西南特别是云南和广西积极开展运输通道建设，主要是着力

第七章　大西南和东南亚与长三角和东北亚产业转移发展体系的形成与演化

推进公路网络、铁路扩能、航运航道、航空通航、电信通信等相关基础设施建设。如公路方面，云南的昆明—磨憨—万象—曼谷中老泰公路、昆明—瑞丽—仰光中缅公路、昆明—河口—河内中越公路、昆明—腾冲—缅甸密支那—印度雷多中缅印公路，在境内全部实现高等级化；广西通往越南所有一类口岸的公路也全部实现高等级化。航运方面，澜沧江—湄公河跨国航运建成澜沧江五级航道体系，通航时间由半年提升到全年基本通航。航空方面，广西南宁至胡志明、万象、仰光、金边、曼谷等航线已开通；云南昆明新国际机场 2011 年启用。国际大通道基本建成，使大西南对外通道格局发生重大改变，推动了国际区域经济合作发生量和质的飞跃。

总之，21 世纪以来，随着我国对外开放由"引进来"为主向"引进来"与"走出去"并重转变，大西南形成了宽领域、多层次、全方位对外开放新格局。特别是随着中国—东盟自贸区建成，大西南与东盟经济合作站在了新的起点，东盟国家成为大西南经济合作的重要伙伴。大西南与东南亚贸易投资日趋紧密，产业转移进入加速发展新时期，呈现出宽领域、多主体、层次结构不断提升的良好局面，从而使产业转移发展体系基本形成了。

第二节　长三角与东北亚产业转移发展体系的形成和演化

一、东北亚产业转移发展综合分析评价

第二次世界大战以来，日本、韩国和中国通过积极承接和参与国际产业转移，推动产业结构战略性转变，实现了经济快速发展和依次起飞。近年来以中日韩三国为核心的产业转移发展成为东北亚经济合作的重心，由于朝鲜和蒙古基本没有参与产业转移进程，俄罗斯本质上是一个欧洲国家，中国只有东北地区包括在东北亚地理范围内，因而在此主要研究日韩产业转移发展。

（一）东北亚产业转移发展概况

1. 日本产业转移发展

（1）第一阶段（20 世纪 50—60 年代）。二战刚结束，日本便开始积极承接美国劳动密集型产业转移，拉开了产业转移发展序幕。美国实施"道奇计

划"、朝鲜战争爆发、布雷顿森林体系与固定汇率制确立,为日本经济复苏创造了良好环境。日本随即实施《外资法》和《外汇法》,采取政府资金、租税特别措施等政策,引导海外内资本投向工业领域,使产业结构发生重大变化。1960年,日本制造业附加值占GDP比重达33.8%,发展重点转向金属工业、化学与机械工业等。同时,通过加强先进技术引进、消化和吸收,迅速缩短了与发达国家差距。随着经济复苏,日本开始对外投资,到1967年对外投资累计为14.51亿美元。

(2)第二阶段(20世纪70—80年代)。20世纪70年代初,日本生产技术达到世界水平,对外贸易大幅增长,资本输出迅猛发展。其原因是:"尼克松冲击"、石油危机、总需求增长减速;发生贸易摩擦,如欧美汽车市场案例使生产转移到海外;日元汇率走高而将生产向外转移,特别是电气电子产品生产向东南亚和中国转移;为开拓需求增长潜力大的市场将生产向外转移。到1979年,日本对外投资存量达318亿美元,一跃成为全球对外直接投资第四大国。20世纪80年代,随着劳动力成本上升,消费市场增长乏力,日元升值且极不稳定,日本制造业加速向北美、欧洲和东亚转移。

(3)第三阶段(20世纪90年代)。随着经济全球化加快,国际资本流动空前活跃,由于"泡沫经济"崩溃、世界经济危机爆发,日本对外投资连续三年大幅下降,1993年后快速增加。对欧美投资不断减少,对东亚投资逐年上升,投资重心转移至东亚;投资开始注重市场需求增长,并推动产品特色分工、工序分工方面投资;制造业对外投资快速增长,其中电力和运输机械等加工产业国际化加快,特别是彩电、录像机等国外生产1997年达到80%;积极参与国际证券市场投资,金融资本大量涌向国际资本市场,如1995年上半年日本购买美国债券达184亿美元,超过了1994年全年的144亿美元。

(4)第四阶段(21世纪以来至今)。日本经济由于复苏艰难,对外投资大幅下降,作为全球经济强国和投资大国,日本加速推动产业转移。近年来对外投资虽受国际金融危机影响,但仍保持快速增长。一是投资领域发生明显变化,开始由劳动密集型向资本技术密集型产业转变,一般加工制造业向新能源、生物工程、节能环保和现代农业等新领域转移,现代服务业对外扩张明显提速;二是投资方式不断创新,跨国并购和项目外包成为新兴主流方式,开始转向以大型跨国公司为主的投资主体结构;三是投资流向和地区格局出现新变化,低附加值制造业加速转向资本稀缺且收益率较高的亚洲地区,借助亚洲经济尤其是中国快速发展带动经济复苏,同时更灵活地选择投资地

第七章　大西南和东南亚与长三角和东北亚产业转移发展体系的形成与演化

点，相对扩大对印度等国投资。

2. 韩国产业转移发展

（1）第一阶段（20世纪60年代）。以大量承接美、日劳动密集型轻纺工业为主，主要是引进设备和技术，外国直接投资很少，为贸易主导型产业承接。外国技术援助发挥了重要作用，1962—1966年间，美国提供技术援助12项，日本提供10项，多为劳动密集型轻纺工业项目。随着以轻工业为主的出口加工发展基本成熟，韩国开始把产业重点转向资本、技术密集型产业，增强产业后劲和竞争力。同时，对外投资开始起步，1968年韩国南方开发公司对印尼投资300万美元开发林业。

（2）第二阶段（20世纪70年代）。以承接资本密集型重化工业为主，主要包括钢铁、造船、石化等行业，以引进设备、技术为主，外国直接投资为辅，基本为贸易主导型产业承接。随着出口导向型工业迅速发展，韩国对外直接投资进入发展期，20世纪70年代上半期为起步发展期，对外投资项目少，规模有限；20世纪70年代下半期为定型发展期，大企业开始对外投资。1968—1980年，韩国对外直接投资项目共363个，投资额16 795.6万美元。投资领域从林业、水产业扩展到贸易业、制造业和建筑业等，贸易业主要分布在东南亚和欧美国家，建筑业在中东石油输出国，资源开发业在邻近资源丰富国家，尤其是东南亚地区。

（3）第三阶段（20世纪80—90年代初）。以承接资本和技术密集型产业为主，主要包括电气电子、化工、运输机械等产业，外商直接投资为主要方式。随着重工业快速发展，韩国垄断财团实力膨胀，企业集团成为外向型经济主力；出口导向工业发展加快，原材料需求量大增；发达国家实行贸易保护主义，韩国将出口贸易转化为对外投资，加速了生产基地海外转移。1981—1992年，韩国对外投资项目数从103个增加到992个，实际投资额从0.57亿美元增加到13.52亿美元；投资区域从北美、亚洲扩展到欧洲、中东、南美和大洋洲；投资行业从制造业、贸易业和采矿业发展到金融保险业、不动产业、服务业等。

（4）第四阶段（20世纪90年代至今）。韩国积极推动产业转移，促进产业结构高级化。1993—1996年韩国对外直接投资迅猛增长，由14.5亿美元上升到45.04亿美元，亚洲金融危机后萎缩；2000—2007年对外直接投资快速增长，年均增长22.9%；国际金融危机后减弱，2011年达到255.9亿美元，创历史峰值。对亚洲投资不断增加，到2010年3月，对亚洲投资为644.45亿美元，占总投资额 45.83%，北美占 24.37%，欧洲占 16.77%。其投资项目日益大型化，投资方式向企业并购方式加快发展，特别是在采矿业和金融、保险业方面所占比重上升较快。

(二) 东北亚产业转移发展综合评价

1. 产业转移快速发展促进了日本和韩国经济快速起飞

日本作为太平洋沿海的岛国，港口众多，海运方便，二战前其商品经济和工业、交通运输业等都较东亚其他国家发达。战后第一次国际产业转移就发生在美日之间，在美国大力扶持下，日本大量吸纳国际生产力，扬长避短地推行"进口替代"，实施外贸主导型战略，带动了国内产业链发展与延伸，较彻底地吸收消化国外先进技术，实现了从模仿创新到技术创新，逐步建立起完善的工业体系，最终成为制造业强国，创造了震惊世界的经济"高速增长"奇迹，成为东北亚经济起飞最早的国家。由于利用了战后有利的国际环境、美日特殊关系等重要因素，并制定具有前瞻性的产业政策，积极引导和承接国际产业转移，日本产业结构几乎每十年都会发生革命性变化，从而使日本得以最先成功实施面向出口战略，推动了经济迅速发展。自 20 世纪 60 年代起，日本经济增长进入"黄金时期"。1968 年日本一举超越当时的西德，成为仅次于美国的资本主义第二经济大国，也是除美国和苏联之外的世界第三经济大国，引起了全球经济界的注目。到 20 世纪 80 年代，日本经济总量又超越苏联，跃居世界第二经济大国的宝座。1992 年后日本泡沫经济破灭，出现经济危机，陷入了旷日持久的萧条，经济出现负增长。进入 21 世纪以来，日本经济仍处于复苏期，特别是受国际金融危机冲击，经济急剧恶化，其严重程度超过欧美。2010 年日本经济总量被中国超越，但目前日本仍是世界经济大国。

韩国原是一个工业基础薄弱的农业小国，国土狭小、资源匮乏、资金短缺，20 世纪 60—80 年代获得快速发展，完成了发达国家需要半个世纪乃至一个世纪才能实现的工业化进程。继日本之后，韩国创造了"汉江神话"，荣登亚洲"四小龙"之首，被誉为"汉江奇迹"。20 世纪 60 年代初，韩国确立出口导向型经济发展战略，1962 年起实施了 7 个"经济开发五年计划"。1962—1991 年韩国经济年均增长率达 9.7%；1992—1996 年为 7.5%。1962 年韩国人均 GDP 仅 83 美元，1977 年突破 1 000 美元，1987 年突破 3 000 美元，1995 年突破 1 万美元，2005 年达到 1.4 万美元。韩国比日本晚一步获得东亚机遇，

第七章 大西南和东南亚与长三角和东北亚产业转移发展体系的形成与演化

其经济高速发展也与美国东亚战略有密切关系，也曾得到美国军事、经济援助和贷款。再是韩国邻近日本，产业结构比日本低一个层次，容易接受日本经济技术辐射。因此，韩国经济迅速增长主要是美日不断向其进行产业转移推动的。

可见，正是依托国际产业大调整大转移，以及一些特殊历史机遇，日本和韩国通过大量承接国际产业转移，积极吸收国外资金和先进技术，推动产业结构升级换代，进而成功启动了现代产业成长和经济腾飞。这里需要注意的是东北亚的地理区位，东北亚地处太平洋西部沿海，处于接纳发达国家先进经济技术辐射最前沿，最易于吸收发达国家转移的资金和技术。日本和韩国充分发挥了这种区位优势，紧紧抓住和利用当代先进经济技术从沿海向内地扩展与国际产业转移加速发展的大趋势和历史机遇，积极接受世界先进经济技术辐射，推动经济加快发展，先后实现了经济高速增长，从而创造了经济发展的世界之最。

2. 产业转移快速发展促进了中日韩经贸关系日趋紧密

东北亚大规模的投资浪潮和产业转移发展使中日韩三国产业结构呈现连锁型转变，产业间、产业内和企业内分工加速发展。目前日本经济实力仍居世界前列，并拥有强大的技术开发能力和一流的制造技术，因而主要从事高技术、高附加值产品生产，输出资金和技术。韩国作为新兴工业化国家，产业发展势头强劲，与日本在部分产业领域开展水平分工，同时积极向中国、东盟转移电子、机械、化工等资本密集型产业，部分替代了日本角色，成为"资本品供给国"和"消费品接受市场"。中国作为世界上最大发展中国家，拥有独立的工业体系及齐全的产业技术部门，推动着资本、技术密集型产业加快发展，并且推进工业化需要大量资金和技术，加之巨大的市场和低成本劳动力，因而不断吸引着日韩资金、技术流入和产业转移。另外，三国在地理上邻近，在资源要素、产业结构和层次上具有极强的互补性，这为开展经济合作奠定了坚实基础。随着日韩加快资本、技术及现代产业对中国的转移，中日韩贸易与投资不断增长，三国形成了垂直分工与水平分工相交织的多边互补的复合网络型国际分工体系，这使三边良性互动逐渐显现，经济联系日益紧密，合作趋势不断增强。

以进出口贸易为例，中日韩三国经贸关系相互依赖程度很高。1972年中日恢复邦交正常化时，双边贸易额仅10.4亿美元，我国实行对外开放后开始高速发展，2002年突破1 000亿美元，2006年达2 073.6亿美元。随着经贸依存关系日益深化，2003年前日本一直是中国最大的贸易伙伴，目前已降为第四大贸易伙伴，但贸易绝对量增长仍非常巨大，同时中国已取代美国成为日本最大贸易伙伴。2010年双边贸易额为3 018.5亿美元，同比增长30%；2011年再创历史新高，达3 428.9亿美元，同比增长15.1%，中国作为日本第一大出口市场的地位进一步巩固。中韩经济互补性很强，中韩建交后双边贸易突飞猛进，从1992年50.28亿美元迅速攀升至2007年1 600亿美元，15年增加30.8倍，年均增长25%。近年来双方都成为对方重要贸易伙伴，2011年双边贸易达2 139.2亿美元，同比增长13.5%，占韩国全年贸易的19.77%。中国连续多年保持韩国第一大贸易伙伴国、出口对象国及进口来源国地位，韩国则为中国第六大贸易伙伴。

3. 产业转移快速发展奠定了区域经济一体化的坚实基础

（1）东北亚已成为世界总体经济实力最强的区域之一。作为全球经济新的增长中心，东北亚地区对全球经济具有举足轻重的作用，是世界上唯一可与北美和欧盟相媲美的区域经济体。东北亚地区人口占世界的1/4，经济总量GDP占世界20%，占亚洲70%以上，对外贸易额约占世界15%。特别是中日韩三国2012年经济总量GDP达14.3万亿美元，约占全球20%，占亚洲70%，占东亚90%；进出口总额约5.4万亿美元，占全球35%，仅次于欧盟和北美。可以预计，随着经济贸易持续发展，上述比重将进一步提高。由于中日韩三国经济总量巨大，地缘相近，如能形成自贸区，实现经济要素自由往来，必将全面推动东北亚区域经济一体化，并对亚洲和世界发展产生巨大影响。

（2）东北亚区域内各国间的贸易和投资规模不断扩大。除中日韩三国已建立紧密型经济关系，其他国家之间的经贸合作也取得了积极成效。到2011年，从双边贸易来看，中国已成为俄罗斯第一大贸易伙伴，俄罗斯成为中国第十大贸易伙伴；中蒙双边贸易额为63.3亿美元，中国连续13年成为蒙古第一大贸易伙伴国；中朝双边贸易额为56.7亿美元，同比增长62.4%，贸易规模和增速均创最高水平；日韩两国经济贸易关系稳步发展，双边贸易额已达1 080亿美元。从双边投资来看，中国在蒙古投资企业达5 639家，投资总额达28.5亿美元，分别占蒙古外资企业数和金额的49.4%和48.8%，中国已成蒙古最主要的投资力量；中国也是朝鲜重要投资国，对朝直接投资超过3亿美元，投资企业100多家；日俄、日蒙、韩俄间也开展了一系列投资活动，均取得了比较成功的效果。

第七章　大西南和东南亚与长三角和东北亚产业转移发展体系的形成与演化

（3）东北亚区域内国家对经济合作的共识进一步加强。产业转移快速发展使东北亚区域内经济联系日益紧密，对经济合作与一体化形成了共同需求。区内各国越来越认识到对外决策和行动中相互依存的现实前提，越来越重视寻求国家间共同利益，开始提倡国际关系的规范化和有序化，提倡国际共同责任和协调行动。通过合力应对金融危机，各国强烈希望通过加强合作实现地区经济共同发展、和平与安全，对如何创造互利共赢机制和途径、真正发挥地缘战略及经济互补优势引起普遍关注。目前中日韩三国建立自贸区合作逐步展开，对实现"多边共赢"理念的协调机制探索进一步加强，六方会谈和中日韩峰会等多边合作和协调体制不断形成，为加快区域经济合作及一体化进程提供了更大可能和空间。

二、长三角与东北亚产业转移发展体系的构建

长三角地区是我国最大经济核心区之一，自然条件优越，区位优势明显，经济基础良好。东北亚是世界第三大经济轴心地区，是亚洲和世界经济文化比较发达的地区之一。长三角与东北亚经济互补性很强，长期以来经济交往频繁、关系密切，而今在国际产业转移加速发展的大趋势下，进一步加强产业分工合作，改善资源配置，促进优势互补，着力构建产业转移发展体系，已成为加速推进双方区域经济合作的必然趋势。

（一）起步与发展时期（近代以来—新中国成立）

近代长三角与东北亚的经贸交往主要是上海等地与日本开展经贸往来，而日本在长三角的经济活动又主要表现在金融、交通运输、贸易、纺织、杂货制造和地产保险等方面。其发展经历了4个阶段：一是贸易开启与起步。日本明治维新后近代工业起步，1862年日本遣派"千岁丸"首航上海，打通了近代中日通商道路；19世纪70年代日本纺织业发展起来，开始进口中国棉花，上海成为日纱销售市场。二是确立纺织业经济地位。1889年日本在浦东设立在华第一家棉纺企业——上海轧花厂；马关条约签订后日商在上海加大投资兴办纺织厂，一战后迅速扩充，到九一八事变前，日本在沪纱厂达32家，占上海中外纱厂55%。三是形成庞大的经济势力。到1936年，日本在上海纱锭数达181万枚，总投资达46 838.4万日元，占在华（不包括东北）资本51%；商行达949家，工厂113家，上海成为远东最大国际贸易中心。四是经济活动结束。侵华战争期间，日本通过"军管""中日合办""租赁"、

"收买"等方式,强行兼并中国民族资本,到1945年8月战败前,上海共有日资纺织厂33家,纺锭145万枚,织机2万台。日本投降后在上海贸易投资结束,此后上海与日本经济交往中断。

日本近代对长三角贸易投资活动的主要特点:一是起步迟,但发展快。当英美势力进入上海时,日本尚处于闭关锁国状态,甲午战争后日本才对上海开展较大规模的投资,随后通过战争完成独占。二是资本投资主要来自对中国的掠夺。日本对华投资原始资本是战争赔款,甲午战争赔款本息达26 000万两白银,相当于日本四年半财政收入,日本在华较大企业几乎全是用战争赔款创办。三是纺织业投资占绝大部分。纺织业是日本首先发展起来的部门,中国原料价廉,劳动力充裕,市场广阔,因而日本对上海投资以纺织业为主。可见,近代日本对上海的贸易投资具有显著的侵略性。

(二)恢复与发展时期(新中国成立—20世纪90年代初)

1. 改革开放前经贸关系的缓慢发展与波折

新中国成立后长三角与东北亚经贸往来仍然体现在与日本的经贸关系上,当时主要是在平等互利基础上开展民间贸易。如上海,1949—1979年从日本进口累计为5.57亿美元,年均进口仅0.19亿美元;对日本出口累计为23.65亿美元,年均出口仅0.79亿美元。上海出口以劳动密集型初级产品为主,日本出口以钢材、化肥、农药、农业机械等工业制成品为主。据统计,改革开放前30年日方贸易逆差累计达18.08亿美元,这时期上海与日本的贸易发展缓慢,水平很低。

2. 改革开放后经贸关系的恢复与发展

20世纪70年代初,中日恢复邦交正常化,20世纪70年代末我国实行改革开放,长三角与东北亚经贸关系开始恢复和发展。如上海与日本贸易,20世纪80年代快速增长,日本对上海出口大幅增加,上海贸易顺差缩小。如果以"亿美元"为单位划分,上海从日本进口1981年进入1位数,1993年上升到2位数;上海对日本出口1972年就进入1位数,1992年上升到2位数。资本投资,20世纪80年代中期外商对上海投资增加,1985年上海外资合同项目125项,合同金额7.59亿美元,其中日本投资项目14项,合同金额1.48亿美元。到1990年7月,日本对上海投资项目累计达110项,其中制造业83项,占75.5%。

第七章　大西南和东南亚与长三角和东北亚产业转移发展体系的形成与演化

直到 20 世纪 90 年代初,日本对华投资重点还是环渤海地区,1980—1991 年在环渤海地区落户的日资企业占在华日企的 40.37%,在长三角落户的占 29.36%。日本对长三角投资还处于起步阶段,主要特点是投资规模小,大项目少,平均每个项目不到 100 万美元,没有 3 000 万美元以上的大项目;投资集中在轻纺工业等劳动密集型和技术含量低产业,先进技术领域投资很少;投资长三角的目的除利用廉价劳力和丰富资源外,主要在于扩大中国销售市场。

(三) 成长与调整时期 (20 世纪 90 年代—入世前)

20 世纪 90 年代上海实施开发浦东新区和建设国际经济、金融、贸易中心战略,国际资本和产业纷纷向长三角聚集,长三角成为世界第六大城市经济圈。长三角与东北亚贸易投资发展加快,特别是日韩对长三角产业转移开始加速。

1. 与日本贸易投资快速发展

(1) 双边贸易。如上海与日本贸易,1980—2000 年上海对日进口年均增长 24.2%,出口年均增长 15.04%;2000 年对日进口 70.43 亿美元,出口 60.81 亿美元,均创历史最高纪录;对日出口商品结构发生显著变化,高加工和高附加价值产品比重逐年提高,上海与日本贸易在上海外贸中始终保持着 1/4 至 1/3 的比例,双方形成了极其重要的贸易关系。

(2) 直接投资。随着长三角对外资吸引力不断升温,1992—1999 年日本企业在环渤海地区落户的日企占在华日企比例降至 28.92%,在长三角骤增为 801 家,一举超越环渤海地区;2000 年前日本企业对华投资 45% 分布在长三角,2001 年增加到 63%。其特点是,投资层次明显提升,领域不断扩大,以第二、三产业为主,最多的是电气电子,其次是纺织服装、化工、通用机械、运输机器等;采取独资形式的投资越来越多,在长三角日本独资企业比例达 58%;日企纷纷抢占上海这个制高点,以长三角作为面向中国生产销售的基地和中心,日本对华投资中国内销售型企业有 50.7% 集中在长三角。

2. 与韩国贸易投资快速增长

(1) 双边贸易。长三角与韩国经济贸易在中韩建交后开始快速增长。如上海与韩国贸易,1992—1997 年间年均增长 47.4%,1997 年双边贸易达 12.6 亿美元,到 2000 年双边贸易进一步上升到 31.2 亿美元;江苏与韩国贸易 20

世纪90年代迅速发展，2000年达34亿美元，其中出口10.59亿美元，进口23.41亿美元，同比分别增长30.8%和57.7%。

(2) 直接投资。如韩国对上海投资，1992年韩国投资项目9个，协议金额1 804.6万美元，其中1 000万美元以上项目1个；此后投资不断扩大，截至1998年8月，对上海投资累计达201项，协议金额12.65亿美元，其中1 000万美元以上项目15个，1亿美元以上5个。对江苏投资，截至2002年6月，韩国投资项目共1 166个，协议金额26.1亿美元，实际投资17亿美元。其特点是，投资领域比较集中，主要集中于劳动密集型加工业，特别是重加工、高污染和电子工业，以及房地产、商业饮食、物资供销等第三产业；投资方式以独资为主，同时设立合作合资企业，韩方投资一般占50%以上；投资开始由环渤海地区向长三角发展，如1993—1996年韩企在山东投资占在华投资比例由41%下降到15.3%，上海和江苏则由1.8%和5.6%上升到17.9%和11.6%。

(四) 深化与拓展时期（入世后—国际金融危机爆发）

我国加入世贸组织后，对外开放进入新阶段，经济发展进入新一轮高速增长期，外商对华投资出现新高潮。日韩资本对华投资重心加速由环渤海、珠三角地区向长三角转移，长三角与日韩经贸关系获得全面、迅速发展。

1. 日韩企业对长三角投资呈跳跃式增长。韩国对中国东北的投资比重已由2000年的15.3%下降到2002年的8.9%，长三角由18.2%上升到29%。到2004年，江苏已成为韩国对华投资第一地区，吸引韩资占全国22.8%；长三角已有近2400家韩企，上海约有900家，江苏、浙江各有700余家。日本对华投资重心为江苏、上海、浙江、广东、辽宁和山东等沿海省市，2002—2006年五省一市实际利用日本投资平均值，依次为江苏（13.5亿美元）、上海（10亿美元）、辽宁（7.3亿美元）、广东（6.4亿美元）、山东（5.8亿美元）、浙江（4.3亿美元）。到2007年，60%以上的日资企业已投资长三角，上海和江苏成为吸引日资最多的地区。

2. 日韩资本成为长三角外资的主要来源。从长三角外资来源看，2003年江苏利用日资在全省外资来源中居第四位，列我国香港、台湾地区和新加坡之后，利用韩资居第七位；浙江利用日资和韩资在全省外资来源中分别居第三、四位，仅次于我国香港和台湾地区。到2008年，上海利用日资实际金额9.32亿美元，在外资来源中居第二位；韩资实际金额0.99亿美元，居第十位。江苏利用日资实际金额 13.55 亿美元，在外资来源中居第三位；韩资实际金额 7.14 亿美元，居第六位。可见，日韩资本在长三角吸收外资中占据着十分重要的地位。

3. 日韩企业投资开始向理性方向转变。一是投资主体开始转变为中小企业与大企业大财团并驾齐驱，如韩国三星、现代、LG、SK 等大公司对长三角投资明显增多，开始面向中国市场构建核心竞争力。二是投资领域开始向资本和高新技术制造业转移，特别是电子、集成电路、精密机械等科技含量高的产业。三是突出表现为大项目和尖端产品的进入，如日本世界 500 强企业有 31 家在苏州投资，1 亿美元以上项目达 11 家；世界 500 强前 30 名的日本公司到无锡投资的有 8 家。四是日韩投资地域比较集中，特别是在苏南地区集聚十分明显，苏州、无锡等地开始形成日资高地、韩资板块。

三、长三角与东北亚产业转移发展体系的形成

进入后金融危机时期，世界经济逐步复苏，我国经济继续较快增长，长三角地区紧紧抓住经济全球化和全球产业转移的契机，坚持"引进来"与"走出去"相结合，进一步加强与日韩在贸易、投资等多领域、多层次上的分工与合作，长三角与东北亚产业转移发展质量显著提升。

（一）长三角与东北亚国家进出口贸易不断跨上新台阶

1. 贸易总额再创新高

通过壮大经营主体，优化贸易结构，着力提升国际竞争力，积极开拓东北亚市场，长三角与东北亚进出口贸易快速增长（见表 3）。

由表 3 可见，2010 年，江苏、上海和浙江与东北亚三国（日本、韩国、俄罗斯）进出口贸易额分别为 1 151.25 亿美元、748.72 亿美元、377.93 亿美元，占各省市进出口贸易总额比重分别为 24.73%、20.29%、14.89%。其中，日本为上海、浙江第二大贸易伙伴，江苏第三大贸易伙伴；韩国为江苏、上海第四大贸易伙伴，浙江第六大贸易伙伴。2011 年，上海和江苏与日韩两国进出口贸易额比上年均有较大幅度增长，其中上海与日韩进出口贸易总额增加了 134.94 亿美元，江苏则增加了 127.7 亿美元，浙江也增加了 52.1 亿美元。

表3 2010—2011年长三角与东北亚进出口贸易及比重情况

国别	时间	江苏 进出口额（亿美元）	江苏 占全省比重（%）	上海 进出口额（亿美元）	上海 占全市比重（%）	浙江 进出口额（亿美元）	浙江 占全省比重（%）
日本	2010	569.1	12.22	505.2	13.69	205.66	8.11
日本	2011	669.01	12.39	586.28	13.4	251.97	8.14
韩国	2010	538.6	11.56	205.33	5.57	108.93	4.29
韩国	2011	566.42	10.49	259.19	5.93	114.72	3.71
俄罗斯	2010	44.25	0.95	38.19	1.03	63.34	2.49
俄罗斯	2011	—	—	48.65	1.11	88.35	2.86
2010年合计		1 151.25	24.73	748.72	20.29	377.93	14.89
2011年合计		—	—	894.12	20.44	455.04	14.71

（资料来源：江苏、上海、浙江海关）

2. 进出口商品结构进一步优化

随着初级产品出口下降，附加值较高的机电产品等出口不断增长，长三角对东北亚国家的进出口商品结构开始优化。长三角地区出口开始形成以机电、化工、食品、高新技术、纺织服装类产品为主，进口以集成电路、能源资源类等初级产品和工业制成品为主的格局。

（二）日韩资本对长三角投资转移产业不断实现新突破

1. 吸收日韩资本增速显著提升

如上海近两年吸收日韩资本明显加快，2011年吸收日本投资合同项目达645个，合同金额20.53亿美元，实际金额12.92亿美元，同比分别增长13.96%、58.17%和18.02%；吸收韩国投资合同项目213个，合同金额3.69亿美元，实际金额1.85亿美元，同比分别增长13.9%、76.56%和26.71%。日本新设企业619户列全市外资企业数第二位，韩国196户超过新加坡，跻身第五位；日本投资总额在全市外资来源中居第三位（见表4）。

第七章 大西南和东南亚与长三角和东北亚产业转移发展体系的形成与演化

表4 2010—2011年上海吸收日韩资本投资情况

国别	2010年 合同项目（个）	2010年 合同金额（亿美元）	2010年 实际金额（亿美元）	2011年 合同项目（个）	2011年 合同金额（亿美元）	2011年 实际金额（亿美元）
日本	566	12.98	10.1	645	20.53	12.92
韩国	187	2.09	1.46	213	3.69	1.85
合计	753	15.07	11.56	858	24.22	13.77

（资料来源：2011—2012年《上海统计年鉴》）

2. 吸收日韩资本规模明显扩大

日韩企业投资大项目日益增多，大批龙头型、基地型项目加速落户，包括夏普、松下、三星、LG等著名企业设立了大量研发中心，主要涉及电子信息、机械、汽车及零部件、新能源、新材料等领域。日本2011年大地震后大企业进驻江苏明显加快，3—5月在江苏新设企业投资额和注册资本达21.4亿美元和11.8亿美元，分别为上年同期的2.5倍和2.7倍；注册资本1000万美元以上企业达19户。韩国2010年以来投资快速增长，主要集中在半导体、集成电路、液晶面板等IT产业，如海力士半导体在无锡投资累计达60.6亿美元，已成为半导体内存领域世界第二大企业；三星电子2011年5月开建苏州工厂，项目首期投资达30亿美元，这是韩国对华投资最大项目。

3. 日韩资本新高地转型升级加快

江苏苏州、无锡、盐城、常州、南通等地日韩外资新高地呈现强劲发展势头，转型升级明显加快，开始向高端挺进。如无锡"日资高地"，2011年前三季度引进50多个日企重大项目，实现到位注册资金5亿多美元，总投资突破10亿美元；目前日企达1 233家，总投资累计105.8亿美元，包括住友、丸红、日立、松下、索尼、东芝、夏普等世界500强企业都有大量投资。盐城"韩资高地"，以东风悦达起亚汽车项目为依托，形成了完整汽车产业链，随着东风悦达起亚第三工厂开建，为之配套的韩企集聚趋势明显，目前盐城已集聚韩企358家，投资总额累计37.53亿美元，注册资本19.3亿美元。长三角"日资高地""韩资高地"已颇具规模和影响力，成为日韩企业在华投资最密集的区域之一。

（三）长三角承接日韩产业转移加速向质量效益型转变

1. 承接日韩产业转移层次不断提升

长三角利用日韩资本产业领域进一步扩展，方向日趋多元化，制造业比重开始下降质量不断提高，而附加值高、低碳环保的第三产业则稳步上升，科研、金融、物流等现代服务业成为新增长点。特别是上海第三产业以不可抵挡的魅力吸引着日韩资本投资，如日本三井住友银行2009年在上海设立全资子银行——三井住友银行（中国）有限公司，日本三井物产株式会社2010年与上海锦江国际集团签约低温物流合资项目等，这表明长三角利用日韩资本开始向质量型转变。

2. 利用日韩资本方式更加丰富多样

随着日韩资本投资并购加速，海外上市发展加快；外资创业投资企业、产业投资基金及各类股权基金设立进一步加快，近年来长三角利用日韩资本方式全面推进，呈现多样化发展趋势。其中，日韩创业投资对新兴产业、服务业的投资占比大幅增加，已成为推动长三角新兴产业、服务业加速发展的重要支撑力量。此外，新设日韩投资性公司、投资股份公司、担保企业也不断增多，这些企业主要从事信息技术、新能源、新材料、环保等重点新兴产业，充分显示了国际资本对长三角经济发展的信心。

3. 利用日韩资本区域分布趋向合理

长三角利用日韩资本地域分布呈明显的以上海为辐射源和开发区为基地向周边辐射的模式，上海、苏州、无锡、南京、宁波、杭州等城市及周边地区是日韩企业投资密集区。从总量上看，三省市明显不均衡，江苏占有绝对优势，上海略高于浙江。从内部分布看，开始呈现协调发展趋势，如江苏随着苏中崛起、苏北振兴、沿海开发战略推进，苏中、苏北地区引进日韩投资发展势头良好，沿海地区成为日韩投资又一热土；苏南地区积极推进结构调整和转型升级，加大招商引资，吸收日韩资本投资进一步扩大。

（四）长三角企业对东北亚投资经营发展不断加快

1. 对东北亚直接投资发展开始加快

为加快经济国际化进程，长三角三省市充分发挥自身比较优势，积极开拓和不断扩大对东北亚投资经营。长三角对东北亚直接投资以生产加工型为主，以日韩和俄罗斯为重点；投资领域从传统的纺织服装、医药化工、轻工、

第七章　大西南和东南亚与长三角和东北亚产业转移发展体系的形成与演化

机械、电子家电等拓展到资源开发、批发零售、新兴产业、技术研发、营销网络等,其中资源开发、新兴产业、现代服务业为投资新亮点。如江苏对东北亚直接投资,2000年新批项目数仅6个,投资额仅260万美元;到2010年新批项目数已达37个,投资额达2 813万美元(见表5)。

表5　2000—2010年江苏对东北亚国家投资的新批项目与金额

国家	2000年 新批项目(个)	2000年 投资总额(万美元)	2007年 新批项目(个)	2007年 投资总额(万美元)	2009年 新批项目(个)	2009年 投资总额(万美元)	2010年 新批项目(个)	2010年 投资总额(万美元)
日本			10	190	9	1 907	22	1 952
韩国	1	38	2	310	11	1 581	7	229
俄罗斯	3	152	2	11	3	1 213	6	622
朝鲜					1	113		
蒙古	2	70	1	30			2	10
合计	6	260	15	541	24	4 814	37	2 813

(资料来源:2001—2011年《江苏统计年鉴》)

2. 对东北亚投资大项目日益增多

随着企业实力不断增强,长三角对东北亚投资的大项目明显增多,尽管国有经济比重较大,但民营经济已成为中坚力量。如中国对俄罗斯最大直接投资项目——"波罗的海明珠"项目,是由上海最大的海外企业集团包括上海上实集团、百联集团、锦江集团、绿地集团等五大优势企业共同投资建设,总投资达13亿美元;俄罗斯乌苏里斯克经贸合作区建设项目,则是由浙江康奈集团牵头投资建设,该集团是实力较强、跨国经营经验丰富的大型民营企业,目前已在全球20多个国家开设了100多家专卖店。长三角优势企业不断发展壮大,其在东北亚投资发展中的带动作用表现十分明显。

3. 尝试采用兼并收购等方式开展投资

近年来长三角企业对东北亚投资的方式日益灵活,除贸易和绿地(新建)投资外开始积极尝试兼并收购、股权交换、技术入股及海外上市等方式投资。如上海汽车工业(集团)总公司2005年收购韩国双龙汽车虽然失败,但为国内企业海外并购提供了可参考的范本;江苏无锡尚德太阳能电力有限公司2006年收购日本太阳能电池生产大型企业MSK,跨出民营企业并购日企第一步；江苏苏州盛隆光电有限公司 2010 年在韩国交易所创业板成功上市，成为中国首家在韩交所上市的新能源企业；江苏华程有限公司 2011 年 3 月在韩国投资兴建华程韩国公司，该公司发展态势向好等。

4. 积极尝试开展人民币境外直接投资

上海是我国第一个开展人民币境外直接投资的省区市，2010 年发布了《上海市企业开展人民币境外直接投资暂行办法》，当年上海电气、鹏欣、维鲨、太船等四家企业在全国率先办理了人民币对外直接投资业务。截至 2011 年年底，上海核准相关企业人民币境外投资累计达 8.04 亿元，项目主要分布在日本、香港、印度等国家和地区。上海积极推动企业在日本尝试办理人民币直接投资业务，不仅是新时期上海企业走向东北亚的新亮点，有助于提升上海国际金融中心和贸易中心的地位，同时意味着人民币国际化开始向发达经济体渗透。

（五）长三角与东北亚国家经济技术合作不断扩大

1. 境外经贸合作区建设营运加速推进

主要采取"政府引导，企业主导"的模式进行运作，以俄罗斯乌苏里斯克经贸合作区建设最为典型。该经贸合作区是我国与俄罗斯合作，经商务部批准的国家级境外经贸合作区，目前建设已初具规模，并通过政府验收确认，建成后将成为集生产、商贸、会展和仓储为一体的现代化国际经贸合作区，成为中国优势产业在俄罗斯远东重要的产供销集群中心。由于经贸合作区运行良好，因而成为中国企业到境外创办园区的成功范本。通过创建境外经贸合作区模式，形成集群式境外投资经营的有效平台，可以有效增强国内企业参与国际经济合作与竞争的新优势。

2. 营销网络型对外合作经营积极展开

以浙江的做法最具代表性，其主要形式是设立境外商城、境外品牌展示（贸易）中心等，作为国内企业建立境外营销网络、开拓国际市场的重要平台。浙江多年来设立境外营销网络机构数居全国首位，通过在俄罗斯、蒙古建立境外商品城，带动了不少企业"走出去"开展跨国经营。通过加大创新形式，着力推动境外商品城转型发展，转换经营模式，浙江加快海外品牌展示（贸易）中心建设。如浙江世丰投资有限公司与俄罗斯塔希尔集团合资建设的莫斯科—义乌国际商贸中心，就是推动企业集群式"走出去"，促进名特优新产品抢占海外市场的重要举措。该商贸中心是中国商品合法快捷抢占俄罗斯及东欧市场的桥头堡,为更多中国企业开拓俄罗斯及东欧市场提供了良好平台。

3. 对外工程承包和劳务合作加速扩大

长三角对东北亚工程承包领域进一步扩大,从住宅建筑、市政交通等发展到房屋建造、制造加工、石油化工、电力水利、设计咨询等技术含量较高的行业,结构层次不断优化。东北亚成为长三角对外承包工程的重要市场,日本、蒙古、韩国、俄罗斯等成为重要对象,如江苏 2012 年 1—9 月新签对外承包劳务合作合同额中蒙古位居第二;上海 1—10 月新签劳务合作合同额中日本为 4 254 万美元,占 38.9%,位居第一。承接大型和特大型项目明显增多,如江苏江都建设集团 2011 年夺得蒙古奥尤陶勒盖铜金矿工程总包权,合同金额近 5.5 亿美元,该项目为全国近 3 年来最大境外总包工程,2012 年 1—9 月项目带动了钢材、车辆、机电设备等出口 4.25 亿美元。

总之,随着贸易与投资快速增长,长三角与日韩等东北亚国家经济合作取得了长足进展。特别是后金融危机时期长三角顺应经济全球化潮流,加大吸收利用日韩资本力度,承接日韩产业转移大幅增长,同时着力实施"走出去"战略,加快开放型经济转型发展,对东北亚投资经营不断扩大,呈现出良好发展态势。在积极参与国际经济合作和分工中,长三角地区享受了经济全球化成果,成为日韩企业投资最密集、经贸合作最密切的重要伙伴,双方经济合作关系日趋紧密,从而使产业转移发展体系基本形成了。

第三节 大西南和东南亚与长三角和东北亚产业转移发展的主要问题及前景展望

大西南和东南亚与长三角和东北亚产业转移发展体系目前已基本形成,但由于产业发展水平所限,发展层次仍然偏低,合作领域和深度还需进一步深化和拓展。显然,产业转移发展体系的构建还处于初级阶段,还存在许多问题和制约因素,与构建高层级产业转移发展体系还有相当一段距离。然而,随着经济全球化趋势的不断加强,中国—东盟自贸区的完全建成和中国"走出去"战略的深入实施,在新的历史条件下,大西南和东南亚与长三角和东北亚产业转移发展将迎来重大发展机遇和更多的有利条件,产业转移发展体系构建将向更高层级的方向迈进,呈现出良好的发展前景。

一、大西南和东南亚产业转移存在的问题与发展前景

(一) 存在主要问题

1. 产业转移发展结构层次明显偏低

主要表现在大西南与东南亚产业转移发展以劳动密集型或资源消耗型产业为主,粗放型、低层次、初级产品为主的经贸合作仍然占据主流。相互投资领域较窄,合作不充分。东盟投资虽然涉及三次产业许多行业,但主要集中在制造业、酒店业和房地产业等领域;大西南投资则集中分布在能源、采矿、建筑、商贸、制造业和商业服务等行业。双边贸易结构不合理,处于价值链低端。大西南进出口商品主要为农矿产品、机电产品、轻纺产品、原材料及零部件等;服务贸易所占比重很小,尤其是在金融、技术、交通、物流、信息等方面发展明显不够。

2. 产业转移发展具有很大不对称性

近年来东盟对大西南投资显著扩大,由于大西南不是其对华投资中心,东盟对大西南的投资水平仍然偏低,在大西南各省区市所占比重不高,但东盟毕竟是大西南吸收外资的重要来源之一;而大西南通过加快实施"走出去"战略,对东盟投资快速增长,东南亚已成为产业转移主要目的地。总体上看,当前大西南与东盟相互投资的规模明显偏小,不对称性非常突出,即东盟多、大西南少,大西南对东盟投资明显滞后。这充分表明大西南与东盟国家均未在对方投资市场上占据主要地位,尚未成为对方的主要投资伙伴,同时也说明双方投资合作与产业转移发展还有巨大的空间和潜力。

3. 产业转移发展合作机制还很不完善

由于经济发展水平差距,大西南与东南亚产业转移缺乏总体规划、战略指导和有效整合,尚未形成强劲推动力。大西南方面,主要是各地政府对产业转移发展研究和重视不够,发展方向不明,合作机制不完善,在通道建设、信息化建设、产业技术合作等方面缺乏整合与互动,区位整体优势未发挥出来;边贸政策缺乏针对性、系统性、规范性及延续性,边贸管理往往政出多门,需要进一步完善边贸合作机制等。与东盟区域合作方面,东盟国家贸易保护比较严重,目前仅大湄公河次区域经济合作有较全面的制度安排,其他经济合作机制建设未全面展开和形成,双方还缺乏统一有效规则。

第七章　大西南和东南亚与长三角和东北亚产业转移发展体系的形成与演化

4. 产业转移发展市场主体还严重缺位

就大西南而言，许多企业市场观念落后，经营策略保守，对外投资意识不足，同时对东盟地缘经济关系、产业互补性和市场环境缺乏认识，特别是自身品牌不多、实力不足，因而对东盟投资很少。如广西对东盟投资虽然增长较快，但以小型项目为主，真正走向东盟的主要是广西农垦集团、柳工机械股份有限公司、玉柴机器集团有限公司等少数国有大型企业，而作为市场主体的中小企业和民营经济投资明显偏少，致使投资总体规模很小。投资市场主体缺位，缺乏龙头企业和产业集群大项目，使产业投资带动力不强，难以形成集群竞争，难以与大型跨国公司相抗衡。

5. 产业转移发展面临投资环境严重制约

交通等基础设施建设滞后，大西南陆上交通干线等级低、支线少的状况还未完全改变，铁路总里程短、布局仍不均衡，澜沧江—湄公河运力有限；南北交通通道和经济走廊、泛亚铁路东线、东南亚国家港口、信息化网络等国际通道还需加快完善。产业发展软环境欠佳，大西南不少地方开放程度不高，市场机制不健全，政府服务不完善，同时产业配套能力不强，企业缺乏金融支持等；东盟欠发达国家市场机制不规范，法律法规不完善，税收体系不健全，政府调控能力差；东南亚地区不稳定因素依然存在，个别国家社会治安恶化，如印尼存在极强的排华情绪，菲律宾曾发生过中国工作人员被绑架、抢劫、杀害等事件，东南亚地区是恐怖袭击的重要受害区等。这些都使大西南企业对东盟投资面临较大风险和制约。

（二）发展前景展望

1. 发展基础和优势

（1）地缘优势突出。大西南与东南亚陆地相接，江河同源，有澜沧江—湄公河、怒江—萨尔温江、元江—红河等国际河流以及北部湾与东南亚水域相连。大西南位于东亚大陆经济板块与东南亚、南亚经济板块的交汇之处，是三大经济板块之间物流、资金流、信息流、人流的交流中枢，在东亚经济发展中担负着沟通南北的战略重任，在中国—东盟自贸区中处于重要位置。大西南"三沿"的独特地理区位优势，为拓展与东南亚产业转移发展提供了极其有利的条件。

（2）文化习俗相近。大西南特别是云南和广西，在经济、社会、文化形态和生产力水平等方面与沿边东南亚国家基本相同。两地区民族成分相似、语言相通,宗教信仰相同,风俗习惯一致,人员往来密切,互通婚姻,可谓"民族同宗、文化同源"。东盟是海外华人聚居最多的地区,儒家文化广泛传播,其文化传统与大西南有着广泛共同点。东盟华侨华人长期从事各种经贸活动,比较熟悉国际市场,在大西南与东盟经济合作中扮演着重要角色。

(3) 资源互补性强。大西南与东南亚自然资源十分丰富,但资源构成各不相同。如能源资源,大西南在煤炭、油气资源上具有相对优势,东盟在石油、天然气方面具有绝对优势;水能资源为双方共有优势,但大西南开发技术较强。矿产资源,大西南矿种多、储存量大;东盟矿种全、点多面广,人均资源丰度高,拥有一些世界级的潜在矿产地,如东南亚锡矿带、钾盐矿等,但许多矿产未充分开发。双方经济资源依存度高、优劣势明显,相互间需求是长期的,这为开展经济合作提供了广阔前景。

(4) 产业互补性强。大西南与东盟国家产业结构呈阶梯形分布,东盟老成员国现代制造业已占重要地位,新加坡进入了工业化国家行列;大西南经济水平高于东盟新成员国,一些产业具有显著特色和相当实力,如广西药业及制糖业、云南烟草和旅游业、贵州酒业、四川家电摩托车等。由于双方产业结构总体相似,大体呈"二三一"型,都处于升级换代阶段,因而使产品结构各具特色,具有很强的互补性,如大西南机电、日用百货和建材、化工等产品在东盟具有广阔市场,东盟木材、天然橡胶、矿砂、热带水果以及油气等产品在大西南有很大需求,从而为大西南与东盟国家开展产业合作提供了很大空间。

2. 发展机遇和环境

(1) 我国实施新一轮西部大开发战略的新机遇。2012年国务院出台了《西部大开发"十二五"规划》,进一步明确了深入实施西部大开发战略的基本思路,强调继续从财政、税收、投资、金融、产业、土地、价格、生态补偿、人才、帮扶等十个方面,给予西部特殊优惠政策支持。规划确定了11个重点经济区,与大西南发展密切相关的有成渝、北部湾、滇中和黔中等经济区。新一轮西部大开发战略的实施,标志着西部大开发站在了新的历史起点上,为加强大西南与东盟国家互利合作、共同发展创造了难得的历史性机遇,将推动产业转移发展步入新的快车道。

(2) 中国—东盟自贸区建成带来的新机遇。2010年中国—东盟自贸区全面启动,该自贸区拥有19亿人口、6万亿美元经济总量和4.5万亿美元贸易总额,是世界最大的自贸区。它的建成,使中国与东盟老成员国间实现超过90%的产品零关税,与东盟新成员国也将在2015年实现90%零关税的目标。

第七章 大西南和东南亚与长三角和东北亚产业转移发展体系的形成与演化

中国与东盟经济关系上升到新的水平,大西南地区由"边陲"成为"中枢",由偏远之地成为发展热土,这为大西南加强与东盟经济合作创造了良好条件和机遇。随着大西南加快实施"走出去"战略,与东盟对接的基础设施不断完善,通过扩大双边贸易,加大双向投资,加强经济技术合作,大西南与东盟将成为国际经济合作的新高地,进而推动产业转移在更大范围、更广领域加速发展。

(3) 世界经济发展进入转型期带来的新机遇。国际金融危机后欧美等发达国家经济低迷,世界经济进入转型期。我国与东盟国家取得了抗击危机的明显成效,面临着进一步优化经济结构,培育国际竞争新优势,实现可持续发展的共同任务。随着发达国家对外投资放缓,东盟国家为吸引外资给予了各种优惠及便利,加大了对国际产业转移的吸引力度。对于大西南来说,东盟是扩大开放合作的第一市场,在世界经济持续动荡、增长趋缓的环境下,双方将抓住世界经济转型、全球产业加快调整转移的发展机遇,加大相互开放力度,进一步强化经济合作,推动贸易与投资持续增长,使产业转移进入加速发展新时期。

3. 发展挑战和展望

加快大西南与东南亚产业转移发展,既存在许多有利条件,面临重大发展机遇,也存在不少问题和制约因素。后金融危机时期,世界经济增长放缓,前景不明朗,我国经济运行面临不少困难,与东盟经济合作存在一些问题需要解决。如世界经济外部环境不容乐观,使中国与东盟国家出口面临较严峻的外部制约,进而影响到经贸合作向前推进;美国推进泛太平洋战略经济伙伴关系协定(TPP),已成功将新加坡、文莱、马来西亚和越南纳入,达成协定大纲,这将使东盟国家降低对中国--东盟自贸区的投入。中国与东盟经济合作还面临各国对贸易投资自由化承受力和目标不一致,难以进行高效率沟通和协调;自由贸易协定利用率不高、各国所获利益不平衡;东盟属政治、宗教、文化多元区,经济一体化的政治环境复杂;中国与东盟国家大力推进工业化,推动外向型经济发展,产业发展存在较大竞争;随着美国重返亚洲,中国与东盟有关国家领海主权纠纷加剧等各种问题需要解决。这些都大大增加了中国与东盟经济合作难度,必然对大西南与东盟国家经济合作产生重大影响,对产业转移加快发展形成很大挑战。

总体来看,当前构建大西南与东南亚产业转移发展体系机遇与挑战并存,机遇大于挑战,未来发展前景看好。受国际金融危机深层次影响,世界经济格局正发生深刻变化,国际产业转移作为经济全球化和区域经济一体化的必然趋势将加速发展，生产要素全球流动和重组不断加快；我国围绕转变经济发展方式，将加快推进经济转型升级，着力实施扩大内需战略，加大承接产业转移力度，积极构建现代产业体系，努力增强自我发展能力；随着中国与东盟经济持续增长，双方通过共同努力，深化各领域经济合作，中国—东盟自贸区将更加富有活力，双方合作前景广阔。国内外形势的发展变化，有利于大西南与东盟国家利用地缘经济和政治伙伴关系，加大相互开发开放力度，通过充分发挥比较优势，进行区域经济整合，促进资源优化配置，不断丰富和深化经济合作，增强经济竞争力，积极参与国际分工与合作，从而推动双方产业转移快速发展。因此，综合以上分析可以认为，大西南与东南亚产业转移发展在今后相当长时期内将进入大有作为的重要战略机遇期，进一步向广度和深度拓展，构建更高层次的产业转移发展体系前景良好。

二、长三角和东北亚产业转移存在的问题与发展前景

（一）存在主要问题

——长三角方面

1. 承接产业转移发展的结构和质量亟待改善

日韩企业特别是日本企业对长三角投资在技术转让上比较保守，其转移产业主要是低技术、低利润、耗费资源、耗费劳力的传统产业，以及高科技产品中低技术附件的生产和成品组装，致使长三角承接的日韩产业转移质量不高。区域内利用外资产业结构不平衡，制造业和房地产利用外资比重过大；制造业整体结构偏低，对外依附性较高，主要靠劳动和资本密集型产品推动，在国际产业分工中处于产业链低端；低水平重复突出，技术水平不高，加剧了区域内竞争。这导致了长三角承接产业层次不高，结构不合理，制造业国际竞争力较弱，直接影响了产业竞争力和发展可持续性。

2. 承接产业转移发展的负面作用和影响日益显现

吸收日韩资本、承接国际产业转移带来了日新月异的变化，明显提升了长三角经济地位和国际竞争力，同时也带来了比较严重的负面影响。不少地方政府急功近利，片面追求数量，实行低价招商引资，形成了高投入、高消耗、高增长、低效益的模式，引进了许多化工、造纸、冶金、建材等高耗能、重污染的产业项目，其中有些是发达国家淘汰的项目，有的甚至是发达国家不允许的重污染项目，结果不仅造成长三角资源能源紧缺，而且使生态环境

严重恶化，环境成本大幅增加。长三角作为我国经济最发达区域之一，面积仅占全国1%，但污染排放量却占全国20%。这充分表明现有引资模式、粗放发展方式已难以适应新形势发展需要。

3. 产业对外转移发展的总体水平明显偏低

当前长三角对东北亚投资主要是服务于贸易的扩大，表现出非市场寻求型、贸易互补型、贸易壁垒规避型等特征，产业对外转移发展水平较低。对外转移产业层次不高，以制造业为主，集中于一般加工、初级产品制造与资源开发、一般服务业等技术含量不高、附加值较低的产业，对技术密集型产业和高端服务业投资明显偏少；投资方式简单，虽然发展了收购兼并、风险投资等多种形式，但新建独资或合资企业等投资仍占主导；投资产业水平不高，企业经济实力较弱，创新力不强，关键技术主要依靠国外，缺乏抵抗风险能力。对外投资水平偏低，对构建长三角与东北亚产业转移发展体系明显不利。

4. 产业对外转移发展的不对称性非常突出

与日韩企业大规模的投资相比，无论从整体还是单个企业来看，长三角对东北亚的投资规模明显偏小，双方产业转移发展明显不对称。长三角对东北亚投资分布相对集中，主要集中于经济发达的日韩，对俄罗斯和蒙古投资近年来增长较快，对朝鲜则基本没有投资。另外，长三角对东北亚产业转移区域内发展也不平衡，其投资主要来自上海、苏州、南京、无锡、常州、镇江、宁波、杭州、绍兴等区内发达地区，其他地区投资很少。这充分表明长三角对东北亚投资明显滞后，双方产业转移发展还很不协调。这既与长三角经济发展水平不相称，也与东北亚日趋紧密的经贸关系不相适应。

5. 企业"走出去"的政策支持体系不完善

主要是审批渠道不畅，对外投资管理部门较多，各部门分工不同，有的有交叉，这使对外投资审批复杂，审批时间很长，降低了投资效率。融资渠道不畅，国家对境外投资外汇来源和使用有严格规定，国内银行难以给予境外投资项目信贷，当地银行很少给予信贷支持等，使企业对外投资融资难问题突出。缺乏有效监管，政府对境外投资监管基本处于放任状态，年审流于形式；加上企业组织机构不健全，公司治理存在问题，使对外投资事后监管极为薄弱。缺乏法律支持，当前对外投资立法滞后，对外投资法及相关地方性法规都未出台，仍以国家相关部门规章为主，对外投资缺乏法律法规的有力保护和支持。对外投资政策促进体系不健全，制约着对外投资发展，制约着长三角企业加快走向东北亚。

——外部环境方面

1. 当前国际资本跨国流动的动力明显不足

国际金融危机后发达国家经济复苏乏力，世界经济增长不稳定性上升，全球资本流动复苏动力不足，2011年全球FDI恢复到1.5万亿美元，仍低于危机前水平。国际直接投资前景不明朗，使新兴经济体资本流入不确定性增强，包括中国在内的新兴经济体总体上对国际资本保持着吸引力，但投资者对其经济增长放缓、内需减弱等风险和负面因素的进一步认识增强。同时，我国经济发展也面临着外需疲软、部分企业融资困难、局部用工矛盾突出、经营成本上涨等问题。因此，在后金融危机时期，长三角继续大量吸收外商直接投资、承接日韩产业转移面临着复杂严峻的国内外经济环境。日韩资本作为长三角吸收外资的重要来源，其对外投资可能进行新的调整，加之长三角外资企业发展竞争日趋激烈，这些都将制约和影响日韩资本对长三角进一步扩大投资、加快产业转移发展进程。

2. 东北亚区域经济合作进展缓慢发展滞后

从当前全球贸易来看，区域内贸易已占50%以上，其中欧盟区域内贸易占其对外贸易70%，北美自贸区达40%；东北亚仅占20%左右，中日韩三国间尚不足20%，贸易依存度只有25%，远低于欧盟和北美。这说明东北亚区域经济合作还远远不够，合作潜力远未得到挖掘。东北亚区域合作发展滞后，主要是受各种历史与现实问题及因素的深刻影响，由于政治制度、经济发展水平、历史记忆和认识不同等，加之地区外大国影响和领土争端，使东北亚各国关系错综复杂，缺乏地区认同感，经济发展互信度低，制约了经济合作加快发展，目前的合作多是双边的、普通意义上的合作，具有很大不稳定性。我国与东北亚国家经济合作时间较短，取得实际成果不多，合作水平难以令人满意。这当然会影响长三角与东北亚产业转移加快发展，进而影响构建比较成熟的产业转移发展体系进程。

3. 东北亚国家投资环境风险变化仍然较大

东北亚各国经济发展程度不同，区域内经济环境、基础设施环境、制度环境、信用环境等差异较大，并存在一定缺陷。如俄罗斯政策体系不完善，政策变化大，执行新移民政策后，我国劳务输出难度增大；物质进口通关难、审批程序复杂、手续烦琐、办事效率低等增大了经贸合作区发展难度。蒙古和朝鲜作为不发达国家，经济体制不完善，基础设施差，生活水平低。这些

第七章　大西南和东南亚与长三角和东北亚产业转移发展体系的形成与演化

都在很大程度上阻碍着长三角企业对东北亚投资。同时，由于自然地理、经济文化方面的差异，也加大了长三角对东北亚投资的信息不对称；加上企业收集信息能力不高，对投资国缺少了解，不熟悉国际投资规则与制度，投资项目缺乏可行性研究等，也使企业往往做出错误决策，造成对外投资回报率低，有时会遭受不必要损失。

（二）发展前景展望

1. 发展基础和优势

（1）地理位置毗邻。长三角位于我国海岸线中部，地处亚太经济区、太平洋西岸的中间地带，西太平洋航线要冲，交通运输十分便利。长三角有我国最大的沿海沿江港口群，是我国建设国际航运中心的重要区域，特别是地处长江口的上海是我国最重要的交通中心，并处于亚太地区的东京、汉城、台北、香港、新加坡等最具实力的"城市走廊"的中点。长三角与东北亚地理相邻，与日本和韩国隔海相望，这使长三角可通过港口与日韩紧密相连，通过航空与俄罗斯、蒙古、朝鲜直接相通，还可直通欧洲与东南亚。长三角与东北亚文化、历史等因素相同或相似，具有较强的文化认同感，这有利于减少交流成本和沟通成本，促进经济合作顺利开展，为产业转移加快发展提供不可替代的基础条件。

（2）资源条件良好。东北亚蕴藏着多种多样的丰富资源，且大都未进行大规模开发，是目前世界上少有的资源宝库，特别是能源、矿产、水利、森林等资源十分丰富，多居世界前列。如俄罗斯西伯利亚和远东的石油、天然气、煤炭、水利和森林等资源世界最丰富，其主要矿产资源占世界10%左右；中国东北拥有丰富的野生动植物资源、矿产资源、广阔的土地空间和丰富的农业资源等；蒙古草原、矿产等资源丰富；朝鲜煤炭、铁矿石等矿产资源也比较丰富。作为全球为数不多的资源富集区，东北亚保有的资源优势为开展区内经济合作及长三角与东北亚国家经济合作奠定了良好的物质基础。

（3）产业集群优势。长三角地区是我国发展基础最好、最具活力、最具优势的经济区域之一，当前长三角产业积聚正向产业集群方向加快发展，成了资金流、技术流、人才流和商品流的高度聚集地，形成了要素汇集优势。长三角在东北亚多层次、复合型的国际分工体系中，处于产业链中上段，既可利用工业门类齐全、产业基础雄厚的优势，积极承接日韩产业转移，发展资金技术密集型和高新技术产业及新兴产业，也可对外转移优势产业，利用俄罗斯、蒙古、朝鲜的资源优势，生产东北亚及其他国家和地区所需产品，积极开展与东北亚不同发展层次国家间的经济合作,加快推进产业转移发展,推动产业结构优化升级。

(4) 发展潜力巨大。东北亚是世界上总体经济实力最强的地区之一,区域内中日俄韩四国居世界前15大经济体之列,对全球经济和政治具有重大影响力。从经济增长潜力看,东北亚未来发展引人瞩目,与2009年美、欧、日对世界经济贡献分别为-0.6%、-0.5%、-0.3%相比,中国的贡献率达到1%,凸显出中国经济高速增长对东北亚乃至世界经济的拉动作用。据OECD(经济合作与发展组织)、IMF(国际货币基金组织)、世界银行等预测,未来10—20年东北亚有望维持5%以上的经济增长,GDP总量有望达到20万亿美元,届时将超过美国和欧盟成为世界第一大经济体。当前东北亚已成为全球经济增长中心,其巨大的经济总量为推进大规模经济合作奠定了有利基础。

(5) 经济互补性强。东北亚国家经济发展水平多样,区内经济发达国家、新兴工业化国家、发展中国家共存,天然具备了经济合作的内在条件。日本与韩国拥有工业和技术发达与资金雄厚的优势,但国土狭小,资源缺乏,劳动力相对不足;俄罗斯地域辽阔,资源丰富,但缺乏资金、技术和劳动力,消费品短缺;中国东北与朝鲜有一定的工业基础和资源,但缺乏资金和技术;蒙古经济结构单一,工业基础薄弱,缺乏资金和技术。各国经济要素差异显著,对区域经济合作虽然不利,但更大程度上是形成了鲜明的互补性,有利于加强合作,促进产业和技术转移,实现要素取长补短。这种巨大的经济互补性,客观上构成了长三角与东北亚产业转移加快发展的现实基础。

2. 发展机遇和环境

(1) 区域合作不可逆转成为当今时代潮流。国际金融危机对发达经济体、新兴经济体和发展中国家都带来了严重冲击,各国都深刻认识到加快结构调整和转变经济发展方式的重要性,谋求经济可持续发展已成为普遍的战略目标。通过合力应对危机,区域内国家和地区心理距离进一步拉近,区域合作意识和紧迫感日益增强,"协调共赢"等合作理念深入人心。后金融危机时期,随着经济全球化、区域一体化进程加快,世界经济逐步复苏,各国各地区经济相互依存、相互渗透,国际产业转移和区域经济合作将不断深化,并成为推动全球经济增长的重要动力。因此,全球化背景下的区域合作趋势不可逆转并将继续深化,通过区域合作摆脱危机束缚、谋求互利共赢便成了当今世界发展潮流。

(2) 东亚区域经济合作开始出现新变化。随着金融危机逐步缓和,东亚区域合作开始呈现新的发展活力。一是东北亚双边和多边合作不断发展,如

第七章　大西南和东南亚与长三角和东北亚产业转移发展体系的形成与演化

中国图们江国际合作开发计划，开启了东北亚多边区域经济合作先河；中俄双方致力《东北地区振兴规划》与《2013年远东及后贝加尔地区社会经济发展联邦专项纲要》的对接；韩国以《东北亚经济中心国家设想》为蓝图，建设"经济自由区"，推进港口整修、开设开发区等。二是中日韩自由贸易区建设进程开始加快，三国在签署《中日韩推进三方合作联合宣言》基础上，2010年5月通过《2020中日韩合作展望》，2012年11月正式启动自贸区谈判，2013年3月结束自贸区第一轮谈判。三是东亚其他自贸区安排开始积极互动，如东盟10国与中国、日本、韩国、印度、澳大利亚、新西兰等16国参与的《区域全面经济伙伴关系协定》（RCEP），已开展了多轮谈判，目前正抓紧磋商。东亚经济合作开始呈现功能性被机制性、松散型被制度型取代的发展趋势。

（3）中国吸收外资继续保持平稳发展趋势。后金融危机时期世界经济发展大方向是推进结构调整，我国经济发展总体环境将趋于好转。我国依然处于重要战略机遇期，经济将继续保持较快增长，继续成为全球经济增长亮点；随着发展方式转变，积极推进结构调整，工业化、信息化、城镇化进程加快，国内需求进一步增长；通过推进各项改革，进一步完善投资环境，我国对外资吸引力不断增强。这些积极因素的影响，使我国吸收外资总体上将保持着平稳增长态势。如2011年日本遭受大地震与核泄漏重创，日元逐步升值，对华投资实现了49.65%的大幅增长，达63.48亿美元；韩国通过大规模海外资源开发，对外投资大幅增长，对华投资达48.7亿美元，中国成为韩国对外投资第二大对象国。

3. 发展挑战和展望

后金融危机时期，经济全球化进程进一步加快，各国各地区经济联系日益紧密，长三角在分享全球要素市场优化和重新配置所创造利益的同时，也面临着全球化带来的风险与挑战。特别是世界经济不稳定复苏的发展形势，使长三角与东北亚进一步加强经济合作、加快产业转移发展面临的问题和因素纷繁复杂，对构建更高层次产业转移发展体系形成了新的压力和挑战。

（1）来自国内发达地区产业转移竞争压力显著加大。日韩资本长期以来都是我国东部地区利用外资和争夺的重点对象，长三角与环渤海、珠三角地区在发展条件及环境上各有优势，近年来均推出了许多优惠引资政策。随着环渤海和珠三角地区发展目标的调整，这两大区域在某些方面或拥有更强的优势。在我国新的区域经济发展战略格局下，各地区争夺日韩资本的竞争日趋激烈，这对长三角进一步扩大吸收利用日韩资本形成了强大压力，对加快产业转移发展构成了严峻挑战。

（2）长三角作为世界制造业基地成本优势相对弱化。随着产业的规模集聚，长三角产业发展空间日益狭小，资源和环境承载力下降。突出表现在区域内要素成本呈上升态势，即原材料价格不断上涨，劳动力成本不断上升，节能环保成本增加等。要素成本上升长期来看，有利于加快结构调整和转变发展方式，但短期内上升过快将挤压企业利润空间，影响企业积极性和发展后劲。企业经营压力加大，将使外资企业发展对长三角投资环境提出更高期待和要求，这将制约日韩资本投资和产业转移规模进一步扩大。

（3）来自周边发展中国家产业转移竞争压力明显增强。目前中国周边发展中国家作为低成本生产地的区位优势不断增强，如劳动力和资源相对丰富且成本低的东南亚和南亚国家实行更为自由开放的市场经济政策，吸引了不少日韩资本。2011年，印尼、马来西亚、泰国、印度等国吸收外资实现了同比27.6%到48.2%不等的增幅，成为亚洲发展中国家吸收外资的增长点。显然，这对长三角进一步扩大吸收外资、加快承接日韩产业转移形成了较大竞争，构成了明显威胁。

（4）国际金融危机后日韩资本对外投资更加谨慎。受金融危机影响，日韩经济增长乏力，企业生产体系遭到破坏，海外投资收益恶化，其在全球范围内大量商业贷款无法按时收回，形成了不良债权，投资商信心遭到削弱。同时，危机暴露出一些国家和地区经济发展的风险因素，加之日韩投资者对我国宏观经济形势及投资环境和政策、历史因素等还存在不少疑虑，这增加了其投资风险预期，削弱了投资信心，使日韩企业对外投资更加谨慎。这将会影响到长三角进一步吸收日韩资本投资、加快产业转移发展。

（5）中日韩领土争端对产业转移发展产生重要冲击。中日韩三国互为重要经贸伙伴，经济关系十分紧密。近两年来，三国领土争端日益激烈，日本自2012年挑起钓鱼岛购岛闹剧，使中日经贸关系受到严重损害，双边贸易出现负增长，相互投资受阻，各领域经济合作受挫，至今仍陷于低谷，并对世界经济造成负面影响。另外，韩日之间的独（竹）岛领土主权争端也不断升温，进入新的摩擦期。考虑到东北亚大环境和我国未来周边战略，中韩与日本领土争端将趋于长期化，与日本关系将继续交恶，中日关系也可能继续陷入倒退。这必然对长三角进一步发展与日本贸易投资关系产生重要影响，从而制约产业转移加快发展。

尽管当前和今后较长时期内制约和影响长三角与东北亚产业转移发展的因素十分复杂，其中地缘、经济、政治、历史、文化以及合作机制等方面的

第七章 大西南和东南亚与长三角和东北亚产业转移发展体系的形成与演化

问题影响显著,但总体来看,构建更高层次的长三角与东北亚产业转移发展体系仍面临许多有利条件和重要发展机遇。后金融危机时期,世界经济发展总体上延续着复苏态势,联合开发和多边合作将继续成为区域经济发展主流;我国经济总体保持着平稳较快增长态势,中国市场对外商投资吸引力继续增强;长三角地区加快推进经济转型,经济活力和竞争力将进一步增强。在世界和我国区域经济合作蓬勃发展的大背景下,长三角与东北亚经济合作与产业转移发展作为中日韩自贸区合作框架下不可缺少的重要组成部分,在许多领域的合作稳步推进、不断扩大,已取得巨大成就,为进一步构建产业转移发展体系奠定了坚实基础。当前中日韩自贸区已结束第一轮谈判,并商定继续举行谈判,这充分表明自贸区建设在非常复杂、非常艰苦的逆境中仍然取得了重大进展,同时也说明中日韩三国经济发展具有极强互补性,经济合作空间和潜力巨大,都有通过合作加快经济发展的强烈要求,这是进一步深化合作的强大动力。

基于以上分析,我们认为构建更高层级的长三角与东北亚产业转移发展体系,其发展前景是:(1)围绕领土主权争端和二战历史有关问题,如果日方不拿出诚意和实际行动与中韩解决钓鱼岛、独(竹)岛问题,以及对二战历史有关问题进行深刻认识等,那么中日韩三国围绕领土主权的争端将长期化并日趋激烈,三国政治和外交关系就不可能得到有效改善,其结果必然严重制约相互间经贸关系发展,阻碍中日韩自贸区建设进程,影响东北亚区域经济合作加快发展。特别是中日关系如果持续恶化,必然严重损害双边经济关系,严重制约长三角与东北亚产业转移发展进一步向广度和深度拓展,这对构建更高层次的产业转移发展体系无疑将产生重大影响,很可能在今后相当长时期内前景不明或前景黯淡。(2)当前中日关系已陷入低谷,但由于中国作为消费大国崛起,中国市场的吸引力并没有减弱,不少日本企业特别是大企业仍将中国作为优先市场。当前形势下,中日双方应充分认识经贸合作对经济发展的促进作用,努力为经贸合作创造良好环境和氛围。如果日方能认真面对现实,同中方相向而行,共同妥善处理当前问题;如果中日关系不进一步恶化,随着世界经济、日本经济的缓慢复苏和中国经济的持续稳定增长,中日经贸合作可望回归正常轨道,东亚区域经济合作也将加快。这样,长三角与东北亚贸易、投资合作将更加紧密,产业转移发展将形成更大增长空间与发展潜力。当然,构建更高层次的长三角与东北亚产业转移发展体系不可能一帆风顺,虽然前景不一定乐观,但随着投资环境和发展条件不断改善,总体上将呈现出较好的发展前景。

第八章 构建中国特色大西南承接长三角产业转移发展体系的战略设想

加快大西南承接长三角产业转移发展，是大西南推动产业结构优化升级、增强区域竞争力、加速工业化和城镇化进程的迫切需要。从发展条件上看，大西南地区具有自然资源富集、发展空间巨大、人力资源充裕和交通网络不断改善等突出优势，是承接长三角产业转移较为理想的区域。为推动双方产业转移对接互动，必须加快构建中国特色大西南承接长三角产业转移发展体系。这就要求大西南紧紧抓住当前的重大机遇，科学合理确定产业承接重点，积极承接发展劳动密集型产业、能源矿产开发和农产品加工业等，加快发展资源深加工产业和资本密集型产业。同时，要坚决避免产业雷同和低水平重复建设，要大力促进产业聚集，增强经济总量，提升经济质量，做到在承接中发展、在发展中提升，切实构建独具特色的现代新型产业体系。

第一节 大西南承接长三角产业转移发展的总体构想与发展路径

一、总体构想与发展目标

新时期构建中国特色大西南承接长三角产业转移发展体系是一项巨型的系统工程，其总体构想如下。

（一）指导思想

高举中国特色社会主义伟大旗帜，坚持以邓小平理论和"三个代表"重要思想为指导，深入贯彻落实科学发展观和党的十八大、十八届三中、四中全会精神，积极抢抓国际国内与长三角等东部发达地区产业结构大调整大转移的历史性机遇，紧紧围绕"加快发展、科学发展、又好又快发展"，着力实

第八章　构建中国特色大西南承接长三角产业转移发展体系的战略设想

施新型工业化、城镇化、信息化和农业现代化战略,大力提高产业发展水平。坚持以市场需求为导向,以发挥资源比较优势和区位优势为依托,以加强基础设施、功能配套设施建设为保障,以工业园区建设和产业基地建设为重要载体,以加快转变经济发展方式为主线,进一步加强科技创新和体制机制创新,增强自主创新能力;进一步抓好生态建设和资源环境保护,增强可持续发展能力;进一步推动产业集聚发展,促进工业化与城镇化互动融合;进一步深化区域产业分工与合作,积极开展有选择的招商引资活动,大力引导和推动国际国内资本、东部发达地区产业向大西南地区加快转移,促进大西南承接长三角产业转移合理有序、更好更有效地发展,以此带动和促进大西南特色优势产业加快发展和产业结构优化升级。通过大力承接长三角转移产业到大西南落地发展,着力构建特色鲜明、集约高效、环境良好、具有核心竞争力的大西南现代产业发展体系,切实增强经济发展的内生动力和自我发展能力,推动经济社会实现跨越式发展,不断提高人民群众生活水平,全面推进小康社会建设,为实现现代化和中华民族伟大复兴努力奋斗。

(二) 发展目标

坚持从大西南地区经济社会发展实际出发,根据大西南地理区位、资源条件、产业基础和综合成本优势,积极制定有针对性、可操作性强的引导、激励和保障政策与措施,建立健全承接长三角产业转移发展的长效机制。要紧紧围绕推进新型工业化发展,注重产业承接的灵活性和有效性,选准产业承接点和关键环节,以承接符合国家产业政策、符合大西南经济发展需要的产业为目标,着力构建以具有极强竞争力产业为核心、以具有较强竞争力产业为基础、以产业关联为导向、以产业链完善为主线、以增强产业自我发展能力为目的的大西南承接长三角产业转移发展体系。要通过优化区域生产力布局,加快产业结构优化调整,转变经济发展方式转变,推进产业集聚发展,大力提高区域产业竞争力,有效参与国际国内分工,迅速壮大产业规模,不断扩大经济发展总量。到2020年,大西南地区现代产业发展体系框架初步建立,战略性新兴产业初具规模,高新技术产业、先进制造业、旅游产业、文化产业等发展成为支柱产业;现代服务业功能完善,现代农业基础牢固,形成产业链条完整、分工合理、布局优化、特色鲜明的现代产业集群,产业竞争力显著提升。到2030年,大西南地区基本建成产业结构高级化、产业布局合理化、产业发展集聚化、产业竞争力高端化的现代产业体系,实现建设全国内陆型经济开发开放战略高地、辐射东南亚、连接西亚和欧洲的战略目标。

(三) 总体思路

坚持以大开放促进大开发大发展,积极扎根大西南和长三角两大经济区域,以加强基础设施建设、承接载体与平台建设、政策与政务环境建设为主要推动方式,突出重点,分类指导,协调推进,大力营造竞争优势。坚持依托长江黄金水道、沪—昆高速公路和高速铁路,以及第二条亚欧大陆桥,建设四条顶级巨型产业带,把建设产业带同建设大西南出海出境通道和长三角、长江中游、中原、川渝等城市群融合一体,打造多元机器制造业"中心",培育和壮大发展极和增长点,形成区域整体实力,展开南向和东向两扇开放大门,着力构建大西南与长三角跨区域、跨国界、全方位、渐进式、多层次、多元化的产业转移发展体系。着力调整优化产业结构和空间布局,加快转变经济发展模式,建立完善双边和多边贸易投资体制与运行机制以及制度安排,向南走向东南亚,向东走向东北亚,与东南亚、东北亚以及整个亚太地区产业转移发展体系互相对接运行,形成两个互联互动的良性循环新格局,通过实施全方位、宽领域的开放与合作,把大西南建设成为承接国际国内产业转移、加快产业创新的重要基地和辐射西部、面向全国、融入世界的西部经济发展高地。其发展思路是:

1. 选准产业转移重点领域

以推动经济发展为主要目标,选择产业承接点,认真分析研究长三角地区可能转移的产业、结合大西南地区优势产业,选择应该承接的产业,明确各省区市、各领域的承接目标,使产业承接思路更加清晰、重点更加突出、措施更加务实。

2. 促进区域产业转型升级

承接产业转移发展不是简单的产业搬迁,也不能简单地复制长三角地区产业结构,必须切实增强产业承接的针对性。特别是劳动密集型产业、资本密集型产业等,要在承接转移过程中注意加强技术改造升级、推进管理创新、拉长产业链条,着力提高产品附加值,在承接中推动传统产业转型升级。

3. 建立多元化现代产业体系

大力改造提升制造业,促进制造业由大变强。着力培育发展节能环保、新一代信息技术、生物、高端装备制造、新能源、新材料、新能源汽车等战略性新兴产业。坚持以产业链条为纽带,以产业园区为载体,构建专业特色鲜明、品牌形象突出、服务平台完备的现代产业体系。

4. 搭建承接产业转移平台

充分利用各类投资贸易活动,积极推动产业承接平台建设,突出招大引强。强化公共服务平台建设,构建公共信息、技术共享、公共试验和检测等服务平台,强化金融、保险、证券、物流、财会、专业咨询等配套服务。创新宣传模式,加强和扩大宣传推介,突出宣传产业特色、环境特色和要素特色,塑造开放合作新形象,提升承接产业转移软实力。

二、总体要求与基本原则

(一)总体要求

新时期推动大西南承接长三角产业转移加快发展,应坚持达到市场导向,政府推动;分类指导,重点推进;有序转移,集聚发展;环保优先,持续发展;加强创新,带动升级;以人为本,改善民生等基本要求。

1. 坚持市场导向

遵循产业发展规律,把承接产业转移与引导资源优化配置紧密结合起来,进一步完善要素市场,突出企业主体地位,加快构建多主体、多层次开放互动的市场机制,营造良好市场环境,充分发挥市场配置资源的决定性作用。加强规划引导和政策扶持,充分发挥政府的协调服务和政策激励作用,支持先行先试,切实完善公共服务,规范招商引资行为。

2. 坚持重点突破

立足资源条件,选择优势领域,突出发展重点,高起点谋划市场容量大、带动作用强、科技含量高、附加值大的资源开发型和产品深加工型项目,积极主动承接长三角产业转移,着力承接发展能矿资源深加工业、装备制造业、现代服务业、高新技术产业、现代农业、劳动密集型产业等产业,促进重点领域的跨越发展和优势产业的率先突破。

3. 坚持创新驱动

坚持走有区域特色的自主创新发展道路,加快实施创新驱动战略。深化体制机制改革,积极营造激励创新的公平竞争环境,强化竞争政策和产业政策对创新的引导。着力培育创新主体,打造创新平台,增强创新动力。加强自主知识产权、自主品牌和自主创新能力建设，着力推进原始创新、集成创新和引进消化吸收再创新，大力提升产业核心竞争力。

4. 坚持优化布局

根据统筹城乡和优化开发、重点开发、限制开发和禁止开发的要求，实行区域产业优化布局和集聚开发。以产业聚集区为重要载体，推动生产要素向发展条件良好、优势突出的地区集聚，不断优化产业空间布局。通过要素自由流动、优化配置，促进产业集聚发展，工业化与城镇化相互融合，推动重点地区加快发展。

5. 坚持互利共赢

遵循产业价值链和产业聚集的客观规律，加快形成产业转移合作的工作协调沟通机制，建立良性竞争、互利共赢的利益共享机制，为实现产业转移发展提供有效的制度平台。充分发挥资源、市场、产业、科技、人力等比较优势，促进大西南与长三角产业转移发展的互联对接，实现产业移出方与承接方优势互补、共同发展。

（二）基本原则

1. 坚持区域之间相互协调

长三角产业向大西南地区转移发展，必须与大西南现有经济结构相互衔接、相互协调，才能产生溢出经济效益，做到既拉动长三角地区经济发展，又促进大西南地区经济增长。各产业部门之间应考虑技术性质的整体性，先导产业、支柱产业和基础产业要能够相互适应，产业链的构成要合理、完整。要创新区域合作模式和运行机制，积极引导资金和产业流向，将产业布局、园区发展与各地优势紧密结合起来，形成区域产业分工合理、优势互补、协调发展的格局。

2. 坚持市场与政府共同作用

在承接产业转移发展过程中，要坚持发挥市场机制的决定性调节作用，同时加强政府的调控、引导和服务职责。政府有关部门要充分考虑承接产业转移对经济社会发展的促进和带动作用，认真做好产业转移调研工作，深入了解企业的发展意愿和要求。要牢固树立"亲商、爱商、安商、敬商"的理念和意识，加快转变政府职能，推进效能型、服务型政府建设，着力创造最佳环境，形成吸纳产业转移的磁力。

第八章 构建中国特色大西南承接长三角产业转移发展体系的战略设想

3. 坚持产业与区域发展相适应

产业承接和引入是有条件的，任何一种产业的转移都必须适合大西南地区基本经济情况，即引进的具体产业必须符合实际需要，必须与自身的吸收、消化和创新能力相应。因此，大西南各地区应注意引进那些在国际或全国并不是最先进，但对自己却是先进的、实用的产业。实现产业特色分工是区域经济合作的基本要求，在承接产业转移发展中必须坚持因地制宜、发挥优势、突出特色，要充分考虑经济基础与人文环境，围绕优势产业或城市功能定位，合理选择移入产业，实现产业承接与加快发展的良性互动。

4. 坚持产业承接与培育内生动力相结合

大西南在承接产业转移中必须着力解决的一个重大问题，就是通过承接产业转移发展，形成特色优势产业，切实增强自主创新能力，推动经济实现跨越发展。为此，要树立做强做优产业的理念，积极吸纳长三角地区的资金、设备与先进技术和管理方法等，加快推进发展思路和机制创新。要按照国家产业政策和自身发展规划，坚持技术进步与产业升级相结合，注意利用先进技术改造提升传统产业，努力增加产业科技含量。要围绕重点产业和特色优势产业，努力承接技术含量高的产业，加快发展战略性新兴产业和高新技术产业，不断提高产业技术集约程度，推动产业结构优化升级，着力增强产业发展的内生动力，提升产业的市场竞争力。

5. 坚持承接产业转移与促进就业相结合

国际金融危机爆发以来，大西南大批农民工因失业从东部地区返乡，在社会保障体系不完善的条件下，如果失业问题不断加剧将引发严重的民生和社会问题。因而，加快承接长三角产业转移发展对当前促进就业无疑具有重大现实意义。为此，应以提高就业水平为重要目标，积极承接能够发挥大西南劳动力优势、吸纳更多就业的劳动密集型和资金技术密集型产业，鼓励和引导外出务工人员回乡务工、创业，逐步改变劳务输出发展模式。通过促进劳动力就近就地转移就业，进一步扩大就业，改善民生，推动产业向城市集聚、人口向城市集中，实现区域和社会的和谐发展。

6. 坚持当前利益与长远利益相结合

大西南各地区承接长三角产业转移一定要树立全面的效益观，要坚持统筹经济、社会和生态效益，着力处理好产业承接与资源环境保护利用的问题。要按照建设资源节约型、环境友好型社会的要求，坚决拒绝产能落后、污染环境、不符合国家产业政策的项目。要切实处理好眼前利益和长远利益、局部利益和全局利益,更加注重资源节约,注重环境保护,绝不能以牺牲资源环境为代价。通过节约集约利用资源,推进节能减排,发展循环经济,提高产业承载能力,推动经济社会实现全面、协调、可持续发展。

三、战略路径与基本形式

(一) 战略路径

当前,推动大西南承接长三角产业转移发展,其战略路径主要有三种:市场机制作用下的产业转移、政府调控指导下的产业转移、企业主导推动下的产业转移。下面分别予以阐述。

1. 市场机制作用下的产业转移

在现代市场经济条件下,市场是经济资源配置的基本方式,通过微观主体的相互竞争和理性决策,市场能够实现合理有效的资源配置。而市场配置资源则是通过充分发挥市场机制的作用实现的,一般来说,市场机制作为价格、竞争、供求、利率、工资等市场要素形成的有机制约体系,主要包括价格机制、竞争机制、供求机制、风险机制、工资机制等,市场机制的一般运行过程是指在不考虑市场具体特点的条件下,竞争机制、供求机制、风险机制这三种市场机制的运行过程。市场机制的指向作用和调节作用的直接作用对象是企业,市场能以灵敏公开的价格发现机制、充分的竞争机制、公正的风险转移和分散机制、效率优先的分配机制,为企业营造宽松适宜、客观公平的生存和发展环境,有利于企业实现其利益最大化、成本最小化。[1] 因此,大西南承接长三角产业转移发展,应通过充分发挥市场机制的作用,着力克服经济发展劣势,将潜在经济优势不断转化为现实经济优势,从而在同质产业发展上,由比较优势转化为绝对优势。

从当前我国经济发展趋势来看,开放市场、消除贸易和生产要素壁垒、减少政府对经济的过多干预,形成由市场主导的产业承接与发展模式,应该是实现区域间产业合理分工与合作更好的选择。但是,仅仅采取这一种产业转移发展模式是不现实的。首先,市场本身不是万能的,市场配置资源具有

---

[1] 王桂平、邝国良:《不完善市场机制下的广东省产业转移研究》[J],《特区经济》,2011 - 01 - 25。

第八章 构建中国特色大西南承接长三角产业转移发展体系的战略设想

盲目性、滞后性,在现实发展中往往会忽略和损害落后地区的利益,使落后地区长期处于比较劣势地位而陷入比较优势陷阱。其次,我国仍处于社会主义市场机制改革和完善期,在这种情况下,单靠市场力量会加剧区域发展不平衡状况,造成严重的经济问题或其他问题。经济发展实践已经证明,市场在实现绝对的效率化后,并不能有效解决环境、生态、社会公平等企业外部性问题,也不能合理解决社会公共产品、公共服务,以及社会宏观经济的稳定和协调发展问题。因此,单纯依靠市场力量无法实现大西南与长三角产业转移对接中的双赢发展,充分发挥各级政府在产业转移与发展中的作用,仍然是区域经济发展的重要环节。

2. 政府调控指导下的产业转移

政府调控下的产业转移是指国家从经济社会发展的整体战略目标出发,通过产业政策,发布产业转移指导目录,引导产业进行区域转移,使全国整体经济空间布局合理化。与市场机制作用下的产业转移发展相比,政府调控下的产业转移发展除了考虑经济因素之外,还要考虑非经济因素,它们是通过不同的机制实现同一个目标的两种路径。[1] 如前所述,市场机制作用下的产业转移发展,是通过微观经济组织的自由竞争来实现的,而微观经济组织是一种以利益为导向的单位,产业能否转移,转移到哪些地区,最终都要取决于企业的经济效益,单一依靠这种途径,并不能导致全国宏观经济利益的最大化。而政府调控下的产业转移发展则是通过政策和其他措施积极引导产业转移发展,为微观经济组织的趋利行为创造更为有利的经济社会发展环境。

任何经济体的市场行为都必须遵循市场经济运行规律,产业转移作为一种经济现象实质上同样是在市场规律的作用下完成的。由于市场失灵以及现阶段我国特有的市场机制不完善性,政府在产业转移发展中的政策引导和调节作用尤为重要,政府介入是产业成功转移的重要保证。在市场机制发展尚不完善的情况下,这就需要采取政府调控下的产业转移发展模式,通过借助政府的主导作用,弥补市场机制的不足,推动产业转移发展。但是,这种产业转移模式也有需要解决的问题:一是可能对市场机制运行造成损害;二是即使建立了更大范围的合作机制,仍然要面对所有区域的产业对接和利益协调问题。因此,只能是一个辅助模式。这就需要政府正确认识政府的角色定位,充分尊重市场的主体地位,在完善市场运行环境上做到有进有退、有取

---

[1] 杨霞、徐邓耀:《高梯度地区产业转移的动力机制分析》[J],《理论探讨》,2011-05-15。

有舍，切实发挥好动态调节功能，以保证产业转移发展顺利进行。

3. 企业主导推动下的产业转移

产业转移作为一个比较宽泛的概念，其实质既是生产力的转移，同时也是生产力所有者利益需求空间的转移。尽管政府在产业转移发展中发挥着重要作用，但是市场的主体是企业。产业转移发展是企业的市场化行为，是企业追求利润最大化做出的自发性反应，其追求利润最大化的动机会促使企业选择上下线配套设施齐全的产业集群地域。随着经济国际化和市场化进程的加速发展，区域合作与产业转移发展的主要动力应由各类企业来承担，与此相适应，区域产业转移和对接的主要推动力量也应逐渐由各级政府转向各种企业。因此，区域产业转移发展的主导力量应是企业而不是政府。

产业转移与承接作为区域间同一产业或关联产业的相互合作，具体来说就是区域间各企业在各种生产要素，如资金、技术、设备、劳动力等方面的对接与合作。由于产业的转移发展最终还是要依赖企业间的对接和项目之间的对接来完成，因此，政府一方面要做好政策引导，给企业提供企业所关心的税收优惠、园区基础设施建设等方面的信息；另一方面又要尊重企业的选择、尊重企业的发展业态，让企业根据自身的发展需要决定是否迁入园区，让市场机制这只无形的手去具体引导产业转移发展。

（二）基本形式

产业在区域空间内的转移，本质上是产业、产业中的部分产品，甚至是某一产品中的部分生产环节，在既定的经济发展水平下，寻求其最适合生存和发展的地域空间。产业在区域之间的转移有很多种发展形式，可以是产业链中某一环节的转移，也可以是产业局部或者整体的转移。在大西南承接长三角产业转移的进程中，各省区市应根据具体情况确定产业转移发展的具体形式，同一地区内可以有多种产业转移发展形式的存在。既要实现产业在长三角与大西南之间转移与承接，也要实现各省区市之间产业结构的转换与升级，即大西南区域内也要积极推动产业转移发展，实现良性互动。其基本形式主要有：

1. 按照产业链进行的转移

可以是产业链中上游的产品转移到有比较优势的地区，而下游的环节仍然保留在原地，当然，也可以是相反的。如纺织业中的纺纱和织布转移到棉毛产区，或者是织布与制造转移到劳动力价格较低的地区。重型机械工业的原材料生产加工可以转移到矿产资源丰富的地区。

2. 按照生产环节进行的转移

产业的核心部件仍然保留在原产地，而将技术要求简单的零部件及装配环节转移到劳动力成本低、市场需求潜力较大的地区。如长三角地区电子产品的某些生产环节，就可以转移到大西南地区。

3. 部分产业的整体或局部转移

指某一地区的原有产业，整体或局部外迁至经济发展程度较低的另一地区。由于该产业在原产地的发展中已失去优势，并且其生产过程又很难分离，因而需要将产业整体或者局部进行转移，在原产地只保留可以与生产过程相分离的部分环节，如技术开发、产品设计、营销渠道等。

4. 比较利益驱动下的产业转移

在市场经济条件下利益驱动是产业进行转移的根本动因。某些重合产业在比较利益的对照下，更适合在其他地区发展，因此在比较利益的驱动下，某地区的原有产业可以转移到另一地区，从而形成一种地区经济和产业生产重心的转移过程，如造纸及纸制品产业。

5. 以主导产业为载体的产业承接

主导产业是指具有区域比较优势的产业，是地区产业结构演变的突破口。从产业结构的演变过程来看，大多数支柱产业都是由主导产业演变而成的。主导产业的产品需求弹性大、相关企业多、内部联系性强。因此，优先发展主导产业，可以有效拉动其他产业一起快速发展。大西南各省区市在承接长三角产业转移发展进程中，应确保优先培育和积极发展自身主导产业，着力打造支柱产业。

第二节 大西南承接长三角产业转移发展的重点方向与重点领域

我们将大西南地区作为一个整体，来研究和分析大西南承接长三角产业转移发展的重点方向与重点领域。在这一过程中，主要运用显示性比较优势指标（RCA）、产业规模区位商和产业经济效益区位商等工业企业竞争力相关指标和数据,对工业发展综合竞争力进行评价的方法,来考察大西南各省区市各产业的竞争力。通过充分考虑移入产业与大西南地区传统优势产业的对接与融合,同时考虑到区域内部的巨大差异和财力物力的有限性,我们认为大西南承接长三角产业转移必须选准重点发展方向和领域,选好重点承接产业,实行重点突破。

一、长三角与大西南产业结构变动和产业竞争力分析

(一) 长三角地区产业结构变动分析

改革开放以来,长三角地区产业结构发生了巨大变化。随着第三产业加速发展,产业结构不断升级,长三角三次产业比例由1978年的19.64∶61.27∶19.1转变为2009年的4.88∶50.32∶44.8。其中,第二产业比重高于全国的46.30%,第三产业也高于全国的43.36%。[①] 近两年来,长三角地区经济转型步伐进一步加快,区域产业结构调整持续深化,2014年长三角三次产业比例进一步调整为4.3∶47.55∶48.15,产业结构历史性地进入了"三二一"时代。[②]

自20世纪90年代以来,长三角地区生产总值GDP占全国的比重不断提高。1991—2006年,长三角GDP占全国比重从16.46%提高到22.21%。2007—2009年,受国际金融危机影响,比重有所下降,从2006年的22.21%下降到2009年的21.29%。到2013年,上海、浙江和江苏经济总量在全国排名分别为第12、第4和第2位,三省市生产总值GDP达到118 332.62亿元。[③]

下面本书运用产业梯度系数指标来考察长三角地区各产业的成熟度。产业梯度系数由我国学者戴宏伟提出,一个区域的某个产业在该国该产业部门中到底位于哪个层次,主要取决于两个因素:一是创新因子,用比较劳动生产率来衡量。二是市场因子,用区位商来衡量。因此,产业梯度系数可以表示为比较劳动生产率和区位商的函数。[④] 一般认为,市场专业化程度及产业创

[①] 张明龙等:《区域产业成长与转移》[M],北京:知识产权出版社,2011年,第239页。
[②] 国家统计局:《2014年中国统计年鉴》[M],北京:中国统计出版社,2014年。
[③] 国家统计局:《2014年中国统计年鉴》[M],北京:中国统计出版社,2014年。
[④] 王敏(导师:冯锋):《长三角产业转移的趋势分析及安徽省的承接对策研究》,中国科学技术大学硕士论文,2010年。

第八章 构建中国特色大西南承接长三角产业转移发展体系的战略设想

新水平相互之间具有乘数效应,于是可以定义产业梯度系数为:产业梯度系数=区位商(Q)×比较劳动生产率(B)。

区位商是分析产业效率与效益的定量工具,用来衡量某产业在特定区域中的相对集中度,由此可以分析该区域产业的竞争力水平以及该区域在全国具有优势和失去优势的产业。一般来说,如果产业区位商大于1.5,可认为该产业在区域中具有较大的比较优势,其计算公式为:$Q=(N_1/A_1)/(N/A)$。其中 N_1 为区域内该产业的产值或从业人员数,A_1 为区域内所有产业的产值或从业人员数;N 为全国该产业的产值或从业人员数,A 是全国所有产业产值或从业人员数。

比较劳动生产率是指该产业产值比重与在该产业就业的劳动力比重的比率,反映的是该产业1%的劳动力的产值在整个国民生产总值中的比重。它体现了该区域该产业的竞争力,如果某产业的比较劳动生产率小于1,说明它的劳动生产率低于全国水平。其计算公式为:$B=(G_1/G)/(L_1/L)$。其中 G_1 为该区域某产业产值,G 为总产值,L_1 为该区域某产业劳动力数,L 为劳动力总数。

由上计算出的产业梯度系数如果大于1,说明这些产业在全国范围内具有较高的产业梯度,具有比较优势;如果产业梯度系数小于1,说明这些产业在该区域处于衰退或即将衰退的阶段,需要转移出去。

根据以上方法,已有的研究表明,[1] 长三角地区需要转移的产业主要有:农副食品加工业、纺织业、皮革、毛皮、羽毛(绒)及其制品业、木材及其加工业、造纸及纸制品业、化学纤维制造业、橡胶制品业、非金属矿物制品业、有色金属冶炼及压延加工业、通讯设备、计算机及其他、废弃资源和废旧材料回收加工业、饮料制造业、印制业和记录媒介的复制、金属制品业、通用设备制造业、专用设备制造业、家具制造业、塑料制品业等。

(二) 大西南地区产业竞争力分析

一个区域工业的发展主要体现在该地区工业企业的发展上,因此,对各省区市工业发展综合竞争力的评价,可以使用工业企业竞争力的指标和数据。

在此用显示性比较优势指标(Revealed Comparative Advantage Index,RCA指数)与竞争力区位商对大西南各省区市主要产业进行比较研究,以确定各

---

[1] 张明龙等:《区域产业成长与转移》[M],北京:知识产权出版社,2011年,第239页。

省区市具有比较优势的产业。显示性比较优势指标（RCA）计算公式是：RCA＝该省份某产业的销售收入全国该产业的销售收入/该省份全部工业产业产品销售收入全国工业销售收入。

一般认为，如果 RCA 大于 2.5，表明该产业具有极强的市场竞争力；如果 RCA 值在 1.25—2.5 之间，表明该产业具有较强的市场竞争力；如果 RCA 值在 0.8—1.25 之间，则该产业具有中度竞争力；如果 RCA 值在 0.8 以下，表明该产业的竞争力较弱。

一个区域的产业竞争力还可以用产业规模区位商和产业经济效益区位商来衡量，表示该地区某产业的市场规模、占有率和经济效益在全国的地位。其计算公式如下：

产业规模区位商＝该省份某产业销售收入地区工业销售收入/全国该产业销售收入全国工业销售收入

产业经济效益区位商＝地区该产业利税值地区工业利税值/全国该产业利税值全国工业利税值

由计算公式可以看出，产业规模区位商基本上等同于 RCA 指标，因此，可以使用 RCA 指标和产业经济效益区位商来分析各省区市不同产业的比较优势。采用 2011 年《中国工业经济统计年鉴》数据，我们计算出大西南地区具有极强竞争力的产业，结果见表 1。

表 1　大西南地区具有极强竞争力的产业

产业	省份	RCA 值	省份	RCA 值
电力热力生产和供应业	贵州	3.642		
有色金属冶炼及压延加工业	云南	4.003		
煤炭开采和洗选业	贵州	4.445		
交通运输设备制造业	重庆	4.106		
饮料制造业	四川	4.675	贵州	3.517
航空航天器制造业	贵州	9.084	四川	3.273
有色金属矿采选业	云南	3.446		
烟草制品业	云南	18.520	贵州	6.697

第八章　构建中国特色大西南承接长三角产业转移发展体系的战略设想

二、大西南承接产业转移发展的重点方向与重点领域

一般来说，产业结构的演进是从劳动密集型产业开始，然后向资本密集型产业升级，再向技术密集型产业发展，最后形成知识密集型产业。劳动密集型产业具有代表性的行业主要是食品加工、食品制造、饮料制造、纺织业、服装、皮革、家具制造、造纸、塑料制造业等。资本密集型产业具有代表性的行业主要是钢铁业、电子与通信设备制造业、运输设备制造业、石油化工、重型机械工业、电力工业等。但资本密集型产业的特点是技术装备多、投资量大、容纳劳动力较少、资金周转较慢、投资效果也慢。

推动大西南承接长三角产业转移发展，应根据现阶段大西南生产力水平，明确产业结构的等级，确定产业承接发展的重点方向与重点领域，并选择与之相应重点产业。当前，大西南地区对发展劳动密集型产业具有天然的优越条件。一是发展劳动密集型产业所需资金投入较少、技术含量较低，而资金和技术正是大西南各省区市最为缺乏的生产要素。二是劳动密集型产品大多是生活必需品，大西南市场空间广阔、人口规模庞大，加上特有的消费习惯，为大力发展劳动密集型产业提供了强有力的支撑。三是劳动力资源丰富，大西南农村人口大量过剩，外出务工的农民越来越多选择返乡，这为发展劳动密集型产业提供了大量劳动力。四是自然资源十分丰富，大西南地区资源优势突出，具有发展农业、加工业、制造业等产业的坚实基础。目前各省区市基本还处于工业化初期或中期阶段，因而产业发展方向应当以劳动密集型和资本密集型产业为重点，逐步向技术密集型和知识密集型产业推进。对此，应注意承接劳动密集型产业转移，促进中小企业和个体私营经济加快发展，努力创造更多就业岗位，以吸纳更多的劳动力。同时，要积极发展资源深加工和资本密集型产业，推进产业结构调整，加快经济转型升级，为区域产业发展进一步向技术密集型和知识密集型过渡打下良好基础。

按照《国家"十二五"规划纲要》《全国主体功能区规划》和国家《产业转移指导目录（2012年本）》的要求，全国各地区要积极发展特色优势产业，加强产业集聚，形成产业竞争优势，同时推进产业有序转移，优化生产力布局，促进区域经济协调可持续发展。特别是《转移指导目录》明确指出了大西南产业发展定位，即建设成为全国重要的原材料基地、绿色食品基地和资源精深加工基地，西部地区重要的高新技术产业、先进制造业基地。大西南资源优势突出、市场潜力巨大、发展空间广阔，因而是我国重要的战略

资源接续地、产业转移承接地,大西南承接产业转移发展的重点方向和重点领域,应该是大力发展装备制造业、原材料工业、电子信息产业、消费品工业等产业。

(一) 装备制造业

发挥成都、重庆产业集聚作用,重点发展新能源装备、轨道交通车辆配套设备、工程机械等产业,建设成绵乐(成都、绵阳、乐山)、成内渝(成都、内江、重庆)、成南(遂)渝(成都、南充、遂宁、重庆)装备产业带。壮大贵州航空航天装备和广西工程机械等产业。以重庆、成都、柳州为重点,建设汽车、摩托车及汽车零部件产业集群。建设成都、贵阳、安顺民用航空产业基地。同时,加强资源综合利用,发展环保装备制造业。①

(二) 原材料工业

推进城市钢厂搬迁,加快防城港钢铁精品基地建设。推进攀西钒钛资源综合利用和稀土深加工基地建设,发展稀土新材料产业。发挥广西、贵州铝资源优势和重庆铝加工技术优势,建设铝深加工产业基地。利用临港条件和对外管线条件,以钦州、昆明为重点,建设化工产业基地。提升四川、重庆石油化工和天然气化工产业。优化西南地区化肥和盐化工产业结构,建设云南、贵州磷化工产业基地。②

(三) 电子信息产业

积极承接电子信息产业转移,建设国家重要的电子信息产业基地。以成都、重庆为中心,以北海、南宁、绵阳、广安、昆明、贵阳等为重要集聚区,重点发展计算机制造、电子材料、新一代移动通信、软件、新型平板显示、集成电路、电子元器件、智能仪器仪表网络信息、家电、下一代互联网核心设备和智能终端、信息安全等产业,加快发展新能源、石油、电力等领域应用电子产品。大力发展行业应用软件、多语种基础软件和嵌入式软件,形成多语种软件产业化集群优势。③

---

① 国家工业和信息化部:《产业转移指导目录(2012年本)》,2012-07-26。
② 国家工业和信息化部:《产业转移指导目录(2012年本)》,2012-07-26。
③ 国家工业和信息化部:《产业转移指导目录(2012年本)》,2012-07-26。

第八章　构建中国特色大西南承接长三角产业转移发展体系的战略设想

（四）消费品工业

依托林竹资源优势，四川、重庆重点发展竹浆，贵州、云南适当发展木浆和竹浆，建设林浆纸一体化基地。利用蚕丝、麻、竹等天然资源，积极承接轻纺等产业转移，壮大纺织服装产业。发挥白酒品牌优势，发展茶叶、特色果蔬、食用菌、制糖等优势特色产业，建设国家重要的农产品深加工基地。积极发展现代中药、民族医药和生物医药，建设重庆、成都、贵阳、昆明、桂林等生物医药产业基地。[①]

三、四川承接产业转移发展的重点方向和领域

（一）四川具有极强竞争力的产业

包括饮料制造业、航空航天器制造业（高技术产业）。这两个产业的 RCA 指标值分别是：4.675、3.269；区位商值分别是：5.458、3.517。饮料制造业和航空航天器制造业的区位商均大于其 RCA 指标，这说明这两个产业的经济效益优势要强于其规模优势。饮料制造业属于四川传统产业，尤其是制酒行业，全国 70% 的白酒产自四川，饮料制造业的总产值在四川工业总产值中的占比最高。从横向比较来看，四川饮料制造业 RCA 指标在大西南各省区市中排名第一位，区位商指标排名第一位，且大幅度领先于其他省份，这说明该产业在大西南地区具有较大的比较优势。

（二）四川具有较强竞争力的产业

包括非金属矿采选业、石油和天然气开采业、农副食品加工业、医药制造业、非金属矿物制品业、煤炭开采与洗选业、有色金属矿采选业、通用设备制造业。这些产业的 RCA 指标分别是：2.264、1.737、1.604、1.571、1.568、1.327、1.279、1.265；区位商值分别是：2.503、0.484、1.519、1.513、1.402、0.786、1.739、1.319。其中，非金属矿采选业、有色金属矿采选业和通用设备制造业的区位商值大于其 RCA 指标值，说明这三个产业的经济效益优势强于其规模优势。而石油和天然气开采业、农副产品加工业、医药制造业、非金属矿物制品业、煤炭开采与洗选业的区位商值小于其 RCA

---

① 国家工业和信息化部：《产业转移指导目录（2012 年本）》，2012-07-26。

值,说明这些产业的经济效益优势要小于其规模优势。

(三) 四川具有中度竞争力的产业

包括黑色金属矿采选业、专用设备制造业、食品制造业、造纸及纸制品业、电力热力生产供应业、化学原料及化学制品制造业、黑色金属冶炼及压延加工业、电子及通信设备制造业、烟草制品业、金属制品业。这些产业的RCA指标值分别是:1.241、1.238、1.165、1.090、1.006、1.001、0.977、0.961、0.920、0.804;区位商值分别是:0.982、1.075、0.893、1.064、1.692、0.965、0.930、1.133、0.796、0.807。其中,电力热力生产和供应业、电子及通讯设备制造业、金属制品业的区位商大于RCA指标值,这说明这些产业经济效益较好。

总体来看,四川在大西南各省区市各产业发展中竞争力较强,共有8个产业具有较强竞争力,10个产业具有中度竞争力,还有2个产业具有极强竞争力,这说明四川经济总体发展比较均衡,产业结构布局相对合理,产业发展的综合竞争力较强,具有承接相应产业的经济基础。其中,航空航天器制造业、医药制造业、电子及通讯设备制造业科技含量高,经济效益大于规模效益,应作为重点承接和发展的产业;农副食品加工业是四川的传统产业,该产业的发展有利于带动上下游农副产品的生产与销售,促进农村经济发展,应在产业承接发展中注意完善其产业链。其他产业多为能源生产与加工等劳动密集型产业,这些产业的发展有利于促进就业,但在产业承接过程中要注意技术的引进与提升,注意环境保护与经济效益的良性结合。因此,四川承接长三角产业转移应将以下产业作为发展重点。

1. 电子及通讯设备制造业

(1) 卫星通信系统设备、数字接收终端产品、光纤传输系统设备、数字微波传输设备、数字集群通信系统及网络终端设备、雷达及专用配套设备等国防专用系统与设备;(2) 广播电视发射接收设备,数字音视频类产品、数字家庭智能终端、网络信息家电等消费类电子产品;(3) 计算机及外部设备、零部件及配套产品、工控计算机、超大容量存储系统及设备、物联网相关应用类产品;(4) 电声器件、平板显示器件、发光二极管等基础电子元器件及材料;(5) 集成电路制造、封装与测试;(6) 电子工业用超薄玻璃;(7) 新型显示器制造专用设备;(8) 数字内容产品、动漫与网络游戏、嵌入式软件、系统集成及控制软件、行业管理系统应用与服务类软件;(9) 信息安全产品;

(10) 大型智能打印机、大型智能喷码机。①

2. 专业设备制造业

(1) 清洁高效发电设备；(2) 大型工程施工机械及关键零部件；(3) 大型冶金、石化、天然气钻采和输配送、煤炭综采、现代化农业等机械设备；(4) 安全应急救援设备；(5) 高端数控机床及功能部件；(6) 轻工、纺织、食品加工成套设备；(7) 工业机器人；(8) 海洋平台、海洋钻机、船用柴油发动机、海洋复合电缆、海水淡化设备等海洋工程装备；(9) 大型彩印机、大型切纸机。②

3. 航空航天器制造业

(1) 民用飞机零部件；(2) 通用飞机整机及机载设备、起落架、承力框、梁、发动机涡轮盘等关键部件；(3) 大型涡扇航空发动机及关键零部件；(4) 空中交通管制设备；(5) 大型航天火箭、空间飞行器、航天火工品、电液伺服产品、航天电子产品、光机电一体化产品等主机或配套产品；(6) 北斗卫星民用导航终端、北斗卫星导航定位应用系统及关键元器件。③

4. 交通运输设备制造业

(1) 大功率交流传动内燃机车、电力机车、混合动力机车；(2) 高速和中低速磁悬浮车辆、城轨和城际列车、城际双动力动车组；(3) 快速铁路专用货车、专用线重载车辆、机车车辆特种救援设备；(4) 轨道交通装备关键系统及核心零部件；(5) 高速铁路钢轨/道岔、无砟轨道板模具/扣件系统、铁路桥梁构件；(6) 铁路隧道掘进机、地铁盾构机、隧道钻注一体化设备；(7) 铁路电气控制系统、高速动车组移动通信保障系统、高速铁路绝缘子；(8) 新能源汽车关键零部件、车载充电机、非车载充电设备；(9) 汽车电子控制系统。④

5. 建材业

(1) 纸面石膏板、利用工业副产石膏生产墙体材料/装饰材料；(2) 预应力高强混凝土离心桩、预应力钢筒混凝土管；(3) 节能型新型墙体和屋面材料、绝热隔音材料、建筑防水/密封材料；(4) 在线镀膜玻璃、低辐射玻

---

① 国家工业和信息化部：《产业转移指导目录（2012年本）》，2012-07-26。
② 国家工业和信息化部：《产业转移指导目录（2012年本）》，2012-07-26。
③ 国家工业和信息化部：《产业转移指导目录（2012年本）》，2012-07-26。
④ 国家工业和信息化部：《产业转移指导目录（2012年本）》，2012-07-26。

璃、玻璃深加工制品；（5）玻璃熔窑用高档耐火材料；（6）功能陶瓷、新型结构陶瓷、多孔陶瓷、生物陶瓷、新能源用关键陶瓷材料及器件、陶瓷基复合材料及制品；（7）使用合成矿物纤维、芳纶纤维等作为增强材料的无石棉摩擦和密封材料；（8）废矿石、尾矿、建筑废弃物综合利用；（9）高纯、超细、改性等精细加工的高岭土/石墨/硅藻土等非金属矿深加工；（10）超薄复合石材、矿石碎料和板材边角料综合利用。①

6. 医药制造业

（1）创新药物；（2）单一成分植物药；（3）重大通用名药原料药；（4）新型中药饮片及原料药；（5）预防流行性呼吸系统疾病、艾滋病、肝炎、肿瘤的新型疫苗、联合疫苗；（6）治疗创伤性及出血性休克、严重烧伤、病毒性感染等的新型血液制品；（7）乙肝、甲状腺、血吸虫、艾滋病、结核病等检测试剂。②

7. 化学原料及化学制品制造业

（1）低品位磷矿采选、共伴生碘和氟等资源综合回收项目及产品；（2）电子级磷酸、高端精细磷化工产品；（3）农药新品种；（4）魔芋葡甘糖，木质素、脂肪胺衍生物等生物化工；（5）高性能纤维；（6）高性能功能材料。③

8. 农副食品加工业

（1）米制食品深加工；（2）专用粉、强化粉、预配粉；（3）稻谷副产物综合利用；（4）玉米粉、玉米浆、玉米蛋白粉等玉米加工食品；（5）马铃薯淀粉、变性淀粉、全粉加工，红薯淀粉粉条；（6）菜籽食用油、调和油、玉米胚芽油、芝麻油和橄榄油等系列油脂产品；（7）热带、亚热带水果制浓缩果汁（浆）、罐头，利用水果皮渣、籽等副产物提取果胶、精油、食用色素等；（8）泡菜、食用菌、魔芋等特色农产品深加工；（9）乳制品加工；（10）精制茶；（11）果蔬汁饮料、植物蛋白饮料；（12）名优白酒、葡萄酒、果酒。④

---

① 国家工业和信息化部：《产业转移指导目录（2012年本）》，2012-07-26。
② 国家工业和信息化部：《产业转移指导目录（2012年本）》，2012-07-26。
③ 国家工业和信息化部：《产业转移指导目录（2012年本）》，2012-07-26。
④ 国家工业和信息化部：《产业转移指导目录（2012年本）》，2012-07-26。

第八章　构建中国特色大西南承接长三角产业转移发展体系的战略设想

9. 纺织业

（1）苎麻纺织产品；（2）真丝与其他纤维混纺、交织、复合等新型面料；（3）绒类面料、弹性面料等中高档纺织面料；（4）保健型针织品、针织服装；（5）高档服装；（6）弱捻纱巾被等家用纺织品；（7）产业用纺织品；（8）功能性、差别化纤维；（9）再生聚酯纤维。①

10. 轻工业

（1）嵌入式家电；（2）高效节能型电光源产品、高效/节能/小型多功能照明器具；（3）林浆纸（竹浆造纸）一体化（新闻纸、铜版纸除外);（4）夹江书画纸、低定量高档文化用纸、特种工业纸、高档包装用纸、生活用纸；（5）高强度竖瓦楞纸板、组合化复合材料、大型重载机电产品包装箱、包装箱回收和循环利用；（6）医用塑料、农用塑料、工程塑料；（7）高档皮革、合成皮革、新型皮革化工材料、中高档品牌鞋；（8）板式家具、实木家具、竹藤家具；（9）中密度纤维板、人造板新板种、装修装饰用材、小包装用材；（10）电动自行车、专用竞赛车、残疾人助力车；（11）天然香料；（12）运动用品、旅游用品。②

四、贵州承接产业转移发展的重点方向和领域

（一）贵州具有极强竞争力的产业

包括航空航天器制造业、烟草制造业、煤炭开采和洗选业、电力热力生产和供应业和饮料制造业。这些产业的 RCA 指标值分别是：9.084、6.697、4.445、3.642、3.572；区位商值分别是：1.113、0.999、0.912、0.441、2.441。以上 5 个产业的区位商值均低于 RCA 指标值，说明这些产业的经济效益优势要弱于其对应的规模优势。贵州航空航天器制造业拥有极强的比较优势，2010 年贵州航空航天器制造业产值仅次于四川，完成总产值 91.6 亿元，实现利润 2.8 亿元。另外，贵州的烟草制品业与电力热力供应业竞争力极为突出，饮料制造业中的茅台、董酒等"两烟一酒"是贵州的支柱产业。贵州作为我国重要的能源基地，煤炭开采与洗选业较为发达，水能资源丰富，电力行业发展基础较强。从横向比较来看，贵州电力热力生产和供应业 RCA 指

---

① 国家工业和信息化部：《产业转移指导目录（2012 年本）》，2012 - 07 - 26。
② 国家工业和信息化部：《产业转移指导目录（2012 年本）》，2012 - 07 - 26。

标值在大西南各省区市中排名第一位,且大幅度领先于其他省份,这说明贵州在该产业规模比较优势最强。航空航天器制造业、烟草制造业、煤炭开采和洗选业、饮料制造业的 RCA 指标均排名第二位,说明这几个产业的横向比较优势很明显。

(二) 贵州具有较强竞争力的产业

包括医药制造业、非金属矿采选业、化学原料及化学制品加工业、有色金属冶炼及压延加工业、黑色金属冶炼及压延加工业。其相应的 RCA 指标值分别是:2.131、1.706、1.461、1.293、1.286;其对应的区位商值分别是:0.479、0.446、1.175、0.145、0.153。其中,医药制造业、非金属矿采选业、化学原料及化学制品加工业、有色金属冶炼及压延加工业的区位商值均低于其 RCA 指标值,且未达到 1.25 的较强竞争力水平,说明这些产业的经济效益优势弱于其规模优势。

(三) 贵州具有中度竞争力的产业

包括非金属矿物制品业。其对应的 RCA 指标值是:0.907,区位商值为:0.108。非金属矿物制品业的区位商值远低于其 RCA 指标值,说明该产业的经济效益优势弱于其规模优势。

总体来看,贵州产业发展相对竞争力不高,但在一些产业的发展上具有比较突出的优势,因此结合 2012 年产业转移指导目录,贵州承接长三角产业转移可以将以下产业作为发展重点。

1. 机械设备制造业

(1) 工程机械及关键零部件;(2) 数控磨床、数控铣床等精密数控装备和关键基础件;(3) 风力发电装备;(4) 矿山、冶金、化工、农业、建材成型设备;(5) 医疗器械及医用检测设备;(6) 钎具及磨料、模具;(7) 高低压电力装备;(8) 包装机械、环保装备。

2. 航空航天器制造业

(1) 涡桨多用途飞机、小型通用飞机、民用无人机、高级教练机;(2) 民用飞机发动机零部件;(3) 机载设备、地面保障系统、机电一体化成套技术装备;(4) 航空航天基础零部件;(5) 直升机产业。

3. 交通运输设备制造业

(1) 重载高速货车及其配套的转向架;(2) 高速铁路铸钢轮对、粉末冶

第八章　构建中国特色大西南承接长三角产业转移发展体系的战略设想

金闸瓦、高速列车用弹簧。

4. 化学原料及化学制品加工业

（1）高硫煤清洁转化、利用劣质煤发展精细煤化工产品；（2）磷矿高效开采，中低品位磷矿、尾矿采选利用，磷矿伴生氟和碘等资源综合回收；（3）各种优质专用肥、缓控释肥；（4）精细磷化工产品、脱氟磷酸钙生产大型装置；（5）磷石膏、黄磷尾气及磷渣综合利用技术开发与应用；（6）安全、高效、经济的农药新品种、新剂型（水基化剂型等）、专用中间体、助剂（水基化助剂等）和生物农药新产品；（7）有机硅副产物综合利用；（8）水性木器漆，工业、船舶涂料；（9）90%以上富钛料（人造金红石、天然金红石、高钛渣）生产氯化法钛白粉。

5. 有色和黑色金属冶炼及压延加工业

（1）铝土矿资源及赤泥综合利用；（2）金、银矿深部探矿与开采；（3）伴生金、银等贵金属回收；（4）铝、钛等常用有色金属加工；（5）高强度建筑和机械用钢、钎钢等优钢系列品种；（6）合金弹簧钢、轴承钢；（7）预应力钢丝、钢绞线、焊网（丝）等钢材深加工；（8）低碳、低磷、低硫等精炼铁合金。

6. 建材业

（1）铝酸盐水泥、硫铝酸盐水泥等特种水泥；（2）利用新型干法水泥窑炉处置废弃物；（3）预应力钢筒混凝土管（PCCP 管）；（4）纸面石膏板；（5）预拌混凝土、抹面砂浆；（6）超薄复合石材板、矿石碎料和板材边角料综合利用；（7）保温墙材、加气混凝土、粉煤灰蒸压砖等新型墙体和屋面材料、绝热隔音材料、建筑防水和密封材料；（8）玻璃熔窑用高档耐火材料；（9）以工业废渣为原料生产微晶玻璃、玻璃深加工；（10）陶瓷板；（11）耐高温、耐腐蚀、高硬度的氧化铝、氮化硅、氮化硼、人工晶体等结构陶瓷及具有特殊性能的功能陶瓷材料；（12）高纯、超细、改性等精细加工的高岭土、石墨、硅藻土等非金属矿深加工。

7. 农副食品加工业

（1）特色农产品贮藏、保鲜及深加工；（2）畜禽及其他特色肉制品加工；（3）风味米、营养米、精制米、特色米，大米淀粉、薯类淀粉深加工；（4）菜籽油、茶籽油、米胚油、核桃油等食用油，蓖麻油、桐油深加工；（5）牛、羊液态乳及乳制品；（6）新型、特色、方便调味品；（7）速冻食品、微波食品、保鲜食品、方便食品；（8）名优白酒、优质葡萄酒、啤酒、果酒；（9）无公害绿茶、名优茶、有机茶、特种茶加工；（10）纯净水、矿泉水等包装饮用水；（11）果蔬汁饮料、茶饮料、含乳饮料。

8. 纺织业

（1）黄麻提花地毯纱、民族花椒布、土花布等特色产品；（2）缫丝及丝绸深加工；（3）高档纺织面料；（4）家居、休闲、职业服装及民族服装服饰；（5）高档复合非织造布及其他产业用纺织品；（6）竹纤维及制品。

9. 医药制造业

（1）天麻、杜仲等中药特色药材饮片、冰片加工；（2）苗药等民族药物；（3）天然药物；（4）创新药物；（5）心血管病药、抗癌药、抗衰老药；（6）保健品；（7）现代生物制药；（8）新型疫苗和诊断试剂；（9）茶多酚、葛根黄酮、雪莲果低聚果糖、头花蓼有效成分等的提取；（10）细胞级微粉纯天麻胶囊、弹性蛋白酶原粉；（11）生物多糖冲洗胶液、可吸收止血氧化再生纤维素、可吸收防粘连液等高性能医用材料。

五、广西承接产业转移发展的重点方向和领域

（一）广西具有较强竞争力的产业

包括色金属矿采选业、农副食品加工业、非金属矿采选业、交通运输设备制造业、电力热力的生产和供应业、有色金属冶炼及压延加工业、烟草制品业、饮料制造业、黑色金属冶炼及压延制造业、非金属矿物制品业。这些产业的 RCA 指标值分别是：2.454、2.318、1.891、1.806、1.697、1.607、1.597、1.475、1.476、1.374；区位商值分别是：2.329、3.362、1.478、1.653、1.805、1.999、1.248、1.636、1.194、1.509。其中农副食品加工业、电力热力的生产和供应业、有色金属冶炼及压延加工业、非金属矿物制品业、饮料制造业这五个产业的区位商值大于其 RCA 指标值，这说明这五个产业的经济效益优势大于其规模优势。而其他几个产业的区位商值均小于其 RCA 指标值，说明这些产业的经济效益优势弱于其规模优势。

（二）广西具有中度竞争力的产业

包括黑色金属矿采选业、专业设备制造业、造纸及纸制品业、医药制造

第八章　构建中国特色大西南承接长三角产业转移发展体系的战略设想

业、化学原料及化学制品加工业。这些产业的 RCA 指标值分别是：1.248、1.242、1.190、1.013、0.842；区位商指标值分别是：1.137、1.263、0.938、1.127、0.741。其中专业设备制造业、医药制造业的区位商值大于其 RCA 指标值，这说明这两个产业的经济效益因素大于其规模优势。而其他产业的区位商值小于 RCA 指标值，说明这些产业的经济效益因素弱于其规模优势。

总体来看，广西具有较强竞争力的产业较多，其行业跨度较大，说明广西产业发展总体上比较均衡，产业结构布局相对合理。结合 2012 年产业转移指导目录，广西承接长三角产业转移可以将以下产业作为发展重点。

1. 农副食品加工业

（1）制糖；（2）粮油、肉禽、水产品、乳品、果蔬、食用菌加工；（3）果蔬汁饮料、植物蛋白饮料、特殊用途饮料、包装饮用水；（4）茶饮料及精制茶；（5）啤酒、葡萄酒、果露酒。

2. 化学原料及化学制品加工业

（1）油品深加工及副产品利用；（2）新型肥料；（3）精细氯产品；（4）氯化法钛白粉；（5）特种轮胎及特种橡胶制品；（6）生物质化工深度利用。

3. 交通运输设备制造业

（1）乘用车、商用车、专用汽车；（2）节能与新能源汽车及关键零部件；（3）柴油、汽油发动机。

4. 有色金属冶炼及压延加工业

（1）铜、铝、铅、锌、锡等常用有色金属加工；（2）铟、锗等稀有金属深加工。

5. 黑色金属冶炼及压延加工业

（1）造船、桥梁、管线、锅炉和建筑工程结构板等高附加值专用精品宽厚板；（2）高强度汽车板、家电板；（3）低铁损高磁感硅钢；（4）锰盐精深加工；（5）工程机械用钢。

6. 机械制造业

（1）柴油机及工程机械；（2）轴承、模具、铸造锻件；（3）数控机床；（4）输配电设备及发电机组；（5）石化、港口、冶金机械；（6）空气压缩机等通用机械；（7）水稻和甘蔗种植及收获机械、小型拖拉机、农用内燃机、喷灌设备等农业设备；（8）食品及包装机械、柔性印刷机械。

7. 电子信息及通信设备制造业

（1）电解金属锰为原料的电器元件、无汞碱锰电池、锂锰电池；（2）计算机和外部设备、零部件及终端配套产品、工控计算机、大容量存储系统及设备；（3）数字音视频系统设备、数字接收终端产品及零部件；（4）光通信系统、数字微波通信设备、网络终端配套产品；（5）集成电路设计、制造、封装与测试，汽车、通信等专用电路；（6）敏感元件及传感器、铝电子产品、印刷电路板等元器件与材料；（7）嵌入式软件、动漫产品、行业管理与服务系统应用类软件。

8. 医药制造业

（1）中成药、中药饮片、中药提取物；（2）壮药、瑶药、其他民族药；（3）氨基酸类生物制药；（4）体液检测设备和诊断试剂、临床分析仪、高频高压 X 射线诊断设备；（5）口腔医疗器械、激光医疗器械。

9. 纺织业

（1）茧丝绸产品；（2）品质、特色纱线及面料；（3）中高档剑麻纺织产品；（4）中高档服装及家用纺织品；（5）产业用纺织品。

10. 交通运输设备制造业

（1）大型客滚船、大型汽车运输船、大型重型运输船、集装箱船、游艇、油轮、远洋渔船及船舶修理；（2）油气存储设施、海洋地质勘探船、供应船、拖船、起重船、打捞救助船、海底电缆铺设船、铺管船；（3）甲板机械、柴油机、波浪补偿起重机、船用换热器；（4）船用通信、导航、自动化系统产品。

六、云南承接产业转移发展的重点方向和领域

（一）云南具有极强竞争力的产业

包括烟草制品业、有色金属冶炼及压延加工业、有色金属矿采选业。这些产业的 RCA 指标值分别是：18.520、4.003、3.446。区位商值分别是：10.518、2.231、2.856。这三个产业的区位商值均小于其 RCA 值，这说明这三个产业经济效益优势弱于其规模优势。其中，烟草制品业是云南的支柱产业，是云南产值的重要来源，"红塔山""玉溪""红梅"等烟草品牌都是云

南经久不衰的产品。从横向比较来看，云南烟草制品业的 RCA 指标值和区位商值在大西南地区中均排名在第一位，且大幅度超过其他省份，说明云南烟草制品业具有极强的比较优势。

（二）云南具有较强竞争力的产业

包括非金属矿采选业、黑色金属矿采选业、电力热力生产和供应业、黑色金属冶炼及压延加工业、医药制造业。这些产业的 RCA 指标值分别是 2.474、2.183、2.128、1.573、1.258。区位商值分别是：2.130、1.467、1.684、1.084、0.871。这几个产业的区位商值均小于其 RCA 指标值，说明其经济效益优势弱于对应的规模优势。

（三）云南具有中度竞争力的产业

包括化学原料及化学制品制造业、煤炭开采与洗选业、饮料制造业、非金属矿物制品业。这些产业对应的 RCA 指标值分别是：1.247、1.180、1.103、0.818；区位商值分别是：0.564、0.722、0.636、0.441。这几个产业的区位商值均小于其 RCA 指标值且远远小于 0.8，说明其经济效益优势弱于对应的规模优势。

总体来看，云南工业整体竞争力相对偏弱，产业属于较弱竞争力的产业较多，在所有产业中占比达到 2/3，其优势竞争力产业基本上体现在自身的自然资源方面。结合 2012 年产业转移指导目录，云南承接长三角产业转移可以将以下产业作为重点。

1. 医药制造业

（1）创新药物；（2）天然药物；（3）新型药物制剂；（4）彝药、傣药等民族药，傣药南药健康保健品；（5）天麻、三七等特色药材加工；（6）新型疫苗和诊断试剂。

2. 农副食品加工业

（1）魔芋、马铃薯等薯类深加工；（2）热带亚热带水果（含核桃、咖啡等坚果）深加工；（3）野生食用菌、花卉食品、蔬菜加工；（4）肉制品、畜禽类制品深加工；（5）制糖；（6）绿色食品；（7）乳制品加工；（8）精制茶；（9）优质啤酒、葡萄酒、果酒；（10）功能饮料、植物蛋白饮料、咖啡饮料；（11）木本食用油料产品精深加工。

3. 黑色金属冶炼及压延加工业

（1）难选贫矿、共（伴）生矿综合利用；（2）矿用支护钢、轻轨和大型型钢等钢材；（3）高强度结构钢、高档不锈钢、高档工模具钢、高温高压锅炉钢、特种耐蚀钢、电工用硅钢等特种钢材；（4）高强建筑用钢；（5）钒氮合金、高钒铁。

4. 有色金属冶炼及压延加工业

（1）有色金属矿开发利用；（2）多元素共（伴）生矿资源综合利用；（3）有色金属现有矿山接替资源勘探开发、紧缺资源的深部及难采矿开发；（4）从尾矿及废石中回收金、银及其他有价元素；（5）金、银矿深部探矿与开采；（6）综合回收金、银、铂、铟、锗；（7）常用有色金属及稀有金属深加工；（8）稀土深加工。

5. 化学原料及化学制品加工业

（1）炼化一体化及副产品综合利用；（2）天然橡胶精深加工；（3）煤层气资源综合利用；（4）褐煤提质及发展精细煤化工产品；（5）低品位磷矿选矿、精细磷化工产品、共伴生碘和氟等资源综合利用；（6）安全、高效、经济的农药新品种、新制剂；（7）磷石膏资源化利用。

6. 专业设备制造业

（1）汽车零部件；（2）汽车发动机及发动机零部件；（3）高端数控机床、功能部件及大型精密铸件；（4）金属铸造、切割及焊接设备；（5）起重运输设备；（6）轴承、齿轮、传动和驱动部件；（7）采矿、冶金、化工、橡胶、环境污染防治专用设备；（8）木材加工机械、电子电工机械，农、林、制糖等专用机械；（9）风力发电机组、水轮发电机、电动机；（10）超高压、特高压变压器，配电开关控制设备等输配电及控制设备；（11）印刷机械。①

7. 电子信息及通信设备制造业

（1）计算机和外部设备、工控计算机及配套产品；（2）半导体照明（LED）材料；（3）红外及夜视系统；（4）光电子器件、光机电设备；（5）民族小语种语言软件，旅游、有色金属、电力、交通、物流等特色优势行业管理系统应用软件；（6）软件外包与信息服务。

---

① 国家工业和信息化部：《产业转移指导目录（2012年本）》，2012 – 07 – 26。

8. 交通运输设备制造业

(1) 城轨车辆组装和维保；(2) 轨道交通装备关键系统及核心零部件；(3) 轨道交通施工、检修自动化设备。

七、重庆承接产业转移发展的重点方向和领域

(一) 重庆具有极强竞争力的行业

包括交通运输设备制造业。其 RCA 指标值为 4.106，区位商为 3.729，该产业的区位商值小于其 RCA 值，说明该产业的规模优势强于经济效益优势。同时，该产业中的汽车摩托车行业优势很明显，庆铃集团、长安铃木、力帆集团、宗申集团都是重庆交通运输设备产业的重点企业。从横向比较来看，重庆的交通运输设备制造业的 RCA 指标值和区位商值在大西南地区均领先于其他省份，说明重庆该产业发展上具有巨大的比较优势。

(二) 重庆具有较强竞争力的产业

包括非金属矿采选业、医疗设备及仪器仪表制造业，医药制造业、烟草制品业。这些产业对应的 RCA 指标值分别是：1.853、1.676、1.664、1.338；区位商值分别是：2.136、1.639、0.955、1.273。其中非金属矿采选业的区位商值大于其 RCA 指标值，说明该产业的经济效益优势大于规模优势；医药制造业的区位商值小于其 RCA 值，说明其经济效益优势弱于对应的规模优势。

(三) 重庆具有中度竞争力的产业

包括非金属矿制品业、煤炭开采与洗选业、造纸机纸制品业、有色金属冶炼及压延加工业、通用设备制造业、饮料制造业、电气机械及器材制造业、电力热力的生产和供应业、化学原料及化学制品制造业。这些产业对应的 RCA 指标值分别是：1.098、1.073、1.045、1.016、0.984、0.881、0.870、0.850、0.841；其区位商值分别是：2.136、0.873、1.020、0.846、1.138、0.875、0.846、0.899、0.906。其中非金属矿物制品业、通用设备制造业、电力热力生产和供应业、化学原料及化学制品制造业的区位商值大于其 RCA 指标值，说明该产业的经济效益优势要强于其规模优势；其他产业的区位商值均小于其 RCA 值，说明这些产业的经济效益并不明显。

总体来看，重庆在承接产业转移发展中应着力做强做大交通运输设备制造业，切实提高非金属矿制品业、煤炭开采与洗选业、造纸机纸制品业、有色金属冶炼及压延加工业、通用设备制造业、饮料制造业、医药制造业、电气机械及器材制造业、电力热力的生产和供应业、化学原料及化学制品制造业的规模效益。结合国家《产业转移指导目录（2012年本）》，重庆承接长三角产业转移可以将以下产业作为承接重点。

1. 电子信息及通信设备制造业

（1）计算机和外部设备、零部件及配套产品、工控计算机、存储系统及设备；（2）集成电路设计、制造、封装与测试，通信、网络终端控制芯片，应用消费类和国防工业专用芯片电路；（3）发光二极管芯片、基础电子元器件、平板显示、敏感元件及传感器；（4）数字音视频系统设备、数字接收终端产品及零部件，数字摄录、家庭智能终端等消费类电子产品；（5）汽车电子、医疗电子、专用仪器仪表类配套产品；（6）电子化学品；（7）数据处理平台服务类软件、嵌入式软件、系统集成软件、电子商务等行业管理系统应用类软件。

2. 汽车及交通运输设备制造业

（1）乘用车、商用车、专用汽车；（2）节能与新能源汽车及关键零部件；（3）汽油、柴油发动机，自动机械变速器总成；（4）摩托车、摩托车汽油发动机总成及关键零部件；（5）汽车电子控制系统；（6）城轨车辆；（7）轨道交通装备关键系统及核心零部件。

3. 机械设备制造业

（1）电子专用设备；（2）工业机器人；（3）高端数控机床及功能部件；（4）水轮发电机组、内燃机发电机组、大型火电设备；（5）通用汽油发动机、大型船舶或工程用柴油机及配件；（6）大型或特种铸锻件；（7）大型高精度轴承、齿轮、液压气动密封件、高强度紧固件、大型精密模具；（8）农业机械及粮食加工机械；（9）核电辅助设备、核电齿轮箱；（10）生物质发电设备；（11）垃圾处理、烟气脱硫脱硝、污水处理等环保成套设备。

4. 航空航天器制造业

主要是通用直升机。

5. 有色与黑色金属冶炼及压延加工业

（1）电子信息及交通运输用镁加工材；（2）再生铜、再生铝、再生铅及其深加工；（3）大型客机等交通运输用先进铝合金材料；（4）高强钢筋；（5）特殊钢；（6）大口径无缝钢管；（7）家电、汽车、造船用钢板；（8）锰基材料深加工。

6. 化学原料及化学制品加工业

（1）乙炔化工产品；（2）清洁、环保聚氨酯涂料，高性能涂料；（3）聚甲醛等工程塑料。

7. 医药制造业

（1）采用清洁工艺的医药中间体及原料药；（2）现代中药；（3）化学药品制剂；（4）生物和生化药品；（5）兽用药品；（6）医疗器械、医用材料、医疗设备。

8. 农副食品加工业

（1）果蔬汁饮料；（2）肉制品深加工；（3）优质粮油及深加工制品；（4）特色调味品；（5）方便休闲食品；（6）液态乳及乳制品加工。

9. 纺织业

（1）功能性、差别化聚酯纤维；（2）茧丝绸产品；（3）中高档服装及家用纺织品；（4）产业用纺织品。

10. 轻工业

（1）包装纸、生活用纸、文化用纸、特种功能用纸；（2）汽车/家电用塑料、工程塑料；（3）天然香料；（4）工艺美术品；（5）羽绒制品；（6）皮鞋；（7）家用电器；（8）照明器具；（9）医疗电子产品；（10）专用仪器仪表。

第三节　大西南承接长三角产业转移发展的主导产业与核心产业

构建大西南承接长三角产业转移发展体系，要求大西南在加快区域产业发展、推动产业不断优化升级的同时，必须以承接长三角产业转移为主要途径，着力提高区域产业自我创新能力。为达到这一根本要求和目的，各省区市必须紧密结合实际，明确承接长三角产业转移发展的主导产业和核心产业。

对此，一是要立足于发展自身潜力较大的行业，特别是经济总量较大的行业；二是要立足于发展高科技产业，有效推动产业技术进步和现代化进程；三是要立足于发挥资源比较优势，着力发展特色优势产业。根据国家《产业转移指导目录（2012年本）》提出的大西南承接产业转移发展的重点方向和重点领域，我们认为，新时期大西南承接长三角产业转移应大力发展以下主导产业和核心产业。

一、电力热力生产和供应业

从总资产来看，大西南地区电力、热力的生产和供应业总资产呈现逐年增长的趋势，由2006年的5 642.74亿元增长到2010年的11 652.87亿元，增长了106.51%；而同期全国电力、热力生产和供应业总资产则从46 456.9亿元增加到76 725.41亿元，增长了65.15%，比大西南低41.36个百分点。大西南地区该行业总资产占全国比重较低，但总体上呈现上升趋势，由2006年的12.15%上升到2010年的15.19%（见表2）。

表2 大西南地区和全国电力热力生产供应业资产总额

单位：亿元

年份 地区	2006	2007	2008	2009	2010
广西	873.11	1 377.32	1 688.22	1 784.12	1 881.91
重庆	595.35	702.48	896.16	994.53	1 056.68
四川	1 946.43	2 354.96	3 099.97	3 057.21	4 120.44
贵州	1 218.70	1 254.46	1 644.72	1 766.75	1 874.06
云南	1 009.15	1 269.88	1 958.32	2 310.52	2 719.78
西南	5 642.74	6 959.1	9 287.39	9 913.13	11 652.87
全国	46 456.90	53 484.80	62 237.94	69 086.99	76 725.41
占比	12.15%	13.01%	14.92%	14.35%	15.19%

（资料来源：2007—2011年《中国工业经济统计年鉴》）

从总产值来看，大西南地区电力、热力的生产和供应业总产值处于快速增长时期，并高于全国和长三角地区的增长速度。大西南电力、热力生产和

第八章 构建中国特色大西南承接长三角产业转移发展体系的战略设想

供应业总产值从 2006 年的 2 065.94 亿元增长到 2010 年的 4 415.18 亿元,增长了 114.64%;全国电力、热力生产和供应业总产值则由 2006 年的 21 549.32 亿元增长到 40 550.83 亿元,增长了 88.17%,比大西南低 26.47 个百分点。大西南地区电力、热力生产和供应业总产值占全国比重较小,但总体呈现上升趋势,从 2006 年的 9.59% 增长到 2010 年的 10.89%(见表 3)。

表 3 大西南地区和全国电力热力生产供应业总产值

单位:亿元

地区\年份	2006	2007	2008	2009	2010
广西	374.47	494.35	670.50	745.00	880.43
重庆	217.38	280.34	327.88	369.46	451.32
四川	652.92	844.05	879.79	1 054.45	1 367.69
贵州	536.45	623.35	687.92	832.87	913.38
云南	284.72	477.06	539.75	628.07	802.36
西南	2 065.94	2 719.15	3 105.84	3 629.85	4 415.18
全国	21 549.32	26 462.65	29 897.14	33 435.10	40 550.83
占比	9.59%	10.28%	10.39%	10.86%	10.89%

(资料来源:2007—2011 年《中国工业经济统计年鉴》)

大西南地区具有突出的能源优势,是我国能源储量较多的地区,不仅有丰富的常规能源,如煤炭、石油、天然气和水能等资源,而且在发展电力、热力生产和供应业这一产业上有较强的基础,其中四川实力最强,贵州、广西、云南也有较强的实力,重庆在发展风电产业上具有非常大的潜力。目前大西南电力、热力生产和供应业保持着较快的增长速度,对全国经济发展具有重大意义,是我国能源安全的重要保障。但是大西南该行业总资产占比低于总产值占比 3.39 个百分点,这说明资产利用效率较高,因而可以作为大西南地区承接长三角产业转移发展的核心产业。

二、有色金属冶炼及压延加工业

近年来,大西南地区有色金属冶炼及压延加工业总资产快速增长,从

2006年的1 366.83亿元增长到2010年的2 863.93亿元,增长了109.53%。而全国有色金属冶炼及压延加工业总资产由2006年的8 562.87亿元上升到2010年的20 298.13亿元,增长了137.05%。大西南该产业总资产占全国比重由2006年的15.96%下降到2010年的14.11%。各省区市有色金属冶炼及压延加工业资产总额差距较大,其中云南最高,达到1 185.62亿元,重庆最低,只有287.24亿元(见表4)。

表4 大西南地区和全国有色金属冶炼及压延加工业资产总额

单位:亿元

地区\年份	2006	2007	2008	2009	2010
广西	231.67	312.94	462.62	529.71	668.39
重庆	133.27	174.28	195.20	213.35	287.74
四川	239.62	308.91	370.08	367.26	428.34
贵州	186.19	204.45	254.33	290.69	293.84
云南	576.08	770.62	786.52	991.49	1 185.62
西南	1 366.83	1 771.20	2 068.75	2 392.50	2 863.93
全国	8 562.87	11 407.18	14 130.88	16 455.60	20 298.13
占比	15.96%	15.53%	14.64%	14.54%	14.11%

(资料来源:2007—2011年《中国工业经济统计年鉴》)

大西南地区有色金属冶炼及压延加工业总产值则从2006年的1 802.02亿元增长到2010年的2 871.15亿元,增长了59.33%,全国有色金属冶炼及压延加工业总产值由2006年的12 936.48亿元上升到2010年的28 119.02亿元,增长了117.36%。大西南该产业总产值占全国比重较小,且总体呈现下降趋势,由2006年的13.92%下降到2010年的10.21%,下降了3.71个百分点(见表5)。

大西南地区有色金属冶炼及压延加工业总资产增长速度快于其总产值的增长速度,说明该产业在大西南的资产利用率较低。目前大西南在发展这一产业上有着坚实的基础,其中尤以云南和四川比较突出。由于该产业属于高

第八章 构建中国特色大西南承接长三角产业转移发展体系的战略设想

载能产业,对能源需求量高,随着近年来能源和电力价格的上涨,东部地区生产成本急剧上升,使得这一产业快速向西部转移,大西南地区应抓住这一历史性机遇,加快发展壮大有色金属冶炼及压延加工业。

表5 大西南地区和全国有色金属冶炼及压延加工业总产值

单位:亿元

年份 地区	2006	2007	2008	2009	2010
广西	281.66	373.88	412.15	395.24	669.91
重庆	224.68	318.50	335.83	317.95	399.07
四川	336.98	481.78	483.60	476.15	581.35
贵州	197.88	218.44	177.54	171.13	219.70
云南	760.82	998.07	898.10	759.47	1 001.12
西南	1 802.02	2 390.67	2 307.22	2 119.94	2 871.15
全国	12 936.48	18 031.88	20 948.74	20 567.21	28 119.02
占比	13.93%	13.26%	11.01%	10.31%	10.21%

(资料来源:2007—2011年《中国工业经济统计年鉴》)

三、煤炭开采和洗选业

从总资产来看,2006年以来,我国经济快速增长使能源需求大幅上升,因而煤炭开采和洗选业的增长速度逐渐加快。大西南地区煤炭开采和洗选业的资产总额由2006年的629.33亿元增长到2010年的2 160.91亿元,增长了243.37%;全国该产业的资产总额由2006年的11 069.95亿元上升到2010年的29 941.66亿元,增长了170.48%,大西南地区高出全国72.89个百分点。由于大西南该产业总产值增长速度远远快于全国,其总资产占全国比重处于上升趋势,由2006年的5.69%上升到2010年的7.22%,上升了1.53个百分点(见表6)。

表6　大西南地区和全国煤炭开采和洗选业资产总额

单位：亿元

年份 地区	2006	2007	2008	2009	2010
广西	17.77	27.97	30.37	32.57	35.44
重庆	99.37	128.78	190.18	217.55	270.59
四川	192.38	262.69	380.69	519.20	595.90
贵州	231.33	286.35	494.73	597.92	912.83
云南	88.48	128.28	223.99	260.23	346.15
西南	629.33	834.07	1 319.96	1 627.47	2 160.91
全国	11 069.95	13 864.21	19 457.74	23 790.09	29 941.66
占比	5.69%	6.02%	6.78%	6.84%	7.22%

（资料来源：2007—2011年《中国工业经济统计年鉴》）

从总产值来看，2006年大西南地区煤炭开采和洗选业的总产值为496.07亿元，2010年增长到2 376.31亿元，增长了379.03%；而全国煤炭开采和洗选业的总产值则由2006年的7 207.61亿元上升到2010年的22 109.27亿元，增长了206.75%，比大西南地区低172.28个百分点。大西南地区由于该产业增长速度远远快于全国，其总产值占全国比重快速上升，由2006年的6.88%上升到2010年的10.75%，上升了3.87个百分点（见表7）。

表7　大西南地区和全国煤炭开采和洗选业总产值

单位：亿元

年份 地区	2006	2007	2008	2009	2010
广西	14.39	14.71	14.81	14.88	22.15
重庆	78.71	105.60	216.56	239.04	322.83
四川	217.67	341.94	589.27	764.96	1 056.33
贵州	129.55	183.82	353.76	403.15	655.72

第八章 构建中国特色大西南承接长三角产业转移发展体系的战略设想

续表

年份 地区	2006	2007	2008	2009	2010
云南	55.75	80.79	186.30	181.10	248.10
西南	496.07	726.86	1 360.7	1 603.13	2 376.31
全国	7 207.61	9 201.83	14 625.92	16 404.27	22 109.27
占比	6.88%	7.90%	9.30%	9.77%	10.75%

(资料来源：2007—2011 年《中国工业经济统计年鉴》)

2010 年，大西南地区煤炭开采和洗选业总产值占全国比重高于总资产占全国比重 3.87 个百分点，这说明大西南地区该产业资产利用率较好。但各省区市煤炭开采和洗选业的发展差别较大，其中四川、贵州发展较好，特别是现阶段我国经济增长以高能耗为特征，导致了煤炭资源消耗过快，产生了较多的资源和环境问题，因此大西南地区在该产业承接发展中应特别注意产业发展与环境保护的协调与平衡。

四、交通运输设备制造业

从总资产来看，2006 年大西南地区交通运输设备制造业总资产为 2 070.3 亿元，2010 年增长到 4 497.24 亿元，增长了 117.23%；而全国该产业总资产则由 2006 年 19 606.81 亿元上升到 2010 年 47 981.05 亿元，增长了 144.72 亿元，高出大西南地区 27.49 个百分点。从交通运输设备制造业总资产占全国比重来看，大西南地区占全国比重较小，且呈现下降趋势，由 2006 年 10.56% 下降到 2010 年 9.37%，下降了 1.19 个百分点（见表 8）。

表 8　大西南地区和全国交通运输设备制造业资产总额

单位：亿元

年份 地区	2006	2007	2008	2009	2010
广西	326.51	394.54	475.52	696.21	915.12
重庆	988.01	1 227.21	1 390.27	1 660.83	2 127.13
四川	541.34	575.56	732.61	880.59	1 043.40

续表

年份 地区	2006	2007	2008	2009	2010
贵州	136.39	161.89	188.80	241.55	254.39
云南	78.05	108.82	118.16	138.74	157.20
西南	2 070.3	2 468.02	2 905.36	3 617.92	4 497.24
全国	19 606.81	25 189.96	31 145.44	38 095.73	47 981.05
占比	10.56%	9.80%	9.33%	9.50%	9.37%

(资料来源：2007—2011年《中国工业经济统计年鉴》)

从总产值来看，大西南地区交通运输设备制造业总产值由2006年2 197.54亿元上升到2010年5 795.06亿元，增长了163.71%；而全国该产业总产值则由2006年20 382.92亿元上升到2010年55 452.63亿元，增长了172.05%，高出大西南地区8.34个百分点。大西南地区交通运输设备制造业总产值占全国比重较小，且总体上波动略升（见表9）。

表9　大西南地区和全国交通运输设备制造业总产值

单位：亿元

年份 地区	2006	2007	2008	2009	2010
广西	428.08	552.97	677.86	1 014.57	1 340.91
重庆	1 139.52	1 581.66	1 859.61	2 323.06	2 903.80
四川	488.88	623.30	826.10	987.87	1 258.36
贵州	76.88	95.12	108.99	143.13	144.21
云南	64.18	80.13	101.89	147.60	147.78
西南	2 197.54	2 933.18	3 574.45	4 616.23	5 795.06
全国	20 382.92	27 147.40	33 395.28	41 730.32	55 452.63
占比	10.78%	10.80%	10.70%	11.06%	10.45%

(资料来源：2007—2011年《中国工业经济统计年鉴》)

交通运输设备制造业属于科技含量和附加值较高的产业，大西南地区该产业总资产和总产值增长速度均低于全国速度，这说明大西南地区在高端产

第八章 构建中国特色大西南承接长三角产业转移发展体系的战略设想

业竞争中处于较弱地位。

五、饮料制造业

从总资产来看,大西南地区饮料制造业总资产由2006年858.26亿元增长到2010年的1 967.84亿元,较2006年增长了129.28%;而全国该产业总资产则由2006年的4 073.04亿元上升到2010年的7 852.83亿元,增长了92.80%,比大西南地区低36.48个百分点。大西南地区饮料制造业总资产占全国比重较小,但总体呈上升趋势,由2006年21.07%上升到2010年25.06%,上升了3.99个百分点。大西南各省区市饮料制造业总资产差距很大,其中四川远远领先,2010年达到1 110.83亿元,排名第二的贵州为419.71亿元,不到四川的一半;排名最后的重庆仅为100.61亿元(见表10)。

表10 大西南地区和全国饮料制造业资产总额

单位:亿元

年份 地区	2006	2007	2008	2009	2010
广西	64.31	82.76	109.01	107.68	131.64
重庆	42.71	53.96	71.16	86.24	100.61
四川	534.56	654.32	797.18	925.21	1 110.83
贵州	159.17	178.02	260.74	319.09	419.71
云南	57.51	91.09	105.61	118.30	134.76
西南	858.26	1 060.15	1 343.7	1 556.52	1 967.84
全国	4 073.04	4 902.58	5 946.24	6 589.65	7 852.83
占比	21.07%	21.62%	22.60%	23.62%	25.06%

(资料来源:2007—2011年《中国工业经济统计年鉴》)

从总产值来看,2006年大西南地区饮料制造业总产值为692.66亿元,2010年达到1 973.83亿元,增长了184.96%;而全国饮料制造业总产值则由2006年的3 899.21亿元上升到2010年的9 152.62亿元,增长了134.73%,比大西南地区低50.23个百分点。大西南地区饮料制造业总产值在全国所占比重较小，但总体呈上升趋势，由 2006 年 17.76% 上升到 2010 年 21.57%，上升了 3.81 个百分点（见表 11）。

表 11 大西南地区和全国饮料制造业总产值

单位：亿元

年份 地区	2006	2007	2008	2009	2010
广西	63.19	93.53	125.25	150.39	198.67
重庆	42.11	50.48	65.58	86.18	110.16
四川	469.39	623.24	780.55	1 013.61	1 340.84
贵州	80.67	103.64	150.79	179.04	227.04
云南	37.30	66.95	68.62	79.38	97.12
西南	692.66	937.84	1 190.79	1 508.6	1 973.83
全国	3 899.21	5 082.34	6 250.46	7 465.03	9 152.62
占比	17.76%	18.45%	19.05%	20.21%	21.57%

（资料来源：2007—2011 年《中国工业经济统计年鉴》）

2006—2010 年，大西南地区饮料制造业总产值增长速度高于总资产增长速度 41.93 个百分点，这说明该产业在大西南地区资产利用效率较高。

六、航空航天器制造业

2010 年大西南地区航空航天器制造业的总资产为 493.6 亿元，占全国比重为 15.42%；该产业资产主要集中在四川和贵州，其中四川总资产达到 298 亿元，贵州达到 187.3 亿元。

从总产值来看，大西南地区航空航天器制造业总产值呈现快速上升趋势，由 2006 年的 173.72 亿元上升到 2010 年的 272.8 亿元，增长了 57.03%；而全国航空航天器制造业总产值则由 2006 年 828.01 亿元上升到 2010 年 1 598.01 亿元，增长了 92.99%。大西南地区航空航天器制造业总产值占全国比重较小，且呈现下降的趋势，由 2006 年的 20.98% 下降到 2010 年的 17.07%，下降了 3.91 个百分点（见表 12）。

第八章 构建中国特色大西南承接长三角产业转移发展体系的战略设想

表12 大西南地区和全国航空航天器制造业总产值

单位：亿元

年份 地区	2006	2007	2008	2009	2010
广西	0.05	—	1.13	1.40	2.1
重庆	0.52	0.57	0.86	0.81	1.1
四川	123.54	139.37	167.58	169.05	178.00
贵州	49.61	61.88	65.52	96.40	91.60
云南	—	—	—	—	—
西南	173.72	201.82	235.09	267.66	272.8
全国	828.01	1 024.44	1 199.12	1 353.01	1 598.01
占比	20.98%	19.70%	19.61%	19.78%	17.07%

（资料来源：2007—2011年《中国高新技术产业统计年鉴》）

七、通用设备制造业

从总资产来看，大西南地区通用设备制造业呈逐年上升的趋势。由2006年766.21亿元上升到2010年2 413.68亿元，增长了215.02%；而全国通用设备制造业总资产则由2006年11 700.84亿元上升到2010年27 615.27亿元，增长了136.01%，比大西南低79.01个百分点。大西南地区通用设备制造业总资产占全国比重很小，但总体呈上升趋势，由2006年6.55%上升到2010年8.74%，上升了2.19个百分点。该产业总产值在各省区市之间差距较大，四川远远领先于其他省份，2010年四川该产业总资产为1 791.68亿元，占大西南地区74.23%；重庆和广西分别为372.23亿元和126.76亿元（见表13）。

表13 大西南地区和全国通用设备制造业资产总额

单位：亿元

年份 地区	2006	2007	2008	2009	2010
广西	67.29	73.86	119.22	110.46	126.76
重庆	143.05	175.65	248.91	307.65	372.23

续表

年份 地区	2006	2007	2008	2009	2010
四川	490.41	647.58	931.69	1 182.60	1 791.68
贵州	23.01	29.52	29.71	30.96	46.9
云南	42.45	52.05	58.99	56.76	76.11
西南	766.21	978.66	1 388.52	1 688.43	2 413.68
全国	11 700.84	14 868.07	19 461.37	22 363.37	27 615.27
占比	6.55%	6.58%	7.13%	7.55%	8.74%

（资料来源：2007—2011年《中国工业经济统计年鉴》）

从总产值来看，大西南地区通用设备制造业总产值呈快速上升趋势，增长速度高于全国水平。2006年大西南该产业总产值为699.39亿元，2010年上升到2 238.48亿元，增长了220.1%；而全国该产业总产值则由2006年13 734.76亿元上升到2010年35 132.74亿元，增长了155.79%，比大西南地区低64.31个百分点。大西南地区通用设备制造业总产值占全国比重很小，但总体呈上升趋势，由2006年5.09%上升到2010年6.37%，上升了1.28个百分点（见表14）。

表14 大西南地区和全国通用设备制造业总产值

单位：亿元

年份 地区	2006	2007	2008	2009	2010
广西	52.85	69.85	124.96	138.73	186.52
重庆	123.38	174.99	262.75	325.32	439.75
四川	473.56	648.32	868.62	1 149.33	1 504.69
贵州	16.05	22.42	25.22	25.86	32.62
云南	33.55	47.67	56.25	50.19	74.90
西南	699.39	963.25	1 337.8	1 689.43	2 238.48
全国	13 734.76	18 415.52	24 687.56	27 361.52	35 132.74
占比	5.09%	5.23%	5.42%	6.17%	6.37%

（来源：2007—2011年《中国工业经济统计年鉴》）

2010年大西南地区通用设备制造业总产值占全国比重低于总资产占全国比重2.37个百分点,这说明大西南该产业资产利用效率偏低。因此,在产业承接过程中应注意技术进步和产业升级,提高该产业的资源利用效益。

八、农副食品加工业

从总资产来看,大西南地区农副食品加工业总资产呈上升趋势,增速高于全国水平,由2006年787.86亿元增长到2010年1 944.96亿元,增长了146.87%;而全国该产业总资产则从2006年6 924.30亿元增长到2010年16 731.35亿元,增长了141.63%,比大西南地区低5.24个百分点。大西南地区农副食品加工业总资产占全国比重很小,但总体呈上升趋势,已由2006年11.38%上升到2010年11.62%,上升了0.24个百分点。该产业总资产在各省区市之间差距较大,其中广西2010年总资产为935.96亿元,占大西南地区48.12%,其次四川和云南分别达到608.13亿元和230.27亿元(见表15)。

表15 大西南地区和全国农副食品加工业资产总额

单位:亿元

年份 地区	2006	2007	2008	2009	2010
广西	368.83	496.04	627.70	765.38	935.96
重庆	43.51	64.48	85.18	98.32	134.66
四川	217.47	314.16	410.80	532.89	608.13
贵州	22.23	26.11	28.12	32.26	35.94
云南	135.82	151.75	170.17	194.48	230.27
西南	787.86	1 052.54	1 321.97	1 623.33	1 944.96
全国	6 924.30	8 798.13	10 977.17	13 344.92	16 731.35
占比	11.38%	11.96%	12.04%	12.16%	11.62%

(资料来源:2007—2011年《中国工业经济统计年鉴》)

从总产值来看,大西南地区农副食品加工业总产值保持着较快增长速度,由2006年1 301.02亿元增长到2010年3 631.45亿元,增长了179.12%;而全国农副食品加工业总产值则由2006年12 973.49亿元上升到2010年

34 928.07亿元，增长了169.23%，比大西南地区低10个百分点。大西南地区农副食品加工业总产值占全国比重较小，但呈上升趋势，由2006年10.03%上升到2010年10.40%，上升了0.37个百分点。2010年该产业总产值在各省区市之间排名，分别是四川1 826.24亿元、广西1 125.04亿元、重庆351.56亿元、云南245.48亿元、贵州83.13亿元（见表16）。

2010年大西南地区农副食品加工业总产值占全国比重低于总资产占全国比重1.23个百分点，这说明大西南地区该产业资产利用率偏低。由于农副食品加工业属于传统产业，因而大西南地区在产业承接过程中应注意发展特色农业及加工工业。

表16 大西南地区和全国农副食品加工业总产值

单位：亿元

年份 地区	2006	2007	2008	2009	2010
广西	462.76	594.79	815.30	883.36	1 125.04
重庆	94.96	137.42	215.39	243.20	351.56
四川	595.59	879.72	1 233.33	1 535.08	1 826.24
贵州	35.35	46.10	54.54	69.20	83.13
云南	112.36	137.44	179.66	209.13	245.48
西南	1 301.02	1 795.47	2 498.22	2 939.97	3 631.45
全国	12 973.49	17 496.08	23 373.92	27 961.03	34 928.07
占比	10.03%	10.26%	10.69%	10.51%	10.40%

（资料来源：2007—2011年《中国工业经济统计年鉴》）

九、非金属矿物制品业

从总资产来看，大西南地区非金属矿物制品业总资产总体上快速上升，由2006年1 118.32亿元增长到2010年3 073.88亿元，增长了174.87%；而全国该产业总资产则由2006年11 937.18亿元上升到2010年25 567.44亿元，增长了114.18%，比大西南地区低60.69个百分点。大西南地区非金属矿物制品业总资产占全国比重较小，但呈上升趋势，由2006年9.37%上升到2010年12.02%，上升了2.65个百分点。2010年该产业总产值在各省区市之间差

第八章　构建中国特色大西南承接长三角产业转移发展体系的战略设想

距较大，其中四川为1 313.66亿元，占大西南的42.74%，广西和重庆分别为561.20亿元和537.86亿元（见表17）。

表17　大西南地区和全国非金属矿物制品业资产总额

单位：亿元

年份 地区	2006	2007	2008	2009	2010
广西	198.99	231.73	334.45	406.30	561.20
重庆	209.58	276.01	361.36	399.64	537.86
四川	423.87	535.93	745.75	993.87	1 313.66
贵州	96.29	101.61	131.37	160.69	268.34
云南	189.59	214.79	260.62	320.26	392.82
西南	1 118.32	1 360.07	1 833.55	2 280.76	3 073.88
全国	11 937.18	13 971.51	17 927.36	20 820.55	25 567.44
占比	9.37%	9.73%	10.23%	10.95%	12.02%

（资料来源：2007—2011年《中国工业经济统计年鉴》）

从总产值来看，大西南地区非金属矿物制品业总产值呈快速上升趋势，增长速度高于全国水平。2006年大西南地区该产业总产值为872.07亿元，2010年增长到3 173.20亿元，增长了263.87%；而全国该产业总产值则由11 721.51亿元上升到32 057.26亿元，增长了173.49%，比大西南地区低90.38个百分点。大西南地区非金属矿物制品业总产值占全国比重很小，但呈上升趋势，由2006年7.44%上升到2010年9.90%，上升了2.46个百分点（见表18）。

表18　大西南地区和全国非金属矿物制品业总产值

单位：亿元

年份 地区	2006	2007	2008	2009	2010
广西	162.27	227.57	319.22	408.48	607.07
重庆	132.94	189.38	279.46	313.01	459.37
四川	404.06	563.97	821.75	1 209.36	1 679.81

续表

年份 地区	2006	2007	2008	2009	2010
贵州	62.79	76.37	104.71	134.71	182.22
云南	110.01	113.75	139.62	187.08	244.73
西南	872.07	1 171.04	1 664.76	2 252.64	3 173.2
全国	11 721.51	15 559.44	20 943.45	24 843.90	32 057.26
占比	7.44%	7.53%	7.95%	9.07%	9.90%

(资料来源：2007—2011年《中国工业经济统计年鉴》)

2010年大西南地区非金属矿物制品业总产值占全国比重低于总资产占全国比重2.12个百分点，这说明大西南地区该产业资产利用效益偏低。

第九章　构建中国特色大西南承接长三角产业转移发展体系的基本框架

加快大西南承接长三角产业转移发展，是推动大西南经济社会发展实现历史性跨越的重大机遇。对于大西南来说，积极承接长三角等地区产业转移，可以有效利用国内国外和区内区外的"两种资源、两个市场"，进一步深化区域经济合作，壮大特色优势产业，培植新兴产业，不断扩大经济总量，提升发展质量和效益，提高城乡居民收入，为工业化和城镇化建设注入新的动力。新时期构建中国特色大西南承接长三角产业转移发展体系，必须注重产业承接的灵活性和有效性，注意选准承接点和关键环节，切实制定有针对性的、可操作性强的产业引导政策、激励政策和保障政策，建立健全承接产业转移长效机制，科学设计并合理提出大西南承接长三角产业转移发展的框架体系。

第一节　构建中国特色大西南承接长三角产业转移发展体系的主体框架

一、主体框架与基本设想

构建大西南承接长三角产业转移发展的框架体系，应紧密结合大西南地区实际，紧紧围绕建设现代产业体系的战略定位和发展目标，坚持以极强竞争力产业为基础，大力承接长三角产业转移，促进长三角转移产业与大西南较强竞争力产业的深度融合，努力培育和发展战略性新兴产业，积极运用高新技术和先进适用技术以及现代管理模式，加快改造提升传统优势产业，着力发展先进制造业、能源产业、特色旅游业、现代高效农业等，不断提升区域产业竞争力，全面推进产业结构优化升级，切实增强产业可持续发展能力。为此，应着力打造以极强竞争力产业为支撑，以中度竞争力产业为主体的大西南承接产业转移发展体系。其主体框架与基本设想是：

1. 大力促进大西南地区极强竞争力产业与转移产业对接

充分发挥大西南地区极强竞争力产业的支撑、示范、带动作用，着力完善以企业为主体、市场为导向、政府为引导的机制，以招商引资为契机，积极承接长三角等地区产业转移，优先培育和重点发展饮料制造业、有色金属冶炼及压延加工业等产业。

2. 大力促进大西南地区较强竞争力产业与转移产业对接

依托区域资源优势，坚持以技术高端化、产业集群化、资源集约化加快推动产业结构调整升级，积极培育和发展高端制造业，跨区域延伸产业链，着力发展和加快提升航空航天器制造业、通用设备制造业、专用设备制造业、农副食品加工业、化学纤维制造业、非金属矿物制品业、电子及通讯设备制造业、电子计算机及办公设备制造业等产业。

对此，大西南各省区市应切实做到：一是避免引进和发展低效率、高污染产业，在技术引进和禀赋升级基础上积极发展资源型和加工型产业，着力提升产品附加值；二是在工业基础较好的地区大力推动技术创新和发展先进制造业；三是充分发挥资源优势，着力培育和发展新材料、新能源、电子信息、生物医药等战略性新兴产业；四是以具有竞争力产业为基础，积极承接长三角等地区相关联产业，完善区域产业集群；五是不仅要承接长三角地区当前转移的产业，更重要的是要推动自身优势产业与长三角还没有明显迹象显示将转移产业之间的对接，大力推动产业结构优化、产业组织优化，促进产业链完善升级。

二、构建现代交通运输体系，打造产业转移发展大通道

现代交通运输体系作为最重要的基础设施，是承接产业转移发展的重要支撑条件，是招商引资环境竞争力的重要体现。目前大西南地区交通运输基础设施发展仍然滞后，物流成本居高不下，制约着承接产业转移加快发展。因此，必须坚持把完善交通基础设施放在优先位置，按照统筹兼顾、合理布局、适度超前的原则，采取有力措施，加快现代综合交通运输体系建设，着力构建承接产业转移发展的现代大通道，切实打破交通瓶颈制约，为大西南承接产业转移提供良好的硬件环境。

其总的思路是：改革基础设施投资建设体制和机制，大力引进国家、金融机构和地方资金，允许社会、境外资金参与，加大投入力度；以长江水道、

第九章　构建中国特色大西南承接长三角产业转移发展体系的基本框架

西江水道、第二亚欧大陆桥和沪昆高铁为重点，以连接区外高速公路、高速铁路为核心，完善各种等级公路网络、航道、码头、车站和海港空港建设；以海关口岸、物流仓储中心、工业原料配给市场及保税区、出口加工区、边境加工贸易区的规划建设为突破口，加快建设和完善出海出境通道，尽快形成贯通南北、连接东西的快速运输通道，着力构建畅通便捷、全程全网、高效安全的国际性和现代化综合交通物流体系，大力提升公共服务水平，创造产业转移发展的大环境。

（一）依托长江黄金水道，构建长三角与大西南产业转移大通道

长江是我国第一大河流，全长6 397公里，流经11个省区市，通航里程与水运量分别占全国内河的53%和80%，横贯我国东中西三大区域，历来是我国东西交通的黄金水道，战略地位十分重要。长江流域拥有全国近40%的人口、18%的国土面积、46%的国内生产总值GDP和约35%的外贸总额，既是我国人口、经济、产业的密集地带，也是对外开放、外向型经济快速发展的热点地区。

长江经济带由江苏、浙江、安徽、江西、湖北、湖南、四川和上海、重庆七省二市组成，是我国除沿海开放地区以外，经济密度最大的经济地带，是中国最具经济活力、增长潜力和发展实力的地区之一，也是世界上可开发规模最大、影响范围最广阔的内河流域经济带。2000年以来，长江经济带生产总值年均增长9%—10%，目前经济带工业化和重工业化趋势明显，已聚集了全国500强企业中的近200家。长江航运承担了沿江85%的煤炭、85%的铁矿石，中上游90%的外贸货物运输量，对沿江经济社会发展的直接贡献达到1 200亿元，间接贡献达2万亿元。七省二市经济发展对黄金水道及其支流的依存度总体已达到9%，其中工业依存度达到14.32%，特别是重化工企业原材料运输对长江航运的依存度已高达80%以上。长江黄金水道对沿江经济的拉动作用非常显著，有力地拉动了制造业、现代服务业和采掘公用建筑业的发展，为沿江经济社会的繁荣发展做出了突出贡献。为加快推动长江经济带发展，2014年9月国务院发布《关于依托黄金水道推动长江经济带发展的指导意见》（国发〔2014〕39号），明确提出了长江经济带战略定位：发挥长江黄金水道的独特作用，构建现代化综合交通运输体系，推动沿江产业结构优化升级，打造世界级产业集群，培育具有国际竞争力的城市群，使长江经济带成为充分体现国家综合经济实力、积极参与国际竞争与合作的内河经

济带。

依托黄金水道的运输优势,目前长江经济带已形成了"钢铁走廊""石油化工走廊""汽车工业走廊""电力工业走廊"及农业经济产业带。[①]"该经济带集中了钢铁、石化、能源、汽车、机械、电子、建材等一大批在国内处于领先地位的优势企业,雄厚的工业基础使长江经济带成为支撑我国经济总量的重点区域以及生产力提升、产业升级的支撑基地。沿江 29 个城市已建立多层次协商议事机制,建立了沪、宁、汉、渝等中心城市多边或双边高层对话和议事机制,通过各种途径谋求长江经济带一体化发展,推进东西联动和上中下游经济协作区互动,延伸产业链,培育壮大各具特色的产业群,形成资源型、加工型、高技术产业和生产型服务业有机链接的长江产业带,更加积极主动地承接国外和沿海产业转移。"[②] 基于长江黄金水道运输优势和对上下游产业的促进作用,在大西南承接长三角产业转移发展过程中,应努力推动下游产业向上游延伸,在沿江地区构建以重化工为主导、以高新技术为支撑的加工制造产业体系,形成冶金、石化、电力、汽车、建材、机电等大用水、大耗能、大运量的较为完备的产业聚集区域,大力发展钢铁、石化、能源、汽车、机电、轻纺、建材等为重点的战略产业集群,不断提升国际竞争力,从而使长江水道成为大西南经济增长的重要动力,将大西南建成为全球重要的制造业生产基地之一。

(二) 依托第二条亚欧大陆桥,构建长三角与大西南产业转移大通道

第二条亚欧大陆桥即新亚欧大陆桥,1992 年正式开通,东起中国东海以连云港为主的港口群,西至欧洲西海岸以荷兰鹿特丹为主的港口群,全长 10 870 公里,涉及德国、奥地利、荷兰、芬兰、俄罗斯、哈萨克斯坦、吉尔吉斯斯坦、塔吉克斯坦、乌兹别克斯坦、土库曼斯坦、日本、韩国等 40 多个国家,占世界国家数 22%;面积 3 970 万平方公里,占世界陆域面积 26.6%,居住人口 22 亿,占世界人口 36%。[③] 新亚欧大陆桥很大一部分路线经过原"丝绸之路",因而人们又称为现代"丝绸之路",是目前亚欧大陆东西最为

---

① 《长江黄金水道带动沿江经济社会又好又快发展》[N],《经济日报》,2009 - 06 - 25。
② 朱文刚:《长江经济带发展趋势分析》,http://www.szreal.com/_d276166698.htm,2013 - 05 - 09。
③ 《新亚欧大陆桥协调机制简介》,http://www.iyaxin.com/,亚心网,2008 - 08 - 23。

第九章　构建中国特色大西南承接长三角产业转移发展体系的基本框架

便捷的通道。

新亚欧大陆桥横贯亚欧两大洲中部地带，向西可以到达大西洋东岸荷兰的世界第一大港鹿特丹、比利时的安特卫普等港口。它东端直接与东亚及东南亚国家相连；"在中国段的西端，从新疆阿拉山口站换装出境进入中亚，与哈萨克斯坦德鲁日巴站接轨，西行至阿克套，分北中南三线接上欧洲铁路网通往欧洲。北线——由哈萨克斯坦阿克套北上与西伯利亚大铁路接轨，经俄罗斯、白俄罗斯、波兰通往西欧及北欧诸国。中线——由哈萨克斯坦往俄罗斯、乌克兰、斯洛伐克、匈牙利、奥地利、瑞士、德国、法国至英吉利海峡港口转海运或由哈萨克斯坦阿克套南下，沿吉尔吉斯斯坦边境经乌兹别克斯坦塔什干及土库曼斯坦阿什哈巴德西行至克拉斯诺沃茨克，过里海达阿塞拜疆的巴库，再经格鲁吉亚第比利斯及波季港，越黑海至保加利亚的瓦尔纳，并经鲁塞进入罗马尼亚、匈牙利通往中欧诸国。南线——由土库曼斯坦阿什哈巴德向南入伊朗，至马什哈德折向西，经德黑兰、大不里士入土耳其，过博斯普鲁斯海峡，经保加利亚通往中欧、西欧及南欧诸国。"[①]

新亚欧大陆桥东起黄海之滨的连云港和日照市，向西经陇海线的徐州、商丘、开封、郑州、洛阳、三门峡、西安、宝鸡、天水等站，兰新线的兰州、张掖、酒泉、嘉峪关、哈密、鄯善、吐鲁番、乌鲁木齐等站，再向西经北疆铁路到达我国边境的阿拉山口出境，进入哈萨克斯坦。大陆桥在我国境内长4 131公里，贯穿我国东中西部三大地区，坐落着徐州铁路枢纽、商丘铁路枢纽、郑州铁路枢纽、西安铁路枢纽、宝鸡铁路枢纽、兰州铁路枢纽等国家重要的铁路"十字枢纽"。大陆桥直接涉及和影响的省区达10多个，该区域人口4亿左右，占全国的30%；国土面积360万平方公里，占全国的37%，在我国社会经济发展中具有非常重要的地位。

新亚欧大陆桥作为世界上最长的大陆桥，是亚欧两大洲重要的国际商贸大通道，也是当前亚欧国家实现经济协调发展的主要经济纽带之一。它的贯通不仅便利了我国东西交通，将内陆腹地与中亚、欧洲国家紧密连接起来，而且使对外开放总格局发生重大变化，中西部地区成为对外开放的又一前沿，这对我国经济发展产生了巨大影响。新亚欧大陆桥的形成，对于大西南地区进一步扩大开放，加强与沿桥国家和地区经贸关系，促进经济加快发展具有重要意义。按照高起点和国际接轨的要求，根据交通枢纽、资源状况、地理

---

① 《新亚欧大陆桥协调机制简介》，http://www.iyaxin.com/，亚心网，2008-08-23。

位置，大西南地区应以中心城市为依托，加快建立各种经济开发区，积极承接长三角产业转移，推进工业化和城市化，促进经济繁荣发展。

(三) 依托南向对外通道，构建大西南承接产业转移发展大通道

东南亚和南亚是当今世界发展中国家经济发展充满活力的地区。20世纪中期以来，中国与东盟双边贸易以年均增长15%的速度快速发展，目前中国已成为东盟第六大贸易伙伴，双方经贸关系日趋紧密，同时中国与南亚国家的经贸合作也不断加强。中国与东南亚、南亚的区域合作和贸易投资向更高层次更宽领域方向发展，是时代发展的需要，也是我国地缘政治战略的需要和加快推进全面小康社会建设的需要。因此，大西南实施全方位对外开放战略，推动承接长三角产业转移加快发展，必须充分发挥区位优势和产业优势，坚持以南向为重点，进一步扩大开放，全面加强与东南亚和南亚国家的经济合作，这就要求切实加快大西南南向出海出境大通道建设。

1. 依托现有交通优势，构建出海出边经济大通道

以现有交通条件为基础，发挥交通区位优势，加快构建和完善大西南地区出海出边三条大通道。一是以南（宁）昆（明）铁路、南（宁）防（城）铁路、铁（州）北（海）铁路等钢铁大动脉为主，柳州至南宁、南宁至钦州、南宁至北海、钦州至防城等高速公路为辅，经桂西、桂中直抵沿海城市防城、钦州、北海3个港口的南向出海大通道；二是以西江航道和南宁至梧州二级公路、梧州至广东肇庆、玉林经岑溪到广东罗定的一级、二级公路为主，经桂东南直下珠江三角洲、通往港澳和东南亚的东向出海大通道；三是经以南宁至凭祥铁路为主的西向出边大通道。

紧紧围绕以上3条陆上交通大通道，着力建设大西南地区的经济大动脉。在这几个方向上，可以将医药制造业（创新药物，天然药物，新型药物制剂，彝药、傣药等民族药、傣药南药健康保健品，天麻、三七等特色药材加工，新型疫苗和诊断试剂）、黑色金属冶炼及压延加工业（难选贫矿、共〈伴〉生矿综合利用，矿用支护钢、轻轨和大型型钢等钢材，高强度结构钢、高档不锈钢、高档工模具钢、高温高压锅炉钢、特种耐蚀钢、电工用硅钢等特种钢材，高强建筑用钢，钒氮合金、高钒铁）、有色金属冶炼及压延加工业（铜、铝、铅、锌、锡等常用有色金属加工，铟、锗等稀有金属深加工）、农副食品加工业（制糖、粮油、肉禽、水产品、乳品、果蔬、食用菌加工，果蔬汁饮料、植物蛋白饮料、特殊用途饮料、包装饮用水，茶饮料及精制茶，

第九章 构建中国特色大西南承接长三角产业转移发展体系的基本框架

啤酒、葡萄酒、果露酒)、化学原料及化学制品加工业(油品深加工及副产品利用,新型肥料,精细氯产品,氯化法钛白粉,特种轮胎及特种橡胶制品,生物质化工深度利用)作为重点布局的产业,积极支持这些产业与长三角相应的产业对接,做强做大。

2. 依托西江黄金航道,构建南向水上经济大通道。

西江是珠江水系重要组成部分,位于珠江上游,是中国华南地区最长的河流,有"黄金水道"之称,西接云南、贵州、广西等能源、有色金属资源富集地区,东连广东粤港澳发达地区。西江航运干线主要指南宁至广州航道,其和长江干线并列为我国高等级航道体系的"两横",是我国西南水运出海大通道重要组成部分,是目前广西最繁忙的航道,广西内河运量的90%需要经过此段。依托西江水道,来自云贵等地的煤炭、化肥、钢材等大量物资,四川、重庆的部分物资,都是取道西江到达珠三角地区,或者经由广东出海转运。

西江水道在上游广西,主要由连接南宁、贵港、梧州、百色、来宾、柳州、崇左7市的1 480公里内河水运主通道组成。近年来,广西着力打造西江亿吨黄金水上运输大动脉,西江航道建设力度显著加大,2009—2011年,广西西江水道建设分别完成投资11.86亿元、33.9亿元、55.37亿元,年均增长155.62%。由于水运成本低廉,又恰逢东部产业大转移,目前东部地区陶瓷、水泥建材、纺织服装等产业向西江沿江地区调整转移的步伐明显加快,除大量陶瓷企业落户广西梧州外,香港华润集团、我国台湾地区水泥集团等一批知名大企业在西江沿江布局的力度不断加大,贵港、南宁、崇左、柳州等成为承接水泥建材转移的重要基地。西江各港口吞吐量不断攀升,以贵港为例,西南和华南地区每年经贵港水路中转的煤炭、水泥、金属矿石等货物就达800多万吨,为贵港带来了8亿多元的经济收入。随着西江航运干线对沿江地区经济发展的重要性日益凸显,对区域经济发展的辐射、集聚、拉动作用日益增大,西江黄金水道对推动大西南地区对外经济发展的作用不断增强。因此,着力打造好西江这条黄金水道,既可为大西南各省区市提供一条巨大的低成本运输通道,促进轻工产品、农产品、医药产品以及一些高附加值产业产品向西江水道聚集,形成水上经济动脉,又可推动西江沿岸地区加快与珠三角、长三角等东部产业转移对接,发展特色优势产业,尽快建立健全现代产业体系。

（四）依托沪昆高速铁路，打通大西南承接长三角产业转移东向大门

铁路是国家最重要的基础设施，是国民经济的大动脉，具有运输能力大、占用土地少、运营成本低、环境污染少、能源使用效率高等特点。而沪昆高速铁路则是"国家《中长期铁路网规划》中'四纵四横'的快速客运通道之一，也是中国东西向线路里程最长、影响范围最大、经过省份最多的高速铁路。该条高铁途经上海、杭州、南昌、长沙、贵阳、昆明等1个直辖市和5个省会城市，全线长2 264公里（比京沪高铁里程长946公里），全线为复线电气化铁路，设计时速350公里/小时，总投资超过3 000亿元（相当于三峡工程的1.7倍），全线预计2015年6月建成通车，设计能力远景单向年输送旅客6 000万人。按设计时速计算，从昆明到长沙仅4小时，昆明到杭州8小时；从上海到昆明，最快只要10个小时，比现有沪昆铁路节省将近27个小时。"[1]

沪昆高速铁路由沪杭客运、杭南长客运和长昆客运三条专线组成，而现有的沪昆铁路则由沪杭铁路、浙赣铁路、湘黔铁路、贵昆铁路四条铁路组成。新建的沪昆高铁客运专线将与现有的沪昆铁路共同发挥作用，实现客货分线运行，有效缓解春运、暑运、黄金周"一票难求"的压力，体现出高效、便捷、节能、环保的特点，大大提高铁路通道的运输能力和运输质量，为中西部地区加速发展提供可靠的运力保障，对完善全国客运专线网络，发挥运输网络系统效益，促进东中西部互联互补，加快推进西部大开发，推动区域经济协调发展将发挥极为重要的作用。因此，沪昆高速铁路建成后将成为大西南加强与长三角等东部地区经济合作的大通道，其意义非常重大。依托这条大通道，大西南可以进一步扩大与东部发达地区的人员交流和往来，加强区域合作与产业分工，加快承接长三角产业转移发展，带动通道沿线和周边地区经济发展，通过建设通道经济大动脉，加快工业化和城镇化进程，从而推动地方经济加速发展。

三、构建现代产业体系，促进区域产业结构优化升级

加快产业结构调整、着力构建现代产业体系，是党中央审时度势，根据

---

[1] 《沪昆高速铁路（沪昆高铁）概况》，http://www.tieyou.com，2014-07-02。

第九章 构建中国特色大西南承接长三角产业转移发展体系的基本框架

国际产业格局的新变化,在科学分析我国经济发展新阶段、新特征的基础上提出的一项重大的战略任务。现代产业体系是以高科技、高附加值为主要特征,以先进制造业、现代服务业、现代农业为核心,产业间关联紧密、协调有序的新型产业体系。国际金融危机爆发以来,世界主要国家和地区都对自身经济发展进行战略筹划,在产业发展、技术革新等多个层面采取措施,目的是获得经济竞争的战略优势和主动地位。对于大西南来说,构建现代产业体系是当前经济结构调整的中心任务,是加快转变经济发展方式的关键举措。只有将承接长三角产业转移发展与产业结构调整紧密结合起来,坚持以推进产业的高度化、高质化、高新化为主攻方向,加快区域工业化进程,促进产业结构优化升级,大力构建现代产业新体系,才能为区域经济又好又快发展注入新动力、培育新的增长点。这是大西南地区顺应国际国内产业发展新趋势的现实需要,也是发挥自身比较优势、增强经济发展动力、实现跨越发展的战略选择。

大西南地区生产力发展水平具有多层次性,无论传统产业还是新兴产业、劳动密集型产业抑或资本密集型产业,都有很大的发展空间,当前构建现代产业体系重要的是要优化资源配置和产业布局,解决核心技术缺乏、产品附加值低的问题,解决低水平重复建设和地区产业结构趋同的问题。但是,大西南区域经济合作壁垒仍较多,缺乏有力度的协调机制,软环境建设落后于硬环境建设,突破地区封锁难度较大,产业分工与协作明显弱于相互竞争,跨地区经济合作受到较大制约。因此,在区域经济一体化大趋势下,构建大西南现代产业体系,必须进一步扩大区域对内对外开放,加大合作体制机制创新,加强产业分工与合作,促进区域资源共享,推动共同市场建设,努力将各方局部优势、分散优势转变为整体优势、综合优势;必须加快新型工业化进程,大力改造提升传统产业,发展战略性新兴产业,着力构建以高新技术产业为先导、先进制造业和现代服务业为主体、现代农业为基础,结构优化、技术先进、绿色低碳、附加值高、吸纳就业能力强的特色鲜明的现代产业体系。为此,我们认为,大西南应着力构建和完善以下四大区域产业体系。

(一)构建能源产业发展体系

能源生产是国民经济和社会发展的重要基础产业。近年来,我国能源生产供应能力不断增强,已成为世界主要能源生产大国,但随着经济快速增长,能源需求不断增加,能源约束问题不断凸显,必须加快转变能源发展方式,推进结构调整升级。根据我国"十二五"规划纲要的要求，要着力推动能源生产和利用方式变革，构建现代能源产业体系。这就要求必须大力发展能源开发利用科学技术，积极发展可再生能源和新型、安全、稳定、经济、清洁替代能源，努力提高能源利用率，以能源产业的科学发展保障经济社会可持续发展。

大西南地区能源资源十分丰富，种类齐全，开发潜力大（前面已述及，不予赘述），因此应以水资源和矿藏为依托，以水能、煤炭、电力、新能源为主要内容，坚持走科技含量高、资源消耗低、环境污染少、经济效益好、安全有保障的发展道路，全力打造现代能源产业体系。一是加快推动新能源开发；二是积极推进传统能源清洁高效利用；三是在保护好生态的前提下积极发展水电；四是着力加强电网建设，发展智能电网；五是着力完善油气管网，扩大油气战略储备。当然，加快建设大西南现代能源产业体系，必须加大政府引导与扶持，着力在研发投入、基地建设、政策扶持、资源配套、体制管理、创新体系等方面下功夫。要通过大力挖掘能源资源优势，统筹区域发展，聚集能源产业优势，着力引导产业集群发展，推动区域产业加快升级。

（二）构建工业产业发展体系

根据大西南资源比较优势，如能源资源优势突出、矿产资源优势明显、有色金属资源储量充沛、农副产品资源丰富等，结合现有工业基础和加工能力，以及各省区市实际，构建大西南工业产业体系应着力抓好以下产业。

1. 装备制造业

"按照加强研发、分工协作、促进集聚、提升水平的原则，加强重大装备的研发和制造，提升关键零部件配套、加工和集成水平，提高自主创新和产业配套能力，加快建设全国重要的重大装备制造业基地。重点建设新能源装备、轨道交通车辆配套设备、工程机械等一批技术水平高、带动能力强、发展基础好的产业。"[①]

2. 轻工业

"充分发挥劳动力资源优势，提升轻纺工业层次，积极承接东部产业转移，重点发展服装制鞋、五金灯饰、水暖卫浴、丝绸棉麻、包装印刷、家具

---

① 国家发改委：《成渝经济区区域规划（2011—2020）》，2011年。

家电、塑料制品、玩具制造，打造知名品牌。依托丰富的农副产品资源，做优做强食品工业，重点发展名优烟、酒和茶叶、橙汁等特色饮品、乳制品、肉制品、榨菜泡菜、林竹产品加工，加强原产地标记产品保护，培育国际知名品牌，完善质量安全保障体系，保障食品安全。"[①]

3. 能源开采与加工业

包括电力热力生产和供应业、煤炭开采和洗选业、石油和天然气开采运输业。将这些产业发展与国家能源战略紧密结合起来，在"西电东送""西气东输"的过程中可以同时满足大西南地区自身高载能产业的发展需求。

4. 机械设备制造业

包括交通运输设备制造业、电气机械及器材设备制造业、通用设备制造业及专用设备制造业。

5. 金属冶炼及压延加工业

包括黑色金属冶炼及压延加工业和有色金属冶炼及压延加工业。

6. 高新技术产业

包括电子及通信设备制造业、航空航天器制造业、医疗设备及仪器仪表制造业、电子计算机及办公设备制造业。

大西南各省区市应通过进一步加强区域合作与产业分工，充分发挥自身比较优势，积极发展以上述产业为重点的工业行业，切实构建起以能源矿藏产业为基础，以设备制造业和金属冶炼及压延加工业为两翼，以高技术产业为动力，以轻工业为龙头的工业产业发展体系。

（三）构建旅游产业发展体系

大西南广西、云南和西藏三省区毗邻边境，与周边七个国家接壤，拥有漫长边境线，是我国重要的边疆地区。特别是广西、云南，两地是中国通往东南亚、南亚国家最重要的战略通道，拥有独特的地理区位优势。积极发展旅游业，对于加快促进边境贸易发展，巩固边境地区稳定，改善边疆人民生活等，具有不可替代的重要作用。

大西南六省区市旅游资源独具特色，自然及人文旅游资源丰富，旅游业发展前景广阔。在自然风光旅游资源中，大西南地区在全国 31 个世界自然文

[①] 国家发改委：《成渝经济区区域规划（2011—2020）》，2011 年。

化遗产中占 8 个，广西桂林山水、北海银滩、四川九寨沟、长江三峡、峨眉山，重庆大足石刻，贵州黄果树瀑布，云南石林、丽江，西藏布达拉宫等风景名胜享誉中外。大西南还是我国少数民族聚集区，风土人情奇异，具有地方特色和民俗特色的旅游资源十分丰富，民俗旅游产品是最具垄断性和竞争力的旅游产品之一。通过科学开发利用民族文化资源，可以将一批少数民族的村寨、民居、歌舞、节日、习俗等开发成为旅游项目，使民族文化资源得到开发性保护和传承，如云南纳西古乐、贵州侗族大歌、广西壮族歌墟等。近年来，随着全方位开放扩大和旅游业发展，世界各国特别是东南亚国家前来旅游观光者不断增多，大西南已成为全国红色旅游、生态旅游、边境旅游、风情旅游、文化旅游、探险旅游、乡村旅游等重要目的地。2013 年，大西南共接待入境过夜游客 979.4 万人次，国际旅游收入 63.27 亿美元，分别占全国的 17.59% 和 12.25%。

因此，大西南完全可以依托特有的旅游资源，通过加大旅游开发力度，着力打造全国最大旅游产业体系。当前大西南各种形式旅游发展方兴未艾，旅游经济总量、产业结构、市场建设、交通设施等取得了良好发展，但在旅游产品结构、乡村旅游质量、旅游收入结构、旅游信息化建设等方面还存在不少问题。各省区市应切实加强区域联合与协作，以自然风光和民俗文化为支撑，以商务休闲游、自然风光游、民俗文化游、乡村体验游、历史文化游为内容，着力构建"行、游、购、吃、住、娱"各环节完善的旅游产业体系。一是进一步夯实旅游基础体系。着力构建和完善舒适便捷的立体旅游交通网络，加快推进旅游信息化建设，完善旅游公共服务设施，强化旅游资源与环境可持续发展。二是加强旅游服务薄弱环节。着力提升服务要素水平，积极拓展旅游服务新领域，构建更具包容性的旅游服务体系。三是建立大产业发展机制。着力创新旅游管理体制，增强宏观协调能力，强化组织、政策、人才等保障，加快推进旅游标准化建设，加强旅游诚信体系建设。四是推动旅游企业改革创新。积极培育大型旅游企业，支持民营和中小旅游企业加快发展，大力提升服务能力。五是切实增强全民服务意识。着力提高区域广大居民的好客意识，增强旅游发展的社会共识，提升从业人员服务质量，打造旅游服务品牌，营造良好的旅游人文环境。六是推进旅游营销方式创新。着力强化营销宣传，推动旅游形象营销实现新突破，树立旅游整体形象，切实提高旅游品牌的知名度和感召力。七是加快推进旅游业转型升级。加强旅游资源优化整合，推动旅游业与其相关产业融合、国内旅游与国际旅游结合，进

第九章 构建中国特色大西南承接长三角产业转移发展体系的基本框架

一步壮大旅游经济实力,促进旅游大区向旅游强区转变。

(四) 构建特色农业产业发展体系

大西南地区临近亚热带,地形复杂,气候类型多样,以湿热气候为主,生物资源非常丰富。农业立地条件多样,物种多样性突出,特色农业以资源、气候、立地条件为基础;各省区市具有较高的土地资源优势,且农业和工业生产污染较轻,是发展特色农业优势所在。如云南"地处云贵高原,纬度较低,地理位置特殊,高山与河流切割相间,地形地貌极为复杂。全省山地面积占84%多,高原、丘陵占10%,仅有不到6%是坝子、湖泊,少部分县市山地比重超过98%。由于山区面积大、山地多,耕地质量低,农业基础设施建设滞后,2010年云南耕地保有量为9 073.05万亩,其中有效灌溉面积占耕地36%,比全国低12%,中低产田占67.1%,高稳产农田比重比全国低10个百分点。同时,全省海拔高差大,立体气候明显,有亚热带到寒温带气候区7种气候类型,兼有四季温差小的低纬气候、干湿季分明的季风气候、垂直变异显著的山原气候等特点,全省大部地区冬暖夏凉,四季如春的气候特征,年温差小、日温差大,降水充沛、干湿分明、分布不均。与我国其他高原相比,云贵高原农业生产具有热量充分,日照时间长,降雨量大,雨热同季,生物多样性富集和生态环境好等优越条件,但受复杂地形地貌和气候影响,农业发展区域差异和垂直变化较大,限制了规模生产,使农业基础设施建设成本高,自然灾害多,危害频繁等。"[1]

在大西南特色农业中具有优势的农产品是油菜籽和茶叶,其中重庆具有优势的农产品是茶叶和水果;四川具有优势的农产品是油菜籽、水果、茶叶和甘蔗;贵州具有优势的农产品是油菜籽和茶叶;云南具有优势的农产品是甘蔗、烤烟和茶叶;西藏具有优势的农产品是油菜籽。特色优势农产品的集聚产业,不仅是传统种养业向产前和产后的产业延伸,更是农业与加工、商贸、旅游、教育、文化等产业有机复合与集聚。甚至还可以挖掘整理与特色优势农产品相关联的传统民俗文化,以丰富农业历史人文内涵。

构建大西南特色农业产业体系,应以物种多样性和土地资源为依托,积极整合各种生产要素,努力拓展农业多功能性和生态产业链建设,促进农业产业结构不断优化升级,促进农业由传统型向现代型转变,以保障粮食安全

---

[1] 李学林:《发展高原特色农业转变农业发展方式》[N],《云南日报》,2012-02-03。

和增强农业综合生产能力、抗风险能力、市场竞争能力。要以资源依托、市场导向、产业开发、规模适度、科技支撑、环境友好为原则,以果蔬、绿色食品、特种养殖、野生动植物驯化和种植、生态观光为内容,着力打造建设农产品产业体系、多功能产业体系、现代农业支撑产业体系和农业技术推广体系为一体的现代农业产业体系。对此,一是着力建设标准农田,建设标准化的种植基地、养殖基地,实行科学种田,积极实施"米袋子"和"菜篮子"工程,努力发展茶叶、烟草、药材、竹木、水果、花卉、猪、禽、蛋、奶、鱼等特色优势产品生产。同时,加快发展生物能源、生物材料等生物质产品的生物质产业。二是着力培育一批全国领先的农业产业化经营实体,推动农民合作组织和农业产业化发展,促进农业产业化走向新的发展阶段。三是着力发挥区域资源优势,突出产业特色,建设一批规模化、机械化、电气化、水利化、信息化、生态化、标准化和产业化的现代农业示范园,从而带动大西南农业现代化。

四、构建多元化现代产业体系,增强区域产业综合实力

为推进大西南产业结构优化调整,构建区域现代产业体系,各省区市之间除了要进一步加强横向联合,着力打造以上四大产业体系外,还要以加快推进经济发展转变方式为主线,以提高产业发展竞争力为目标,以产业园区建设为载体,以项目建设为支撑,加强体制机制保障,着力增强自主创新能力。要从实际出发,充分发挥比较优势,积极承接发展特色优势重点产业,实行重点突破,切实增强产业综合实力,努力构建具有创新性、开放性、融合性、集聚性和可持续性特征的多元化现代产业体系。

(一)大力发展战略性新兴产业

按照发挥优势、重点突破、开放引进、承接转移、创新模式、扩大规模、集群发展、形成支柱等要求,大力发展大西南的通信设备、高性能集成电路、风电装备、新兴光源设备、航空航天器、高速铁路和其他轨道交通装备、节能与新能源汽车、环保工程设备、仪器仪表、生物医药、新材料、新能源、海洋产业等多个产业群,建设全国最大的笔记本电脑基地和离岸数据开发及处理中心,国家级的信息、软件、生物、新能源、新材料、航空航天器等高新技术产业基地,尽快使其发展成为工业总产值达到万亿元左右的国家重要战略性新兴产业基地,整个产业的增加值占区域GDP的比例要提高8%以上,

第九章　构建中国特色大西南承接长三角产业转移发展体系的基本框架

从而成为区域竞争力强大的支柱产业。同时，还要在产业的水平分工和垂直分工上加强产业关联，互相配套，形成体系。

（二）着力发展提升特色优势产业

紧紧抓住西部大开发和长三角产业转移的历史机遇，坚持存量优化和增量扩展相结合，实施大项目、大企业、大聚集、大基地、大支柱、大投资等战略，通过技术改造、资源整合、布局调整等途径，提高技术水平，扩大经营规模，延伸产业链条，改善经济生态，增强竞争能力，形成高端结构，促进大西南的特色优势产业跃上新的发展高地。其主要产业是煤电燃气等能源、铝镁铜等有色金属、钢铁锰等黑色金属、磷煤石油天然气等化工、矿山能源交通农用等装备、绿色建筑装饰装修材料、酿酒烟草、特色食品、现代中药、纺织服饰、家用电器、造纸印制包装等工业。要加快建设中国煤都、磷都、铝都、金都、精品钢材之都、汽车名城，全国重要的能源基地、现代装备制造基地、名酒名烟基地、农产品深加工基地、中药科技产业基地，世界摩托车之都等以及若干工业走廊、出口加工基地、保税区、综合保税区等。

（三）加快发展提升现代服务业

坚持生产性服务业与先进制造业融合发展，促进制造业服务化和服务业规模化、网络化、品牌化，同时积极发展生活性服务业，开拓产业新领域，使服务业成为大西南产业结构优化升级的战略重点，规模扩大，速度加快，比例增长，水平提高，增强对经济发展的支撑作用。要联通长三角、珠三角等地区，建设一批金融总部商务区、票据市场、保险市场和产权交易、银团贷款、直接融资、大宗商品交易等中心，建设中国—东盟金融服务中心，形成中国西部金融中心；建设一批大型生产资料等批发市场、零售商场和国际博览城等，形成中国西部商贸中心；建设一批物流园、物流港、物流中心、物流基地、物流枢纽和保税物流区等，形成中国西部物流中心。要大力发展物联网、下一代互联网、云计算等信息服务业，以及科技研发、工业设计、软件设计等服务外包业，融资担保等商务服务业。对生活性服务业，要重点推动旅游业发展转型升级。

（四）着力推动产业集群集约发展

大西南承接长三角产业转移发展，除了要加快产业结构调整外，还要加强产业的空间聚集,着力引导产业向产业园区集聚。要继续建设一批国家级、省级和市州级的经济开发区,积极推动开发区扩大地域、调整区位和转型升级,并建设一批新的开发区,以优势突出、特色鲜明、功能完备、关联度强的产业园、产业带、产业圈等来吸引同行产业、关联产业、配套产业等入驻发展。为此,要科学调整产业布局。同时,要积极引进长三角产业、行业的领军型骨干大企业(集团),实施大企业集团战略,深化产业组织结构的调整,支持行业、企业的兼并重组,以品牌、资源、市场战略的实施等构建一批具有知名品牌和自主知识产权、主业突出、核心竞争力强、带动作用大的企业集团。要采用循环经济、生态经济等模式,依靠科技,改进管理,提高产业发展集约程度。

第二节 构建中国特色大西南承接长三角产业转移发展体系的战略布局

推进大西南承接长三角产业转移发展涉及的面非常广、问题非常多,为增强针对性和有效性,各省区市必须根据主体功能区规划,坚持从实际出发,因地制宜,突出地方特色,实施重点突破,着力承接发展特色优势产业,从战略上优化产业布局,将产业布局到最适合发展的地区。为此,要科学制定产业承接发展规划,促进承接产业集中布局,坚持集群化推进、园区化承载发展战略,培育和壮大一批重点经济区,发挥规模效应,提高辐射带动能力,实现产业区域间优化布局和产业聚集发展。要充分发挥资源丰富、要素成本低、市场潜力大的比较优势,着力增强自我发展能力,抓好体制机制保障,加强政策引导,改善发展环境,加速产业集聚,大力提高产业发展竞争力。

一、大西南各省区市承接产业转移发展的战略布局

(一) 四川承接产业转移发展布局

四川根据全省经济社会发展现状、产业发展布局和资源环境承载力,按照统筹城乡发展和科学规划布局的要求,明确提出了承接产业转移必须与园区经济发展结合起来,要以产业园区为主要载体,进一步加快承接产业转移发展。全省切实加强产业园区科学规划,着力突出产业特色,加强配套建设,

第九章 构建中国特色大西南承接长三角产业转移发展体系的基本框架

积极创新体制机制,努力提高产业承载能力和投资强度,大力推动各种经济要素向产业园区和具有比较优势的区域集聚,促进产业集约发展。通过加大政策扶持和要素倾斜配置,努力创造发展新优势,大力鼓励和推动承接产业链或产业集群整体转移。

为此,四川确定加快发展五大经济区和四大城市群,以促进产业转移承接的合理分工和优化布局。其中,成都经济区主要是发挥科技、人才、产业和区位优势,着重承接高新技术产业、现代服务业、重大装备制造业、汽车及零部件产业,加快发展总部经济,率先建成承接产业转移和科技创新的示范基地以及在全国具有重要地位和影响的现代城市群;川南经济区主要是承接能源、化工、机械、纺织、食品饮料和现代服务业等产业转移;攀西经济区主要是围绕钒、钛、稀土、水能等特色优势资源积极承接产业转移;川东北经济区主要是承接天然气化工、纺织和特色农产品加工业转移;川西北生态经济区则以清洁能源、旅游、生态农业和特色畜牧业为重点承接产业转移。[①]

(二) 广西承接产业转移发展布局

广西根据全区产业规划布局、结合产业发展需要,明确提出要着力建设各具特色、优势互补、产业集聚、可协调发展的产业转移园,将其打造为承接产业转移的主要载体。通过鼓励有实力的投资者参与园区建设开发,推行园区项目市场化运作、企业化管理,整体开发产业转移示范园区,不断拓展承接产业转移的空间。同时,充分利用区位、资源、产业和综合成本优势,大力承接发展传统支柱和特色产业,引进培育优势和新兴产业,促进产业集聚和优化布局。

在国家批复的桂东承接产业转移示范区,贵港、玉林、梧州、贺州要利用区位优势,加快与东部发达地区产业对接互动,积极承接装备制造业、原材料产业、轻纺化工、高技术产业、现代农业、现代服务业等,率先建成承接产业转移示范基地。南宁、北海、钦州、防城港要加快承接培育石化、钢铁、林浆纸、电子、能源、海洋、港口及高新技术等产业,力争在大型专业园区、加工贸易园区和特色产业园区建设上取得突破。柳州、桂林要重点承接机械、汽车及零部件、石化和相关产业,着力建设先进制造业基地,形成若干工程机械、汽车及零部件企业集聚发展的专业园区,并引进医药、电子

---

① 《关于加快推进承接产业转移工作的意见》[N],《四川日报》,2008-04-03。

信息、食品、有色金属等优势产业,建设具有鲜明特色的高新技术产业园区。百色、河池、来宾要以做大做强以铝、锌、锢工业为主,加快发展有色金属和锰业加工、茧丝绸加工等产业园区。崇左要重点发展糖业和锰工业,以建设面向东南亚的保税物流区为载体,积极培育壮大支柱产业,推动外向型加工贸易产业发展。

(三) 贵州承接产业转移发展布局

贵州按照加强统筹规划,合理调整布局的要求,结合"十二五"发展规划和主体功能区规划,大力实施工业化、城镇化发展带动战略,统筹考虑全省产业发展重点和布局,将产业园区作为承接产业转移的主要载体,切实加强园区开发管理,积极引导产业转移集中集聚,推动产业园区集约化、特色化、规范化发展。其具体设想是:通过新建、提升、整合一批产业园区和产业基地,大力建设承接产业转移示范园区,着力推进国家和省级重点产业园区建设,给予其土地、融资、税收等方面政策的有力支持,切实抓好重点园区的转型升级。探索建立以企业为主体的园区开发管理体制和机制,明确园区支柱产业和发展方向,积极发展主导企业、配套企业、生产服务企业紧密链接、相互支撑的集群发展模式。

进一步优化对承接产业转移的发展布局,黔中经济区要着力实现率先发展,紧紧围绕贵阳—遵义、贵阳—安顺、贵阳—凯里和都匀三条产业经济走廊,推动产业合理布局,积极承接发展装备制造、有色冶金、磷煤化工、电子信息、新材料、生物制药、特色食品、劳动密集型和现代服务业等产业,大力促进产业集聚发展。[①] 遵义城乡综合改革试验区要积极承接能源、新材料、装备制造、优质烟酒、特色食品和现代服务业等产业,毕水兴经济带要积极承接能源、煤化工、冶金、新型建材、装备制造等产业,东南部特色经济区要加快承接优强特色农产品、精细化工、新材料、原材料加工、电子信息等产业。[②]

(四) 云南承接产业转移发展布局

云南将滇中地区作为全省重要的经济增长极,提出要着力建设以昆明为

[①] 《贵州省人民政府关于进一步做好承接产业转移工作的意见》(黔府发〔2010〕25号),《贵州省人民政府公报》,2011(02)。

[②] 《贵州省人民政府关于进一步做好承接产业转移工作的意见》(黔府发〔2010〕25号),《贵州省人民政府公报》,2011(02)。

第九章　构建中国特色大西南承接长三角产业转移发展体系的基本框架

中心,包括曲靖、玉溪、楚雄的滇中经济区,努力使之成为全国重要的旅游、文化、能源和商贸物流基地,以化工、有色冶炼、生物为重点的区域性资源深加工基地,承接产业转移和出口加工基地。其具体设想是:昆明重点发展装备制造业、战略性新兴产业和现代服务业等,强化科技创新、商贸流通、信息、旅游、文化和综合服务功能;曲靖重点建设煤电及新能源、重化工、有色金属及新材料基地;玉溪重点发展装备制造业,建设休闲旅游基地;楚雄重点建设绿色产业、冶金化工、民族文化旅游等基地。

同时,云南提出要进一步完善对外经济走廊,以个旧、开远、蒙自和河口等城市为载体,着力发展以现代物流、矿产开采为主的产业集群;以楚雄、大理、保山、瑞丽等城市为节点,着力发展石化、现代物流、农产品替代种植、宝玉石加工和旅游业;以玉溪、普洱、景洪、磨憨、临沧等城镇为载体,着力发展以农林产品深加工、生物产业、商贸旅游等为主的产业集群;以保山、腾冲为节点的昆明—密支那经济走廊,加快发展钢铁、有色、现代物流和旅游等产业。增强对内经济走廊,建设昆明—文山—广西北部湾—珠三角经济走廊,着力发展特色旅游、生物医药及矿冶加工等产业;昆明—昭通—成渝经济走廊,着力发展清洁能源和石化等产业;昆明—丽江—香格里拉—西藏昌都经济走廊,着力发展矿产、可再生清洁能源、高原民族文化旅游等产业。

(五) 重庆承接产业转移发展布局

重庆为推动承接产业转移加快发展,坚持发挥产业招商、项目招商、园区招商的作用,注重以大项目、大企业带动产业链整体转移,大力鼓励和支持引进带动力强的大型龙头企业,积极承接配套的中小企业和关联机构,以此促进优势产业集群形成。对此,全市进一步调整产业发展规划,优先布局和发展能形成产业链和聚集效应的产业园区,对其积极给予推荐和安排重大项目和配套项目;同时鼓励扶持各区县注意发展特色产业园区,在基础设施及配套设施项目上进行支持,着力发展特色优势产业,加快培育壮大支柱产业。

此外,重庆还按照统筹规划、合理布局、加快发展的原则,对承接产业转移实行"一带三片"布局,即以北部新区、西永微电子园、长寿化工园和各类产业园区为重要载体,大力提高产业承载力和投资强度,积极推动优质资源、发展要素加快向功能区聚集。对国家批复的重庆沿江承接产业转移示范区(涪陵、巴南、九龙坡、璧山、永川、双桥、荣昌),重庆提出了明确举措和发展目标,即依托现有产业基础,坚持高起点、有选择地承接发展先进制造、电子信息、新材料、生物、化工、轻工、现代服务业等产业,着力打造 18 条产业链;以产业园区为承接载体,积极构建特色鲜明、错位发展的产业格局,着力打造 3 个产值 3 000 亿级(涪陵、九龙坡、巴南)、2 个产值 2 000 亿级(永川、荣昌)、2 个产值 1 000 亿级(璧山、双桥)的产业基地。通过抢抓国内外产业调整转移的历史机遇,积极开展外引内联,加快打造和建设关联度大、带动力强、辐射面广、集约化高、相互配套的优势产业集群,促进产业转移示范区加速发展,从而提升重庆产业综合实力。

二、大西南承接产业转移发展的重点(中心)区域

国家"十二五"规划纲要、《全国主体功能区规划》和国家《产业转移指导目录(2012 年)》,已将大西南经济区的成渝地区、滇中地区、黔中地区、广西北部湾地区、以拉萨为中心的藏中南地区五大区域列入了国家层面重点开发的区域,并作为我国东部地区产业向西部转移的主要承载区。下面,分别对这五大重点(中心)区域予以叙述。

(一)成渝经济区

成渝经济区位于长江上游地带,地处四川盆地,北接陕甘,南连云贵,西通青藏,东邻湘鄂。经济区涵盖重庆 31 个区县和四川 15 个区市,总面积 20.61 万平方公里,经济总量 GDP 1.58 万亿元,总人口 9 840.7 万人;拥有 2 个特大城市、6 个大城市、众多中小城市和小城镇,城镇人口 4 046 万,城镇化率达 43.8%;城市密度为每万平方公里 1.76 个,比全国平均水平多 1.03 座,比西部平均水平多 1.49 座,是西部地区城镇最密集的区域。

《成渝经济区区域规划》由国务院于 2011 年 5 月批复下发,规划对经济区的战略定位是:"西部地区重要的经济中心,全国重要的现代产业基地,深化内陆开放的试验区,统筹城乡发展的示范区,长江上游生态安全的保障区。"[①] 发展目标是:"到 2015 年,经济实力显著增强,建成西部地区重要的经济中心;地区生产总值占全国的比重达到 7%,人均地区生产总值达到 3.9 万元,城镇化率达到 52%,城乡居民收入差距由目前的 3.3∶1 缩小到 2.8∶1。到 2020 年,经济社会发展水平进一步提高,成为我国综合实力最强

---

① 国家发改委:《成渝经济区区域规划(2011—2020)》,2011 年。

第九章 构建中国特色大西南承接长三角产业转移发展体系的基本框架

的区域之一;人均地区生产总值达到 6.5 万元,城镇化率达到 60%。"①

按照国家规划,成渝经济区未来将重点扶持发展八大产业:"一是全国重要的重大装备制造业基地;二是全国有重要影响的汽车、摩托车整车及零部件生产研发基地;三是国家电子信息产业基地;四是国家民用航空、航天研发制造基地;五是加快发展冶金和材料生产基地;六是国家重要的石油天然气化工和盐化工基地;七是做优做强轻纺食品产业;八是建立以生物制药为重点、化学原料制药为基础、地道药材为特色的产业体系。"②

成渝经济区是"我国西部唯一具备突破省市界线、在更大范围内优化配置资源的地区,这里环境优越,交通发达,资源、人口、城镇密集,经济基础较好,许多发展指标都可与东部媲美。每平方公里产出 350 万元,比全国高 227 万元,比西部高 316 万元。目前经济区的经济密度是西部平均水平的 14 倍,是西部最发达的区域,经济总量占全国经济的 5% 左右,再通过 5—10 年的跨越式发展,估计能占到全国的 10% 左右。"③ 到那时,成渝经济区将成为推动我国经济发展、保证经济安全新的增长极。因此,从资源环境承载力、发展基础和发展趋势来看,成渝经济区将与东部沿海地区的长三角、珠三角、京津冀三大增长极呈东西犄角鼎立之势。

根据规划要求,成渝经济区将进一步优化区域经济布局,促进区域协调发展。主要是依托中心城市和长江黄金水道、高速公路、高速铁路等,着力构建以成都、重庆两个特大城市为龙头,以沿水陆交通干线主要市县等为载体,形成以沿江、沿线为发展带的"双核五带"空间格局。"双核五带"分别是:"包括成都五城区等,打造高度国际化的大都市的成都发展核心;包括重庆主城九区,打造国际大都市的重庆发展核心;以主城区为中心,长江黄金水道、公路、铁路为纽带的成渝经济区沿长江发展带;以成都为中心建成具有国际竞争力的产业和城市集聚带的成绵乐发展带;培育成为连接双核的新型经济带的成遂渝发展带;建成东北部重要的经济增长带的渝广达发展带;以成渝铁路和高速公路为纽带的成内渝发展带。"④

---

① 国家发改委:《成渝经济区区域规划(2011—2020)》,2011 年。
② 国家发改委:《成渝经济区区域规划(2011—2020)》,2011 年。
③ 《裂变:从"引擎"到"增长极"——看川渝合作的历史选择》[N],《四川日报》,2007 - 04 - 03。
④ 马想斌:《八大支柱产业支撑"双核五带"布局》[N],《成都商报》,2011 - 03 - 04。

(二) 滇中经济区

滇中经济区位于全国城市化战略格局中包昆通道纵轴的南端，区域范围包括云南中部的昆明、曲靖、楚雄和玉溪四州市。该区域集中了云南约 4 成的人口和 6 成的经济总量，常住人口达 1 740.7 万人，占全省 37.6%。2013 年，四州市完成地区生产总值 GDP 达 6 734.2 亿元，占全省 57.45%，其中昆明占滇中地区 50% 以上，占全省 30% 左右。滇中经济区已成为推动云南跨越发展的核心区、引擎和龙头，在全省经济社会发展中起着至关重要的作用。

《中共中央国务院关于深入实施西部大开发战略的若干意见》和国家"十二五"发展规划、《全国主体功能区规划》、国家《产业转移指导目录（2012年）》都从国家战略层面将滇中经济区列为全国重点开发区，提出了要加快滇中经济区发展。特别是国务院《关于支持云南省加快建设面向西南开放重要桥头堡的意见》明确提出了滇中地区"一枢纽四基地"的战略定位和发展目标。其功能定位是："我国连接东南亚、南亚的陆路交通枢纽，面向东南亚、南亚开放的重要门户，全国烟草、旅游、文化、能源和商贸物流产业的重要基地，以化工、冶金、生物为重点的区域性资源精深加工基地，承接产业转移基地，出口加工基地。"[1]

根据中央和国家规划布局和有关要求，云南"十二五"规划把滇中经济区作为构建战略空间布局的重要区域，明确提出要努力将滇中地区培育成为全省加快发展的引擎和区域协调发展的重要支撑点、我国对西南开放重要桥头堡的核心区域和连接东南亚、南亚国家的陆路交通枢纽、西部区域性经济中心、支撑全国经济的重要增长极。为此，将着力构建以昆明为中心，以曲靖、玉溪和楚雄等城市为支撑，以主要交通轴线为纽带，以产业协同发展为核心，促进经济区一体化开发的格局。昆明重点发展高端数控机床、高电压等级输配电成套设备、汽车零部件等先进装备制造业，以及光电子和电子信息产品、新能源、新材料、生物医药等新兴产业，发展天然气化工、褐煤洁净化利用、磷化工、家具、生产性服务业。曲靖重点建设光电子等新材料、载货汽车、煤化工、有色金属、煤电及新能源和特色食品加工等产业基地。玉溪加快生物医药、疫苗、装备制造、半导体照明（LED）、铸造、太阳热能利用、日用五金、磷化工等产业发展。楚雄加快绿色产业基地建设，承接昆钢非钢产业和石油、天然气化工产业转移，打造国家级钛材、复合材产业基

---

[1] 《全国主体功能区规划》，http://www.china.com.cn/policy/，中国网，2011 - 06 - 13。

第九章 构建中国特色大西南承接长三角产业转移发展体系的基本框架

地,延伸产业链;加快生物医药、高电压等级输配电成套设备、特色食品加工等产业基地建设。

(三) 黔中经济区

黔中经济区是国家实施新一轮西部大开发战略确定的重点经济区,是以《全国主体功能区规划》明确的重点开发区域为核心、延及周边的经济区域。经济区地处大西南腹心地带,位于全国城市化战略格局中包昆通道纵轴的南部。区域范围包括贵阳市及遵义市红花岗区、汇川区、遵义县、绥阳县、仁怀市,安顺市西秀区、平坝县、普定县、镇宁县,毕节市七星关区、大方县、黔西县、金沙县、织金县,黔东南州凯里市、麻江县,黔南州都匀市、福泉市、贵定县、瓮安县、长顺县、龙里县、惠水县,共33个县(市、区)。区域国土面积5.38万平方公里,占贵州的31%。2011年区域常住人口1 571万人,占全省的45%;地区生产总值3 396亿元,占全省的60%;固定资产投资2 538亿元,占全省的50%。

《中共中央国务院关于深入实施西部大开发战略的若干意见》《国务院关于进一步促进贵州经济社会又好又快发展的若干意见》《全国主体功能区规划》《西部大开发"十二五"规划》、国家"十二五"规划和国家《产业转移指导目录(2012年)》都将黔中经济区列为国家层面的重点经济区。2012年8月,国家发改委正式做出批复,同意批准实施《黔中经济区发展规划》。该规划为黔中经济区经济社会发展做出了设定:到2015年,地区生产总值力争达到6 000亿元以上,地方财政收入达到450亿元以上;森林覆盖率达到45%以上;九年义务教育质量显著增强,巩固率达到95%以上;到2020年,地区生产总值和地方财政收入力争比2015年翻一番等一系列发展目标。经济区的战略定位是:国家重要能源资源深加工、特色轻工业基地和西部地区装备制造业、战略性新兴产业基地;国家文化旅游发展创新区;全国山地新型城镇化试验区;东西互动合作示范区;区域性商贸物流中心。

为此,按照中央和国家相关文件与规划要求,黔中经济区将着力构建以贵阳为中心,以安顺、遵义、毕节、都匀、凯里等城市为节点,以重要交通走廊为轴线的"一核三带多中心"空间开发格局;大力推进贵阳—安顺经济一体化发展,加快建设贵安新区,加快贵阳—遵义、贵阳—都匀凯里特色产业带发展;合理布局产业集聚区,优化产业布局,强化科技创新,重点承接轨道交通等装备制造、有色冶金、磷煤化工、电子信息、新材料、新能源、生物制药、特色食品、劳动密集型加工业和现代服务业等产业转移;积极推进工业化和信息化融合、工业化和城镇化协调发展，加快推动产业结构调整和优化升级，打造特色优势产业集群和产业基地。

（四）广西北部湾经济区

广西北部湾经济区位于中国沿海的西南端，由南宁、北海、钦州、防城港四市组成，陆域面积4.25万平方公里，人口约占广西总人口的25%。根据实际情况和区域发展需要，把临近沿海的玉林、崇左两市的交通、物流也列入经济区的规划建设中统筹考虑，形成"4+2"的格局。2008年1月，国家批准实施《广西北部湾经济区发展规划》，经济区的开放开发正式纳入了国家战略，迈上了新的历史起点。在国家政策大力支持下，近年来广西坚持优先发展北部湾经济区，全面推进开放开发，努力推动全区发展实现新跨越。2012年，北部湾经济区生产总值达4316.36亿元，占全区的33.1%；全社会固定资产投资达4513.52亿元，占全区的35.7%；财政收入达713.67亿元，占全区的39.4%；进出口总额达148.90亿美元，占全区的50.5%。北部湾经济区主要经济指标领先全区，经济发展的龙头地位日益凸显。

北部湾经济区地处"华南经济圈、大西南经济圈和东盟经济圈的接合部，是中国大陆东中西三大地带交汇点，东临粤港澳，背靠大西南，面向东南亚，沿海、沿边、沿江，是中国西部唯一沿海的地区，是最便捷的西南出海大通道，是中国对外开放、走向东盟、走向世界的重要门户和前沿，在中国与东盟、泛北部湾、泛珠三角、大西南六省区市协作等国内外区域合作中具有不可替代的战略地位和作用。"按照发展规划，北部湾经济区作为全国第一个国际区域经济合作区，"功能定位是：立足北部湾、服务'三南'（西南、华南和中南），沟通东中西、面向东南亚，充分发挥连接多区域的重要通道、交流桥梁和合作平台作用，坚持以开放合作促开发建设，努力建成中国—东盟开放合作的物流基地、商贸基地、加工制造基地和信息交流中心，成为带动、支撑西部大开发的战略高地和开放度高、辐射力强、经济繁荣、社会和谐、生态良好的重要国际区域经济合作区。发展目标是：经过10—15年的努力，建设成为经济实力显著增强、经济结构更加优化、开放合作不断深入、生态文明建设进一步加强、人民生活全面改善的经济新高地，在我国西部地区率先实现全面建设小康社会目标；逐步形成我国沿海发展的新一极。"[①]

---

① 《广西北部湾经济区发展规划》，http://www.gx.xinhuanet.com，国家发改委网站，2008-02-21。

第九章 构建中国特色大西南承接长三角产业转移发展体系的基本框架

根据国家《产业转移指导目录（2012年）》，围绕发展目标和功能定位，北部湾经济区将"进一步优化空间布局，密切区域合作，强化城市间功能分工，保护生态环境，打造整体协调、生态友好的可持续发展空间结构；完善产业布局，形成开放合作的产业优势，充分利用两个市场、两种资源，优化投资环境，以市场为导向，发挥比较优势，大力发展高起点、高水平的沿海工业、高技术产业和现代服务业，承接产业转移，形成特色鲜明、竞争力强的产业结构。"① 为此，经济区围绕重大产业布局，将着力发展和重点培育石油化工、钢铁、电子信息、轨道交通等装备制造、铝加工、修造船、纺织、林浆纸、粮油食品加工、高技术、新能源等产业；种植业、畜牧业、海洋渔业等现代农业；物流、金融、信息服务、会展、房地产、旅游等现代服务业。同时，切实增强企业竞争力，壮大工业经济，加快新型工业化进程，推进产业优化升级，推动经济区建设实现重点突破，跨越发展，开创全新局面。

（五）藏中南地区

藏中南地区位于西藏中南部，包括拉萨市、日喀则地区、山南地区、林芝地区，由于地处印度洋板块与亚欧板块交界处，地震灾害危险性较高。该地区"位于喜马拉雅山和冈底斯山—念青唐古拉山之间的藏南谷地，海拔在3500—4500米，可利用土地资源不多，但由于人口较少，人均可利用土地资源相对丰富；属雅鲁藏布江流域，水量丰富，大多数地区人均水资源高于2 000立方米，大气环境和水环境质量十分优良；属高原河谷地形，降水稀少、气候干燥，土壤侵蚀脆弱性较高，土壤保持、水源涵养等生态功能十分重要。"②

国家《产业转移指导目录（2012年）》《全国主体功能区规划》和《西部大开发"十二五"规划》均将藏中南地区列为国家层面的重点开发区域。其功能定位是：全国重要的农林牧产品加工、藏药生产、旅游文化和矿产资源基地，后备水电开发基地。区域发展重点是维护生态系统多样性，加强流域环境保护，推进雅鲁藏布江综合治理，构建以自然保护区为主体的生态格局。加快发展优势矿产业、高原生物和绿色食（饮）品、藏药、旅游、农畜产品深加工、建材、民族手工业，积极发展新能源、节能环保等高新技术

---

① 《广西北部湾经济区发展规划》，http：//www.gx.xinhuanet.com，国家发改委网站，2008 - 02 - 21。

② 《全国主体功能区规划》，http：//www.china.com.cn/policy/，中国网，2011 - 06 - 13。

产业。

三、大西南承接产业转移的沿长江巨型产业带

推动大西南地区承接长三角产业转移加快发展,必须充分发挥区位空间和产业集聚的比较优势,必须加快顶级巨型长江产业发展带的建设步伐,以实现带动东西、辐射南北的梦想。为此,我们优选长江下游浦东新区、长江中游武汉城市群、长江上游成渝经济带等区域,分别作出重点描述。

(一)长三角地区

长三角地区主要以制造业快速崛起而作为区域发展的基本特征,并以较低层次的制造业占据很大比例,其竞争优势很大程度上来源于土地、劳动力、自然资源等低成本要素带来的优势。这种粗放型发展模式的结果和表现是,造成了区域能源和资源紧张、土地供给矛盾突出,面临着生态环境恶化和社会发展滞后等系列问题。随着国家加强宏观调控、区域资源约束日益凸显等,长三角产业环境和区域环境将不断发生新变化,制造业成本将不断上升,区域经济发展必然受到不利影响。这进一步突出了长三角推进经济结构战略转换的重要性和紧迫性。[1]

世界经济发展经验表明,"区域经济发展一般经历四个阶段:要素驱动、资源驱动、创新驱动和财富驱动。长三角目前资源驱动的特征十分明显:高投入、高消耗、低产出、低效益,以低生产成本为主要竞争手段。如果说资源驱动是区域发展的必经阶段,长三角已经走到了这一阶段的尽头,尽快由资源驱动向创新驱动推进已成为长三角的主要任务。"[2] 长三角必须把大力提高自主创新能力作为未来加快发展的主基调,可考虑以下方面:"一是加强长三角区域各城市间全面协调发展,推动区域增长空间的调整和扩大;二是将经济增长从资源消耗模式转变为人力资本利用模式,从根本上转变经济增长模式;三是坚持将创新作为长三角区域经济社会发展的主要手段与标志;四是进一步加强区域协作,从经济一体化角度,打造长三角整体的经济结构和产业结构,形成有机的经济体系。"[3]

从发展趋势来看,长三角地区作为全国经济发展的"领跑者",其主要发

---

[1] 姜业庆:《长三角发展面临变轨》[N],《中国经济时报》,2006-02-27。
[2] 《长三角发展面临转型与创新》,2006年《长三角蓝皮书》,中国网,2006-02-26。
[3] 姜业庆:《长三角发展面临变轨》[N],《中国经济时报》,2006-02-27。

第九章 构建中国特色大西南承接长三角产业转移发展体系的基本框架

展指标占全国的比重将进一步上升。目前长三角地区以上海为发展核心,正着力优化和完善上海核心城市的综合功能,加快推进国际经济、金融、贸易、航运中心建设,大力发展现代服务业和先进制造业,加强创新能力建设,努力提升区域整体优势和国际竞争力。根据《长江三角洲地区区域规划》,长三角将充分发挥龙头作用,带动整个沿长江巨型产业带的发展,其产业布局主要是:(1)沿江发展(长江沿岸市县)。(2)沿湾发展(环杭州湾的市县)。(3)沿海发展(沿海市县)。其产业发展目标是:积极推进产业结构优化升级,加快现代服务业发展,促进信息化与工业化融合,着力培育一批具有国际竞争力的世界级企业和品牌,打造全球重要的现代服务业中心和先进制造业基地。[1]

1. 发展现代服务业

依托区域综合优势,积极发展金融、航运、现代物流、科技、文化旅游、电子商务、服务外包等现代和新兴服务业。将上海打造成服务全国、面向国际的现代服务业中心,将南京、杭州、苏州、无锡、宁波等打造成长三角的现代服务业中心。同时,加快其他城市和地区传统服务业的改造提升,着力推动各具特色的现代服务业集聚发展。

2. 发展先进制造业

加快发展信息产业,以产业园区为主要载体,着力打造通信、计算机及网络、数字音视频等产业集群。以高新技术和电子信息技术改造提升装备制造业等,通过产业链接、技术外溢和资本扩张等多种形式,切实加强区域内外产业配套与协作。

3. 加快发展新兴产业

以雄厚的科研实力及产业基础为依托,建设具有自主创新能力、较强国际竞争力的生物医药产业集聚区;着力发展信息、纤维、金属和非金属新材料产业,发展纳米、半导体照明用、新型建筑及特种工程材料产业;加快发展可再生能源和清洁能源,开发利用风能、太阳能、地热能、海洋能、生物质能等可再生能源、发展燃气蒸汽联合循环发电等;积极发展卫星导航、卫星通信、卫星遥感和相关设备制造业与服务业。[2]

---

[1] 国家发改委:《长江三角洲地区区域规划》,http://www.china.com.cn/policy/,中国网,2010-06-22。

[2] 国家发改委:《长江三角洲地区区域规划》,http://www.china.com.cn/,中国网,2010-06-22。

(二) 成渝经济区（前面已述及，不予赘述）

(三) 武汉城市群

武汉城市群，又称"1+8"城市圈，是指以湖北省会武汉为中心城市，以黄石为副中心城市，再加上鄂州、黄冈、孝感、咸宁、仙桃、天门、潜江周边城市所组成的城市群，共有副省级城市1个、地级市5个、省直辖县级市3个、地级市代管的县级市7个、市辖县15个。该城市群地处中国东西、南北两大发展轴线——长江经济带及由京广铁路、京珠高速公路组成的"十"字形一级发展轴线的交会处。根据国家区域发展规划和我国东中部经济发展格局，武汉城市群正处于"中部之中"的经济腹地，"东经皖苏通到以上海为中心的长三角，南穿湖南直达以广州为中心的珠三角，北道华北通至渤海湾，西面直连大西南，是实现生产要素西进、北上、南下和东出的枢纽，具有成为全国经济发展重要'增长极'的先天优势，很可能成为继长三角、珠三角、环渤海地区之后又一举足轻重的经济发展区域。"[①]

在中国城市群结构体系中，武汉城市群处于国家二级城市群前列。近年来，湖北9市政府部门主动拆除市场壁垒，搭建合作平台，积极建立一体化的政策框架，努力提高城市圈的整体竞争力。洪湖市、京山县、广水市作为观察员先后加入武汉城市群，三县市将比照城市群成员单位享受相关政策待遇，参加武汉城市群综合配套改革试验领导小组会议，及武汉城市群有关协作互动等活动。2012年，武汉城市群经济总量GDP达13 871.37亿元，人均GDP达7 233.62美元，在全国各大城市群中分别列11位和7位；常住人口为3 062.85万，面积为5.78万平方公里。

根据《全国主体功能区规划》、国家《产业转移指导目录（2012年）》，武汉城市群的功能定位是："全国资源节约型和环境友好型社会建设的示范区（即'两型社会'），全国重要的综合交通枢纽、科技教育以及汽车、钢铁基地，区域性的信息产业、新材料、科技创新基地和物流中心。"[②] 城市群建设涉及工业、交通、教育、金融、旅游等诸多领域，未来发展重点和方向如下。

1. 区域产业发展方向

"以支柱产业和重点行业为龙头，积极培育发展优势产业链，建设有特色

---

① 李成彬：《武汉都市经济圈发展探析》[J]，《大众商务·下半月》，2010-09-13。
② 《全国主体功能区规划》，http://www.china.com.cn/policy/，中国网，2011-06-13。

第九章　构建中国特色大西南承接长三角产业转移发展体系的基本框架

的城市产业集群，实现区域内工业产业的集约增长。充分发挥武汉市的产业龙头和辐射带动作用，着力构建以武汉为核心，以长江沿线和沿京广线产业带为轴线，以周边其他城市为节点的空间开发格局，进一步优化产业布局，加快推进产业集聚带建设，实行联动发展。"①

2. 第一产业发展规划

建设武汉及周边县市的6大优势农产品产业带，包括商品蔬菜产业带、优质水产品产业带、优质稻米产业带、优质棉花产业带、"双低"油菜带和优质"三元猪"产业带。建立8大特色农产品基地，包括特色家禽产品基地、牛奶产品基地、优质绿茶产品基地、优质板栗产品基地、优质蜂产品基地、优质中药材产品基地、蚕茧产品基地和苎麻产品基地。

3. 第二产业发展规划

"采取点—轴发展模式，以武汉及其他城市为中心，以长江、沪蓉高速公路、京广线、汉丹线、京九线为发展轴，实现'以线串点，以点带面'，建设汽车、电子信息、钢铁、有色冶金、石油化工、盐化工、纺织服装、造纸及包装、建材及建筑业、农副产品加工等十大产业链；发展50个产业集群，现阶段重点建设已形成了光电子通信、电子信息及家电、汽车整车制造、汽车零部件、钢铁及深加工、金属制品、石油化工、盐化工、医药工业、纺织、建材、服装、造纸及包装、食品、饮料等15个产业集群。同时，建立以武汉为龙头的高技术产业带，冶金—建材产业带，汽车零部件产业带，环城市圈IT设备及电器、电子元器件产业带，环城市圈纺织服装产业带，化工产业带和城市圈农副产品加工业产业带等七大特色产业带。"②

4. 第三产业发展规划

"(1) 加快建设金融中心，推进金融市场一体化。优化发展一体化货币市场，整合发展产权交易市场，形成多层次资本市场体系；加强区域金融中心建设，鼓励金融机构集聚发展。加快金融业改革开放，努力扩大规模、提升素质，初步奠定华中金融中心的地位。(2) 建立一体化商贸市场体系，强化武汉市场龙头地位，鼓励发展周边区域性商贸市场和专业市场，形成以城区为中心，覆盖城乡的商贸网络；扩大进出口贸易规模，加快外向型经济发展。

---

① 武汉市城市圈"十二五"发展规划-百度文库，http://wenku.baidu.com/view/ba00cb155f0e-7cd184253616.html，2012-11-16。

② 武汉市城市圈"十二五"发展规划-百度文库，http://wenku.baidu.com/view/ba00cb155f0e7cd184253616.html，2012-11-16。

(3) 加速推进物流业发展,健全网络市场、电子商务,实现市场的'无缝连接',形成商品市场信息和物流一体化,构建高效的物流服务体系。到2020年,将城市圈建设成为服务全省,辐射华中,连接全国,面向国际的中部物流中心区。(4) 积极发展技术、人才和劳动力等要素市场,加强市场统一管理,着力推进市场准入、依法维权、企业信用、执法监管以及信息共享等一体化发展。"①

(四) 浦东新区

浦东新区是上海市的一个副省级市辖区,位于上海市东部,处于中国沿海开放地带的中点和长江入海口的交汇处。地理范围包括黄浦江以东到长江口之间的三角形区域,全区面积1 429.67平方公里,户籍人口283.79万人,常驻人口540.9万人。1990年4月,我国政府宣布开发开放上海浦东,提出以浦东开发开放为龙头,进一步开放长江沿岸城市,尽快把上海建成国际经济、金融、贸易中心之一,以带动长江三角洲和整个长江流域经济实现新飞跃。

浦东新区以上海长期积聚的经济和社会文化基础为依托,享有独特的地理、交通、人才和产业优势,得益于率先实行改革开放的先发效应,以及政通人和的社会环境,被海内外人士誉为:"进入中国经济的大门,打开中国市场的金钥匙,连接中国与世界经济的桥梁。"经过20多年的开发开放,浦东经济高速发展,城市面貌发生了惊人变化,已成为上海新兴高科技产业和现代工业基地,成为上海经济新的增长点,成为中国改革开放的重点和标志。

1. 浦东新区经济实力有了显著增强

"十一五"期间浦东新区生产总值GDP年均增长13%左右,地方财政收入年均增长18.6%,全社会固定资产投资累计超过6 200亿元,第三产业增加值占生产总值比重从47.2%提高到56.1%,外贸进出口总额年均增长12%,社会消费品零售总额年均增长13.8%。2013年,新区生产总值达到6 448.68亿元,地方财政收入达到610.59亿元,同比分别增长9.7%和11%;全社会固定资产投资完成1 579.22亿元,第三产业增加值占生产总值比重达到64.43%;外贸进出口总额达到2 496亿美元,社会消费品零售总额达到1 504.95亿元,同比分别增长4.0%和11.5%;实际利用外资50.33亿美元,

---

① 武汉市城市圈"十二五"发展规划-百度文库, http://wenku.baidu.com/view/ba00cb155f0e7cd184253616.html, 2012-11-16。

第九章 构建中国特色大西南承接长三角产业转移发展体系的基本框架

增长4.2%;城镇和农村居民人均可支配收入分别达到45 199元和19 529元,同比分别增长10.5%和10.7%,城乡居民收入增速均超过全市平均水平。[①]

2. 推进经济结构调整取得重要进展

紧紧围绕"四个中心"核心功能区建设,新区大力发展以金融、航运、贸易为重点的现代服务业和以战略性新兴产业为重点的先进制造业。金融业快速发展,2009年以来大批高能级金融机构入驻浦东,新区集聚了人民银行上海总部等"一行三会"驻沪监管部门,建立了上海证券交易所、期货交易所、中国金融期货交易所等要素市场,金融要素市场体系不断完善。到2013年,浦东监管类金融机构达到近800家,金融业增加值占生产总值比重近20%。国债期货在中国金融期货交易所重新上市,上海期货交易所启动连续交易试点,扩大人民币跨境使用试点取得突破,中国金融信息中心正式启用,上海国际能源交易中心挂牌,中国建设银行上海中心等功能性机构落户。[②] 新区还依托重点开发区板块联动,积极推进高新技术产业化和战略性新兴产业发展,电子信息、成套设备、汽车及生物医药、新能源、民用航空等"三大三新"产业发展格局初步形成。

3. 吸引跨国公司地区总部落户不断加速

浦东新区作为改革开放的前沿阵地,对跨国公司地区总部的吸引力最为显著。新区以优化服务和运营环境为抓手,充分发挥浦东总部经济共享服务中心的平台作用,有效推进总部经济发展。2009年以来,新区总部经济规模和能级不断提升,以投资中心、营运中心、销售中心、结算中心、研发中心等功能性机构为代表的跨国公司总部机构快速集聚。到2013年,新区获认定的跨国公司地区总部累计达214家,占全市的48.1%;投资总额超过200万美元的研发中心达到192家。跨国公司地区总部在浦东的投资能级达到108亿美元,年销售结算能级接近2 500亿元的规模,年纳税总额已突破165亿元。[③] 迪士尼项目正式签约并进入全面建设阶段;商用飞机总部、研发中心、总装基地整体落户浦东,研发中心部分投入使用,总装基地全面加快建设。浦东已经成为上海乃至全国跨国公司地区总部最为集中的区域,为长三角联动发展起到积极的推动作用。

[①] 参见《2013年上海市国民经济和社会发展统计公报》,2014-02-27。
[②] 《浦东概览》,浦东·政务,http://www.pudong.gov.cn,上海市浦东新区人民政府。
[③] 《浦东概览》,浦东·政务,http://www.pudong.gov.cn,上海市浦东新区人民政府。

4. 服务全国、面向世界的核心地位不断凸显

"目前浦东新区已形成了5种发展模式，分别是以IBM、百度为代表的服务贸易和统一营销为主的集成服务模式，以通用电气、德尔福为代表的高端产品研发为主的'反向创新'模式，以宜家、瑞表和英迈为代表的商业分销和物流分拨为主的贸易中心模式，以小松、资生堂、富士胶片为代表的生产管理和集中销售为主导的结算中心模式，以通用汽车、巴斯夫为代表的集管理、研发、培训、销售多种功能于一体的综合营运模式。"[1] 跨国公司以浦东地区总部为基地，将70%的项目和90%的投资投向了全国各地，在服务长三角、服务全国中发挥了重要作用，而且其服务管理范围已从长三角扩大到整个中国、亚洲、亚太地区乃至全球。浦东正成为具有国际竞争力的总部经济高地，在全球范围内扮演着越来越重要的角色。

总之，随着"四个中心"核心功能区建设大力推进，浦东新区城市功能明显提升。根据国家和上海市对浦东的战略定位，新区未来的发展将按照"开发浦东、振兴上海、服务全国、面向世界"的方针，坚持创新驱动、转型发展，以改革促发展、促转型，聚焦金融、航运、贸易核心功能区建设，积极探索、大胆实践，努力建设成为科学发展的先行区、"四个中心"的核心区、综合改革的试验区、开放和谐的生态区，到2020年浦东开发开放30周年之际，生产总值占全市比重将超过1/3，使浦东努力成为联系国内外经济的重要枢纽。[2]

---

[1] 孙小静：《浦东成为总部经济高地占上海半壁江山》，人民网，2011-06-27。
[2] 《上海浦东新区》[J]，《信息文摘》，2011 (4)。

対策篇

第十章　构建中国特色大西南承接长三角产业转移发展体系的对策建议（上）

当今世界，加快产业转移已成为世界各国各地区推动产业结构深入调整、实现产业优化升级的必由之路。受国际金融危机冲击，我国经济发展要素成本持续上升，资源环境压力不断加大，来自周边国家竞争不断加剧，产业分工加速调整，新一轮区域产业转移趋势日趋明显，速度不断加快。长三角等东部发达地区以土地、资源、劳动力等低成本为主要竞争手段的发展已走到尽头，必须着力增强自主创新能力，实现产业发展转型升级，这为大西南地区加快产业转移承接带来了难得的历史机遇。当前，无论从产业发展水平梯度差异来看，还是从资源禀赋和要素互补来看，大西南与长三角开展产业协作与对接的条件已完全具备。因此，应采取积极有力的对策措施，大力推动大西南承接长三角产业转移加快发展。这不仅对促进两地协同发展具有重大现实意义，而且对推进我国经济结构调整、加快经济转型发展、最终实现共同富裕也具有长远的历史意义。

第一节　制定产业转移与承接的科学规划指导大西南承接产业转移加快发展

大西南承接长三角产业转移发展涉及各个地区，也涉及多部门多行业，它要求必须全面加强组织领导与协调工作，搞好各地区各部门之间的分工与协作。顺应国内外产业转移发展新趋势，为有效避免产业转移承接可能带来的不利影响，发挥其最大效益，加快培育特色优势产业，促进产业调整优化升级，推动经济社会加速发展，大西南各地区各级政府应积极充当区域产业转移与合作的桥梁纽带，充分发挥组织、推动和协调的作用。对此，各省区市必须着力抓好产业转移承接发展的科学规划，努力为承接产业转移发展提供政策支持与组织协调。要通过着力强化市场化基础上的宏观调控和指导，真正落实工作责任制,充分调动各方面积极性,努力形成强大合力,推动产业转移承接工作深入、扎实、有效开展。

一、制定承接产业转移发展科学规划

（一）基本要求

在当前国内外新的发展形势下,制定大西南承接长三角产业转移发展规划,其基本要求是:坚持从全局出发,紧密结合实际,制定产业转移承接发展科学规划,同时不断修正规划,加强体制机制创新,优化政策环境条件,切实完善产业配套发展体系。

1. 以科学的发展规划指导产业承接

为有效推动大西南承接长三角产业转移发展,必须制定和实施大西南产业转移承接发展的科学规划,以防止区域间无序竞争和趋同现象,切实提升产业转移承接的质量和效率。对此,应根据大西南区域经济特点、产业基础、资源环境、区位条件以及国内外产业转移和投资的变化趋势,"对承接长三角地区的产业转移工作制订全局性、战略性的发展规划,使大西南产业承接与本地区产业优势相结合,与各省区市区域发展规划相结合,与国家政策和大西南区情及省情相结合。"[1]

2. 以健全的体制机制推动产业承接

改革创新是经济社会发展的不竭动力。大西南各省区市应按照平等协商、合作共赢、共同发展的要求,着力创新思路、创新机制,不断完善制度顶层设计。要切实加强产业转移承接的组织领导,加快建立和完善高层决策机制,实施项目预审、项目决策等制度,加强对重大问题的统筹和协调,及时进行研究和决策。要坚持立足产业、立足项目、立足园区,全力抓好有针对性的产业转移承接,要将产业转移承接工作纳入重要目标考核,进行专项督查。同时,还要着力破除行政区划限制和体制障碍,进一步深化要素流动、社会管理创新、投融资及户籍制度等改革,加快建立健全统一的现代市场体系,从而推动资源和要素优化配置,构建城乡和区域产业互动、经济协调的发展新格局。

---

[1] 谢海东、万弋芳:《金融危机背景下江西承接产业转移的新动态和新特征》[J],《华东经济管理》,2010（02）。

第十章　构建中国特色大西南承接长三角产业转移发展体系的对策建议（上）

3. 以优化的政策环境吸引产业转移

应积极制定和完善促进产业转移承接、工业园区发展等优惠政策，进一步优化政策环境，着力提升产业转移承接的竞争力。要优化对外招商服务体系，加快与长三角地区经济规则对接运行，建立完善行政审批、市场准入和工商审核制度，主动为投资者着想，坚持让利于商、服务于商。优化口岸服务体系，加快建设具有报关、报验、签发提单等港口服务功能的物流中心，特别是要建立完善海关、检验检疫等涉外机构，以实现快速通关。优化财税金融扶持政策，各地区可以设立承接产业转移专项资金，鼓励信用机构为产业转移提供信用担保，开辟信贷支持"绿色通道"。

4. 以完善的配套体系带动产业承接

应针对大西南地区产业集群发展中的薄弱环节，如配套企业关键资源缺乏、核心能力不突出等问题，加快制定和完善推动产业发展的相关政策法规，规范企业、政府、中介机构等主体活动。同时，要着力完善相关配套服务体系，促进产业承接发展平台向宽领域、纵深化和高标准方向发展。对此，应加快完善各省区市综合交通运输、能源和水煤气供应等各种配套设施，不断强化经济开发区、产业园区的载体和支撑功能。要进一步"加快发展包括运输、仓储、流通、包装、加工、装卸、配送等各环节的现代物流业，大力发展金融、保险、电信、技术转让、中介咨询等现代服务业，为大西南承接产业转移发展提供高效的生产服务配套与支撑体系。"[①]

（二）基本思路

1. 在重大项目上求共建

当前中央正抓紧推进新一轮西部大开发，把稳定投资作为稳增长的关键，对西部地区基础设施建设将继续加大投资。大西南各省区市应牢牢把握机遇，积极开展分工合作，着力构建区域内重大项目互保共建和工业企业互为市场长效机制。实践证明，建设重大项目互保共建机制，可以有效降低项目建设和企业生产成本，从而降低社会综合成本，实现项目优势互补和互利共赢。对此，应积极整合各种资源要素，切实加强产业园区与城市建设重大项目合作，着力推动区域协同发展，以有效加快区域工业化和城市化进程。

---

① 谢海东、万弋芳：《江西承接产业转移的经济绩效分析》[J]，《特区经济》，2009（11）。

2. 在区域合作上求共赢

大力承接长三角产业转移是大西南各地区面临的重大历史机遇，必须采取共同行动。各省区市应进一步深化区域融合发展理念，谋求更大范围的产业共兴共荣。要紧紧围绕国家产业政策调整动向，以区域产业分工合作为龙头，积极促进资源要素自由流动和合理配置，努力打造各具特色的产业对接平台，加快区域经济一体化进程。要坚决避免区域产业同构和市场同型，防止恶性竞争和无序发展，推动实现区域协作互动、优势互补。通过共同推进产业大发展，切实构建主导产业明晰、支柱产业强劲、产业链条延长、产业结构优化的区域发展新格局。

3. 在旅游市场上求互补

应按照优势互补、合作共赢的理念，共同开拓区域旅游市场，做大做强旅游产业。要针对各地区旅游资源的同质性和互补性，以构建"无障碍旅游圈"为目标，制定科学合理的区域旅游发展规划。遵循旅游经济规律，加强资源、资金、人才和信息等要素互动，积极推进旅游业开发合作，共筑"大旅游、大发展"的区域旅游新格局。要切实打破行政区划限制，加强旅游资源整合，加快旅游发展合作平台建设，通过强化信息交流、服务共享，着力构建统一开放的旅游市场，从而打造全国乃至世界著名的精品旅游品牌。

4. 在扶贫开发上求突破

大西南地区是我国扶贫攻坚的主战场。对此，各省区市应充分认识扶贫开发的艰巨性和长期性，必须把扶贫开发放在区域发展更加突出的位置。要紧紧把握国家当前的政策机遇，将扶贫开发与产业转移承接紧密结合起来，积极推进改革发展创新。以启动"区域发展与扶贫攻坚试点"为契机，发挥试点试验区"先行先试"的优势，创新扶贫开发机制，大力激发区域发展与扶贫攻坚示范引领的推动作用。要进一步强化区域分工协作，推进优势互补，切实编制好扶贫开发规划，加快完善扶贫开发项目库，对区域性重大项目加强联合申报，积极争取国家支持。通过开展集中投资和重点投资，切实加大产业扶贫力度，着力解决区域产业发展的瓶颈制约，有效增强产业经济发展能量，推动区域扶贫攻坚实现新突破。

5. 在生态保护上求协同

大西南各地区应积极探索产业承接与科学发展有机结合的新模式，切实解决产业转移承接中的环境问题，促进区域产业在创新中承接、在承接中提

第十章　构建中国特色大西南承接长三角产业转移发展体系的对策建议（上）

升。当前，应切实加强生态功能区、自然保护区建设，加强污染防治、环境检测等领域合作，积极推进生态环境的保护与治理，着力提高环境的整体质量，加快构建长江上游生态安全屏障。要大力整顿和规范资源开发秩序，坚持走"园区式、污染低、用地省、效益好"的新型工业化道路，"实施产业选资策略，共同探讨构建资源节约型和环境友好型社会的有效途径，促进区域经济社会可持续发展。共同探索区域环境治理政策，把产业承接、资源开发与生态环境治理作为一个有机结合的系统工程。"① 要努力寻求产业发展与环境保护的最佳结合点，大力推进产业转移的有序承接与资源开发的高效利用，真正实现产业与生态共赢。

二、明确承接产业转移发展战略定位

经验表明，发达国家和地区"转移传统产业主要是为了获取区位优势和降低要素成本，转移部分高新技术产业则是以获取综合竞争优势为目的，更加注重承接地投资软硬环境特别是信息、技术、设施、人才、研发配套能力和体制配套条件。"② 因此，加快大西南承接长三角产业转移发展，必须根据产业转移发展规律和特点，深入分析长三角地区需要转移的产业，研究大西南地区需要承接的产业。为有效降低产业综合成本，大西南地区应依托资源优势和产业基础，着力明确产业转移承接发展的战略定位，以推动产业转移承接加快发展。

（一）降低综合成本，承接劳动密集型产业转移

当前，长三角地区转移产业主要属成本驱动型，多为劳动密集型产业，如纺织服装、建材化工、机械电子等。而大西南地区则在产业发展的区位和成本方面具有综合优势，特别是劳动力、土地、电力、工业用水等产业要素供应充足、价格低廉，这对产业转移具有很大吸引力。近年来，长三角等东部发达地区企业生产经营已普遍出现招工难、用工成本上升的现象，大西南地区每年都为其培养和输送了大量人才和熟练工人。因此，各省区市应坚持扬长避短，充分利用劳动力优势，着力承接长三角劳动密集型产业转移。一是要积极引导长三角劳动密集型产业向大西南投资转移。大力鼓励和支持长

---

① 张吉勇、陈昌旭：《深化区域合作实现互赢互补》[J]，《重庆与世界》，2012-10-07。
② 刘奇葆：《关于产业转移和承接产业转移的调查》[N]，《广西日报》，2007-11-23。

三角优强企业、上市公司以收购兼并、资产重组等方式前来投资,建立产业加工基地,从而将输送人才和劳动力转化为就地就近吸纳就业。二是要积极推动以轻纺工业为主的劳动密集型产业加快发展。在不断推动劳务输出的同时,大力承接发展轻纺工业等劳动密集型产业,促进农村劳动力加速向二、三产业转移,以有效扩大城乡就业,增加城乡居民收入。三是要积极创造条件鼓励和扶持外出务工人员返乡创业。制定系列扶持政策,着力鼓励积累了一定资金、技术和管理经验的农民工等人员,顺应产业转移的趋势和潮流,将适合的产业转移到家乡再创业、再发展,打造具有区域特色的优势产业,带动地方经济加快发展。

(二) 立足区位优势,承接市场在外产业转移

大西南地区作为我国通往东南亚、南亚最便捷的陆路通道,拥有沿海、沿边、沿江的独特区位优势,有利于实施"三沿"开放战略,是我国对东南亚、南亚开放的前沿地带和基地,在中国—东盟经济合作中处于极其重要的战略地位。这为大西南加快承接长三角等东部地区产业转移发展,拓展与东南亚、南亚经贸关系提供了极为有利的条件。对此,各省区市应充分认识和利用这一区域整体优势,切实加快和扩大对外开放步伐。应大力发挥和进一步创造区位优势,着力打造和建设承接长三角等发达地区产业转移的重要基地,加快建设我国走向东南亚和南亚的重要桥梁。要在积极承接国内区域产业转移的同时,努力创造条件大力承接国际产业转移,着力吸引国际大企业大集团产业转移投资。另外,还要积极鼓励外资企业依托大西南地区和东盟国家的优势资源,加快发展区域优势特色产业,通过建设生产基地,设立物流配送中心等,进行战略布局,将大西南地区作为战略支点,开拓和辐射整个西部地区和东盟市场。

(三) 搞好产业配套,承接产业配套转移

抓好产业配套是推进产业转移承接发展的必要条件。当前,大西南承接长三角产业配套转移,既是提高区域产业配套能力、做强做大支柱产业和优强企业的需要,也是发展壮大产业集群和推动经济协调发展的需要。但当前大西南产业配套能力明显不足,与产业整体转移的要求存在很大差距,如零部件生产配套能力差、各类高级人才缺乏、创业就业观念滞后等。因此,必须大力提高产业配套能力,以加快推进产业转移承接发展。一是大力培育发

展主导产业和支柱产业，着力形成产业配套和集群发展，促进产业向高水平方向发展，切实提升区域产业竞争力和综合实力。二是围绕特色优势产业推进配套产业发展，加快培育壮大能源、原材料、有色金属、冶金、机械、建材、轻工、生物医药、航空航天、电子信息等区域特色产业，努力形成规模集聚效应。三是努力延长产业链条，扩大产业关联度，着力构建与企业生产、经营、销售等联系紧密的上下游相关产业、产品、人力资源、技术资源、消费市场主体等支撑体系。四是围绕区域龙头企业和大企业集团发展配套产业，完善配套环节，形成分工明显、布局合理、效率高的产业链；积极发展配套服务体系，发展贴近市场、贴近企业的中介机构及相关服务组织，推动产业配套发展。

（四）依托资源优势，承接精深加工产业转移

大西南是全国少有的资源大区，近年来加大开发力度，培育了一批资源加工型产业，但总体来看，各省区市资源加工型产业主要是初级加工，精深加工明显不足，产业附加值低，资源优势尚未真正转化为经济优势。如贵州磷化工，贵州作为我国磷矿资源最为丰富的省份之一，磷矿保有储量达25.61亿吨，占全国的16.8%，居第2位，其中一级品富矿储量为5.27亿吨，占全国的45%。但当前贵州磷化工仍处于初级基础原料生产和输出为主的状态，初级加工产品比重大，磷矿开采、化肥生产占全省磷化工产值70%以上。由于磷矿精深加工，特别是高附加值的精细磷化工产品发展滞后，精细磷化工及磷酸盐品种少、产量小，因而全省磷矿化工精细化水平低，产品加工层次不够、品种少、产业链短，致使资源利用和产出效率低下。广西铝加工，以初级产品氧化铝、电解铝等为主，其产值约占全区铝工业产值的75%，铝材加工产值仅占25%；糖业加工，初级产品白砂糖产值约占全区制糖业产值的77%。因此，大西南各省区市应坚持以优势资源为依托，充分发挥众多产业、产品品牌和原产地优势，积极承接长三角等地区的资源精深加工产业转移，要通过进一步优化要素组合，切实加大优势资源开发，加快发展资源深加工下游产品，以此拉长产业链，着力提高产品科技含量和附加值，从而做大做强资源加工型产业。

（五）立足龙头企业，承接产业集群发展

当前长三角等东部地区产业转移的规模越来越大，产业转移"以龙头企

业和大企业为核心，实行组团式或产业链整体转移，也就是龙头企业或大企业基于降低成本、贴近市场等方面的考虑，对产业上中下游各阶段的产品进行整个产业链的大规模转移，同时将研发、采购、销售、物流、售后服务等各个营运环节也转移过来"[①]。龙头企业和大企业集团产业关联度高、社会化协作程度高，引进龙头企业和大企业集团，往往可以带动和促进大量相关行业与企业的产业转移和投资，形成"成龙配套"的良性发展格局。因此，大西南各省区市应坚持"大项目—产业链—产业群—产业基地"的思路，紧紧抓住长三角产业转移的有利时机，大力引进龙头企业或大企业集团，以带动产业链整体转移和中小企业协同发展，促进区域产业集聚发展。各级政府及有关部门要着力加强产业集群转移规律研究，密切关注长三角等地区产业集群转移的态势和特点，努力创造条件，大力吸引长三角地区产业集群式转移。要切实加强对口协作，围绕大项目大企业开展招商攻坚，认真研究和落实互惠双赢措施，坚持以"龙头"舞动"龙身"，通过引进一批龙头企业和集群项目，进一步完善产业链，从而推动优势产业集群做大做强，形成一批特色鲜明的重点产业聚集区。

第二节　切实加强产业园区建设和发展
　　　　着力打造产业转移承接主要载体

产业园区作为产业经济发展的一种重要形式，是加快区域经济发展的提速器，是承接产业转移、培育产业集群、加速经济聚集的主要载体，是推动区域经济实现跨越发展的重要平台和有力抓手。目前产业园区已成为我国区域经济发展的重要引擎，对地区经济增长的作用尤其突出。因此，大西南各省区市应着力掌握并运用好国家有关政策，大力建设和发展产业园区。既要切实抓好现有园区建设，同时也要抓紧兴建一批承接产业转移发展的专门园区，通过努力打造特色园区，提高园区产业密集度，不断增强辐射带动力，使其成为带动区域经济快速发展的基地和龙头。

---

① 刘奇葆：《关于产业转移和承接产业转移的调查》[N]，《广西日报》，2007-11-23。

第十章 构建中国特色大西南承接长三角产业转移发展体系的对策建议（上）

一、加快完善基础设施，切实提高园区承载能力

产业园区基础设施完善与否，是产业转移项目能不能尽快落户园区的关键。为此，大西南各地区必须紧紧围绕园区发展的战略目标，加快完善以水、电、路、气、通信等为主的园区基础设施，切实增强园区的吸引力和凝聚力。要加强区域联合与协作，以跨区域高速公路、高速铁路、城际轨道交通和支线机场等为重点，着力打造和构建纵横交错、连接内外、方便快捷的现代交通网络体系，这是有效提升区域合作与发展水平的先导工程与奠基工程。同时，还要着力建设完善园区其他相关重要基础设施，大力提高园区产业承载能力。

（一）加快建设和完善园区基础设施

1. 编制和完善园区基础设施建设规划

产业园区基础设施建设规划的内容很多，主要包括供应源头及路由，设施站点的规划选址、规模及布置；管线的走向及高程，负荷预测、支线预留、管径的测算、近远期结合、分区间结合、基础设施间的结合，工程量估算和造价估算等。同时，规划涉及专业也很多，法规和技术规范多。大西南各地区产业园区各有特色，因而应紧密结合实际，编制园区基础设施建设规划，要按照"布局集中、用地集约、产业集聚"要求，根据产业定位和发展方向，从多方面进行把握和规划，要坚持科学合理布局，使其符合承接长三角等东部产业转移发展的现实需要。

2. 加快推进园区标准厂房建设

标准厂房是指在产业园区规划范围内，由符合要求的开发业主统一规划建设，用于出租或出售，达到建设规模要求的通用工业厂房。标准厂房作为一种既能集约利用土地，又能促进加快发展的新模式，具有通用性、配套性、集约型和节能省地的特征。建设完善大西南各地区产业园区基础设施，必须加快标准厂房建设。对此，必须明确定位，合理布局，注重实用性；坚持"适用、经济、美观"方针，优化设计；注重环境，低碳节能，实现可持续发展。要大力引进民间资本参与园区开发，积极鼓励与外来资金合办园区，切实加快标准厂房建设。

3. 加快推进园区相关基础设施建设

要大力改善产业园区交通、通信、供电等信息网络条件，重点加快水、

电、路的建设。超前探索交通、水利等基础设施和公共设施管理体制改革，采取建立统一的融资平台、实行省、州市和地方共建等多种方式进行建设，促进公共设施投资、建设、运营主体多元化，有效加快和推进产业园区基础设施建设。

（二）加快建设和完善园区公共服务平台

公共服务平台是产业园区公共服务的重要载体和实现途径，对促进产业发展和改善园区发展环境具有重要作用。园区公共服务平台的架构由多结构组成，包括硬件系统、运行模式、运营管理、功能模块、保障体系和资源体系。整个平台内容主要包括研发设计、试验验证、检测检验、公共性技术转化、两化融合、质量控制、技术认证、信息基础设施、设备共享、节能环保以及投资融资、教育培训等为园区企业发展提供相关服务的平台等。整个平台架构作为一个有机整体，各模块之间相互联系，相互作用，构成统一完整的体系。

园区产业服务体系是影响产业集聚的核心因素之一，而公共服务平台则是产业园区服务体系的重要组成部分。健全完善的公共服务平台体系是衡量产业园区核心竞争力的重要指标之一。建设园区公共服务平台，主要是为了提升产业园区自主创新能力、提升产业集群间的协作水平、提升龙头企业的带动作用、提升产业承载能力。加快公共服务平台建设有利于产业园区逐步形成社会化、市场化、专业化的公共服务体系和长效机制，对于促进资源优化配置和专业化分工协作，推进共性关键技术的开发、转移与应用具有重要作用。特别是建设完善园区信息服务平台，有助于提高园区信息化的公共服务能力，切实推进和完善服务型政府建设。

国务院《关于加快培育和发展战略性新兴产业的决定》明确提出，要加强产业集聚区公共技术服务平台建设，围绕关键技术、核心技术的研发和系统集成，加快建设若干具有世界先进水平的工程化平台。对此，大西南各地区应着力加强政府主导和引导，加快建立完善以用户为中心、需求为导向的园区公共信息服务平台。其主要建设内容："一是信息基础设施建设，即宽带通信网、第三代移动通信网、数字电视网和下一代互联网，积极推进无线宽带建设，大力推进通信网、广电网和互联网的三网融合。二是信息资源共享平台，即政务信息发布统一平台，电子政务系统互联和信息资源的集成管理，主要是及时发布招商引资状况以及承接产业转移有关情况等。三是文化、教

第十章　构建中国特色大西南承接长三角产业转移发展体系的对策建议（上）

育、卫生等领域信息资源的开发与共享，包括市场主体征信系统等。"[①]

（三）加快建设和完善园区自主创新平台

1. 加快完善自主创新体制机制

要针对科技资源分散、科技创新不足的现状，坚持以企业自主创新为核心，着力完善自主创新体制机制，加强创新资源聚集，努力提升产业自主创新能力。要积极鼓励园区在组织模式、运行机制、发挥行业作用、承担重大技术创新任务、落实国家自主创新政策等方面先试先行。要建立和推进产学研战略联盟，积极支持企业与高校、科研院所进行联合开发、委托开发、相互参股、共建经济实体等，共建共享创新能力。要推动企业加快与合作院校、科研院所的重大科技攻关项目和科技成果进行主动对接，充分调动和发挥联盟各方优势与积极性，形成攻克产业技术难题的合力。同时，还要健全鼓励企业技术创新及成果转化的考核评价制度，建立完善创新创业风险机制。

2. 加快打造科技创新服务平台

要紧紧围绕产业承接重点，以提高科技创新能力和增强核心竞争力为目标，以资源整合、优化和共享为主线，以建立完善共享机制为核心，以提升科技创新服务能力和水平为根本，着力建设国家级工程（技术）研究中心、国家级重点工程实验室，积极鼓励骨干企业、重点企业建设省级企业技术中心、工程实验室，不断提高技术攻关、自主创新水平，逐步搭建起具有公益性、基础性、战略性、开放性等特征的科技公共服务平台。省级以上工业园区要联合"建立工业园区主导产业共性技术研发、中试基地等公共技术服务平台，为行业内企业提供解决关键技术和产业化过程服务；要强化创业服务中心、生产力促进中心等孵化器功能"[②]，着力为企业科技创新和产业发展提供融资担保、市场营销、人才培训、技术评估、产品检测试验等公共中介优质服务。

3. 加快推进重点产业技术创新

要根据各地区主导产业和支柱产业的发展需要，以国家级软件产业基地、

[①] 承接产业转移发展实施工作规划/工作规划_工作计划，http://www.xchen.com.cn/jihua/guihua/597390.html，2012-05-19。

[②] 《含山县承接产业转移发展规划》，安徽省发改委经济研究院、含山县发改委，2011-04-01。

工程机械特色产业基地、新材料转化及产业化基地、移动电子商务产品创新基地等为依托,在装备制造、新材料、电子信息、生物医药等高技术产业领域,大力吸引高端人才,引进先进技术,实施一批重大专项,承接一批现代企业,着力引导和鼓励各种创新要素向企业和园区集聚,争取在关键领域和核心技术上实现突破。要加快完善公共技术平台,积极创新运营模式,切实强化企业专业服务;加大创新投入,促进创新型龙头企业加快发展,积极培育中小企业创新群体;完善职业经理人机制,培养经营者创新能力,着力造就具有强烈创新意识的企业家队伍。

(四) 加快建设和完善园区其他公共设施

1. 确保防洪供水安全

要建设完善城镇防洪排涝体系和产业园区供水新水源,大力推进大西南中心城区城乡供水一体化。着力为成都、重庆、贵阳、昆明、南宁等特大型城市规划和储备水资源建设,保证产业承接发展和居民用水安全,编制长江、珠江及其支流乌江、赤水河、红水河等流域地区城镇防洪排涝规划,并积极推进实施。

2. 强化能源生产供应

要创新能源发展理念和模式,加快转变能源开发管理方式,积极推进能源多元化、清洁化发展,进一步改善和调整能源结构,着力构建保障有力的能源生产供应体系。加快推进大型储煤基地、能源供应储备基地建设;加强天然气和煤制气、成品油管道输送工程建设,重点推进太阳能光伏电站、生物质能热电厂、风电场等重大项目;促进水电资源合理开发,启动小水电代燃料生态保护工程;积极发展分布式能源项目,推广合同能源管理,支持园区推广使用太阳能、水能、浅层地能、沼气等产品和技术,切实改善工业能源结构。

3. 加强电网建设改造

要以市场为导向、以效益为中心、以安全稳定为基础,积极推进现有电网的改造和建设,注重合理规划和整体布局,优化网络结构,促进各级电网协调发展。要加强与区域电网公司沟通、协调,用好用足有关优惠政策,积极探索直供电;加强主干电网建设和既有电网改造升级,建成可靠性高、结构合理、供电能力强的地区输电网和配电网,保障输电供电可靠性。要加快新建一批输变电工程,积极推动一批输变电工程改造扩容,推进产业园区与城市之间大电网联网建设,形成开放、竞争、协作、有序的电力市场格局。

二、着力加强组织协调,完善园区管理体制机制

1. 加强园区管理模式和机制创新

遵循国际产业发展规律,对产业园区建立国际化管理体系和信息管理系统,从园区建立开始就规范运行,形成符合国际惯例的精简、统一、高效、便捷的管理新体制和现代化运行机制。要"积极借鉴以企业为主体的园区开发体制机制,鼓励有实力的投资者参与园区开发建设,对经营性项目实行市场化运作、企业化管理。要充分利用国外各种资本和科技资源,大力吸引并促成一批投资规模大、经济效益好的重点项目进入园区,使园区产业走向国际化,实现规模经济。"[①] 要着力构建健全配套的园区服务体系,对产业转移项目实行一个机构管理、开展一条龙服务,凡属园区内能够办理的事项,一律在区内办结。

2. 明确和强化园区管理权限与职能

坚持按照国际规则办事,遵照国家有关政策规定,赋予产业园区管委会应有的经济和科技管理权限,使其与国际惯例全面接轨。要进一步明确园区管委会享受同级政府的管理权限,加强管委会在招商引资、规划建设、政策研究、项目管理、土地开发利用及国有资产经营管理等方面的行政管理和企业化运作职能。要着力加强园区立法工作,建立和完善法律体系,为政策优势提供保障机制。要在国家法规的引导下,制定完善地方性法规,明确园区在区域内充分享有履行行政执法主体资格的职权,严格按照国家法律、法规开展行政执法工作,从而使园区发展建立在法律规范的基础上,切实避免和防止园区建设中的随意性。

3. 进一步提升园区行政管理规格

实践证明,将产业园区一把手行政级别升级,便于开展工作。园区管委会作为地方政府派出机构,要行使经济管理职能,需要进一步提升其行政级别。当前,大西南各地区园区管理机构设置的层级较多,但多为县级。为加

---

① 《高新技术产业开发区管理体制的改革与创新》,http://www.chinainfo.gov.cn,2007 – 05 – 14。

强园区领导,加快建设步伐,建议对重要产业园区工委书记和管委会主任由副厅级干部担任,这样便于协调园区与市州,与各县市区及各职能部门的关系,同时也有利于高级别干部配置和高管制授权安排,能极大地简化审批层次、减少中间环节、提高交易速度、优化投资环境。

4. 进一步改革完善园区用人机制

坚持以人为本的管理理念,尽可能体现事业留人、待遇留人的园区小环境。对园区行政管理人员包括公务员,可积极探索推行聘任制或合同制,实行择优录用、能上能下、能进能出,并实行末位不称职淘汰制。对领导职位和重要岗位所需人才,积极引入竞争机制,实行公开选拔、公平竞争,选优用优,并对在职领导干部实行任期制和轮岗交流制;对园区机关新进的工作人员,实行公开招聘,择优录用。同时,还要形成以岗定酬、按绩定酬的分配机制。总之,要通过改革创新人事制度,形成选优用优、效率优先、兼顾公平的激励机制,以此激发广大干部和员工积极性,加快改善园区知识结构和人才结构,切实提高人才队伍整体素质。

5. 进一步加大园区政策扶持力度

经验表明,产业园区开发绝大多数与政府政策扶持紧密相连,特别是产业政策多数与园区规划、财政补贴、税收优惠发生作用。园区政策优势无论过去、现在还是将来,都是园区优越性的重要体现,也是吸引投资、合作的重要优势之一。当前,大西南许多地区还没有形成支持园区发展的财政体制和系统政策,园区发展专项资金使用比较单一。因此,大西南各地区在今后较长时期内都应保持园区的政策优势。要加快完善园区财政管理体制,着力加大财政政策扶持力度,切实明确园区管委会负责区内财政税收管理,包括区内预决算、财政收支、税收、企业财务、发票管理等。同时,建议在园区建立一级财政、一级金库,对暂不具备条件的可在当地金库中设立单独账户,对园区税收应实行属地管理。

6. 建立和完善园区评价指标体系

在当前经济发展的新态势下,为准确反映产业园区运行情况,加强园区管理监督和提供有效支持等,需要对产业园区进行客观、公正、详细的评价。因此,大西南各地区必须加快建立完善产业园区评价指标体系、评价方法和标准,以确立新的积极的发展导向。要根据新形势新要求,坚持科学性、系统性、动态性原则和可操作性的原则，设置产业园区评价指标体系。指标体系要以量化的方式从多方面反映园区的运行和执行情况，不同的指标应反映不同的问题，并能有效监督政策的实施。要通过对指标体系的研究分析，发挥其监督、反映功能，全面了解园区发展情况，使不同园区进行横向比较，发现问题、找到优势，从而扬长避短，促进园区共同提高、共同发展。

7. 组建产业园区建设专家咨询组

建议由产业园区管理部门牵头，联合地方管理部门与有关科研机构和高等院校，组建园区专家咨询组，对产业转移承接和引进项目推行专家审核和听证制度。专家组应集中精力，及时准确把握国内外经济发展趋势和我国有关经济政策，着力研究园区战略规划和发展定位，研究园区管理体制、发展政策以及有关重大问题，注意提出园区总体性和阶段性研究报告与政策建议，积极为相关管理部门及园区建设提供重要建议和决策咨询。

三、加强招商引资创新，提升园区招商引资水平

产业园区是招商引资的主力军，招商引资是产业园区的生命线。当前，随着国内外区域产业转移发展不断加速，我国各地区招商引资竞争日趋激烈。为切实提高招商引资规模和质量，推动承接长三角产业转移加快发展，大西南各省区市应坚持以科学发展观为指导，紧紧围绕经济社会发展规划，不断创新工作举措，着力优化投资环境，进一步扩大招商引资，加快构建全方位、多层次、宽领域的招商引资新格局。

（一）加强招商引资思路创新

大西南各地区应牢固树立"招大商、大招商"的理念，坚持立足区域特色和比较优势，结合产业园区发展实际，积极抢抓发展机遇，着力创新招商引资思路，走"大项目—产业链—产业集群—产业基地"的发展道路，通过大力推进科学招商，降低招商成本，全面提升招商引资水平。对此，要着力创新招商引资方式和模式，建立完善政府带动、活力推动、部门联动、企业主动的招商引资运行机制，积极推出健全灵活的招商引资政策措施，力求招商引资真正取得实效。要着力研究长三角等东部地区的资金投向和产业转移动向，坚持以产业园区为重点，以产业招商为主体，大力实施园区招商、产业招商和项目招商，积极引进科技含量高、经济效益好的大企业、大项目、

大投资，切实提高招商引资效率。要着力打造"招商高地，投资洼地"环境，坚持依靠科学规划招商、健全功能招商、配套能力招商、优质服务招商，促进全民招商向产业招商、环境招商转变，进而实现由"引资"向"引产业"转变，推动产业提质增效，使产业集群植根，切实增强区域整体竞争力。为此，必须着力抓好以下三个重点：

——抓住"三个紧扣"。一是紧扣特色优势产业进行招商，对照国家支持大西南成渝经济区、滇中经济区、黔中经济、北部湾经济发展的主导产业和重点产业，围绕做强做大特色优势产业开展招商，积极引进龙头企业和重大项目，促进区域产业优化升级，推动实现跨越发展。二是紧扣产业链进行招商，围绕基础产业、支柱产业、上游产业和支撑产业等环节，大力抓好产业链招商，不断扩大加长产业链。三是紧扣产业集群进行招商，按照产业配套的要求，着力开展产业集群招商，通过积极引进和承接产业集群，加快区域产业集聚发展。

——做好"三个推进"。一是推进招商引资专业化，依托中介组织、专业机构，积极组织和开展各类专业化招商活动。二是推进招商引资制度化，着力实施目标责任制，建立健全长期稳定的招商引资机制和渠道，坚持政府推动和园区自主相结合，共同推进招商引资发展。三是推进招商引资社会化，制定出台相关政策，积极引导和鼓励全社会参与招商。

——实现"三个突破"。一是推进招商方式创新，在针对性、实效性上下功夫，实现招商引资转型发展和大突破。二是统筹招商引资资源，提高招商引资层次和效益，充分发挥政府统筹作用，解决企业"招到何地"。三是优化招商引资服务，建设完备的配套环境和优质的服务环境，不断提升引资和承接条件，推动引进企业"发展得好"。

（二）加强招商引资模式创新

建设产业园区是我国新一轮经济发展的热点和各地推动区域经济发展的重要方式，而产业园区建设成败的关键则取决于招商引资的成效，大西南地区也不例外。因此，大西南各地区应紧密结合园区发展实际，着力加强招商引资模式创新，积极搭建与国际接轨的招商引资新平台，以有效拓展招商引资，推动招商引资实现新突破。当前大西南地区招商引资的主要模式如下（见表1）：

第十章 构建中国特色大西南承接长三角产业转移发展体系的对策建议（上）

表1 大西南地区产业园区建设招商引资的主要模式

种类	具体内容	典型案例
股份合作模式	在开发区中设立共建园，合作双方成立合资股份公司，负责园区规划、投资开发、招商引资和经营管理等，收益按双方股本比例分成。该模式运作规范，双方积极性很高，是所有合作模式中最具持续性的。	织金工业园
援建模式	由欠发达地区政府在其开发区中划出一块园区，与发达地区政府共建，后者提供资金、人才、信息援助，并负责招商引资、园区管理等。	绵竹工业园 麻尾工业园
托管模式	由委托方在开发区内划出一块园区，全权托管给具有管理、资金和产业基础等优势的受托方。受托方可获得园区前期开发所有收益，之后收益则由合作双方按比例分享。	汇川工业园
产业招商模式	由委托方在开发区内划出一块园区，全权委托给受托方，对特定产业开展招商。委托方通常提供相当于到位投资的千分之五至千分之八的奖金给受托方，或将招商项目的地方税收一定比例给受托方。	北海工业园
异地生产、统一经营模式	园区企业采取"总部经济、异地生产、统一经营"的方式，将总部设在甲园区，生产基地则在乙园区，合作共建园区。	成雅工业园
"飞地经济"模式	在开发区中划出一定区域，经合作双方县（市）政府约定产业发展方向、经营管理期限、权利义务等，由开发区将"净地"交给外地政府，由其组织开展建设与管理，独立经营，封闭运作。	大龙工业园 石阡产业园
BT模式	BOT模式的一种变换形式，指项目的运作通过项目公司总承包，融资、建设验收合格后移交给业主，业主向投资方支付项目总投资加上合理回报的过程。	官渡工业园

1. "飞地招商"模式

该模式"是指发达地区与欠发达地区双方政府打破行政区划限制，将'飞出地'的资金和项目放到行政上互不隶属的'飞入地'的产业基地，通过规划、建设、管理和税收分配等合作机制，实现互利共赢的持续或跨越发展的经济模式。"① "飞地招商"模式分为三类：飞入地投资型，由飞入地负责全部基础建设投入；飞出地投资型，由飞出地负责全部基础建设投入；两地共投型，由飞入地和飞出地共同分担基础建设投入。大西南各地区可按发展规划，在产业园区划出若干块园中园，针对长三角开发空间受限、产业急需拓展的园区或产业集群区，全权或部分委托给其所在地政府、园区等合作方，进行点对点式的定向招商，积极吸引对方产业集群与相关企业转移到大西南。

2. 托管招商模式

对实力雄厚、开发经验丰富的开发主体，如央企、省级龙头企业等，大西南重点产业园区可规划出若干区块，全权委托其操作。即"在不改变行政区划的前提下，由上级政府委托开发区管委全面履行对原属不同行政区的乡镇或特定区域的经济社会管理权限，从而推动经济增长和区域协调发展的一种行政权力和管理职能的分配模式"②。这些开发主体拥有较强的行业话语权、对外投资能力、要素资源配置能力，但急需进一步拓展发展新空间。为充分发挥其主体作用，吸引其他配套企业跟进发展，可以由"受托方编制共建园区总体规划，进行基础设施投资和建设，负责产业招商，承担一定的社会管理责任，同时获得园区前期开发所有收益，后期收益由合作双方按比例分享"③。

3. 股份合作开发模式

大西南地区经济社会发展滞后，资金、技术等生产要素缺乏，因而各地区产业园区可紧紧结合区域内拥有技术优势、但实力不强、无开发经验的投资主体，如大专院所、行业协会以及科技型中小企业等，与其合资共建股份公司，由公司全面负责产业规划、投资开发、招商引资和经营管理等，收益按照双方股本比例分成。这种开发模式由股份合作公司规范运作，合作双方共担风险、共享收益。

4. 工业房地产开发模式

该模式要求引资方积极引进投资方，可以由引资方先建造好产业园区各种配套设施和厂房，或者按产业项目要求设计建造好厂房，再独立进行招商，

---

① 任浩：《"飞地经济"如何助推中部崛起》[J]，《决策》，2007-11-05。
② 赵臻：《加快托管模式下开发区的发展》[N]，《光明日报》，2012-10-21。
③ 昆明报业传媒集团：《园区共建"长三角模式"》[N]，《昆明报》，2012-02-22。

第十章 构建中国特色大西南承接长三角产业转移发展体系的对策建议（上）

出售或出租厂房给具体项目，投资方可以从中获利。这是大西南各地区较为普遍的一种引资模式，如贵州金沙县园区开发模式。

5. BOT、BT 等开发模式

BOT，即"建设、经营、移交"的开发模式，是政府与相关项目公司签订合同，由项目公司负责筹资和建设基础设施项目。"BT，即 BOT 模式的一种变换形式，是指一个项目的运作通过项目公司总承包，融资、建设验收合格后移交给业主，业主向投资方支付项目总投资加上合理回报的过程。"[①] 目前采用 BT 模式筹集建设资金已成为各地区项目融资的一种新模式。

（三）加强招商引资方式创新

招商引资是区域经济发展的"晴雨表"，是推动经济社会发展的有效举措和必由之路。为促进招商引资加快发展，大西南各地区应以更加积极的姿态、更加宽广的思路和更加务实的态度，深化创新招商引资方式，坚持以产业园区招商为主，积极实施"走出去、请进来"战略，努力实现招商引资的新突破。

1. 组建专业招商小组

应加快建立地市州、县市区产业园区招商引资联动机制，着力组建专业招商队伍。要采取公开选拔方式，引进、招聘和组建一支由发展计划、经济贸易、外贸、海关、国土、工商等具有专业知识、招商技能、外语水平、实战能力、熟悉政策法规及合同知识的专业谈判小组。要组建配备外出招商组和驻外招商组，改进招商方式，实行专业化、全天候、拉网式、驻点式招商，就地就近抓好签约项目和在谈项目。要将产业配套能力、产业发展基础、区位资源与政策优势等作为主要内容和主攻方向，着力加强招商引资宣传推介；突出抓好产业链招商，引导产业差别化竞争，注重产业品牌，实施错位发展，增强自主创新能力，努力提升产业核心竞争力。

2. 明确招商引资重点

按照产业发展规划，充分发挥以商招商、以商引商的"集群效应"，将"招商引资"转变为"择商选资"，着力引进战略投资者。要坚持围绕产业集群发展选好项目，注重将引资重点放在龙头带动型、科技创新型、资源节约

---

① BT 模式_ 百度百科，http://baike.aliqq.com.cn/rongzi/200808 - 761.html。

型、生态环保型等具有配套能力、扩张能力、提升能力的项目上，突出大项目招商，进一步扩张总量。要主动上门对接，以设施完善的园区、廉价标准厂房、良好的服务促进产业加速转移；运用经济手段，税收利益共享，扩大项目引进规模，着力提高产业集群效益。要坚持以企业自发招商、自主决策、自愿合作为基础，积极组织各类商会、中介组织等开展投资考察洽谈活动，按照优势互补、互利共赢的原则，鼓励和推动其对外宣传推介投资环境、创业条件等，积极为园区招商引资牵线搭桥。如全球著名跨国公司英特尔（上海）工厂整合至四川成都，就是大西南地区实行以商招商、获得成功的典型案例。

3. 实施区域合作招商

按照市场导向、优势互补、集约发展、利益共享的原则，积极开展区域合作，探索推进产业转移的方式方法与措施。要切实加强与长三角等地区各级政府、行业协会和大型企业集团的经济交流，不断拓展合作领域，共建产业园区，实现优势资源互补、经济协调发展。如可在园区和规划用地中，划出整体或部分土地设立产业转移园区，由产业转出地政府负责规划、投资、开发、建设和开展招商引资等，然后按商定比例对利益分成。对此，必须着力加强与产业转移地的经济对接。建议凡由市场调节、企业自主决定、中介机构提供服务的事项，由"审批制"改为"登记制"；凡在产业转移地已取消的审批事项，一般对应取消，没有取消的也应结合实际适当精简。特别是要尽快与产业转移地统一行政审批程序、市场准入条件、工商登记审核、企业信用体系、统计报表口径、信息网络系统等，以形成规范有序、公平透明的良好市场秩序。

4. 抓好项目库建设与落实

着力发挥招商管理机构的职能作用，进一步建立完善产业园区项目动态储备和发布制度，及时推出符合国际惯例、适合投资者需求的招商引资项目。要对投资群体和国内外行业招商整体态势进行深入调研和分析，加强招商项目的采集、分析、筛选，紧密结合园区功能、产业定位确定项目组合，然后进行包装、予以发布。要着力抓好项目跟踪落实，加大协调力度，做到在谈项目不松劲、不中断、常联系，千方百计提高项目履约率、开工率和资金到位率。对洽谈引进外资的项目，分管部门要签订责任书，落实责任，确保跟踪到位、协调到位、服务到位，要通过进一步强化政府服务、召开招商引资

第十章 构建中国特色大西南承接长三角产业转移发展体系的对策建议（上）

联席会等，促进新项目如期开工，推动续建项目资金稳步到位。

5. 实行投资与引资奖励

对鼓励类产业和企业，在达到相应投资强度和投资进度前提下，大西南各地方政府可根据投资实际到位额情况给予奖励或补助，特别是应适当提高对高新技术产业项目和以商招商的龙头企业的奖励标准。要积极鼓励市场化投资中介机构、社会组织及社会引资人引进产业转移项目，根据引进项目的类型和到位资金额，政府作为委托方可给予适当奖励。另外，对转移到产业园区的重点纳税大户，符合条件的企业负责人，贡献突出的外来投资者等，可推荐作为人大代表、政协委员任职人选或授予"荣誉市民"等称号。

6. 打造吸引产业转移的平台

区域经贸合作交流会是大西南与长三角等东部发达地区加强经贸合作、促进对接交流的主要载体，也是吸引产业转移的重要平台。各省区市政府应精心谋划、周密组织、认真筹备，着力办好每年的经贸合作交流会，借此大力推介大西南投资环境，提升大西南影响力，提高大西南知名度。同时，还应利用浙江商会、沪商会等重要招商平台，积极开展以商招商、企业自主招商、办事处协助招商、利用乡情资源招商等活动，进一步拓宽与长三角等发达地区的经济交流与合作渠道。总之，要通过有针对性地举办各种推介会和招商活动，努力吸引更多的产业和企业、项目和资金前来大西南发展，从而促进大西南各地区在更大范围、更宽领域上参与区域分工与合作。

四、加强投融资改革，多渠道筹集建设资金

大西南地区产业园区建设和管理，必须按照"高起点、高水平、高质量、超前性"的要求进行运作，为了形成招商引资、产业转移发展的高平台，需要着力解决园区建设资金投入问题。对此，要进一步加强改革与创新，综合运用政策和市场手段，充分利用各种资源要素，加快建立起长期稳定的园区建设投融资机制，大力鼓励和吸引各种投资主体以多种方式积极参与园区建设。

（一）明确园区投融资目标定位

从当前产业园区发展来看，积极运用各种社会资金投入越来越成为园区建设的主要资金来源。因此，大西南各地区产业园区建设，必须加快转变观

念、创新思路,切实明确园区投融资的目标定位,应采用参与方式设计、政策框架建设、资金和政策支持以及价格改革等多种方式,大力吸引各种社会资金在管理权和所有权上全面介入园区的开发和投资、建设和运营,着力建立和完善混合经营的园区建设投融资体制机制。

1. 定位园区投融资目标

大西南属我国西部欠发达欠开发的区域,各地区产业园区的投融资目标必须充分考虑园区发展实际,必须紧密结合区域经济特点来进行定位,来研究和构建园区基础设施建设、运营的基本框架与政策措施。建议可考虑为:构建"多元化"投资主体,拓宽"多元化"融资渠道,形成"多样化"投融资方式,逐步实现"市场化"开发建设。

2. 明确园区投融资原则

一是明确投融资的各种需求。园区在不同发展时期所需资金是不同的,只有合理估计、测算资金数量确定不同时期所需资金,才不会导致负债或负担加重,造成资金不能灵活周转。二是采取投管分离方式。无论哪种投资方式,都要求投资主体与管理主体相互分离,要求科学编制基础设施投资可行报告、专家把关论证,同时加强建设投资监督。三是资金运作规范、合理有效。对融通来的资金,无论投入生产还是进行资本运营,都要让每笔资金充分发挥作用,保证增值。四是必须保证及时偿还。无论是外来投资还是政府投入,或是银行贷款等,都要以一定形式给予偿还或是回报。要保证稳定的资金流,防范风险,及时偿还,树立良好的形象。

(二) 多方式多渠道融通建设资金

一般来说,产业园区融通资金的方式和渠道有多种,不同的融资模式组合可形成不同的融资方式,从而形成不同的融资策略(见表2)。对大西南地区来说,外来投资企业在园区的投资方式应不受限制。为达到最优融资策略,应积极鼓励其采取多种形式进行投资开发,包括"采用收购、兼并、控股、参股等方式参与各种所有制企业的嫁接、改造和重组。要鼓励外来投资者对文化旅游采取独资、合资、合作、特许经营、经营权公开拍卖、租赁等方式进行投资开发;鼓励外来投资者与大西南地区民营企业以及科研、教学机构合资合作,进行科研开发和设立研发中心;鼓励外来投资者以控股、参股、合资等形式参与园区的联合开发,推动园区投资建设;鼓励外来投资者设立

第十章 构建中国特色大西南承接长三角产业转移发展体系的对策建议（上）

行业性的投资公司、风险投资公司、融资公司、担保公司等；允许外来投资企业对园区土地进行成片开发，对优势资源进行区域性综合开发。"①

表2 大西南各省区市产业园区融资的主要方式和渠道

来源	渠道	性质	期限	方式	风险
银行	内资或外资银行	负债融资	长期或短期	项目融资、贷款、综合授信	不论盈亏都需偿付利息
资本市场	股票市场（境内外）、债券市场、基金市场	权益融资 负债融资	长期	股票、债券、风险投资	风险较小
投资者	境内外的法人和自然人	权益融资	长期	产权融资、直接投资、融资租赁	需要给投资者回报
政府	税收及补助、非税收入、土地等资源收入	权益融资	长期	注入国有资本金、拨付项目资本金、政府回购、补贴	风险最小

（三）积极借助外力进行融资

1. 向银行申请贷款、负债开发

一般是由地方政府出面同银行进行协调，或以大企业作担保，或以园区土地做抵押，通过产业园区建设总公司向政策性银行或商业银行申请贷款，以此筹集产业园区建设资金。对于产业园区建设来说，实行负债开发既是压力，也是动力。采用这种融资方式具有较大的风险，但不失为一条可行之路，因为符合园区发展趋势。并且，可以将这种方式与土地转让收入和政府返还的财政收入有机结合，从而实现"借贷开发，滚动发展"。

2. 条件具备时进行上市融资

当前，国内有一些具备相当实力的产业园区，通过其属下的建设投融资总公司，先后采取了公开上市发行股票的方式积极筹措建设资金。不少产业园区通过公开上市发行股票，已筹集到了大量开发建设资金，不仅优化了建投公司的股权结构，降低了建投公司的经营风险，减低了园区的融资风险，

---

① 《贵州省人民政府关于西部大开发若干政策措施的实施意见》，四川在线，2009 - 12 - 30。

而且大大提高了园区的综合竞争力。

3. 交由有资质的企业进行开发

在制定科学统一的建设发展规划基础上，产业园区管委会可以在园区内将土地划片建立开发小区，或者划分为功能小区，然后将开发小区向外商或有实力的民营企业进行承包，鼓励其投资开发，通过积极开展外部融资，着力增强园区开发能力，从而加快园区开发建设。

4. 条件成熟时发行建设债券

根据国家和地方债券上市的有关政策规定，产业园区管委会在条件成熟时可以委托发改委向上级有关部门提出申请，积极发行建设债券，努力吸收社会闲散资金投入园区开发。这种融资方式能有效吸引社会各方面闲散资金，支持园区经济加快发展。

5. 对企业开发实施政府补贴

产业园区可以采取给予开发商一定补贴（形式和数额视情况而定）的方式，鼓励企业积极投资园区基础设施建设。通过这种方式，政府用同样资金投入能够实现比政府直接投入大得多的开发规模。

6. 其他融资方式

产业园区还可灵活采取多种融资方式，如将道路、建筑物、桥梁资源与广告发布权、命名权、公交营运权、公用事业（通讯、有线电视、水电汽管网建设）等经营权结合起来，从而实现公共资源收益。

（四）根据能力进行内部融资

在产业园区投融资中，政府直接投资是最常用、最有效的方法，园区从建成到运行都离不开政府直接投资。政府投资具有巨大的"乘数"效应，它能有效提高社会积累水平，促进整个经济增长。国内许多园区都是依靠政府直接投入迅速崛起，尤其是在开发初期，园区自我创收能力非常有限，大力争取政府投入是非常必要和有效的。但是，政府投入更多依赖于预算及财政收入，大西南地区产业园区应着力拓宽筹资渠道，要坚持走多元化、市场化的筹资路线，努力形成内部与外部筹资相结合、间接与直接筹资并举的筹资格局。

（五）支持金融机构在园区设立分支机构

大西南各地区应积极支持金融机构创新发展，各级金融机构也应采取更加灵活的金融政策，着力支持产业园区建设与发展。对此，产业园区要努力创造条件，鼓励和吸引符合条件的商业性金融机构在园区设立分支机构或营业网点，健全中小企业融资服务体系。各类金融机构应根据园区运行特点，进一步拓宽融资渠道，加快完善信贷管理方式，优化贷款报批程序和流程，争取上级金融机构信贷管理授权，扩大对入园企业的信贷投放规模。要针对产业转移的信贷产品和审贷模式，探索应收账款、知识产权、林权、矿权、仓单质押贷款、股权质押融资以及供应链融资等多种抵押担保形式，加大私募股权融资力度，切实帮助企业解决融资问题，突破资金瓶颈制约。

第三节 进一步优化产业转移发展环境 由依靠优惠政策向体制机制创新转变

发展环境是一个地区政治生态、文化内涵、精神状态、行政效能等多种因素的综合体现。环境就是吸引力，环境就是竞争力。大西南地区要实现产业转型升级，经济快速发展，必须高度重视和建设好产业转移承接的发展环境。与长三角等发达地区相比，大西南地区发展环境存在明显的差距，还有许多影响产业发展的问题尚未解决。因此，各省市区必须着力加强投资环境的整顿，进一步优化发展环境。要研究制定区域合作特别是承接产业转移发展的政策措施，实行先行先试，确保实现各项战略目标；以更优惠的政策、更有力的保障和更低的运作成本吸引企业落户，真正使产业和企业"无障碍进入、无顾虑发展"，推动区域经济加快发展。

一、加强政策落实与创新，进一步优化政策环境

政策环境是吸引产业转移的重要因素，政策的贯彻落实则是关键。大西南各地政府应充分发挥引导产业转移的主导作用，加快建立健全与市场经济规则相适应的良好政策环境。对此，要着力做好现有政策清查工作，整合修订已出台文件和政策措施，编制具体的《承接产业转移目录》，使其更具可操作性，切实强化政策推进力度，抓好政策措施具体落实。要在用足用好用活现有政策的同时，进一步加强政策创新，不断优化促进产业发展的政策环境，着力增强产业转移承接的竞争力和吸引力。

（一）切实完善现有政策，进一步改善政策环境

1. 建立国际化规范化管理体系

大西南各地区要建立科学规范的经济运行体制，必须按照国际规范和要求，正确处理政府与市场关系，加快完善市场经济体制，构建成熟定型的经济管理体系。对此，各地区应紧紧抓住"世界科技经济一体化、区域化、网络化、集团化、国际化发展的有利时机，充分利用国际资本加速向亚太地区转移的机遇，发展高科技产业，形成开放式运行机制"。[①] 要进一步深化经济体制改革，按照市场经济运行规则，着力构建产权管理体系，加快建立和完善企业产权保护制度；进一步规范政企关系，着力建立现代企业制度，使企业真正成为市场主体，切实增强企业活力；发挥中介组织和行业协会的桥梁与纽带作用，增强社会自律，为市场经济正常运行提供有效服务。要进一步完善市场经济秩序，坚持依法行政、依法办事，严格规范办事程序，切实提高办事效率；简化价格审批，强化政府定价和指导价管理，对充分竞争商品和服务价格放开由市场调节。要大力推行建设项目招标代理制，落实项目法人责任制，明确第一责任人对项目建设承担法定责任；强化市场准入和清出制度，严厉打击无证、越级或者挂靠工程业务的行为；加强仲裁机制建设，促进司法公正，及时处理经济纠纷，切实保障投资者合法权益。

2. 建立投资项目备案制

这是深化投资体制改革，确立企业投资主体地位的重要举措。对企业利用自有资金或国内银行贷款投资国家非限制类产业的项目，除关系国民经济发展全局、对国家安全有重要影响的项目或有特殊规定的项目外，除不符合法律法规有关规定、产业政策禁止发展、需报政府核准或审批的之外，可以按照属地原则向政府投资主管部门备案。对需要政府平衡建设条件的，主管部门只审批项目建议书；企业落实经营条件后自主决定开工建设，在开工后报主管部门备案；然后依法办理环境保护、土地使用、资金利用、安全生产、城市规划等许可手续。对不需要政府平衡建设条件的，由企业自主决策、自担风险，并报主管部门备案。在此，备案机关应着力加强对企业投资项目备案情况的动态监测，及时分析备案项目总规模和产业布局等变化趋势，为政

---

① 《高新技术产业开发区管理体制的改革与创新》，http：//www.chinainfo.gov.cn，2007-05-14。

第十章 构建中国特色大西南承接长三角产业转移发展体系的对策建议（上）

府宏观调控提供决策依据，并在规定允许的范围向社会发布有关信息。大西南各省区市则应尽快建立统一的企业投资项目备案信息管理系统，推行企业投资项目网上备案。

3. 放宽市场准入与企业设立条件

市场准入是企业进入市场的第一步，建立符合现代企业发展的市场准入制度是优化发展环境、改善投资环境的先导。为进一步降低创业门槛，激发社会投资活力，大西南各地区应按照便捷高效、规范统一、宽进严管的原则，积极推进公司登记制度改革，着力降低市场准入门槛，强化市场主体责任。对此，要认真落实有关企业投资的优惠政策，进一步放宽设立企业的条件和持股比例。如"在外商企业投资基础设施、优势产业和高新技术项目，可放宽投资股比限制；外商或区域外的企业投资企业投资商业项目，经营年限可放宽至40年，注册资本可放宽至3 000万元人民币；在华外商投资企业来投资，被投资企业注册资本中外资比例不低于25%的，享受外商投资企业政策"[1]，等等。当然，对产业转移和承接项目必须建立科学合理的评估机制，如项目土地利用制度、能源节约利用制度和环保审批制度等。要"建立完善区域内项目联合审批制度，由各省区发改、环保、国土、安监和建设等部门联合组成项目评估小组，重点对项目产业集聚、税收效益、环境影响、用地规模、能耗水平、就业指标等方面进行审核把关，联合'把脉'。"[2] 对区域内凡不符合产业政策、行业准入条件和规划要求的产业转移项目一律不予批准立项。

4. 合理确定基础设施要素费用

企业的基础设施要素主要包括水、电、路等，大西南各地区应着力改革现行收费管理制度，进一步完善项目用地、供水、供电保障政策，切实处理好这些基础要素价格费用，科学合理地收取。一是要合理调整城市水价和污水处理费用，对已建成投产的污水处理企业，要按照补偿成本和合理赢利的原则并考虑用户的承受能力，将污水处理费逐步调整到合理水平。二是要完善电价形成机制，按照区域投资优惠政策，对转移来的不同类别、不同规模的企业实行分类管理，核定电网输配电费用，鼓励电力生产企业与用户直接签订购电合同，积极推进大型工业园区的电力直供。三是要建立和完善垃圾

---

[1] 《贵州省人民政府关于西部大开发若干政策措施的实施意见》，四川在线，2009 - 12 - 30。
[2] 刘东汶、黄钜鸿：《我国行政效率低的原因和对策》[J]，《唯实》，1998 - 05 - 15。

处理收费政策，推行城镇垃圾处理收费制度。四是要制定完善基础设施建设激励政策，如对城市基础设施建设项目，免收市政建设配套费；对其他建设项目，按照法律法规的有关规定收取。

（二）着力加强政策创新，推动产业转移承接发展

政策创新最根本的是要创造性地贯彻落实中央的方针政策，创造性地制定实施具有区域特色的地方政策。新时期推动大西南承接长三角产业转移加快发展，必须积极推进政策创新，不断提高创新水平，大力增强承接产业转移的竞争力和吸引力。当前大西南各地区推进政策创新的重点应是，加快制定和完善扶持产业园区的改革、投资、融资、税收等相关优惠政策，积极争取中央及省的政策支持，推动承接产业转移和区域经济快速发展。

1. 完善财税扶持政策

各地区应积极制定财税政策，大力鼓励投资。其内容主要有 5 项：一是国家鼓励重点投资项目以及省级以上部门认定的高新技术企业，投资额 5 000 万元以上项目；投资水利、能源、道路、通讯、环保及生态工程等基础设施建设的企业；投产后 3 年内由市州、县市区两级财政分别按其缴纳的增值税和所得税形成的地区及其以下地方财力留成部分 40%—50% 奖励给企业，支持企业发展。二是推进农业综合开发、生态畜牧业建设和农畜产品深加工，投资额 500 万元以上的生产企业，投产后 5 年内由市州、县市区两级财政分别按其缴纳的增值税和所得税形成的地区及其以下地方财力留成部分 40% 奖励给企业，支持企业扩大再生产。三是投资教育、卫生、医疗、文化、体育等社会公益事业的企业，营业后 3 年内由市州、县市区两级财政分别按其所缴纳营业税和所得税形成的地区及其以下地方财力留成部分一定比例奖励给企业，扶持企业改善公共设施。四是投资者以其部分资产与他人组建新企业，或依据法律法规合并为一个企业，原投资主体存续的，对该企业承受原合并各方的土地、房屋权属，免征契税。五是投资者修建公路，公路及其两侧边沟建设用地占用的耕地，比照铁路、民航建设用地，免征耕地占用税。

2. 完善土地使用政策。

各地区应积极制定承接产业转移的土地使用政策，其内容主要有 5 项：一是使用依法获得的"四荒"地投资发展农林牧渔业的项目，可以享受"四荒"地拍卖的有关优惠待遇。二是投资额在一定数额以上的工业项目，可以

第十章 构建中国特色大西南承接长三角产业转移发展体系的对策建议（上）

获得工业用地，其办公及服务设施用地可以占项目用地的10%。三是投资者投资水电、通讯、道路等基础设施建设，可以优先获得周边土地开发权。四是在市州和县市区产业园区内新建、扩建项目，优先保证用地计划指标。土地出让金可按宗地地价80%确定，但不得低于该地块所在地工业用地最低价；土地出让金可分期或分年交纳，缴清后即可办理土地证书。对投资园区的项目使用批准的国有土地，地方政府可以通过土地使用权作价入股进行供地，土地作价部分及其收益作为国家股本金注入企业，其产生的收益投产后5年内全额返还企业，用于扶持企业发展。五是符合国家产业政策和本地投资重点的企业，投产后3年内可用享受的财政扶持资金交纳土地出让金，若未达到全额土地出让金额度时，企业缴清不足部分后，国土资源部门给予办理土地使用证。

3. 完善投资服务政策

各地区要积极制定承接产业转移的投资服务政策，其内容主要有6项：一是加强投资项目跟踪服务。市州、县市区有关部门对投资项目从签约到营运应实行全程跟踪服务，主动了解项目进展情况，积极帮助解决建设经营中的问题。二是实行审批手续并联审批、网上预审。对需多部门联合审批的项目，应由政务服务中心组织相关部门集中审批。同时，将投资者申报材料通过远程审批系统上传到政务服务中心窗口，进行一次性受理，实行"一站式"办公、"一条龙"服务。三是实行部门机关"首问负责制"。凡投资项目资料齐全、手续完备、属地内办理的手续，政府有关部门须指定专人在5个工作日内办理完毕，另有规定的按法律法规抓紧办理；年检事项必须当场办结。四是鼓励金融机构对投资项目给予信贷支持。区内金融机构如提供较大信贷资金，由政府金融办提请政府协调在财政存款和优质信贷项目推荐等方面予以支持。五是实行招商引资重点企业联系制度。对省、市、县的招商引资重点企业，如"年纳税额在500万元以上的企业，列为市州招商引资重点企业。对招商引资重点企业按照属地管理和分级负责的原则，分别由省、市州、县级领导和监察部门联系。"[①] 六是对外国人前来投资或开展经济文化交流，可由公安机关一次签发1—5年的有效居留许可证；做出突出贡献者，可申请给予永久居留资格；长住或经常往返者，可签发2—5年的多次签证。

---

① 刘晓东：《长春高新开发区人才战略实施中的问题及对策》，东北师范大学硕士论文，2008-05-01。

4. 完善行政收费政策

各地区应加快制订和完善有利于产业发展的规费减免政策，对产业转移企业可实行行政零收费政策，其内容主要有3项：一是投资者办理投资项目审批手续所发生的费用一律实行零收费（国家和省规定的除外）。二是投资者投资兴办商贸企业、集贸市场、出租经营性房屋、柜台或创办餐饮、娱乐企业的，可在一定年限内免收价格调节基金。三是投资者投资购买停产、半停产、破产企业，免收房产交易服务费。

二、塑造区域政务品牌，进一步优化政务环境

建设和优化政务环境是一项长期而艰巨的任务，是一个地区核心竞争力的重要指标。谁能打造好政务环境，谁就能掌握发展的主动权，在新一轮竞争中赢得先机，而建设服务型政府正是优化政务环境的有效途径。因此，大西南各地区必须把优化政务环境作为加快赶超发展的切入点和着力点，要"进一步推进行政审批制度改革，规范行政执法行为，加强政务服务中心建设，清理整顿收费秩序，推进市场诚信体系建设"[①]，着力推动政务环境建设由浅层次向深层次转变。

1. 进一步转变机关工作作风

转变机关工作作风是树立政府诚信形象、优化发展环境的重要手段。对此，大西南各地区应着力建立长效机制，加强机关作风建设，整改突出问题，切实提高服务质量。一是深入开展作风效能建设，着力提高行政效率。要以开展转变干部作风、加强机关行政效能建设活动为契机，推进政府职能转变。按照合法高效的要求，坚持"小机构、大服务"模式，加强服务型政府建设，规范行政审批程序，改进服务方式；认真规范机关工作行为，切实解决行政不作为、慢作为和乱作为的问题；进一步细化量化限时办结的措施办法，真正做到压缩时间、提高效能；对产业承接重点项目、速办项目和内容要公之于众，督促执行，对落实不到位的实行责任追究。二是对政府规章和政策文件及时进行清理修订。如2011年贵州省政府法制办、监察厅和编委办全面开展了省直部门行政许可和非行政许可审批事项清理，"对省直行政机关的行政职权进行清理审核，梳理编制省直67家单位的行政职权目录6 780余项，梳

---

① 吴寿文、杨存杰：《着力优化环境助推经济社会发展》[N]，《贵州日报》，2012-02-01。

第十章　构建中国特色大西南承接长三角产业转移发展体系的对策建议（上）

理简化行政审批和服务事项流程 910 项，平均压缩审批、办理时限 28%。规范行政处罚自由裁量权、细化处罚幅度 5 870 项。"①

2. 进一步完善行政审批制度

大西南各地区应着力完善并联审批，探索新型审批服务模式，形成行为规范、运转协调、公正透明、廉洁高效的审批体制，加强对行政审批和政务服务事项进行审查和甄别，使政务服务项目的进入、取消、调整有规可依。对此，应建立高效的政务平台，各市州特别是城市中心可以建立"市民服务中心"，将权力下放到行政服务中心窗口，将所有审批、办证、收费等事项集中在窗口办理，坚持以群众为关注焦点、以服务对象满意度最大化为标准，实现窗口标识标准化、接待服务标准化、办件流程标准化，将其建设为集政务服务、规划展示、教育培训、商务洽谈、文化休闲于一体的多功能、综合性服务平台。建设"市民服务中心"应着眼于"功能齐全、设施先进、运行有序、监管到位"理念，坚持"高起点、高标准、多功能"原则，突出"城市客厅、办事大厅、展示大厅"三大功能，着力打造行政审批平台、公共资源交流平台、综合政务平台、行政监察平台、教育展示平台等五大平台，推行"一楼式办公、一窗式收费、一站式服务"运行机制，提供规范、高效、阳光服务，真正把行政服务中心打造成优化经济环境的平台、招商引资的窗口。

3. 进一步提升为民服务水平

思想是行动的指南，大西南各地区必须确立大开放大发展的意识，既要让外商进得来，更要留得住；要舍弃部门利益、谋求全局利益，全力扶持外商发展。各级领导和机关干部要着力树立服务新理念，强化"权力就是责任""机关就是服务""干部就是公仆"意识，切实增强为民服务的自觉性。行政人员是行政管理的主体和运作者，是行政效率的力量源泉，必须加强公务队伍培训，提升公务人员素质。要结合机构改革，进一步转变政府职能，建立适应市场经济需要的行政体制，切实明确各部门职责，解决部门相互推诿、扯皮问题；建立协调服务机制，严格落实首问负责制、限时办结制、责任追究制、行政首长问责制、行政绩效评估制等 5 项制度，进一步减少审批事项、规范审批程序、简化审批环节、提高审批效率、落实审批问责。要完善重大

---

① 吴寿文、杨存杰：《着力优化环境助推经济社会发展》[N]，《贵州日报》，2012-02-01。

项目绿色通道，施行涉政事务代办制，提高服务项目的水平。对重大项目的核准、备案，公司设立审批，工商、税收登记，用地申请、报建等环节实行全程代理制，切实为产业转移项目提供"快速通道"和"直通车"服务。总之，对已出台的各项决策和优惠政策，要保证不折不扣地落实到位，做到令出必行，大力提高政务服务水平，着力打造诚信政府，提高政府公信力。

4. 进一步加快电子政务建设

电子政务建设作为新时期信息社会政府运行的平台，其内容主要包括政府各部门运用先进的网络信息技术实现办公自动化、管理信息化、决策科学化；政府部门与社会利用网络信息平台实行信息共享与服务、加强群众监督、提高办事效率、促进政务公开等。大西南各地区要按照"统一标准、统一网络、统一软件、统一运行、上下联动、联合审批、预警审批、预警纠错、全程监控"的原则，积极推进电子政务建设，进一步加强电子监察。要加快推进各省市区网上审批和电子监察系统建设，着力建成网上审批、电子监察、电子政务三位一体的信息交换平台，在县级以上政府及其有关部门对行政审批事项实施网上办理，监察机关实现对行政审批事项的实时、同步、全程电子监察。要对公共资源交易、行政处罚、行政征收、行政给付、行政强制等具体行政行为实施网上办理和电子监察。

5. 进一步加强和完善行政监督

加强行政监督是对行政行为的监督和制约，必须贯穿于行政权力产生和运行的全过程，这是加快完善市场经济体制的必然要求。大西南各地区应着力构建起以纪检部门为核心的统一监督系统，形成有效配合、协同并进的运行机制，加强对各级各部门政务环境建设监督考核。一是建立健全承接产业转移发展规划的监督和评估机制，协调推进并保障规划真正贯彻落实。要"建立行政执行跟踪和监察催办的监督机制，监督监察行政机构和有关人员是否按时间要求、按质量规定完成行政任务。"[1] 发改委要"会同有关部门加强对承接产业转移发展规划实施情况的跟踪分析，监测重大工程进展，做好各项工程的政策落实情况和督促检查，适时组织开展对发展规划实施情况的评估。"[2] 二是加强机关效能建设经常性监督检查，采取跟踪督查、随机抽查、民意测验、定期通报、公开曝光和责任追究等方式，围绕招商引资、重大项

---

[1] 陈涛：《论我国行政效率低下的原因及对策》[J]，《达州新论》，2009-06-30。
[2] 陈涛：《论我国行政效率低下的原因及对策》[J]，《达州新论》，2009-06-30。

第十章　构建中国特色大西南承接长三角产业转移发展体系的对策建议（上）

目、重点工程、重大资金使用情况开展专项监察。监察部门要切实履行职责，完善行政效能评估和考核奖惩机制，定期评议，严格奖惩；组织人事部门要做好干部考核工作，将考核结果作为干部使用和公务员晋级的重要依据；人大、政协要充分发挥作用，加强工作监督和民主监督。三是进一步完善投诉处理机制，畅通投诉渠道，认真受理各种投诉件，做到件件有着落，事事有回音。对意见集中、反映强烈的部门和单位，实行重点督查督办，特别是要加大查处投诉案件，对典型案件动真碰硬，发现一起，查处一起，曝光一起；同时要认真解剖案件，总结经验教训，开展警示教育，达到"惩处一人、教育一方"的作用。

6. 积极营造良好的社会氛围

优化政务环境是全方位的工作，需要广大群众的积极参与和支持。大西南各地区应以推动发展为主题，切实加大对各种法律法规和政策的宣传力度，有针对性地宣传开展效能建设、优化政务环境的目的和意义，在全社会营造浓厚氛围，形成强大声势。各新闻单位和媒体要进一步加强舆论宣传，将群众充分发动起来、组织起来，切实增强全社会优化政务环境的意识，同时消除干部队伍的懈怠情绪，着力提高紧迫感和使命感。要通过深入宣传政策及法律法规，宣传推广先进典型，引导和发动群众，让大家学有榜样、赶有目标，让投资者了解提高办事效率与依法依规办事的关系，取得共识和理解。总之，要强化宣传教育，使优化政务环境街家喻户晓，使"人人都是投资环境，处处关系发展形象"的观念深入人心，做到人人关心发展环境，人人爱护发展环境，人人改善发展环境。

三、加快发展生产性服务业，进一步优化商务环境

生产性服务业是现代工农业的重要支撑，是衡量现代经济社会发达程度的重要标志，是加快产业转移承接发展的重要条件。大西南各地区应按照"国际化、市场化、规模化、信息化"的要求，大力培育发展生产性服务业。要紧紧围绕产业转移承接发展，以渗透、延伸和拓展各生产环节为突破口，加快构筑与产业链紧密衔接、功能完善、协调发展的现代生产性服务业体系，切实做到与承接产业转移互动发展，与先进制造业融合和联动发展，着力为引进企业或产业发展提供配套完善的专业化服务，从而营造良好的商务环境。

1. 加快发展现代物流业，构建现代物流体系

各地区应科学规划物流产业布局，以建设区域大交通、省会中心城市物

流中心为契机,加速构建区域现代物流业基本框架。要着力培育各省区市大型现代物流企业,加快发展新型物流业态,建设一批大型物流基地和专业市场,积极发展第三方物流,形成高效的现代物流服务网络,从而提高物流效率,降低物流成本。要积极推进物流业对外开放,培育或引进国际知名的物流业巨头,加速提升现代物流业发展水平,加快建设内外贸一体化的区域性物流基地和商贸基地。

2. 加快发展信息服务业,构建信息服务体系

各地区应着力运用现代信息技术改造提升传统产业,加快发展战略性新兴产业,努力开发基础技术,建设完善产业园区信息平台,大力推进新型工业化。要积极整合信息网络资源,推进宽带通信网、数字电视网和下一代互联网"三网融合",建设公共信息服务、电子政务网络和网络传输三大平台,加快开发互联网增值服务。要大力扶持有自主知识产权的软件应用和品牌扩张,着力发展壮大数字视听、集成电路、软件、网络及通信产品等产业集群,形成一批骨干软件企业集团,同时加快发展电子商务,健全完善信息信用、信任体系。

3. 加快发展商务服务业,构建生产要素服务体系

各地区应着力构建以企业为主体的产学研技术创新联盟,加快发展科技企业孵化器、科技评估、科技招投标、技术产权交易、科技研发、技术推广、工业设计和节能服务等科技服务机构。要着力健全完善金融体系,加强金融监管,加快发展金融服务业,创新金融产品与服务,进一步增强服务功能,拓宽服务领域,切实提高服务质量和水平。另外,还要积极发展企业管理服务、法律服务、信息服务、中介服务等商务服务业,要加快培育会展服务业,引入现代交易方式,进一步完善商品交易市场。

4. 努力保持成本优势,切实增强区域发展竞争力

大西南地区要在较长时期内形成和保持对长三角等地区产业转移承接发展的区域优势和竞争力,就必须未雨绸缪、超前谋划,以此推动区域经济可持续发展。一是进一步加大对重庆、成都、绵阳、贵阳、昆明等高新区拓展发展空间的政策支持,确保其满足产业承接转移发展的需求,使高新区真正成为大西南地区经济发展的"火车头"。二是紧密结合全国产业发展规划和态势以及区域优势产业,对大西南各地区优势特色产业进行集中重点布局。如四川将立足自身优势建设的集成电路、软件、通信研发、光电显示、生物医

药和外向型精密机械制造等优势产业,列为重点发展产业进行集中布局,就能形成不可仿制的产业集群优势,从而逐渐摆脱产业发展对政策的依赖。三是深入研究和分析大西南各地区龙头企业发展动向和优惠扶持政策,寻求发展平衡点。

5. 积极营造创业氛围,切实降低企业发展配套成本

加快大西南承接长三角等地区产业转移发展,必须通过企业进入和聚集来实现。为此,各地区应积极营造企业创业的社会氛围,除了要大力吸引长三角等地区的大公司、企业集团和民营企业前来发展外,同时还要大力鼓励本土企业大发展,要积极培育民营企业、中小企业发展,这是推动产业转移承接发展的微观基础。当前,大西南各省区市已制定出台了鼓励支持、服务全民创业的相关意见和具体措施,各级政府应着力加强组织领导,切实将全民创业口号落到实处。各地区各部门应按照职能分工,认真履行职责,加强协调配合,进一步落实和细化创业优惠政策,着力完善扶持措施,全力做好全民创业工作。

四、加强人才队伍建设与培养,进一步优化人才环境

人才是发展的第一资源,是最活跃的先进生产力。加强人才队伍建设和培养,是支撑经济社会科学发展、跨越发展的一项重要而紧迫的任务。加快大西南承接长三角产业转移发展,同样离不开人才的有力支撑。面对日趋激烈的国际国内人才竞争,大西南各地区必须深入实施人才发展战略,要紧紧抓住人才培养、引进、使用关键环节,积极抢抓发展机遇,加大人才开发力度,紧贴发展需求,采取超常规政策措施,构筑人才发展高地,通过加强培养和引进,着力建设高素质的人才队伍,为推动产业转移承接和区域经济加速发展提供强有力的人才保障和智力支持。

1. 树立正确的人才战略思想

一是树立人才是第一资源的理念。人才是活性资源、能动资源,事业兴衰成败关键在于发挥各类人才的作用。人才作为知识的创造者和载体,已成为生产力要素中最活跃、最重要的因素,因此必须牢固树立人才资源是第一资源的理念,这对于加快大西南产业转移承接发展具有极为重要的作用。二是树立人才资源配置市场化的理念。要充分发挥市场的调节作用,着力促进人才与用人单位有机结合,实现人才效益的最大化。三是树立"人才出自竞

争"的思想观念。要遵循"公开、平等、竞争、择优"的原则,建立完善合理的人才选拔任用机制,形成有利于人才竞争的良好氛围,打破论资排辈等传统观念的束缚,着力推动人才有序竞争的发展,为人才健康成长创造良好环境。

2. 实施人力资源管理开发战略

人力资源开发是企业或组织团体依据战略目标,对人力资源进行调查、分析、规划、调整,提高现有人力资源管理水平,为团体创造更大的价值。对于产业园区来说,人力资源开发是人力资源管理具有核心意义的内容,必须实施科学有效的开发。一是建设现代化的管理人才队伍。以提高管理水平和服务能力为目标,着力组织开展园区干部职工系列学习培训,自主培养和积极引进一批在规划建设、运营管理、招商引资等方面理念新、有经验、能力强的管理人才。同时,鼓励支持干部职工开展在职学习、脱产学习,进一步提升学历层次和能力水平。二是建立企业职业经理人队伍。着力培养和引进一批具有现代经营管理理念、熟悉国内外市场、执行能力强,专门负责企业管理、项目运作的高级职业经理人,切实提高重点骨干企业的经营管理水平。三是建立园区所需的专业技术队伍。制定人才资源开发利用和结构调整战略,通过就地取"智",着力培养和引进大批农产品加工、矿产冶炼和烟草生产等劳动密集型产业和企业发展所需的实用技能人才。同时,加快搭建高校与企业建立紧密联系的平台,鼓励和支持科技人员积极申报科技项目,努力为科技立项提供人事、人才、职称等便利条件。

3. 建立和完善人才培养机制

加强人才培养是人才开发的重要途径和基础工作。大西南各地区应着力制定科学的人才培养规划,积极实施天府科技英才计划等各种人才培养计划及工程,努力扩大人才队伍总量。为此,各省区市应充分发挥高等教育、职业教育的重要作用,进一步整合教育资源,加大教育多元化投入力度,切实将区域中心城市成都、重庆、贵阳、昆明等建设为服务产业转移承接、服务经济社会加速发展的人才培养和培训重要基地。要加快转变人才培养的方式方法,着力推动其向市场导向、社会化办学方向发展,进一步强化企事业单位员工在职培训。不断完善人才定期培训、岗位实践、在职进修、出省、出国深造、交流和挂职等培训制度,以新理论、新技术、新技能、新信息、新知识、新方法为主要内容,加快人才知识更新,不断提高人才综合素质,切实增强创新能力。要加大对高层次人才与急需短缺人才的定向培养,积极鼓

第十章 构建中国特色大西南承接长三角产业转移发展体系的对策建议（上）

励和引导大专院校与科研院所定向培养硕士生、博士生；充分发挥各类教育培训基地和企业技术创新机构的人才孵化器作用，加快形成一支起核心作用的科技骨干。

4. 积极实施人才资源引进策略

引进急需人才是解决人才短缺最快捷、最有效的方法。大西南各地区对于人才的引进，应进一步完善人才引进机制，优化人才引进环境，加大引才引智力度，广泛吸纳各种优秀人才。要从国内和国外两个市场入手，采取灵活开放、务实管用的措施，开辟人才引进"绿色通道"，有选择、有针对性地引进急需人才。要坚持把招商与引智紧密结合起来，做到与产业发展、经济发展相适应，积极吸引人才向重点产业和重点领域聚集，着力提高引进的实效性。对于核心的人才，要大力引进，要着力解决他们的后顾之忧，让他们安心留下，比如积极帮助他们申请创业基金、帮助他们解决家属问题、落户问题、子女上学就业等问题，这样才能增强人才长期留下的决心。

5. 实施人力资源分层管理战略

根据人力资源的文化程度和技术含量，人力资源可分为一般、中级和高级三类人力资源。对此，大西南各地区有关部门应重点加强对中、高层次人力资源的管理。对高层次人才管理，不能单纯以平衡型的雇佣关系和高报酬的经济契约为基础，而应多方面帮助用人单位与高级人才切实建立信任关系，在心理契约的基础上维护双方权益；对中层人才管理，应不唯学历，注重经历与能力，不求最佳，只求适用，应强调专业型，将合适的人才放到合适的岗位上从事合适的工作。对于产业园区来说，则应进一步健全完善企业用工政策，通过全面推行"校企合作、订单办学""工学结合、以工助学"、"前校后厂、产教结合"等模式，可以为企业提供合格的、高素质的劳动力，培养大批产业技术工人和中高级技术人才，同时还可以为转移产业和企业提供大批懂管理、会经营的企业管理人才。另外，产业园区每年还应投入一定资金，实施"农村富余劳动力转移培训工程"和"公民职业化工程"等，切实加大劳动力培训力度，以提高劳动者就业能力。

6. 建立和完善科学的人才评价机制

各地区应着力改进人才评价方式，进一步突出用人单位评价的主体作用，完善人才评价手段，逐步建立反映经营业绩指标和人才综合管理能力等相结合的企业经营管理人才评价体系，形成市场认可的企业经营管理人才评价机制。要建立健全以能力和业绩为导向的客观公正的人才评价机制，推动实现人才评价的科学化和社会化；推进专业技术职务评聘制度和职业资格制度改革，切实打破年限、级别及学历限制，使具有高级职称和职业资格条件的人员都能顺利晋升获得相应资格，加快壮大高层次人才队伍。

7. 建立和完善人才合理流动机制

"流水不腐，户枢不蠹"。人才资源作为经济社会发展最重要的一种资源，必须进行合理有序流动。只有人才流动起来，才能促进人才资源优化配置，才能提高人才资源使用效率。建立和完善人才合理流动机制，就是要按照人才流动规律，通过建设高效规范、现代化的人才市场，让人才真正流动起来。大西南地区一些条件成熟的重点产业园区可以探讨建立人才市场，应积极引导和支持企业在园区建立研发中心、院士工作站、博士后科研流动（工作）站，促进人才资源、创新要素向园区集聚，形成人才优势。通过构建有针对性的产业园区人才市场，着力完善功能，促进其人才引进、开发、培训、就业、再就业服务于一体的社会化服务机构加快发展，从而使高层次人才智力共享、资源共享，促进人才合理流动。

8. 建立和完善人才收入分配激励机制

将按劳分配和按生产要素分配紧密结合起来，加快完善和真正落实知识、资本、管理、技术及专利等生产要素按贡献参与分配的办法，着力形成多种形式的收入分配制度。要进一步深化和完善激励机制，应给予人才必要的物质奖励，更重要的是要将人才待遇与其岗位职责、工作绩效、实际贡献及成果转化为产业的效益直接挂钩，建立以业绩为重点的人才评价体系。要健全以考核评价为基础、以岗位定薪酬、以能力定工资、以贡献定报酬，短期激励与中长期激励相结合的薪酬制度；健全以政府奖励为导向、用人单位和社会力量奖励为主体的人才奖励制度。要高度重视和鼓励人才的资本投入，加强改革创新，加快建立人才资本产权制度，如企业在条件成熟时可实行期权、股权激励；积极探索建立人才资本及科研成果有偿转移制度，探索建立产权激励机制所需要的立法保障。

第四节　进一步深化区域产业分工与合作推动大西南承接产业转移加快发展

在经济全球化和区域经济一体化深入发展的时代，深化区域分工合作，在更大范围、更高平台、更深层次上实现生产要素的流动、转移和配置，已成为大西南地区提升区域综合实力和核心竞争力最现实的路径和选择。区域合作的本质是分工的深化，只有进一步深化区域分工，大西南各地区才能顺利承接长三角等发达地区的产业转移。因此，各地区各级政府必须高度重视区域分工与合作，切实加强区域沟通与协作，努力营造公平、开放的合作环境。应着力把握全球产业结构大调整大转移的大趋势，紧紧抓住国内区域产业转移的契机，积极探索创新区域合作组织形式和方式，加快构建区域内外合作机制与平台，构建承接长三角产业转移发展的协作机制，加强产业分工和互补，切实推动大西南承接长三角产业转移发展。

一、建立完善区域合作机制，加快推进区域合作开发

区域合作开发有多种方式，大西南地区应坚持因地制宜，选择不同方式进行合作开发。从整体上看，大西南地区发展前景可观、发展势头强劲，加快承接长三角产业转移发展应建立完善政府、行政、企业等多种层面的合作开发机制，特别是要充分发挥政府在区域合作中的重要作用，着力加强以信息沟通、政策协调、争议化解等为重点的区域合作机制建设，从而促进区域产业转移承接发展，促进区域合作开发全方位顺利实施。

（一）着力完善政府层面的合作机制

加强政府层面的合作作为当前区域合作创新中的一种新趋势，是推进区域经济一体化的必然选择。它是由政府支持企业进行创新，推动区域之间经济合作、协作和产业对接，主要通过发挥市场机制自发作用，在互利共赢的基础上进行。大西南地区政府层面的经济合作已开展多年，应进一步加大合作力度，加快推进区域经济一体化。要着力深化六省区市七方经济合作，推动横向经济联合与协作向深度拓展，加大基础设施改善、资源开发利用、自主创新能力建设等方面合作力度，增强自我积累、自我发展的能力，促进基

础设施互联互通、生产要素自由流动、优势产业协作配套、统一市场有序运转。要切实加强重庆、成都、贵阳、昆明、南宁、拉萨等区域中心城市之间经济技术合作，促进生产要素合理流动与优化配置，实现优势互补，形成增长极，增强辐射带动效应，加快区域经济发展。要进一步扩大"川滇黔十市州合作与发展峰会"区域合作，可吸收广西、重庆、西藏等市州加入，通过健全完善合作机制，广泛开展政府层面的合作与交流。同时，要把进一步发挥地方力量与争取国家支持结合起来，积极推动国家各部门加强对大西南区域合作的指导，对区域内特大型项目、设施建设等需要国家的宏观指导和支持，国家可提供雄厚的资金、技术及信息，争取国家相关部门支持是加快区域发展、提高发展质量的有效途径。在此基础上，要大力发展大西南与长三角等东部发达地区及其他经济区的经济合作，促进区域内外经济要素优势互补，从而有效推动产业转移承接加快发展。

（二）着力完善行政层面的合作机制

大西南各地区政府职能部门应紧紧围绕共同关心的区域重大事项，着力建立完善行业性跨区域的共建共享机制，通过开展多种形式的沟通、协商、协调，积极研究、争取和推动区域重大事项解决。对此，建议成立大西南城市经济协调会或"大西南城市联盟"，可根据六省区市七方协作会议签署《大西南地区城市联盟合作协议》，先由成都、重庆等城市发起，以成都、重庆、贵阳、昆明、南宁等大城市为核心会员，不断吸收区域内其他市州、县级城市为会员。经过努力培育，逐步形成独立化、市场化运作的机制，为大西南城市经济及产业合作搭建有效的平台。另外，还建议成立"大西南园区共建联盟"，可选择产业园区间产业合作为重点，充分发挥各园区产业合作、科技创新独特优势，加强大西南区域科技创新联动发展，共建联盟，积极策划举办各类活动，不断增进园区间合作交流，共同促进园区承接产业转移，共同推进园区产业升级转型，共同铸就品牌园区、示范园区和试点园区。每年可举行一届园区品牌联动发展推进会暨大西南地区联动发展高级研讨会，努力促进城市园区作为成员加入联盟，同时吸纳大西南城市经济协调会成员城市。

（三）着力完善企业层面的合作机制

大西南各省区市企业之间，应在政府的积极推动下，通过自主参与区域经济合作，形成以市场为基础、以政府为引导的企业层面的区域合作机制。

建立和实施这种合作机制，能充分调动企业区域合作的积极性，实现企业之间的相互推动、相互促进，推动企业层面的创新与发展，从而实现区域内资源的自由流动和高效配置，促进区域经济共同繁荣发展。区域相关企业之间开展合作，如生产企业与销售企业合作一般是合作开发市场，而销售企业提供的信息和需求往往是推进技术创新的创新源，通过其传输信息，生产企业可以及时、准确地了解市场需求；区域竞争企业（产品类似或市场相同）之间开展合作，可以在政府的引导下，以市场为基础，积极推进基于共同的开发项目的合作。总之，通过实施企业合作开发或竞争开发，促进企业竞争对手成长，可以推动企业之间取长补短，尽量减少重复投入和研究，从而提高创新效率。

（四）积极建设和选择多种合作机制

大西南各地区之间除了应加快建立完善上述合作机制以外，还应着力加强企业与高校和科研院所之间、产业园区与金融机构之间的合作机制建设。就合作形式来看，企业与高校、科研院所之间的合作创新是当前理论界和学术界研究探讨最多的一种合作创新方式，为推动双方合作有效进行，科研机构应按照企业要求，加紧研究开发适销对路的新产品，使科研成果及时转化为生产力，从而增强企业的技术水平与发展能力。对于产业园区来说，可以通过银行进行间接融资，也可以通过银行进行直接融资，如通过投资银行在证券市场发行股票、债券等，但随着竞争加剧，园区运行的成本和风险也逐渐加大，而积极引入风险投资机制则是解决这一问题的有效途径。

（五）共建共享产业园区建设合作平台

1. 促进有合作意向的产业园区间签署合作协议

大力推进和加强长三角与大西南产业园区、大西南各地区产业园区之间的各种合作与交流，可以每年召开园区建设合作会议。对那些有合作意向的产业园区，应积极推动其签署合作协议，着力开展园区间的考察交流，举办盟员联谊沙龙等活动，为园区间合作共建牵线搭桥，力争促成实质性的项目落地，促进产业园区合作共建取得实效。

2. 建立健全大西南产业园区合作共建信息平台

充分利用已有的信息网络平台，在园区合作专题相关单位的网络主页上，增设大西南产业园区共建模块，及时发布大西南产业园区合作共建相关信息，为大西南乃至全国产业园区和企业搭建一个寻找合作共建信息及时、准确、真实、有效的信息平台。

3. 进一步充实大西南产业园区共建项目信息库

通过向大西南产业园区共建联盟成员单位全面征集合作共建项目意向，加快建立完善园区共建项目信息库。统一开展产业园区项目宣传推介活动，切实推动各园区的招商引资。积极为部分产业园区和企业提供项目投资信息，提高园区和企业之间的信息沟通强度，增加区域投资合作机会。

4. 积极开展大西南产业园区共建示范单位评选

根据大西南产业园区共建联盟成员单位开展合作共建情况，及时组织开展产业园区共建示范单位的评选。按照分类指导原则，对不同类型的合作共建示范单位，如资金入股型、管理输出型、企业投资型、品牌输出型等，认真进行总结，共享产业园区合作共建经验，并在大西南地区积极推广，形成政策集聚，努力吸引更多园区参与共建。

5. 进一步扩大大西南产业园区共建联盟范围

大西南地区在产业园区共建联盟中，应根据合作共建实际情况，签署合作意见，适时扩大园区共建联盟覆盖范围，努力吸引更多的园区参与到园区共建活动中来，以此促进大西南产业园区充分发育和健康成长，进一步推动园区共建和大西南经济一体化建设。

二、着力加强产业互动协作，促进区域经济共同发展

近年来，我国由于区域投资环境的"匀质化"，造成了区域间重复建设和恶性竞争，产业同构问题越来越突出。为提升区域整体竞争力，实现区域跨越发展，大西南各地区应遵循区域产业分工与合作的一般规律，坚持从统筹区域发展的层面和高度，着力深化区域分工与合作，加快建立健全稳定有效的区域合作机制，大力推动区域合作向纵深发展。对此，要加快推进大西南与长三角地区各级政府间的合作，推进企业、科研机构和民间组织间的沟通与交流，开展广泛的经济合作探讨，努力推动区域间形成资源共享、优势互补、错位发展、竞争有序的合作机制。要着力鼓励和支持企业根据区域优势和产业特点，积极开展区域内外战略合作，努力寻求产业发展良性互动，促进大西南产业转移承接加快发展。

第十章　构建中国特色大西南承接长三角产业转移发展体系的对策建议（上）

1. 切实加强和推进区域分工与合作

大西南各省区市应按照区域发展战略规划和战略定位，根据区域经济发展水平和产业发展基础，坚持有所侧重、有所倾斜的原则，深入研究和科学编制大西南区域产业合作发展规划，大力推进和不断深化区域经济分工与合作。要着力抓好区域内基础产业群、高科技产业群和民营经济产业群的优化调整，区域中心城市重庆、成都、贵阳、昆明和南宁等可以重点发展高科技产业群，其他各地区可以依托区位优势和自身产业基础，做大做强基础性产业。要紧紧围绕承接产业转移发展方向和重点领域，努力搭建区域合作平台，加强跨区域项目协调与沟通，着力确定和争取区域合作重大项目，寻求产业发展突破口；加强和推进区域产业转移承接分工与合作，着力避免恶性竞争与重复建设，切实做好产业转移承接工作，加快推动产业集聚发展。

2. 着力推进区域产业结构调整和优化升级

坚持立足资源禀赋和产业基础，积极采取先进手段和方式，加快推进大西南地区产业结构调整和优化升级，共同打造区域优势产业。要切实解决"产业发展粗加工、低附加值、低技术含量带来的低效益、高污染的问题。突出做好传统产业技术改造和产业升级，关键是要加速技术设备更新，淘汰落后设备和工艺，压缩过剩生产能力，努力在生产技术、物质消耗水平、劳动生产率、产品品种和质量等方面缩小与发达地区的差距。"[①] 要坚持按照产业集聚、企业集群、资源集约的要求，加快调整产业结构、整合产业资源、提升产业层次；围绕区域产业发展重点，着力发展壮大航空及精密制造产业、特色冶金和金属制品产业、精细化工及新型建材产业、中成药和生物制药产业等支柱产业，加快培育发展汽车、电子信息及家电产业、特色食品工业等主导产业。

3. 着力推进与长三角地区产业对接和互动

厦蓉高速、贵广快铁和泸昆快铁通道形成后，可以大大缩短大西南与长三角等东部发达地区的时空距离，这有助于大西南地区加快搭建区域合作平台，开展承接产业转移合作，从而快速融入东部发达地区，提升区域竞争力。大西南各地区应充分利用这一优势，积极促进产业互动发展，要以自身资源和优势产业为基础，科学合理找准对接产业，着力承接长三角等地区的产业

---

① 张孝锋：《中部地区承接产业转移的实证研究——以转移到江西省的33家大型企业为例》[J]，《中国井岗山干部学院学报》，2006-06。

转移。一是加强对某些传统劳动密集型产业整体承接。当前长三角等东部发达地区转移产业多为纺织、服装、食品、玩具、皮革、制鞋等传统劳动密集型产业，电子信息及家电产业等也在寻找新出路。对此，大西南各地区应积极主动承接服装、文化用品、工艺品等日用品等产业转移。二是积极承接长三角等地区支柱产业体系的产业扩散。应充分依托区域制造业基础，积极在水平分工领域开展产业配套性协作，切实将区域产业发展纳入全国产业体系。三是以市场机制推动区域优势产业对接互补。大西南各地区应以长三角等地区产业转移为目标市场，以产业互补支持市场互补。如大西南特色农业发展，可以充分利用生态优势，大力推进发展生态农业、有机农业等现代农业，促进大批名特优新农产品生态化，通过积极发展健康产业、生态产业等，将大西南建设为在世界都有影响的农产品深加工生态化基地。四是积极引进和发展高新技术产业。对适宜大西南引入的长三角等地区高新技术，应采用市场化方式，积极实施技术嫁接，着力改造提升大西南传统产业，促进区域产业加快调整和升级。

总之，要通过加快建立和完善政府、行政、企业等各个层面的合作开发机制，组织动员社会各界力量积极参与，着力加强大西南与长三角区域产业对接与互动，促进区域合作加快发展。由此，可以充分发挥大西南比较优势，积极引导生产要素合理流动与优化配置，着力集聚发展要素，壮大产业规模，转变发展方式，加速推进新型工业化，推动区域经济实现跨越式发展。同时，大力推动长三角产业转移发展，加快产业转型升级，提升发展质量和竞争力，努力腾出更大发展空间，可以更好地辐射和带动大西南加快发展，从而促进区域经济布局调整，形成优势互补、相互促进、共同发展的新格局。

三、着力推进区域城镇化，加快产业转移承接发展

城镇化与工业化相辅相成、同生共长，工业化是城镇化的重要内容，城镇化是工业化的空间落实，是工业化的必然结果。[①] 城市作为区域开发的战略重点和中心，居于区域经济的主导地位。随着工业化水平的提高，城市已成为承接产业转移和辐射最重要的区域和载体。近年来，大西南地区城镇化进程不断加快，基本形成了以成渝、黔中、滇中、北部湾等特大城市群为核心，一大批中等城市为支柱，以及大批小城市和建制镇为基础的城镇网络体系。

---

① 叶裕民：《中国城市化之路：经济支持和制度创新》[M]，北京：商务印书馆，2001年。

第十章　构建中国特色大西南承接长三角产业转移发展体系的对策建议（上）

但是，大西南区域城镇化建设目前仍存在不少问题，主要是缺乏规划引导，发展模式有待创新，发展环境有待优化，合作机制有待完善，资金、技术、人才等要素支撑和交通、能源、水利等基础设施都需大力加强等。因此，各省区市必须切实加强城市建设改革创新，大力推动城镇化加速发展。要积极发挥政府推动与市场导向的作用，加强政策支持和规划引导，加快构建和完善区域城镇网络体系，进一步优化城市空间结构，推动产业转移承接加快发展。

所谓城市空间结构，是指"城市范围内经济的和社会的物质实体，在空间形成的普遍联系体系，是城市经济结构、社会结构的空间投影，是城市经济、社会存在和发展的空间形式。"[①] 其涵盖范围包括各种实体的密度、区位（布局）和城市形态三个方面。何谓空间呢？马克思曾指出："空间是一切生产和一切人类活动所需要的要素"。可见，"城市空间结构这种经济社会实体空间存在的形式，要比只就企业而言的生产、劳动的空间形式，以及只就生产部门而言的生产力布局更复杂、更重要。它不仅包括工业、商业、交通运输和郊区农业等生产性部门的物质实体的空间关系，而且包括文教、卫生、服务、行政等非生产性的物质实体的空间关系，以及所有这些之间物质实体的空间关系。其是否合理，对城市经济的和社会的活动发展有着重大的影响和制约作用。"[②] 在此，我们只重点研究讨论城市密度问题。

城市密度是城市经济的一种集聚经济，在经济社会发展不同阶段，其好坏、优劣程度也不相同。就大西南地区而言，当前正处于工业化中期阶段和城镇化加速发展期。随着社会生产力大发展，工业化进程大提速，城市化水平大提高，区域城市群和城镇网络体系必将出现大提升、大飞跃。在此过程中，形成合理的城市经济密度和空间结构，必然有利于承接长三角等东部发达地区产业有序转移、扩张，有利于开展专业分工和产业协作，延伸产业链，降低生产成本，增加产业附加值；有利于合理利用水资源和能源，利用公共资源、公共设施等，节约大量土地，减少资源消耗，节约开发投入，切实提高资源利用率；有利于推动资金积累，加速资金周转，有效提高资金使用率；有利于加强社会沟通和联系，促进经济、科技、文教等信息交流，推动相互学习、相互竞争，进一步加强合作；有利于培养和提高劳动者素质和技能，增强劳动者就业创业本领和选择机会，不断提高劳动生产率；有利于进行集中的经济管理，实现经济规模化、规范化、机制化运行，进一步提高管理效

[①] 饶会林：《试论城市空间结构的经济意义》[J]，《中国社会科学》，1985-03-10。
[②] 饶会林：《试论城市空间结构的经济意义》[J]，《中国社会科学》，1985-03-10。

能。这种集聚经济的优越性正是现代城市和城市经济迅速发展的重要原因之一。但任何事物的发展变化都具有两面性,如果城市密度和空间结构不合理,上述优越性不仅不能发挥,反而会使"利"转化为"弊",事实上城市经济集密度过高所造成的各种弊病和负面效应,早已在不少国家和地区尖锐地突显出来,严重影响着人们正常的工作、生产和生活。因而,对这一重大经济社会问题,必须引起高度重视,并采取切实可行的举措,着力防止和克服出现各种城市问题。

当前,大西南地区应坚持走以人为本、城乡统筹、合理布局、以大带小、集约高效、功能完善的新型城镇化发展道路,切实加快城镇化发展进程。对此,要坚持开拓创新,积极创造条件,充分发挥各地比较优势,不断优化城镇空间结构,着力打造和构建科学合理的区域城镇网络体系。要重点培育和加快发展成都、重庆、昆明、贵阳、南宁等核心城市群,着力增强综合承载力和辐射带动力,积极推动承接产业转移发展,从而形成区域经济发展的重要增长极。要优先将成贵、黔渝、滇黔、黔桂高速公路和铁路等沿线地区建设成为区域物流和各类要素市场中心,使其成为大西南产业转移承接发展最活跃的区域。如重庆具有技术、人才和市场优势,具有得天独厚的长江黄金水道及丰厚的旅游资源优势,与华中、华东的武汉、南京、上海等经济联系便利,可以积极引导长三角乃至全国战略性布局的大型企业、高技术和服务型企业,加强对重庆产业转移和投资;南宁和贵阳邻近北部湾、珠三角等沿海地区,投资成本低廉,出海方便,可以着力吸引长三角、珠三角等地区传统产业转移。

根据大西南区域城镇网络建设发展的情况,目前大西南已形成了国家层面和省级层面两类重点城市群,国家《产业转移指导目录(2012年本)》已明确了这些城市群的区域范围和重点发展产业。综合来看,大西南现有城市群及区域在人口集聚、空间结构和产业发展上为今后区域城镇网络体系的合理构建和快速发展奠定了良好基础,并具备了率先崛起的基础和条件,特别是重庆和成都城市群已具备了率先突破的先决条件(见表3)。对于加快建设城镇网络体系,如四川就明确提出:"重点打造成都平原城市群、川南城市群、攀西城市群和川东北城市群'四大城市群',加快建立以成都特大城市为核心,区域大城市为骨干,中小城市和小城镇为基础的城镇体系,培育新的经济增长极。"①

---

① 川报评论员文章:《大力推进新型城镇化》[N],《四川日报》,2008-01-04。

第十章 构建中国特色大西南承接长三角产业转移发展体系的对策建议（上）

表3 大西南地区城市群名称、范围和重点发展产业

国家层面	省级层面	覆盖范围	重点发展产业
重庆成都特大城市群	重庆城市群	包括渝中、涪陵、大渡口、江北、沙坪坝等22个区县。	渝中重点发展总部经济、生产性服务业；涪陵、大渡口重点发展装备制造、精细化工、电子信息等产业；江北、沙坪坝、九龙坡、北碚、南岸重点发展工程机械、输变电设备、轨道交通等装备制造业，以及电子信息、汽车摩托车及其零部件等产业；万盛、渝北、巴南、长寿、双桥、江津、合川重点发展有色金属、电子信息、装备制造、汽车摩托车及其零部件、精细化工、轻纺等产业；永川、綦江、南川、璧山、潼南、大足、荣昌等重点发展原材料、精细化工、农产品加工、电子信息等产业。
	成都平原城市群	以成都为中心，包括绵阳、德阳、雅安、眉山、资阳市。	重点建设成绵高新技术产业基地，发展电子信息、航空航天、生物、石油化工、新材料产业。成德资重大装备制造业基地，发展汽车、轨道交通等高端装备、发电设备和工程机械产业。成德眉乐雅新能源装备产业基地，发展太阳能、核能、风能、半导体照明产业。成德绵资生产性服务业基地，发展现代物流、金融服务、信息服务、科技研发与技术服务产业。成德绵资眉雅轻纺及饮料食品基地，发展家纺、服装、产业用纺织品、肉制品、软饮料、泡菜、茶叶、果蔬加工产业。
	川东北城市群	包括广元、巴中、达州、南充、遂宁、广安市。	重点发展石油天然气化工、农产品加工、丝纺服装产业，建设西部重要的能源化工基地和农产品深加工基地。加快发展川渝合作示范区，承接成渝产业转移，发展载货汽车等制造业。
	川南城市群	包括乐山、内江、自贡、宜宾、泸州市。	重点围绕页岩气开发，建设化工产业集聚区；围绕高端装备、新能源装备、节能环保装备、生物医药装备、机械制造，建设装备制造产业集聚区；围绕饮料、食品、白酒、茶叶等，建设饮料食品加工业集聚区；加快发展新材料、竹浆及竹浆纸等产业。
	攀西城市群	包括凉山州、攀枝花市。	依托钒钛、稀土等优势资源，重点建设钒钛产业基地、精细磷化工产业基地和优质特色农产品深加工基地。

· 353 ·

续表

国家层面	省级层面	覆盖范围	重点发展产业
黔中城市群		以贵阳为中心，包括遵义、安顺、黔东南、黔南、毕节五州市的部分区县。	重点发展轨道交通、名优白酒、特色食品、磷化工、煤化工、有色金属、电子信息、新材料、新能源、生物制药等产业，加快贵阳—遵义、贵阳—安顺工业走廊和贵阳—都匀凯里特色产业带发展，建设全国重要的能源原材料基地、以航空航天为重点的装备制造业基地和绿色食品基地。
	黔北城市带	包括遵义和毕节、铜仁市的部分区县。	重点发展有色金属、化工、装备制造、名优白酒、特色食品等产业。
滇中城市群		以昆明市为中心，包括曲靖、玉溪和楚雄三个城市。	昆明重点发展高端数控机床、高压输配电成套设备、汽车零部件等先进装备制造业，以及电子信息、新能源、新材料、生物医药等新兴产业，发展褐煤洁净化利用、磷化工、家具、生产性服务业；曲靖重点建设光电子、载货汽车、煤化工、有色金属和特色食品等产业基地；玉溪加快发展生物医药、装备制造、半导体照明（LED）、铸造、日用五金、磷化工等产业；楚雄加快绿色产业基地建设，承接石油、天然气化工产业转移，打造国家级钛材、复合材产业基地，加快建设生物医药、高压输配电成套设备、特色食品加工产业基地。
	滇西及滇西北城市带	包括大理、丽江、保山、迪庆、怒江、德宏六州市。	丽江重点发展生物医药、旅游产品加工、农畜产品深加工等产业；大理重点发展有色金属、农畜产品深加工、纺织、新型建材等产业；保山、迪庆、怒江、德宏重点发展珠宝玉石加工和农畜产品深加工业。
北部湾城市群		以南宁为中心，包括北海、防城港、钦州、崇左等城市。	重点发展石化、钢铁、电子信息、装备制造、铝加工、修造船、纺织、林浆纸、粮油加工、新能源等产业，大力发展现代海洋产业，加快建设临海重化工业基地和现代物流基地。

第十章 构建中国特色大西南承接长三角产业转移发展体系的对策建议（上）

续表

国家层面	省级层面	覆盖范围	重点发展产业
北部湾城市群	西江城市带	包括柳州、桂林、来宾、梧州、玉林、贵港、贺州市。	柳州、桂林、来宾重点发展汽车、机械、医药、茧丝绸、食品、有色金属、电子信息等产业，建设柳州汽车产业基地；梧州、玉林、贵港、贺州重点发展装备制造、建材、电子信息、纺织、皮革及再生资源深加工等产业，建设桂东承接产业转移示范区。
	藏中城市带	包括拉萨、日喀则、山南、林芝等地市。	重点发展优势矿产采选、高原生物和绿色食（饮）品、藏药、农畜产品深加工、建材、民族手工业，积极发展新能源、节能环保等高新技术产业。

（资料来源：国家工业和信息化部《产业转移指导目录（2012年本）》[1]）

---

[1] 产业转移指导目录2012年本－百度文库，http://wenku.baidu.com/view/e1f0740952ea551810a687f0.html，2012。

第十一章　构建中国特色大西南承接长三角产业转移发展体系的对策建议（下）

中观和微观经济是相对于宏观经济的两个概念。在经济全球化和区域经济一体化的潮流中，经济区和都市密集区都属于中观经济范畴，并成为主要表征。而企业则属微观经济范畴，是宏观经济和中观经济的基础。在这里，课题组调整视角，将同属中观经济范围的成渝经济区和成渝都市密集区重叠起来研究，以求深化研究层次。之所以提出和解决这个问题，旨在凸显国家实施新一轮西部大开发战略和"十二五"发展规划，把建设成渝经济区提高到国家战略的重要地位，要决战决胜大西南的取向。

第一节　将产业转型与产业转移有机结合起来长三角以大西南为取向先行先试

2008 年，美国次贷危机爆发并迅速扩散，逐渐殃及全世界。长三角地区作为我国对外开放度较高的区域，深受国际金融危机重创。这既是长三角加快产业结构转型和产业有序转移的导火线，也凸显出加速转型和产业有序转移成为发展的内在要求。目前长三角制造业比重持续偏高，产业和产品开发创新程度还不够强。作为国际化大都市的上海，第三产业占 GDP 比重略超 50%，比发达国家城市群核心城市服务业比重低 20 个百分点以上，相去甚远。同时，近 20 多年来长三角经济持续快速增长，区域率先发展及政策优势逐渐淡化弱化，继续高速增长越来越受到土地、资源、劳动力成本的瓶颈约束，并呈刚性趋势。这表明传统粗放经济增长模式和产业空间布局结构已不可持续。由此，如何推进节能减排，强化自主创新能力，转变经济发展方式，扩大产业扩张延伸空间，培育新的经济发展动力、发展极和增长点，已成为长三角发展面临的主要难题。换句话说，就是长三角应如何发挥比较优势，率先实现产业结构优化升级，实现经济发展方式转变，更好地服务长三角地区、服务长江流域、服务大江南北和全中国，加快全面建设小康社会步伐，大力推进新型工业化、城市化和现代化，使之成为实现中华民族伟大复兴的

第十一章 构建中国特色大西南承接长三角产业转移发展体系的对策建议（下）

强引擎、主心骨和发展极。

在此背景下，国际金融危机迫使长三角地区必须加速推进产业结构转型和产业有序转移。由此，以上海为先导，长三角各地先行先试步入了深刻的经济结构和产业结构整合过程。2009年4月，国务院《关于推进上海加快发展现代服务业和先进制造业建设国际金融中心和国际航运中心的意见》正式发布，要求站在战略和全局的高度，充分认识建设上海国际金融中心和航运中心的重大意义，加快转变经济发展方式，着力推动上海率先实现转型发展。从而，为长三角率先推进产业结构优化升级和向大西南产业有序转移提供了极好机遇和条件，并引领全国区域产业有序转移。那么，如何将长三角地区率先转型与率先转移有机结合起来呢？

——**提升长三角都市密集区质量，培育成渝都市密集区。实现万里长江"龙头"与"龙尾"、长三角都市密集区和成渝都市密集区，相互呼应协调发展。**

都市密集区的形成和发展是现代城市化进程的重要特征，也是世界经济区域化和城市化发展的大趋势。改革开放以来，在经济持续快速发展的强力推动下，伴随着区域经济快速发展和城市化加速，我国城市发展的区域集群化趋势日益显著，先后出现了若干个不同层次、不同规模和不同特点的城市密集地区。与发达国家相比起步较晚，但发展速度很快。其中，长三角、珠三角和京津唐都市密集区已被公认为中国现代化引擎，它们凭借良好的经济社会基础和优越的地理区位条件，中心城市的核心地位日益突出，工业园区和产业集群迅速发育成长，聚集和辐射功能效应不断增强，区域经济合作和一体化日益深化，区内综合交通运输网络日趋完善，区际社会经济联系不断加强，城市与区域间路径相互依赖的经济技术关系不断强化，目前已成为我国三大都市密集区。

路径依赖作为一个物理学和数学概念，是指"在混沌理论的非线性模型中，一个系统的潜能取决于系统的初始状态：决定性因子，或者可能因为一些小概率事件和无关紧要的事件而发生锁定。"[①] 生物学家也用路径依赖来描述生物演进路径，即物种进化时，一些偶然性随机因素会启动基因等级序列控制机制，使物种产生不同的路径。后来，经济学家用路径依赖来描述技术变迁的自我强化、自我积累的性质。美国经济学家诺思教授，进一步把技术变迁机制扩展到制度变迁中，用路径依赖概念来描述过去的绩效对现在和未来的强大影响力。他认为，"路径依赖类似于物理学中的惯性，事物一旦进入

---

① 史浩然：《论户籍制度与教育公平》[J]，《现代商贸工业》，2008（07）。

某一路径,就可能对这种路径产生依赖。这是因为,经济生活与物理世界一样,存在报酬递增和自我强化的机制。这种机制使人们一旦选择走上某一路径,就会在以后的发展中得到不断的自我强化。"① 因此,如果进入了"锁定"状态,要想脱身就会十分困难,除非依靠政府或其他强大外力推动。

一个富有创意的面向未来的设想是,把以上海为核心的长三角建成都市密集区,是法国地理学家戈特曼首先提出来的。20世纪50年代,戈特曼通过系统研究美国东北海岸存在一个巨大都市集群,提出了"大都市群"在某一区域形成的基本条件和标准。"(1)区域内有比较密集的城市。(2)有相当多的大城市形成各自的都市区,核心城市与都市区外围地区有密切的社会经济联系。(3)有联系便捷的交通走廊,把核心城市连接起来。各都市区之间没有间隔,有着密切的社会经济关系。(4)必须达到相当大的规模,人口在2 500万以上,密度为250人/平方公里。(5)属于国家核心区域,具有国际交往枢纽的作用。"② 戈氏研究成果发表后,在欧美引起强烈反响,跟踪路径依赖研究的专家学者不断增加。其中,做出卓越贡献的有美国未来学家卡恩和维纳,他们在20世纪60年代提出,21世纪初美国自东向西将形成三大都市密集区,即东海岸的波士顿—华盛顿都市密集区,五大湖地区从芝加哥到匹兹堡再延伸到加拿大首都的多伦多都市密集区,以及太平洋沿岸从圣迭戈到圣芭芭拉最后延伸到旧金山的都市密集区,而今这一预言已变成现实。由此,他们给三大都市密集区所起的简称 Boswash、Chipitts(或 Portport)和 SanSan,也被广泛应用。加拿大地理学家麦吉(T. G. Megee)长期致力于亚洲发展中国家都市密集区研究,并借用印尼语 DesaKota(desa 即乡村,kota 即城市)形容都市密集区这种产业空间布局的地域形态。至今,各国各地专家学者都公认中国以上海为核心的长三角都市密集区是全世界六大都市密集区之一。

城市是人口聚集的中心,也是各种经济活动集聚的中心。中国城市发展历史悠久,已形成规模不等的各级城市,成为所在区域的人居中心、经济中心、政治文化中心、科技教育创新中心。改革开放前,中国实行城乡分治的隔离制度,实行"抑制大城市发展,积极发展中小城市和小城镇"政策,扭曲了导致都市密集区发展的客观规律,表面上的均衡掩盖了效率的损失。20

---

① 路径依赖_ 百度百科,www. baike. baidu. com/,2013 - 08 - 09。
② 景体华:《关于首都经济圈与京津冀大城市群的思考》,中国网,http://www. china. com. cn/zhuanti2005/txt/2004 - 04/21/content_ 5549997. htm。

第十一章 构建中国特色大西南承接长三角产业转移发展体系的对策建议（下）

世纪 60 年代，戈特曼就预言中国长江三角洲正在形成世界第六大都市密集区，但由于缺乏都市密集区成长的制度环境，被推迟了几十年。改革开放后，认真总结经验教训，肯定戈氏都市密集区思想，打破城乡隔离制度，按照市场经济规律引导和支配城乡商品交换，新体制和新机制推动了都市密集区形成与发展。1976 年中国城镇化率仅为 17.4%，2007 年上升到 44.9%。全国 GDP 2/3 以上产自城市，城市已成为经济社会发展的主体，成为促进经济、社会、人口、资源、环境协调发展的主要地域。同时，大中城市发展更快，2007 年地级及以上城市由 1978 年的 111 个增加到 287 个，年末总人口由 11 657.06 万人增加到 36 763.79 万人。城市的快速发展，尤其是大中城市超常规发展，推动了城市密集区的逐步形成和发展。

我国对都市密集区的路径依赖研究始于 20 世纪 80 年代，迄今尚未形成统一的空间范围界定标准。"周一星最早提出了都市连绵区的概念，随后又提出了都市连绵区空间范围识别的五大标准；苗长虹结合我国城市群发育的实际及其向都市连绵区演化的潜力，提出了我国城市群空间范围界定的六大标准；姚士谋等提出了中国城市群空间范围的十大识别标准，并认为中国存在 6 个超大型城市群和 7 个近似城市群的城镇密集区；牛凤瑞、宋迎昌等提出了界定都市密集区的六大标准；方创琳等则根据中国城市化所处阶段、中国城市化在经济全球化时代的重要地位和国际地位及在中国城市群形成发育中政府主导的国家特色，提出了城市群空间范围识别的七大标准。"[1] 目前在我国人们对城市密集区比较一致的看法是，城市密集区是指在特定区域内，以一个或多个特大、超大城市为核心，有多个不同等级的城市相对集聚，城市个体之间保持强烈交互作用和密切联系的城市空间布局形态，是城市化进程发展到高级阶段的产物。[2]

进入 21 世纪后，我国区域经济发展的重要特点是城市群的出现，经济发展的主要动力越来越依赖于城市群特别是大城市群，大城市的发展已从单体城市发展向城市群整体发展转变。城市群作为众多城市的综合体，已成为促使资源要素跨行政区域优化配置、推进城镇化的重要空间载体。国家"十五"规划纲要首次提出了"城镇密集区"的概念，并提出"有重点地发展小城镇，积极发展中小城市，完善区域性中心城市功能，发挥大城市的辐射带动作用，引导城镇密集区有序发展"。"十一五"规划纲要首次明确提出，"要把城市

---

[1] 叶裕民、陈丙欣：《中国城市群的发育现状及动态特征》[J]，《城市问题》，2014-04-27。
[2] 《中国城市发展 30 年》，中国城市发展网，http://www.chinacity.org.cn/，2009-11-26。

群作为推进城镇化的主体形态,逐步形成以沿海及京广京哈线为纵轴,长江及陇海线为横轴,若干城市群为主体,其他城市和小城镇点状分布,永久耕地和生态功能区相间隔,高效协调可持续的城镇化空间格局"。"十二五"规划纲要又提出要"按照统筹规划、合理布局、完善功能、以大带小的原则,遵循城市发展客观规律,以大城市为依托,以中小城市为重点,逐步形成辐射作用大的城市群,促进大中小城市和小城镇协调发展"。十八大报告则进一步强调:"科学规划城市群规模和布局,增强中小城市和小城镇产业发展、公共服务、吸纳就业、人口集聚功能"。城市群的出现,是一个国家在现代化进程中空间结构由增长极模式到点轴模式,再向网络模式发展的必然结果。[①] 城市群的研究源于欧美,有许多流派,与其相伴还出现了"组合城市""城镇密集区""都市地区""大都市圈""城市连绵带"等概念。由于城市的空间特征是聚集,因而城市群是城市空间聚集的高级阶段。从本质上看,都市圈、城市群、城市连绵带的物理空间布局形态并无多大的区别,都是对城市密集区域的一种称谓,并没有根本的区别。

按照城市群的发育程度,从低到高一般可划分为潜在城市群、成熟城市群、都市连绵区。我国城市群的发育以大都市为核心,具有十分明显的阶段性。根据全国城市群发育状况,结合各级政府各地区对城市群的规划,以及国家发改委城镇化改革方案,目前人们比较一致、公认的看法是,我国已经形成了十大城市群,分别是京津冀、长三角、珠三角3个国家级城市群,以及7个已经形成一定规模的比较成熟的城市群,分别是辽中南、山东半岛、海峡西岸、中原、长江中游、成渝、关中城市群。下一步国家发改委的发展目标是,大力推动京津冀、长江三角洲和珠江三角洲城市群将向世界级城市群发展,在更高层次、更广领域积极参与国际合作和竞争;另外再着力打造哈长、呼包鄂榆、太原、宁夏沿黄、江淮、北部湾、黔中、滇中、兰西、乌昌石等10个区域性城市群,它们已具有城市群雏形,达到了潜在城市群标准,并在一定程度上发挥着城市群的作用,但是发育水平仍较低。目前上述已经形成的十大城市群并非全部集中于东部沿海地区,其中东部、东北、中部和西部地区都有分布(见表1)。为了较好地说明问题,我们选择具有稳定性和代表性的2010年有关数据,将十大城市群的基本情况列表和制图如下。

---

① 叶裕民、陈丙欣:《中国城市群的发育现状及动态特征》,《城市问题》,2014-04-27。

第十一章 构建中国特色大西南承接长三角产业转移发展体系的对策建议（下）

表1 2010年中国大陆十大城市群基本情况

类别	名称	面积 总量（万平方公里）	面积 构成（%）	GDP 总量（亿元）	GDP 构成（%）	常住人口 总量（万人）	常住人口 构成（%）	迁入人口 总量（万人）	迁入人口 构成（%）	就业人口 总量（万人）	就业人口 构成（%）
都市连绵区	长三角	11.0	1.1	59 979	14.9	10 763	8.0	4 053	15.5	6 324	8.8
	珠三角	5.5	0.6	32 147	8.0	5 613	4.2	3 136	12.0	3 466	4.8
	京津冀	11.3	1.2	27 970	6.9	6 301	4.7	1 965	7.5	3 180	9.4
	合计	27.8	2.9	120 096	29.8	22 677	16.9	9 154	35	12 970	23
成熟城市群	山东半岛	7.4	0.8	21 764	5.4	4 376	3.3	916	3.5	2 509	3.5
	辽中南	9.5	1.0	13 967	3.5	3 154	2.4	743	2.8	1 659	2.3
	中原地区	5.9	0.6	11 061	2.7	4 153	3.1	596	2.3	2 131	3.0
	海峡西岸	4.3	0.4	9 280	2.3	2 636	2.0	866	3.3	1 428	2.0
	长江中游	10.2	1.1	10 007	2.5	3 940	2.9	723	2.8	2 000	2.8
	成渝地区	7.1	0.7	11 210	2.8	5 562	4.1	1 319	5.1	2 309	3.2
	关中地区	5.5	0.6	5 215	1.3	23 40	1.7	364	1.4	1 204	1.7
	合计	49.9	5.2	82 504	20.5	26 161	19.5	5 527	21.2	12 300	18.5
	总计	77.7	8.1	202 600	50.3	48 838	36.4	14 681	56.2	25 270	41.5

（数据来源：《中国2010年人口普查分县资料》《中国县市社会经济统计年鉴2011》）

统计数据显示，我国上述十大城市群地区目前已成为全国人口、经济、就业的主要聚集区。2010年十大城市群占全国8.1%的国土面积，创造了50.3%的GDP，占全国常住人口的36.4%、流动人口的56.2%、就业人口的41.5%。其中，长三角、珠三角、京津冀三个国家级城市群创造的GDP均在2万亿元以上，常住人口均在5 000万人以上，吸收外来常住人口均在1 000万人以上；三大城市群以占全国2.9%的国土面积，创造了29.8%的GDP，占常住人口的16.9%、流动人口的35%、就业人口的23%。[①] 三大城市群不仅发展速度快，而且经济规模占全国的比重越来越高，已成为中国经济发展的重要引擎。其他7个比较成熟的城市群也都发挥出超越省域经济社会发展范围的复合中心功能，2010年创造的GDP均在5 000亿元以上，常住人口为

---

① 叶裕民、陈丙欣：《中国城市群的发育现状及动态特征》[J]，《城市问题》，2014-04-27。

1 500万—5 000万人,吸收外来常住人口为300万—1 000万人。也就是说,十大城市群以不到全国1/10的土地面积,承载了全国1/3以上的人口,创造了1/2以上的GDP。

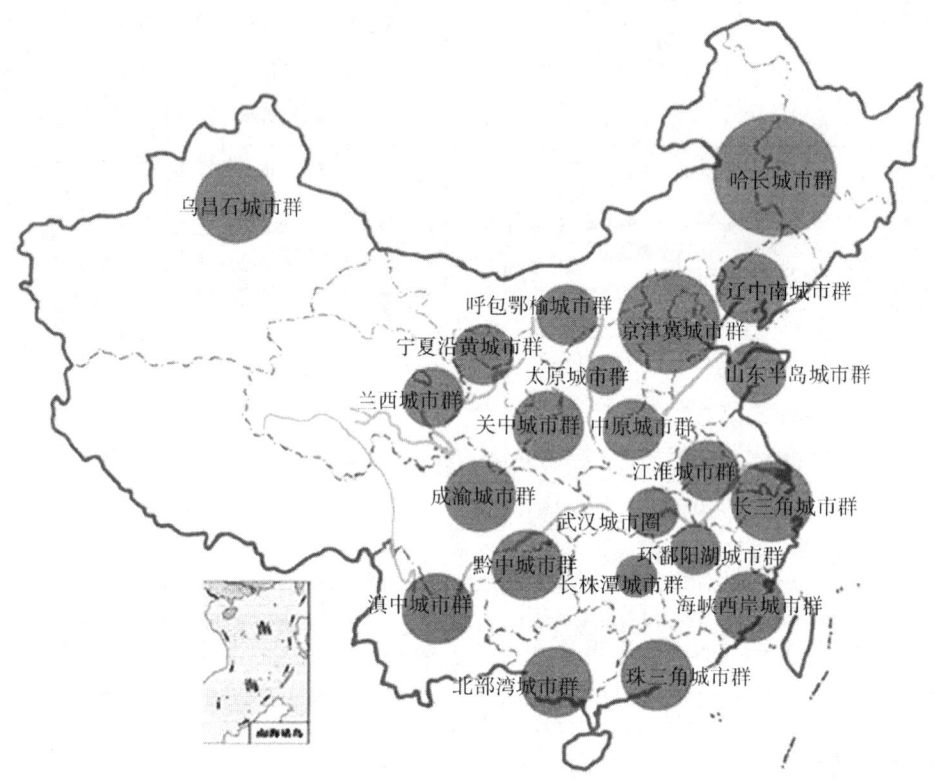

图1 中国大陆主要城市群空间分布

根据上海交通大学城市科学研究院和教育部课题组2014年底联合发布的《中国城市群发展报告2014》,该报告从人口、经济、社会、文化和均衡性五个维度,对我国城市群发展进行客观考量和公正评价。报告认为,在我国现有已形成的十大城市群中,2014年全国前六大城市群综合指数[2.46%]水平的排名依次为:长三角、珠三角、京津冀、山东半岛、中原地区、成渝地区城市群。其中,长三角、珠三角和京津冀城市群在优质人口集聚、居民生活质量和文化发展水平上走在前列,位居第一阵营;山东半岛城市群凭借优越的地理位置和良好的经济基础,位居第二阵营;中原地区和成渝地区城市群经济基础薄弱,城市一体化程度较低,与东部城市群仍存在较大差距,位居第三阵营。从基本格局上看,长三角、珠三角、京津冀三大城市群的综合发展水平处于绝对优势,代表了中国城市群发展的最高形态和方向,而且三

第十一章　构建中国特色大西南承接长三角产业转移发展体系的对策建议（下）

大城市群垄断前三甲的地位在短期内难以撼动。同时，在着力实施新型城镇化规划的引导下，我国各大城市群都在加快发展，未来的竞争将更加激烈。[①]因此，从资源环境承载力和发展潜力来看，十大城市群将聚集更多的人口，创造更多的GDP；将成为我国最有发展潜力的地区，将成为我国经济发展的十大支撑点。另外，再加上我国正在着力打造的十个规模较大的区域性城市群，全国将在2030年左右形成20个成熟的重点城市群。应该说，这20个城市群作为我国最为重要的20个都市密集区，将引领和主导全国未来经济社会发展。

综合以上城市群发展情况，我们可以看到我国城市群或都市密集地区发展呈现出的主要特点是：（1）在发育程度上，我国都市密集区的形成发展与区域工业化和城市化的进程大体适应，发展水平各不相同，具有阶段性差异。长三角、珠三角和京津唐地区整体发展水平高，人口产业高度集聚，城市化水平高，发育已基本成熟，而其他都市密集地区正加速向成熟发展阶段推进。（2）在规模等级上，我国都市密集区的规模大小、影响范围有明显差异，呈现多层次的特点。长三角、珠三角和京津唐地区是跨省级行政区的、具有全国意义的大型都市密集区，而其他都市密集地区目前只具有区域性影响。（3）在地域分布上，我国都市密集区的形成和发展，呈地带分层递进分布的特点。全国已形成的、基本成熟的十大城市群，与自然地理条件和经济发展水平的差异相适应，有5个分布在东部地区，1个分布在东北地区，2个分布在中部地区，2个分布在西部地区。

参照戈特曼提出的"大都市带"（"都市密集区"）形成的条件和标准，长三角、珠三角和京津唐地区已清晰地出现了都市密集区的整体特征，这三大都市密集区在我国经济社会发展中的战略地位和作用鲜明突出。鉴于本书是研究大西南承接长三角产业有序转移问题，我们只针对长三角和成渝都市密集区进行研究。就总体而论，我国都市密集区发展与欧、美、日等发达国家和地区相比，目前仍有较大差距。我国与发达国家和地区尽管国情不同，但在经济发展和城市化过程中都折射出都市密集区空间形态，与都市密集区五大发展阶段相对应，在整个都市密集区产业和发展过程中呈现某些规律性。比较欧、美、日等国家和地区都市密集区的发展，具有五大规律性，其中主要有三大规律。

（1）都市密集区是城市化发展到高级阶段的产物。城市化的过程是优化

[①] 刘士林、刘新静：《中国城市群发展报告2014》[N]，东方出版中心，2014年。

资源空间配置，并获取集聚效益的过程。在城市化初期，城市空间规模和经济规模的扩张有力地推动了经济社会发展。但随着城市扩张边际效益的递减，"城市病"逐渐显现，限制了一些大城市的无限扩张。在这种情况下，大城市扩散效应日渐强劲，各经济要素加速向周边地区扩散。由此，各地新兴城市不断出现，在单个城市周边特定区域内出现多个城市，呈现集群分布，形成都市密集区。都市密集区内各城市分工合作、优势互补，资源和基础设施共享，既能继续发挥城市的集聚效应和规模效应，又能遏制"城市病"产生和发展。因此，都市密集区扩大了极化效应，就像城市组团布局卫星城一样，本质上都是扩大了的城市地区。如伦敦，1545年城市人口仅8万人左右，伴随工业化推进，1700年增长到67万人，1800年形成了由中心城市和城市郊区组成的都市区，总面积约200多平方公里，总人口达260万人；到1971年，形成了由内伦敦、大伦敦、标准大城市劳务区和伦敦大都市经济圈四个圈层构成的总面积1.1万平方公里、总人口1200多万人的伦敦都市密集区，成为英国的经济核心地区。

（2）都市密集区一般分布在地势平缓地区。地势平缓地区适合人居和产业空间布局，城市建设成本较低，是都市密集区生长发育的优越地区。如巴黎都市密集区发育在巴黎盆地；东京都市密集区发育在东京湾平原地区。我国长三角、珠三角、京津唐三大都市密集区分别发育在长江三角洲平原地区、珠江三角洲平原地区和华北平原地区。

（3）都市密集区发展均有大的中心城市驱动。大的中心城市是都市密集区发展的"心脏"，驱动整个都市密集区发展。人们很难设想，没有伦敦会形成伦敦都市密集区，没有纽约会形成纽约都市密集区，没有东京会形成东京都市密集区，没有上海会有长三角都市密集区。况且，在一般情况下，驱动都市密集区运行的中心城市有多个，如东京都市密集区之东京、横滨、大阪和神户；珠三角都市密集区之香港、深圳和广州；京津唐都市密集区之北京、天津、唐山，成渝都市密集区之重庆、成都、泸州、遵义。

我国都市密集区与发达国家都市密集区的差距相当大，这是不争的事实。这种不平衡性，在大陆各个都市密集区之间也同样存在。我国城市发展直到20世纪90年代前整体处于"强核"阶段，但20世纪90年代以来，由于各种原因逐步拉开距离。此后，北京、上海、广州等大都市相继步入"外溢"阶段，显现都市密集区的雏形。进入21世纪后，珠三角、长三角、京津唐三大都市密集区先后进入第三阶段——"布网"阶段，面临艰巨的"整合"任务。

与"外溢"相对应的"吸收能力"概念由Cohen和Levinthal于1989年首

第十一章　构建中国特色大西南承接长三角产业转移发展体系的对策建议（下）

先提出，他们认为，"企业企业研发投入对技术进步的影响表现在两个方面：研究发成果直接促进了技术进步；企业研发投入增强了企业对外技术的吸收、学习能力，使得企业拥有更强的技术能力吸收外部技术扩散。"[1] Borensztein 等立足于内生经济增长理论，于 1998 年提出了基于人力资本的吸收能力模型。国内学者围绕吸收能力、外商直接投资 FDI 与经济增长关系也开展了许多研究。其中，上海社科院经济研究所余全勇博士，借助 Borensztein 等的模型，利用拓展的外商直接投资吸收能力的概念，采用长三角 16 个城市的面板数据，将长三角地区基础设施、科学事业、经贸投入和人力资本的建设，一并纳入吸收能力范围，进而深入探讨三者形成的吸收能力对 FDI 溢出效益的影响，发表《长三角地区外商直接投资的技术外溢与吸收效果》一文。文章明确指出："FDI 对长三角经济增长起到了显著推动作用，FDI 溢出效应是存在的。虽然长三角 FDI 的质量和数量高于其他地区，FDI 技术水平也高于当地企业，但外商直接投资还是主要利用长三角地区在全球分工体系中的基础设施和廉价的劳动力资源，而不是以利用当地人力资本为主。"[2] 通过研究进一步发现，长三角基础设施和科学发展的投入能提高对 FDI 溢出效应的吸收能力，但其作用还不显著，基础设施形成的吸收效果仍存在边际递减效益。因此，长三角应着力提高利用外商直接投资的质量，加快发展先进制造业，大力引进外资研发机构等，这是长三角今后利用外资的重点。特别是长三角中心城市要转变依靠基础设施、本地劳动力等廉价资源利用外资现象，要重点依靠科技资源，提高引进外资质量。同时，引导和促进一般制造业外资向中小城市和中西部转移。

对于成渝经济区来说，必须积极抢抓新一轮新技术革命和产业革命的机遇，切实加快成渝都市密集区"强核"步伐，着力集中人力、物力和财力，坚持先行先试、又好又快、更好更快的开拓创新精神，将成渝都市密集区建设成为西部地区新兴制造业基地。在接受和承接长三角 FDI 技术"外溢"过程中，应坚持立足国际六大都市密集区，采取两手抓、两条腿走路、两个同时并举的方略。所谓两手抓，即一手抓长三角都市密集区 FDI 的技术"外溢"，一手抓其他五个大都市密集区 FDI 的技术"外溢"。精心研究存在问题及其治理，建立完善公共政策和公共服务，积极引导承接和转移技术"外溢"

---

[1] 杨逸、丁玉春：《FDI 吸引能力理论综述》[J]，《经济师》，2008（12）。
[2] 徐全勇：《长三角地区外商直接投资的技术外溢与吸收效果》[J]，《南通大学学报》，2007（07）。

良性循环，实现可持续发展。两条腿走路，即一条腿是直接路径，走向长三角，一条腿是间接路径，走向其他五大都市密集区。要把国内和国际循环有机联系和结合起来，积极开拓国内国际两个市场，利用国内国际两种资源。两个同时并举，即一举传统制造业，吸收FDI的技术"外溢"，二举先进制造业，吸收FDI的技术"外溢"，实现互联互动互补。这样，就可以将成渝都市密集区的"强核"与国际六大都市密集区的技术"外溢"联系起来，扩大对内对外开放，深层次介入国际分工和合作，融入国际大循环，助推经济全球化和区域经济一体化，为成渝都市密集区的"强核"和成长注入不竭动力。在3—5年之后，实现成渝都市密集区"强核"，就可以同时变身"外溢"，向关中、黔中、滇中等次级都市密集区转移辐射，并通过总结借鉴建设经验及教训，将都市密集区建设得更快更好更优秀。

第二节 决战决胜大西南，加快成渝经济区和成渝都市密集区建设

一、解读《成渝经济区区域规划》

《成渝经济区区域规划》经国家发改委审批，报国务院批复于2011年5月正式出台。在"十二五"开局之年和推进新一轮西部大开发的关键时刻，规划获得国务院批准下发，这是国家加快经济发展方式转变、大力推动科学发展的重要战略部署，也是深入实施西部大开发战略、实现历史性大跨越，促进区域协调发展的重大举措，对成渝经济区实现又好又快、更好更快发展必将起到极其重要的推动作用。

1. 力推成渝经济区加快发展，打造特色三级城市体系

成渝经济区和成渝都市密集区位于长江上游地带，地处广阔的四川盆地，北接陕甘，南连云贵，西通青藏，东邻湘鄂，是我国通江达海和通航欧美的桥头堡及世界旅游度假目的地，是我国重要的人口、城镇、产业集聚地，在我国经济社会发展中具有极为重要的战略地位。按照规划，成渝经济区范围由重庆市的万州、涪陵、渝中、大渡口、江北、沙坪坝、九龙坡、南岸、北碚、万盛、渝北、巴南、长寿、江津、合川、永川、南川、双桥、綦江、潼南、铜梁、大足、荣昌、璧山、梁平、丰都、垫江、忠县、开县、开阳、石柱等31个区县与四川省的成都、德阳、绵阳、眉乡、资阳、遂宁、乐山、雅

第十一章 构建中国特色大西南承接长三角产业转移发展体系的对策建议(下)

安、自贡、泸州、内江、南充、宜宾、达州、广安等15个区市所辖的行政区域组成,区域国土总面积为20.61万平方公里。2012年,经济区总人口约1亿人,占全国总人口的6.8%;区域经济总量GDP约3万亿元,约占全国经济总量GDP的6%。

按照空间经济学城市层级理论,成渝经济区完全可以打造一个比较完整的三级城市网络体系。其中,一级城市,有在全国具有重大凝聚力和影响力的核心城市——中央直辖市重庆市,有在大西南具有重大凝聚力和影响力的区域核心城市(国家计划单列市)——成都市。二级城市,是界于重庆和成都两个核心城市之间的内江、遂宁、德阳、绵阳、南充、自贡、宜宾、攀枝花、乐山及贵州北部的遵义等城市。这些城市的产生和发展,对成渝经济区和成渝都市密集区的产业空间布局、产业链条延伸、产业集群形成、现代交通通讯网络发展等,都将发挥不可替代、无法估量的协调带动作用,使成渝经济区和成渝都市密集区的发展壮大获得极大的发展空间,根本上改变成渝中间地带二级城市发展滞后的局面。三级城市,是在重庆和成都两大核心城市周围广阔地带的城市——都江堰、资阳、大足、万盛、酉阳、涪陵、黔江、万州等一批具有发展潜力的中小城市。从而,形成以重庆和成都为核心的巨型多极双辐射圈或复合型城市群,彼此互联互动互射,为承接长三角产业有序转移,整合和优化产业区域性空间布局,打造一个多元化、复合型大流通大循环的超级平台,必将获取极大的极化"冲击—反应"效应,向国内国际社会公众展示中国新一轮西部大开发,已经到调集千军万马决战大西南的时候了。

的确,建设成渝经济区和成渝都市密集区是紧密联系不可分割的,发展经济和培育经济发展极是两位一体的战略任务。那种将建设成渝经济区和培育成渝都市密集区对立起来、割裂开来的同人们,研究建设成渝经济规划,只想"欲成我国经济增长第四极"的观点是不能认同的,其道理不深奥,也不难理解。可以说,成渝经济区是一个营养盆,都市密集区是美丽盆景,发展极是营养盆和盆景的果实。如没有经济区,那里来的都市密集区?没有经济区和都市密集区,又哪里来的经济发展极?

2. 发挥地缘关系强固的区位优势,成渝都市圈扮演重要角色

《成渝经济区区域规划》突破传统的行政区划,将贵州遵义市划入了成渝经济区。这是时代变迁的正确选择,也是地缘经济、政治、文化关系发展的必然结果,更是符合区域经济发展要求的创举。在新一轮西部大开发"决战决胜大西南"的战役中,将扮演重要角色。

当代中国,贵州遵义市是承接国内国际产业转移发展的好地方。从地理

区位看，遵义市地处黔北，位于由云贵高原向四川、湖南过渡的斜坡地带，其桐梓、习水、赤水、道真等县市与重庆接壤。古往今来，两地经历了地域隶属变化历史沿革。全市当今大部分地区，就是殷商时代的诸候小国鳖国、唐宋元明清时代的播州。而居住在大娄山东麓鳖水流域的上古鳖族，就是巴人的重要支系之一，也是蜀人的起源之一。在漫长的边界及其延伸地带，人文相近、民族相亲、同宗同源，这段特殊情结夹杂着无数剪不断的历史纠葛和文化特点，成为中原文化、荆楚文化，尤其是巴蜀文化影响渗透的双重叠加区域。

遵义国土面积达 30 753 平方公里，占贵州的 17.68%，其中山地占 64.40%，丘陵占 29.30%，盆地及河谷坝子占 6.3%；海拔最低 225 米，最高 2 227 米，大娄山山脉自东向西南横贯全境；气候属亚热带温润气候，年降雨量 1 088 毫米。该市南部和东部与省内毕节、安顺、黔南、黔东南、铜仁等市州相邻，可以依托成渝经济区，与贵阳和毕节构成"金三角"。与其他市州相比，遵义自然资源丰富，开发利用较早，是贵州地域最广、人口最多、经济社会较发达的地区。遵义农业开发早，素称"黔北粮仓"，主要农产品占全省比例：粮食、烤烟、生漆、油桐均为 1/5；茶叶、蚕茧、五倍子均为 1/2；油菜籽和肉类产量均为 1/3。其中，油桐、五倍子、乌桕、生漆、杜仲等为全国主产区，天麻、杜仲、黄柏等中药材在国内外都享有盛誉。

遵义能源、矿产资源丰富，配置优良，有利于综合开发利用，发展工业的条件优越。全市优势矿产多，已查明矿产 30 多种，大多具有开采价值，其中锰、铝、汞、硫铁矿、硅石、镍、钼、钒等为优势矿产；现共有矿床 527 处，其中大矿床 27 个，中型矿床 73 个，小型矿床 251 个。全市能源资源也很丰富，与矿产资源配备良好。如水能资源，全市河流以大娄山脉为界，南北分属乌江流域和长江上游两大水系，年平均径流总量为 179.73 亿立方米，占全省的 1/5；水力资源理论蕴藏量 346.5 万千瓦，可开发利用量 394 万千瓦，占全省的 30%。煤炭资源，全市总储量达 178 亿吨，保有储量 50.8 亿吨，占全省的 12.02%，居第三位；预测总储量达 257.5 亿吨，占全省的 14.47%。除赤水外，其余各县（市）都有分布，有桐梓煤田、遵义（县）煤田、道真煤田、凤冈煤田等，目前遵义县泮水枫香、习水马临温水、桐梓矿区均是产出高炭、中灰、低硫、优质大煤矿。遵义能源资源优势在于水力和煤炭资源都丰富，分布面广，开发价值大，水火电互济，各地骨干水电站选址和煤炭分布互相毗邻，可为开发利用矿产资源提供充足的能源支撑。

从产业基础看，遵义是一座新兴的工业城市。在工业化之初，率先开发

第十一章　构建中国特色大西南承接长三角产业转移发展体系的对策建议（下）

的产业是资源型产业。20世纪50年代初，兴建遵义铁合金厂、钛厂和钢绳厂等一批重工业企业。其后，国家安排东部沿海工业企业内迁，迁入遵义的大多是重化工业企业，如遵义第二化工厂、长征电器公司等。20世纪60年代中期，中央组织实施大"三线"建设，又迁入大批以军工产品生产、低压电器产品生产为代表的高新技术产业，雄伟的〇六一基地异军突起。当时，该基地拥有各种先进机器8 000多台，计算机100多台，仪器仪表9 000多台，形成固定资产原值6亿多元；在两万多名职工中，有各类工程技术人员5 400多人，其中具有高中级职称者400多人。20世纪80年代以来，在改革开放大潮中，遵义坚持从实际出发，不唯书、不唯上、不跟风，开拓创新，因地制宜确定区域发展战略，提出了"放开、搞活、富民"的方针，制定了"让利于民，不搞保护政策；让利于外，不搞地区封锁；让利于基层，不搞以权取利"新政策，开拓了"拆掉城墙，靠紧重庆，发挥优势，挤进沿海"的新路径。从而，大大加快了遵义经济社会发展步伐，改善了区域工业空间布局和产业结构，原有工业体系获得进一步发展，大批轻工、食品和乡镇工业突起，形成了强大的新生产力。如整个高新技术装备的军工企业迁入，相当数量的兴建、扩建和改建项目的投入，一批大中型企业日益强大，在省内国内享有较高的知名度，并在同行业占据显著的席位。如乌江电站是全国溶岩地区最大的高坝电站，长征电器公司是全国五大电器开关生产基地之一，遵义铁合金厂是全国最大的锰系列合金生产厂，贵州钢绳厂是全国最大的钢绳专业生产厂，赤水天然氧化肥厂是全国引进的13套大型合成氨成套设备之一，遵义第二化工厂是全国最大的五倍子系列产品生产厂。伴随着资源优化整合，工业产品中先后荣获国优、部优、省优的产品达100多个，知名度极高的名优白酒，有茅台酒、董酒、珍酒、赖茅台等。同时，遵义还分布〇六一基地的军工企业。这些企业，大多是装备制造业和电子信息业、技术国内一流，技术力量雄厚，有些产品能上天入地，继续开发创新潜力很大。

3. **着力加强开拓创新，积极组织和加快实施发展规划**

为了贯彻落实地委行署确定的新方针新政策新路径，1991年11月遵义地区计划委员会和对外经济协作办公室通力合作，调查研究和精心编制了《重庆经济协作区遵义地区联合发展规划（草案）》，制定了《遵义地区对外商外地来遵投资办企业的优惠政策》，确定以重庆经济协作区为取向，大力发展横向经济联合，解放和发展生产力。经过多年努力，遵义横向经济联合成绩裴然。如"十五"时期，全区共引资兴办项目180个，其中利用国外投资项目13个，实际投资997.8万美元；利用省外投资项目97个，投资11 989.46万元。同时，还引进先进技术、设备、人才和管理方法，使横向经济联合由自发向自觉、由无序向有序转变；形式多种多样，充满生机活力。

联合开发能源矿产资源。遵义丰富的生物资源、矿产资源、能源资源、经济资源在省内、西南地区乃至全国都占有重要地位，这为多元化、全方位、宽领域开展横向经济联合奠定了雄厚的物质技术基础，创造了前提条件。在开展横向经济联合的过程中，遵义注意坚持集中力量、发挥优势、突出重点，积极推进能源矿产资源的开发利用。如联合办电采煤，赤水市电力公司同四川纳溪县电力公司签订供电合同，丰水期间，甲方供电800万度，枯水期供电200万度，乙方负责线路建设投资70万元。引进协作资金，赤水与四川合江电力公司合作，在赤水长沙电站联网。至于煤炭资源开发，"七五"时期习水县从川南地区引资开发的投资就达425万元，协作项目10个，其主要项目有：从重钢引资15万元、从重庆市煤炭公司引资80万元，联合开发田临煤矿；从重庆铜梁县引资80万元开发图书乡煤矿。通过开发丰富的能源资源，既发挥了区域内能源资源优势，又支撑了成渝地区经济社会持续、快速、健康发展。

联合开发交通运输通道。在遵义和成渝地区之间，构建现代化、立体型、多功能的交通运输体系，是一项长期的系统工程。对于开展交通建设的横向经济联合，遵义不搞"四面出击"，而是以毗邻的边境断头公路桥梁建设为重点，努力取得突破性进展，把交通运输衔接起来，为加快老少边穷地区开发建设打开通道。如积极建设习水—古蔺公路中的赤水河二郎滩大桥（180米/座投资130万元），习水—合江公路遵义境内段（三级，72公里，投资2 700万元），务川—彭水公路（四级，32.5公里，投资286万元），道真—武隆公路（四级，15.6公里，投资194万元），习水—土城大桥（2.4米/投资255万元），桐梓师溪—南川公路（四级），赤水市大同—叙永公路（四级）等。这些断头路的建设，不仅打通边境各县市的过境通道，而且能直接与云、贵、川、渝的干线公路对接运行，不断开拓老少边穷地区的市场，发展商品经济。此外，在江河航道建设方面，遵义协同有关部门，按照交通部的要求，顺利完成边境界河——赤水河梯级渠化工程可行性研究，并将报告呈交通部批复施工。该工程按七级航道标准，综合整治赤水河运鱼溪—岔角104公里航道，将通航期延长两个月；建成三个泊位，年客运量达180万人次；建成赤水东门码头年渡运25万人次；建成10万吨极岔角煤炭专用码头。这些交通项目建设，打破了地域封闭和市场分割，有利于商品市场发育和区域经济发展。

联合开发做大做强企业。在改革开放大潮流中，要把企业做大做强深入各个层面的工作，从而应对各种错综复杂的情况。遵义坚持立足当前、着眼

第十一章 构建中国特色大西南承接长三角产业转移发展体系的对策建议（下）

长远，确定重点引进资金、技术、人才和设备，以增强企业的内生能力和素质，实现现代生产要素优化整合，着力培育名特优产业。如遵义县氨肥厂，从四川梁平化工厂引进技术人才，助推技术改造；正安县桔杆麻厂，从重庆市轻工局引进技术，扩建增产 3 000 吨麻条，麻条生产能力急增；遵义市香料厂，从川渝日用化厂引进首乌定型发胶、皂角香波、洗洁精、洗发香波等生产技术，使 16 个主要技术协作项目都产生了显著的社会经济效益。同时，有些企业坚持先行先试，努力推进企业制度创新。如遵义市彩印厂和重庆与世界杂志社等企业选择股份制，创办永丰印务股份有限责任公司；遵义地区供电局和毕节金沙县黄磷厂采取股份制，联办扩建 1 000 吨/年黄磷生产厂；遵义县尚稽钢厂进行股份制改造，与重钢厂等企业长期合作。这些企业的联合协作，都紧紧围绕遵义丰富的生物、矿产资源，着眼于优化生产要素整合，积极培育新的经济增长点，谋求最佳经济社会效益。

联合开发先进适用技术。这是遵义参与重庆经济协作区开展横向经济联合的重要取向之一。鉴于遵义农业资源丰厚，开发利用范围广阔，发展潜力巨大，因而遵义着力突出重点，先抓先进适用农业技术，大力发展科技交流和优良品种引进。其主要联合协作方式是：开展科技协作、人才培训、现场考察，以及政策、经验、信息交流等，坚持围绕推广和普及农业增产增收新技术，开展一系列协作活动。如在重庆经济协作区以科技兴农为重点的 10 个专题联合协作中，遵义着力承办低产茶园改造和提高烟叶产量和质量以及栽培技术两个专题；从南充、内江引进桑条技术推进桑条基地建设；习水县从綦江县组织稻种。同时，积极参加"18 个地市家桑复方抗病增丝剂推广应用会议""冬水田综合开发理论研究会"等学术研讨会议，以此交流经验，开拓视野，推动农业生产又好又快发展。

联合开发建设工业园区。遵义经济技术开发区作为高新技术产业区，在开发建设中注重体现现代化，坚持高起点、高标准、高水平和经济、社会、生态三者融汇统一的原则，依据国务院《中国西南和华南部分省区区域规划纲要》总体布局和要求，从遵义在贵州和大西南的战略地位和定位出发，按照加速推进工业化和城镇化的要求，确定了自身建设目标，即着力优化提升产业结构，积极培育支柱产业，全面提高工业经济整体素质，加快推动产业发展，形成以高低压电器、轻型汽车为龙头产品，以机电制造为主导产业，相关配套产业和第三产业加速发展的产业集群，从而构建起高新技术和资金密集型工业园区，以促进全市产业结构和产业技术进步，带动城市发展和经济繁荣。按照发展规划，开发区建设用地 415.92 公顷，围绕航天汽车年产 10

万辆规模的形成及长征电器公司等龙头企业的建设,积极发展机电加工、绿色食品、医药保健及农副产品深加工等工业,并相应建设公共设施、居住及公共绿地,最终形成航天汽车城、上海路电器工业园、大坪轻工业园、重庆路机电医药工业园、北京路城市副中心及开发区中心,并着手西安路绿色食品工业园和三阁公园建设。

然而,由于上下发展思路不协调,工业园区建设规划的实施并不能令人满意,但毕竟在全省带了个好头,开启了破冰之旅。而今,贵州经过深入调查研究,及时调整发展思路与构想,明确提出了工业强省战略和工业化、城镇化带动战略。2010年省政府下发《关于加快产业园区发展的意见》(黔府发〔2010〕17号),强调指出:"十二五"期间将从规划支持、投融资支持、财政支持、建设用地支持、税收支持、商贸支持等方面加大对产业园区扶持力度。经整合、巩固、充实、提高,全省列入规划的工业园区共47个,其中遵义市列入规划的工业园区有12个,与省会城市贵阳并列第一,它们是遵义经济技术开发区、遵义汇川机电制造工业园区、仁怀名酒工业园区、桐梓煤电化循环经济工业园区、赤水竹业循环经济工业园区、凤冈有机生态工业集聚区、遵义市环境工业园区、红花岗药业工业园区、遵义市和平工业园区、习赤石油化工循环经济工业园区、务正道煤电铝循环经济工业园区、湄潭绿色食品工业园区等。同时,经铁道部或国家发改委批准,贵州有7条铁路建设项目被列入全国"十二五"规划,投资达800亿元。其中,贵阳—遵义—重庆铁路扩能改造工程,全长347公里,重庆境内115公里,贵州境内232公里,全线为国铁一级、双线,设计时速200公里;新建贵阳—毕节—镇雄—宜宾—乐山—成都铁路,全长519公里,四川境内259公里,贵州境内177公里,云南境内83公里,设计时速250公里,由铁道部与四川、云南、贵州共同出资建设。这样,就可逐步解决省市际交通运输问题,为加快工业园区建设,加速推进工业化和城镇化铺平道路。

二、加快推进成渝经济区和成渝都市密集区发育成长

我国早在2003年编制"十一五"规划时,就首次提出和使用了"成渝经济区"概念。时隔8年之后,到2011年国务院才正式批复出台《成渝经济区区域规划》,确实是耽误了时间,耽误了早该办的事。然而,满怀豪情的大西南地区有识之士,不唯书、不唯上、不跟风,紧跟中央实施西部大开发的战略部署,一直在研究策划方案,力求把耽误的时间抢回来。2007年4月,川渝两省市政府联合研究并签订了关于推进川渝合作共建成渝经济区的协议,

第十一章　构建中国特色大西南承接长三角产业转移发展体系的对策建议（下）

接着抓住国务院着手编制具体的成渝经济区区域发展规划的机遇，两地同心协力、紧罗密鼓，相继召开三次规划编制会议，积极出谋献策、参政议政，为研究和制定一个符合客观实际的《成渝经济区区域规划》提供智力支持，营造舆论环境。而今，《成渝经济区区域规划》站在新的历史起点上，明确提出了经济区的战略目标：到 2015 年建成西部地区重要的经济中心；2020 年成为我国综合实力最强区域之一。这既是对改革开放以来特别是实施西部大开发战略以来成渝经济区开发建设的经验总结，又是未来 5—10 年继续开发建设的重要指针。展望未来，成渝经济区必将再创辉煌业绩。

1. **着力破解千万年难题，加快打造西部现代交通运输枢纽**

回顾历史，长期以来交通运输是制约成渝地区加快发展的瓶颈。为破解千万年难题，早在新中国成立初期，时任中共西南局第一书记的邓小平，就竭力主张和亲自领导开国第一条铁路——成渝铁路建设，率先破解"蜀道难，难于上青天"的重大难题，引起中央高度重视。尽管如此，交通运输仍然是制约和阻碍成渝地区推进工业化和城镇化的主要因素之一。这是因为与成渝地区毗邻的云桂黔三省区为岩溶地貌，地表崎岖破碎，高低悬殊。其铁路多属山区铁路，桥隧多、坡度大、曲线半径小、线路病害多、运输能力薄弱，主要干线运输能力紧张，基本处于饱和状态；公路大部分为山区公路，道路标准低、路况差，等外级比重大，一、二级公路很少。随着客货运量的激增，主要路段处于饱和状态，经常发生堵塞，交通事故频繁。为有效改善成渝地区交通运输条件，打造交通枢纽，化解瓶颈制约，国家在实施大"三线"建设和西部大开发时期都大力推进交通运输通道建设。

在铁路建设方面，积极修建西安—安康复线、西康—阳平关—成都二线和宝成路二线，形成北口复线大通道；修建南昆线，与内昆线对接；开辟南入海新通道；修建广通—大理铁路，为开发澜沧江流域做准备；修建内昆铁路，为开发攀西、六盘水地区做准备；修建达成铁路，作为北面进出成渝地区的分流线。同时，加快成昆线、川黔线、贵昆线、黔桂线电气化改造和技术改造，不断提高客货运能力。从而，以成渝为中心迅速掀起大西南第二次铁路建设新高潮。在公路建设方面，除继续修建必要的新公路外，重点是对现有公路进行技术改造，不断提高公路等级和通货能力。各省区市按照交通部提出的重点建设公路的要求，在经济比较繁荣的地区建设运输走廊，以及重要经济中心城市的郊区和著名旅游景区兴建高等级公路。在水运建设方面，大西南地区地处长江和珠江上游，山区航道滩多流急、河流弯曲、坡降大、季节水位变化大，与下游平原地区相比，航运条件较差。加之，国家对水运投资少，许多航道和港口还处于原始落后状态，通道萎缩、船舶陈旧老化、效益低下。因而，各省区市注意集中有限资金，加强对长江干流、西江干流、乌江流域和澜沧江南段进行综合规划和开发建设。

与此同时，成都和重庆两市坚持从实际出发，分别制定规划，加强和完善现代交通运输网络建设。如重庆市根据新重庆大城市、大农村同时并存的实际，以交通建设作为城市建设开篇之作，从加强城际城乡经济联系出发，以提高公路等级，打通出口通道，完善道路网络，构建"大"字型高速畅通大通道为重点，以增强中心城市凝聚力和辐射力，扩大城际城乡经济、技术、文化交流，加快贫困地区资源开发利用，促进三峡库区经济建设，实现城乡协调、共同发展、共同繁荣为目标，研制和审定通过了《重庆市骨架公路网络建设规划》，坚持以最大决心冲破雾阻山隔，开筑经济腾飞坦途。

为此，重庆市积极创新集资思路，"解放思想、多渠道、多形式、全方位地筹积巨资"，出台了一整套投资交通运输基础设施建设的优惠政策，竭力创新融资手段，变政府修路为企业修路，变无偿使用为有偿使用，并组建重庆高速公路开发总公司，统一负责实施高速公路建设系统工程。同时，按照"借得巧、用得好、还得起"的原则，积极完成部分路桥建设资金筹措，从而使联通各区市县的骨干通道和打通三峡库区与周边各省进出通道的数十项工程相继完工。

重庆位于长江和嘉陵江的汇合处，在长江上，李家沱大桥、江津大桥、丰都大桥、涪陵大桥、万县大桥相继建成通车；在嘉陵江上，黄花园大桥、高家花园大桥加紧建设；在涪江上，大佛寺大桥、鹤公岩大桥开工兴建。袁家岗立交桥建成，打通了城区西边出口通道。据不完全统计，仅1998年全市就完成整形路500公里，新修水泥路450公里和柏油路60公里，新建大小桥梁54座，新增公路绿化带157公里，新修山区公路300公里，使16个乡镇通了公路。公路总里程达26 892公里，平均好路率达到66.1%，从而为两江新区建设创造了条件。此外，重庆还根据长江三峡工程进度和库区港站、码头淹没实际，制定和实施港口普查和县以上港口的总体布局规划，加快2个枢纽港和7个重点港建设；基本完成乌江航道重庆段的整治工作，治理嘉陵江、涪江、渠江沿江乱采、滥开、乱建现象，确保航道安全畅通。江北机场停机坪扩建完工投入使用，万达铁路正式施工建设，重庆铁路枢纽电气化改造等项目全面开工。

在此基础上，重庆确定1998年为"交通建设年"，其任务是抓紧已建的渝长、长涪、渝黔高速公路施工。其中，渝长路的上桥至童家院子实现初通；

第十一章　构建中国特色大西南承接长三角产业转移发展体系的对策建议（下）

长涪路黄草山隧道建成；完成万县至苏拉口二级路改造，加快涪陵—垫江、万县—开县、大足—邮亭、酉阳—龚滩、永州—泸州、铜梁—西泉等地重点公路建设。万县—梁平、重庆—合川等公路建设，马桑溪大桥、朝天门空中客车、江北嘉陵江滨江路等工程开工建设。同时，建设150公里山区公路，新铺210公里水泥路，新修70公里二级公路，实现175个乡通公路，并开工建设涪陵港。

2. 坚持立足"三线"建设基础，构建西部现代装备制造业基地

将成渝经济区建成我国西部地区重要的经济中心，是一个跨世纪的巨型系统工程，早在大"三线"建设时期就起步了。如成都市北部的德阳、绵阳两个县级市就是大"三线"时期重点建设的工业重镇。当时以东汽、东电等一批中央企业和国有企业为代表的国内一流的现代装备制造业落户工业园区，并逐步登上国际舞台。德阳仅在5·12汶川特大地震中遭受破坏的工业企业就达5 489家，其中被列入灾后恢复重建规划的项目已开工5 487家，竣工5 128家，完成投资1 452.8亿元。到2010年，全市工业总产值为1 600亿元，比2007年增加760亿元，增长45.78%，工业发展焕发出新的生机与活力。以央企东汽为代表的现代装备制造业，按照"管理一流、技术一流、设备一流、质量一流"的现代国际标准已建成投产；以东汽、东电等为代表的龙头企业，坚持依靠高新技术，立足自主创新，积极开拓战略性新兴产业体系，已形成火电、核电、气电、风电、太阳能等新能源加速发展的"多电并举"新格局；工业园区建设加速推进，建成面积达到79.5平方公里，比地震前增加36.6平方公里，入园企业增加211户。同时，积极建设清洁能源技术与新能源装备制造业国际示范城，高端制造业"巨头"——中国二重集团投资8万吨级水压机项目竣工，为制造大型飞机创造了基础条件；川油广汉宏华公司在全球石油钻机制造业中快速成长，其投资30亿元的海洋石油钻机项目进展顺利。凡此种种，都是同心协力支撑中国西部高端现代装备制造业基地的脊梁。

3. 积极借鉴长三角建设经验，加快成渝都市密集区建设

当前，长三角、珠江角、京津唐三大城市群或都市密集区是人们公认的中国现代化的引擎，其中长三角又是人们公认的世界级都市密集区之一，而成渝都市密集区则是正在发展成长、逐步走向成熟的都市密集区之一。因此，加快建设成渝都市密集区必须积极借鉴长三角城市群建设的宝贵经验。目前，成渝都市密集区建设还处快速发育向趋于成熟的阶段过渡，当务之急是需要"强核"。当年长三角是如何"强核"的呢？我们认为，其路径之一就是在实

践中创造了企业集群发展模式。

所谓企业集群发展模式,"主要是指跨国公司企业主导的'组群式'企业网络集群。按照钱德勒的观点,集群网络能够产生外部经济性,大企业常常在技术水平和专业化生产等方面有明显的优势,能够在企业网络形成中发挥主导作用。"[①] 不争的事实充分说明,改革开放以来,我国实行优惠的政策措施,引领国际产业转移,合理利用外商直接投资,对国民经济持续、快速、健康发展和企业集群健康发育成长,发挥了重要的积极作用。作为验证,有必要把新世纪以来我国和长三角地区利用外资的实际情况展示如下。

表2 2000—2013年全国和长三角地区实际利用外资情况

单位:亿美元、%

地区	项目	2000年	2004年	2006年	2008年	2010年	2012年	2013年
全国	GDP	11 984.75	19 316.44	27 134.95	45 218.27	59 312.03	82 292.29	91 849.97
	实际利用外资额	407.15	606.25	630.21	923.95	1 057.35	1 117.16	1 175.86
	实际利用外资额/GDP	3.40	3.14	2.32	2.04	1.78	1.36	1.28
上海	GDP	549.76	900.14	1 300.10	1 972.35	2 492.42	3 198.05	3 488.04
	实际利用外资额	31.60	65.41	71.07	100.84	111.21	151.85	167.80
	实际利用外资额/GDP	5.75	7.27	5.47	5.11	4.46	4.75	4.81
浙江	GDP	609.54	714.38	1 492.14	3 093.70	4 021.97	5 505.74	6 066.09
	实际利用外资额	16.13	62.95	38.45	89.43	110.0	130.70	141.60
	实际利用外资额/GDP	2.65	8.81	2.58	2.89	2.73	2.37	2.33
江苏	GDP	664.32	1 487.44	2 175.51	3 833.29	6 042.30	8 600.46	9 552.69
	实际利用外资额	59.39	198.68	163.55	226.16	284.98	357.60	332.60
	实际利用外资额/GDP	8.94	13.36	7.52	5.81	4.72	4.16	3.48

(资料来源:根据中国与上海、浙江、江苏相关年份统计年鉴有关数据计算)

由上表可见,国际资本和人力资源的流动与国际产业转移的趋势,越来越清晰地表明中国东部沿海地区特别是长三角地区,已经或正在成为国际发展资源新的聚集地和新兴制造业基地。长三角地区实际利用外资额,2000年为107.12亿美元,占全国实际利用外资总额407.15亿美元的26.31%;2004年为327.04亿、268.5亿美元,占全国总额606.25亿美元的53.94%;2006年为

---

① 温承革、杨晓燕:《外资主导型产业集群创新路径:跨组织资源视角——以苏州IT产业集群为例》[J],《现代管理科学》,2008(07)。

第十一章 构建中国特色大西南承接长三角产业转移发展体系的对策建议（下）

273.07亿美元，占全国总额630.21亿美元的45.93%；2008年为416.43亿美元，占全国总额923.95亿美元的45.07%；2010年为506.11亿美元，占全国总额1 057.35亿美元的47.87%；2012年为640.15亿美元，占全国总额1 117.16亿美元的57.30%；2013年为642亿美元，占全国总额1 175.86亿美元的54.6%。

在长三角外商投资企业集群发展进程中，江苏苏州工业园区是表现最好的企业集群之一。"工业园区于1994年2月经国务院批准设立，同年5月实施启动，是中国和新加坡两国政府的重要合作项目，并在实践中开创了中外经济技术互利合作的新形式。园区地处苏州城东金鸡湖畔，行政区域面积288平方公里，其中，中新合作区80平方公里，下辖四个街道，常住人口约76.2万"①；"主要产业有微电子及信息技术产业、精密机械产业、生物制药、新材料、食品工业及其他相关产业，其中标准产业、半导体产业以及光电一体化产业等已形成比较完整健全发育的产业链，成为园区的支柱产业。"② "2012年，园区实现地区生产总值1738亿元，比上年增长10.7%；公共财政预算收入185亿元，增长12.6%；新增实际利用外资19.6亿美元，增长1.3%；完成进出口总额795亿美元，增长3.3%；完成全社会固定资产投资740亿元，增长11.1%；实现社会消费品零售总额242亿元，增长17%，初步展现基本实现现代化的总体形态。"③ 其具体情况见表3。

表3　1994—2010年江苏苏州工业园区发展情况

年份	1994	1999	2000	2003	2004	2005	2006	2007	2008	2009	2010
地区生产总值（亿元）	11.32	74.40	130.48	365.10	502.7	580.70	679.52	836.01	1 001.52	1 085.00	1 330.19
工业生产总值（亿元）	35.86	164.21	316.10	897.97	1 404.5	1 652.8	2 080.41	2 642.14	2 999.52	3 010.12	3 527.95
固定资产投资完成额（亿元）	6.97	88.8	56.32	202.52	281.86	357.10	395.38	416.4	455.01	492.05	550.25

续表

---

① 苏州工业园区-园区简介，http://www.sipac.gov.cn/zjyq/yqgk/，2013-12。
② 石忆邵、厉双燕：《长三角地区三种企业群发展模式比较研究》[J]，南通大学学报（社会科学版）》，2007（04）。
③ 苏州工业园区-园区简介，http://www.sipac.gov.cn/zjyq/yqgk/，2013-12。

年份	1994	1999	2000	2003	2004	2005	2006	2007	2008	2009	2010
新批外资项目数（个）	21	78	111	326	445	443	435	461	359	382	367
实际利用外资额（亿美元）	0.70	8.00	6.32	12.05	18.12	15.81	16.00	18.18	18.00	18.05	18.50
累计就业人口（万人）	—	—	—	—	20.83	33.48	42.25	50.20	49.28	50.42	60.02

（资料来源：苏州工业园区网站 http://www.sipac.gov.cn/government/tjsj/）

根据苏州工业园区的发展情况，应如何评价该园区在实践中创立的外商投资企业集群发展模式？同济大学测量与国土信息工程教授、博士生导师石忆邵在《长三角地区三种企业群发展模式比较研究》一文中发表了自己的观点："苏州新加坡工业园区的综合得分最高，各项指标得分差异不明显，说明外资企业集群发展较平稳，离不开政府的有力促进与引导，外资与内资结构的合理发展，使该类企业集群的发展步伐较稳健。在企业集群复制的可能性方面，该类集群的成功性最高，但需要有一个明智的政府机构来引导。"[1]

4. 积极签署战略合作协议，共推智慧城市和西部通信枢纽建设

长期以来，特别是在中央作出把工业化和信息化结合起来，以信息化带动工业化，走新型工业道路的决策后，为落实"十二五"规划，为助推"天府之国"信息化进程，中国电信集团公司与四川省政府分别于2009年和2010年两次签署了战略合作协议，共推四川智慧城市和"十二五"信息化建设。

所谓智慧城市，是指"运用物联网、云计算、光网络、移动互联网等信息技术手段，把城市里分散的信息化系统和物联网系统整合起来，对公共服务、社会管理、产业运作等活动的各种需求作出智能响应。比如说，人们掏出手机刷卡消费，可通过小区V网实施水电气信息抄送，医生用手机远程会诊……都是在享受智慧城市带来的便捷。"[2] 为搞好战略协作，四川明确提出，要坚持以新一代互联网、宽带网、物联网等作为重点，加快综合信息基础设

---

[1] 石忆邵、厉双燕：《长三角地区三种企业群发展模式比较研究》[J]，《南通大学学报（社会科学版）》，2007（04）。

[2] 《省政府与中国电信再签战略合作协议》[N]，《四川日报》，2011-04-13。

第十一章 构建中国特色大西南承接长三角产业转移发展体系的对策建议(下)

施建设,着力建设西部通信枢纽,大力提升全社会信息化水平和均等化公共服务水平。

5. 培育壮大地方金融机构,创新助推西部金融中心建设

为助推西部金融中心建设,经过充分酝酿,四川省政府于2010年2月公布了《西部金融中心建设规划(2010—2012年)》。规划明确提出要以成都为中心建设中国西部金融中心,并指出建设西部金融中心不仅是加快四川发展的紧迫需要,也是助推成渝经济区和整个西部地区发展的紧切需要,必将对全国金融和经济社会发展产生重要的影响。建设规划公布后,推进金融中心建设做得较好的是攀枝花市商业银行(以下简称"攀商行"),该行在全力抓好自身业务发展的同时,积极推进跨区域发展战略并取得了显著成效。

在市委市政府的领导和支持下,攀商行成都分行于2010年4月28日正式开业,并出台了《关于推动成都分行做大做强各项业务的实施意见》,制定了经营目标与各种制度和考核办法,抽调精兵强将组建了领导班子;确定了发展战略目标,即铸造建设具有特色品牌、核心竞争力、可持续发展的现代商业银行。攀商行成都分行开业以来,随即打响了自己的品牌,初步建立起良好形象。到2012年年底,分行总资产达到182.37亿元,存款达到137.74亿元,全年实现税前利润2.64亿元,主要指标保持快速稳健增长。除分行营业部外,另有高新、锦江、城北、武侯4家支行正式对外营业,目前成都分行的网点布局基本实现了在成都市内覆盖东、南、西、北的布局目标,为成都分行存款规模实现"三年200亿元,五年300亿元"的发展目标奠定了良好基础。① 以上突出业绩表明,成都分行在激烈的市场竞争中站住了脚步,在成都乃至全省已形成了一定影响力。攀商行作为一家地方金融机构正不断崛起,其经济实力和知名度迅速提升,预示着该行将成长为西部金融中心建设中的一个有力载体。

在金融监管部门关心支持下,攀商行着力实施跨区域发展战略,助力西部金融中心建设,各项发展指标不断优化。攀商行由董事长邓崇定带领董事会和全行高管经过不懈努力,2009年进入全国"好银行"之列。2010年,攀商行"资产损失准备充足率为260.11%,贷款准备充足率512.83%,资本充足率12.27%,资本利润率37.27%,拨备覆盖率952.24%。"② 截至2012年

---

① 攀枝花市商业银行_百度百科,http://www.baike.baidu.com/,2013-05-24。
② 张学文:《攀枝花市商业银行:创新助推西部金融中心建设》[N],《四川日报》,2011-04-28。

年底，攀商行资产总额达到611.93亿元，是成立时的149.56倍，年均增长39.63%；各项存款余额364.40亿元，市场占比40.64%，是成立时的126.55倍，年均增长38.07%；各项贷款余额174.49亿元，市场占比30.43%，是成立时的78.68倍，年均增长33.78%，其中贴现余额16.71亿元，承兑余额198.06亿元，不良贷款余额1 608万元，不良贷款占比0.09%。[①] 下一步攀商行将坚持推进跨区域发展战略，进一步夯实发展基础，着力巩固和扩大发展优势，加紧筹建昆明分行，全面推进成都分行支行网点建设，积极在四川周边省市建立分行，切实加强区域性股份制商业银行建设，努力打造中国西部金融中心。

6. 打造大电网、大枢纽、大平台，坚强智能大电网崛起

四川和重庆是中国能源、矿产资源最丰富的地方，其配置天然合理，并且有南北互济、水火相融的显著优势，可以建成全国重要水电基地和西部电力高地。在汶川特大地震中，四川电网遭受重创，基础设施几乎毁于一旦。然而，四川借力灾后恢复重建，3年投入500亿元，开始新一轮跨越，电网脱胎换骨，面貌焕然一新，建设者们共同推动坚强智能大电网迅速崛起。

步入"十二五"以来，四川全省用电量达到3 000亿千瓦时，用电负荷达到5 500万—6 000万千瓦。无论是加快资源开发、培育壮大企业，还是推动产业发展、促进区域振兴，全省城市建设和乡村发展对加强电力保障都提出了新的更高的要求，迫切需要打造大电网、大枢纽、大平台。根据"十二五"总体发展战略和能源发展规划，四川按照"大力优先加快发展水电"的方针，将着力建设全国最重要的水电基地和西部地区电力高地，全省电源装机将突破9 000万千瓦，净增达5 000万千瓦，其中水电达到4 300万千瓦。

在推动电网加快发展上，四川大力开展"大电网、大枢纽、大平台"建设，全力把四川电网打造成坚强智能大电网，建设成为东接三华（华中、华东、华北）、西纳新藏（新疆、西藏）、北连西北、西通云贵（云南、贵州）的电力交换大枢纽；构筑起跨越省区市、跨流域电网协调发展的"水火互济、购送灵活、交换方便、新能上网、高效便捷"的电力资源配置大平台。从而，将四川电网打造成为国家电网的重要支撑极和增长极，构建西部电力发展高地。[②] 届时，四川电网将顺利实现从局部电网、传统电网向枢纽电网、智能电网的全面升级换代和全新跨越。作为特高压、交直流、智能化、多电压等极

---

① 攀枝花市商业银行_百度百科，http://www.baike.baidu.com/，2013-05-24。
② 向莉莉：《四川省电力公司：建设西部电力高地》[N]，《国家电网报》，2011-03-12。

第十一章 构建中国特色大西南承接长三角产业转移发展体系的对策建议（下）

大电网的规模将更加宏大，作为联通三华、西北、电网和全国电力交换大枢纽的地位更加凸显，作为跨省区、跨流域的电力资源配置大省能源工业的功能将更加强大，① 作为全国最重要水电基地和中国西部电力高地的形象更加高大。

7. 坚持开拓创新，着力打造领衔西部的战略性产业集群

所谓战略性新兴产业，是指以重大技术创新突破和重大发展需求为基础、发育成长潜力巨大、对产业发展具有引领带动作用的产业。为打造西部地区战略性产业集群或基地，四川研究制定了《四川省战略性新兴产品"十二五"培育发展规划》。规划明确了培育战略性新兴产业的主攻方向，"在全省具有优势的六大领域——新一代信息技术、新能源，高端装备制造业、新材料，节能环保、生物，选定一批战略性新兴产品，引领和支撑全省战略性新型产业发展。"② 并且要求，坚持开拓创新，"力争到'十二五'末，着力解决一批重大关键技术，培育发展战略性产品233个。其中，做大做强重大关键产品20个，加快发展重点培育产品90多个，引导发展区域特色产品100个以上，并适时整合资源，调整补充新产品。从而，形成一批新兴产业链、产业集群和产业带，使战略性新兴产品产值总规模预期达到5 000亿元以上，引领和支撑成渝经济区战略性新兴产业快速发展，建成我国西部战略性新兴产业集群基地。"③

四川对战略性新兴产业和产品的规划发展，主要有五大特点："（1）产品创新特征显著。这些产品大都具有自主知识产权，申请获得专利总数为1 503项，获得各级科技进步奖125项，替代进口产品76个。（2）企业是创新主体，产学研联合实施。实施主体主要是大型企业和高新技术企业或企业集团，合作研发单位来自国内外知名高校和科研院所。预计2015年总投入高达1 483亿元，以企业自筹资金为主。（3）有较好的产业基础。这批产品已基本完成中试阶段，而且有些产品已占有部分市场份额。从2009—2010年情况看，发育成长速度非常快。（4）有广阔的市场前景。据企业申报资料统计，预计到2015年，这批产品的总产值可达到5 300亿元左右，创利税超过1 200亿元。（5）围绕产业链解决重大关键性共性技术难题。凝练了对产业或产业链的提升起到重大带动作用的关键共性技术，消除了产业发展过程中的技术瓶颈。

---

① 向莉莉：《四川省电力公司：建设西部电力高地》[N]，《国家电网报》，2011-03-12。
② 李秋怡：《四川233个产品领衔战略性新兴产业》[N]，《四川日报》，2011-04-04。
③ 李秋怡：《四川233个产品领衔战略性新兴产业》[N]，《四川日报》，2011-04-04。

目前已凝练出重大关键共性技术53项，可以解决重大关键共性技术难题200个左右，取得显著成绩。"①

同时，四川还坚持狠抓工业园区生态化建设。省环保厅、商务厅和科技厅联合下发了《关于加快生态工业园区建设的意见》，提出了明确目标："到2015年，全省建成5—8个省级以上示范性生态工业园区，1/5县级以上工业园区达到省级以上生态工业园区的标准；到2020年，全省省级以上生态工业园区的物耗、能耗和污染物排放强度达到国内先进水平，有1/2县级以上工业园区达到省级以上生态工业区标准。届时，全省将基本形成环境友好型工业发展体系。"② 对此，各工业园区将围绕电子信息、装备制造、能源电力等战略性新兴产品进行产业定位，大力发展"静脉"产业（即资源再生利用产业），实施"选链、补链"延伸战略产品链和能源梯级利用，筛选和引进一批具有较好应用价值和经济效益的生态工业技术。同时，在园区内逐步推进集中供热、能源梯级利用以及废物集中处理等配套设施建设，利用自然生态环境，营造生态景观，开展绿色学校、绿色医院和绿色工厂等绿色环境建设。③从而在中国西部工业园区建设中，发挥示范带头作用和率先领衔作用。

三、坚持大手笔高起点，推动产业转移实现大跨越

在我国，长三角、珠三角、京津冀地区是无可争议的引领当代中国经济持续、快速、健康发展的三大都市密集区和经济发展极，但它们都无一例外地落户东部沿海地区。而地域辽阔的西部地区，何时何地将承担"引领"重任，承接长三角产业转移，逐步形成我国第四都市密集区和经济发展极呢？根据我们研究，当然应首推以成都和重庆为核心城市的成渝经济区和成渝都市密集区。

然而，在研究中一些同人把都市密集区和发展极对立起来、割裂开来，只讲发展极，不讲都市密集区。这是不科学的。根据我们研究，都市密集区和发展极是紧密联系的复合体，彼此互相依存、互相贯通、互相包容。没有都市密集区，就没有发展极，反之亦然。因为无论称"都市密集区"还是称"发展极"，都是企业集群在某一时空的特定区域大量集聚的结果，并形成强劲、持续区域竞争力和辐射力的现象。如改革开放以来，我国东部沿海地区

---

① 李秋怡：《四川233个产品领衔战略性新兴产业》[N]，《四川日报》，2011-04-04。
② 刘宇男：《10年内工业园区力争生态化》[N]，《四川日报》，2011-04-29。
③ 刘宇男：《10年内工业园区力争生态化》[N]，《四川日报》，2011-04-29。

第十一章 构建中国特色大西南承接长三角产业转移发展体系的对策建议（下）

以民营经济成分占主导地位的企业集群，以高新技术企业为主体的企业集群，以及以外商投资为支撑的企业集群均得到快速发展，从而形成异彩纷呈的企业群落发展格局，并同时复合出长三角、珠三角、环渤海三大都市密集区。

按照《成渝经济区区域规划》，未来成渝经济区发展的近期和远期战略目标是：到2015年，建成西部地区重要的经济中心；到2020年，成为我国综合实力最强的区域之一。为实现这个宏伟目标，必须加快成渝都市密集区建设步伐，着力建设国家重要的战略性新兴产业、先进装备制造业、现代服务业、高新技术产业和农产品基地等，同时配置建设全国统筹城乡综合配套改革试验区、国家内陆开放示范区、内陆首个"安智贸"试点港口和国家生态安全保障区，以及国家通往欧美的国际航线等。

就重庆通往欧美国家的航线来说，这条航线已开始相继布局了。其航线全程是：上海—重庆—莫斯科—卢森堡—重庆，这条航线是我国首条通往东欧的国际航线，由大陆海航集团和我国台湾地区中华航空旗下扬子江快运公司运营。目前该航线已建立起了重庆IT产品运往东欧的空中通道，营运公司每年给重庆特别预留1 500—2 000吨的货物量，重庆飞往欧洲的货运航班每天5班。航线开通得益于惠普、宏基、英业达等IT业巨头在重庆投资创业，它不仅能促进重庆IT产业大发展，更能刺激成都和整个成渝经济区货运市场发展成长，建设超级国际大航道大市场，参与国际产业大整合大转移，向世人展示中国崛起。据了解，在重庆IT产业大发展推动下，重庆机场货运吞吐量一直呈增长态势。2011年，重庆机场国际货运量超越8万吨，跃居中国内陆第一，在重庆出港国际货品中，IT产品占80%左右。2011年下半年，重庆国际货运航线主攻方向转向北美，2012年4月开通了悉尼—重庆—上海浦东—芝加哥—纽约—悉尼的国际货运航线，标志着重庆拥有了首条连接美国和澳大利亚的国际货运航线，航线的开通将更好地满足重庆IT企业运送产品到北美和澳洲的需求，"重庆造"笔记本可方便直飞北美、澳洲，目前该航班每周一班，执行时间为每周六，执行机型为波音747-400F全货机。凡此种种，表明成渝经济区和成渝都市密集区的形成和发展，势必引领长三角等东部沿海地区和国际产业转移更多高端产业在成渝经济区安家落户，促进区域产业结构整合，催促市场要素自由涌动，最终实现区域内（川渝）、区域（长三角、珠三角、环渤海湾等）跨国界（欧美、俄罗斯、东欧国家和地区）合作互赢，共创双赢。同时，也能使世界相关国家和地区分享中国改革开放的成果，共建持久和平、共同繁荣的和谐世界。

综上所述，经过大"三线"建设特别是改革开放和西部大开发以来的建设，成渝经济区和成渝都市密集区已成为西部地区和全国综合实力最强最具活力的区域之一。在新的起点上，经济区和都市密集区加快发展的条件良好。只要坚定理想信念，创造性地贯彻落实《成渝经济区区域规划》，加快经济区和都市密集区建设步伐，积极承接长三角等发达地区产业转移，就一定能够在深入推进西部大开发的进程中实现跨越式发展，取得决战决胜大西南的辉煌成就。

第三节　加快推进大西南承接长三角产业转移发展对策建议的主要内容

在当前和今后相当长的时期里，为实现大西南承接长三角产业转移有序发展，我们曾经多视角多层面谋划对策与建议，现将主要内容阐述如下。

一、必须牢固树立整体观念，在实践中不断修正规划

我国经济社会发展"十二五"规划是开创科学发展新局面的重要规划，贯彻落实规划对于促进我国经济社会平稳较快发展与和谐稳定，为全面建成小康社会打下具有决定性意义的基础，具有重要的指导和促进作用。该规划是将各部委省市区的规划统一汇总到国务院，根据中共中央的建议编制，然后提交全国人大和全国政协会议审议通过，并正式公布实施。接着，国务院有关部门又组织编制了一批国家级专项规划，特别是重点专项规划，进一步细化落实全国"十二五"规划提出的主要任务。同时，各地区认真贯彻落实国家的战略意图，着力做好地方规划与全国规划提出的发展战略、主要目标和重点任务的协调，努力突出地方特色。然而，由于中国是全球最大的发展中国家，全国各地区发展很不平衡，未来差距继续扩大，贫富两极分化日趋凸显，必将长期处在社会主义初级阶段。加之，经济全球化不断深化，后金融危机时期又面临大发展、大变革、大调整的局面，国内国际形势不稳定、不确定因素增多。在此背景下，无论是中央还是地方研究和制定计划或规划，都应牢固树立整体观点和相对观念。

对此，周恩来同志曾明确指出：规划也是一种计划。规划或"计划也只是个大体的不很准确的，还要在执行的过程中不断地修正，才能准确"。至于整体观，周恩来又指出，各部委"除了讨论本部门的业务以外，有权要求了解全面的政策，了解全国政治、军事、经济和文化等方面总的方针。只有这样，你们才能知道本部门的业务同总的方针怎样配合，才能有整体的观念。

第十一章　构建中国特色大西南承接长三角产业转移发展体系的对策建议（下）

不然，你们业务的进行就会是孤立的、迷失方向的，成为盲目的工作。盲目不是科学的态度，不能建设新国家"。① 总之，经济发展规划是随着经济发展与运行状况不断调整、不断修订，持续改进和完善的复杂的决策过程。各地区各部门各单位必须树立整体观念，要在总体规划中找准位置，认识发展方向，有重点有计划地实施规划。这样，才能克服本位主义、不单纯依赖国家，并在各自领域和范围做出最大成绩。

二、必须集中力量打歼灭战，不能分散兵力打消耗战

当前，使用多学科合力诠释难题已是学术界普遍采用的方法之一。我党在领导革命战争和经济建设的过程中，曾经出现两种不同的战略和策略，一是集中优势兵力，打歼灭战；二是"四面出击"，分散兵力打消耗战。早在抗战时期，毛泽东同志在"论持久战"中就专门分析论证"消耗战，歼灭战"问题，首先说明战争本质即战争目的，是保存自己，消灭敌人。然而达到此目的的战争形式，一般存在所谓消耗战和歼灭战之别。"在理论上和实际上，无论如何也应该提倡主力军在一切有利场合努力地执行歼灭战，……以达既能大量消耗敌人又能大量补充自己的目的。"与军事斗争一样，而今在实现长三角产业有序向大西南转移发展的过程中，也务必提倡选择集中兵力的原则，尽可能打歼灭战，以收最佳经济、社会和生态效益。因此，为推动大西南承接产业转移加快发展，必须实施统一部署、分期分批规划，坚持集中力量、突出重点的原则，充分调动各方面积极性，着力引导和推动承接产业转移有序发展。而绝不能采用分散力量的方法，实行各自为政、四面出击，到处大兴土木，打高投入、低效益的消耗战，致使产业转移与承接无序发展。

三、坚持实行国家主导，推进市场和国家同向调节

加快大西南承接长三角产业转移有序发展，是在社会主义市场经济体制下进行的，应充分发挥市场调节的决定性作用，同时高度重视国家调节的主导作用，要切实将两者有机结合起来，以引领产业转移与承接有序发展。

所谓市场调节，"是表明一种由价值规律自行调节的经济机制和经济运行方式，可以视为价值规律通过市场对经济运行和经济行为进行调节。其具体表现是价格、供求、竞争等市场机制要素之间互相作用而产生的协调效应或

---

① 周恩来：《当前财经形势和新中国经济的几种关系》，http://blog.sina.com.cn/s/blog_3e8891a701000cjd.html，2012-08-22。

调适效应。"① 因此，在大西南承接长三角产业转移发展过程中，应明确认识市场调节的五种基本功能。"（1）微观经济均衡功能；（2）资源短期整合功能；（3）市场信号传递功能；（4）科学技术创新功能；（5）利益驱动功能。但其主要功能弱点又主要表现在：市场调节容易偏离宏观经济目标、某些领域调节失灵、协调产业结构速度缓慢、现实交易成本昂贵等。而所谓国家调节，是指国家运用经济、法律、行政、劝说等手段，自觉地按照经济社会发展总体目标分配社会总劳动，调节整个经济行为。它与市场调节一样，只在整个宏观经济和少数微观经济领域中具有功能优势和强点，如宏观经济制衡功能、经济结构、产业结构以及空间布局协调功能、市场保护功能，整体效益优化功能和公平分配维护功能等。其功能劣势和弱点，则在于容易患有偏好主观、转换迟钝、政策内耗、动力缺乏等四种功能性痼疾，从而会时常出现与'市场失灵'相对应的'国家失灵'的状况。"②

由此可见，市场调节与国家调节之间是对立统一的，主要表现在：（1）具有功能的互补性或并协性。其互补性是指：在层次均衡上，微观和宏观互补性；在资源整合和配置上，短期和长期互补；在利益调整上，高低性互补。（2）具有机制背反性。由于市场调节和国家调节在出发点、利益结构和作用方式上根本不同，二者之间当然存在矛盾或冲突。因此，在大西南承接产业转移发展过程中，应着力构建"以市场调节为基础，以国家调节为主导"的双重调节体系，准确把握两者结合的深浅程度，并在实践中积极探索搞好市场调节和国家调节的具体形式及其动态组合，这样才有真正正确的出路。

四、注重发展质量与资源环境，实现"双重模式转换"

长期以来，在社会生产力发展内部，外延与内涵、粗放与集约之间的矛盾，也就是注重速度和数量与注重结构、资源、环境和质量的矛盾，是对经济社会发展最具全局重要性的矛盾。这既是生产力发展中的一个突出矛盾，也是承接产业转移发展的一对突出矛盾。对此，学术界有一个说法，叫"双重模式转换"。"双重模式转换"包含"体制模式的转换和发展模式的转换。所谓发展模式转换是指生产力内部的矛盾，是非常重要的实质性问题。过去

---

① 周肇光：《解放思想创新理论——程恩富教授学术思想述要》[J]，《高校理论战线》，2005 - 04 - 24。

② 周肇光：《解放思想创新理论——程恩富教授学术思想述要》[J]，《高校理论战线》，2005 - 04 - 24。

第十一章 构建中国特色大西南承接长三角产业转移发展体系的对策建议（下）

经济发展曾追求速度、数量，轻视结构、资源、环境和质量，而今仍然没有完全克服这种倾向，片面追求产值速度的现象还相当严重，特别是一些地方还是盲目崇拜 GDP，不惜牺牲后代子孙利益加速眼前的发展，这种发展思路实际上是不可持续的。作为多年积累的问题，积重难返，应该大力扭转。"[1] 对此，应坚持科学发展观的要求，在实现承接产业转移有序发展中着力实行三个转变。（1）由主要依靠投资、出口推动向依靠消费、投资、出口协调推动转变，以求不断扩大内需；（2）由主要依靠第二产业发展带动向依靠第一、二、三次产业协同发展带动转变，因为第一和第三产业基础薄弱。（3）由主要依靠增加物质资源消耗向主要依靠科技进步、提高自主创新能力和管理创新转变，以求加快建设高素质的科技人才队伍、产业大军队伍和管理人才队伍，促进人的全面发展。这是大西南承接长三角产业有序转移，实现全面、协调，可持续发展的有效路径。

五、合理利用国际投资，加速推进产业转移发展

当前，大西南加快发展、加速转型、实现跨越的时机已经成熟，条件已经具备。其中之一，就是后金融危机时期国际国内产业转移发展步伐明显加快，发展中国家特别是我国在国际资本市场中的地位日益突出。为科学合理利用国际直接投资，大西南各地区必须切实认清和把握世界产业结构加速调整转型的特点和趋势，牢牢抓住有利时机。

如亚洲"四小龙"是我国承接国际产业转移的重要来源地之一，其产业结构调整转型的发展态势，大概每十年发生一次，并且是与产品、产业的生命周期紧密相联系的。其具体表现在：中国台湾地区、韩国是按三次产业的顺序逐级进行调整转型，而香港、新加坡则是以第一产业为基础，在各产业间进行整合。中国台湾地区、韩国产业结构在 20 世纪 50 年代以农业为主，经过 20 多年调整，形成了以工业为主，与服务业并重的结合型结构，香港、新加坡产业结构由二战后初期的以转口贸易为核心的第三产业为主，经过强化工业和国际金融业的发展，形成了以转口贸易和国际金融为核心的服务业为主的多元化产业结构。"四小龙"通过充分利用国际机遇，特别是发达国家（美、欧、日等）产业结构调整转型的历史机遇，产业发展实现了转型升级，推动了经济的快速发展。但"四小龙"产业技术先天不足，且国内市场狭小、

---

[1] 刘国光：《试用马克思主义哲学方法总结改革开放 30 年》[J]，《中国社会科学》，2008 - 11 - 10。

资源短缺，致使其必须充分利用美、日等发达国家产业调整转型的机遇，来带动自身产业调整转型，从而在亚太经济合作组织内形成了各层次产业结构调整转型的"梯度型"。这就是说，20世纪60年代美、日等国向"四小龙"转移劳动密集型产业，自己重点发展资本密集型产业；20世纪70年代美、日等国向"四小龙"转移资本密型产业，自己重点发展技术密集型产业；20世纪80年代美、日等国向"四小龙"转移技术密集型产业，自己重点发展知识密集型产业。可见，这种"梯度型"产业转移正是依赖美、日等发达国家对外投资和转移技术而发展起来的。

从发展趋势看，当前"四小龙"产业结构转型转移的态势比较明显，其主要表现是：（1）产业结构向高级化演变。对外投资和产业转移步伐进一步加强，推动着跨国经济加速发展，技术密集型和知识密集型产业比重将不断提高，产业附加值进一步提升。（2）产业"软化"进一步加快。香港和新加坡已形成以服务业为主的经济结构，基本建成了亚太乃至国际级的金融服务中心，我国台湾地区已步入以服务业为主体的时代，韩国金融业已走向自由化、国际化，贸易、金融和通讯业等现代服务业已得到并将继续实现长足发展。（3）促进产业分工合理化。"四小龙"以实现经济国际化为主，通过产业分工合作，促进要素资源合理配置和空间布局，成为推动亚太地区分工协作形成的动力，尤其是与日本的产业水平分工格局基本形成，相互依存的关系正向多样化、高度化方向发展。（4）产业结构调整趋向自律化。"内需主导型"产业成为"四小龙"经济增长的重要动力，以政府直接调节为主向以政府间接调节为主转变，市场机制的地位作用强化。大西南承接长三角产业转移发展，应充分认识和掌握这些特点和趋势，实行全方位、多元化、快节奏的策略。

我国的改革开放是以市场为取向的全方位、多层次、宽领域的改革开放，不仅对发达国家开放，而且对发展中国家开放，还对新兴工业化国家和地区开放。当代世界的主题仍然是和平与发展，为巩固扩大积累开放成果，深化国际产业转移发展，实现产业跨境跨国转移发展必将首当其冲，我国需要进一步加强与欧、美、日等发达国家和地区的交流合作，使之向更大范围、更宽领域、更高层次发展，同时必须适应后金融危机世界格局变化的新趋势，积极结交新的经济伙伴，沿着"包容性发展—健康、有序地增长，以求成为新一轮产业转移成长的未来需求引擎"。如近年来在全球经济中发展最快的金砖国家，其经济社会发展呈现出稳步发展、市场扩大、贸易增速的明显特征，五个发展中大国巴西、俄罗斯、印度、中国和南非间经济合作潜力越来越大，

第十一章　构建中国特色大西南承接长三角产业转移发展体系的对策建议（下）

并形成了相互促进、优势互补的合作机制，这是新兴经济体经济实力日渐增强，经济合作与往来不断扩大的必然产物。虽然金砖国家合作机制形成时间不长，但其影响所及已关系到世界各国政府的决策和普通公民的切身利益，已成为国际社会广泛关注的焦点。

以中印（度）经贸合作来说，成渝经济区是中国西部距印度最近的经济体。为整合国际资源，做大做强 IT 产业，四川积极跨越南方古丝绸之路，在印度举行的"四川（印度）经贸合作推介会"上四川省省长蒋巨峰指出："四川资源富集，科学人才实力雄厚，产业体系比较完整，商务环境比较优越。作为新欧亚大陆桥与南亚、东南亚国际大通道的重要交汇点，四川长期以来与印度开展了良好的经贸合作。贸易方面，2010 年四川与印度贸易额近 12 亿美元；基础设施领域，印度是四川最大的对外承包工程合作伙伴之一。东方电气等四川企业在印度的在建项目合同金额超过 55 亿美元；软件与服务外包合作方面，印度知名软件服务外包，维布络等在四川投资发展良好，亚洲最大的 IT 教育培训机构——印度国家信息学院（Nirt）已落户四川，四川还开通了成都—班加罗尔的直航，成为中国内地与印度服务外包名城的首条直达航线。"[1] 蒋巨峰还说："世界经济全球化和区域经济一体化，使我们关系更加紧密，深化开放合作是我们的顺势之力和务实之举"。印度工商部副司长苏奇斯杜塔·帕莱则说："四川距离印度很近，两地经贸交往已有上千年历史，产业互补性很强。加强印度与四川在纺织、食品、装备制造业、能源等领域的合作，可以促进印度相关产业的发展。"[2] 另外，蒋巨峰在新德里会见印度外长克里希纳时又说："中国和印度都是新兴市场国家，都致力于推进经济发展。作为中国西部与印度最近最大的经济体，四川与印度的交流近来日益频繁，合作不断深化。未来五年，四川力争基本建成西部经济发展高地，形成'一核纽、三中心、四基地'。"[3] 为加强两地电子信息产业互通互动，接着蒋巨峰还专程赴班加罗尔考察。班加罗尔是全世界软件外包大国印度的"硅谷"，而四川成都则是中国电子信息产业基地。

下面，再看中印 IT 行业的代表企业进行产业转移、实施跨国经营的发展情况。印度维布络公司作为全球最大的 IT 服务、业务流程外包和产品工程公司，在全球拥有 10 余万员工，在 55 个国家建立了全球交付中心，包括设在

---

[1] 《四川：中国西部距印度最近最大的经济体》[N]，《四川日报》，2011-04-21。
[2] 《四川：中国西部距印度最近最大的经济体》[N]，《四川日报》，2011-04-21。
[3] 谭江琦：《蒋巨峰会见印度外交部部长》[N]，《四川日报》，2011-04-27。

成都的全球战略交付中心。① 该公司已在四川设立了分支机构,并有20万个印度家庭搬到了成都,成都公司是其全球七大战略交付中心之一,该公司印度项目的60%—70%已被移交到该中心,下一步计划是继续加大投资,扩大成都交付中心规模,以四川为基点进一步拓展在华业务。中国华为公司在印度设立的印度研究所,是其海外最大的研发中心,近年来在印度销售额逐年翻番。特别是华为创新的"国内研发—印度开发—国内集成"的运营模式,已体现出突出优点:一是成本低——用好了人力成本较低的印度熟练人才;二是路径短——借助印度成熟的市场渠道直面欧美市场;三是时效快——可以迅速占领市场;四是批量大——能够完成庞大的业务量。② 这种发展模式值得中国企业学习借鉴,通过积极整合国际资源,有利于产业跨国转移扩张,可以迅速做大做强,走向国际市场。未来华为还打算在印度继续设立全球产品行销中心、全球人力资源中心、全球技术支持和服务中心等,努力建设为中国企业自主创新和全球化经营的典范。"到西部去,已经成为华为内部的共识",华为公司正把中国区财务共享中心迁往成都,在成都建设的新研发中心也已封顶,员工可望超万人,产值可达百亿美元。③ 目前人们普遍认为,维布络和华为公司在四川的布局具有战略眼光。众多跨国公司已将四川作为全球布局中的一个战略重点,四川积极欢迎各国各地跨国公司分享中国发展的新机遇,推动实现共同发展。

六、因地择优引进产业,实现承接产业转移多元化

就总体而论,当前推进大西南承接长三角产业转移发展,除了高能耗、多污染以及被淘汰的夕阳产业外,凡是符合国家和大西南各省区市"十二五"规划产业发展方向和空间布局的各种产业都可以承接,欢迎有志到西南发展的各地政要、工商界领袖、企业法人代表、专家学者和媒体人士考察调研,优择到西南发展的产业转移项目。但是,考虑到各省区市资源禀赋、工业化启始条件、城镇化水平等方面的差异,应该十分注意的是,这种互相交错、互相重叠的多姿多态的差异,恰恰成为大西南承接长三角产业转移多元化发展的先决条件,有可能涉及产业结构演进的各个层面和各个产业。如按配第-克拉克定律,可能涉及第一、二、三产业;按霍夫曼定律,可能涉及工业

---

① 谭江琦:《整合国际资源促IT产业做大做强》[N],《四川日报》,2011-04-28。
② 谭江琦:《整合国际资源促IT产业做大做强》[N],《四川日报》,2011-04-28。
③ 谭江琦:《整合国际资源促IT产业做大做强》[N],《四川日报》,2011-04-28。

第十一章 构建中国特色大西南承接长三角产业转移发展体系的对策建议（下）

中重工业和轻工业；按赫希曼定律，可能涉及基础工业和加工工业。因此，引领长三角产业有序向大西南转移，必须认真学习和掌握三大趋势，即配第－克拉克趋势，霍夫曼趋势，赫希曼趋势。所谓配第－克拉克趋势，是指在三次产业结构中，随着经济发展和人均收入水平提高，劳动力首先由第一产业向第二产业转移，从而使第一产业劳动力所占比重下降、第二产业比重上升。随着经济进一步发展，转入第三产业劳动力逐步增加，进而使第三产业劳动力所占比重不断提高。所谓霍夫曼趋势，是指随着经济发展水平的提高，工业中重工业所占份额不断上扬，轻工业所占份额不断下降。所谓赫希曼趋势，是指随着科学技术的进步和人均收入水平的提高，工业结构会转向以加工、组装为重心的方向发展，工业加工程度将不断提升，从而使加工组装工业所占比重不断增加，而采掘和原材料工业所占比重不断下降。

我国经济资源的区位分布基本上是这样一种格局：东部地区资源相对贫乏，但经济、技术发展水平较高，加工能力较为发达。中西部地区资源则相对富饶，中部地区能源和大部分有色金属资源丰富，西部地区稀有金属和部分能源、有色金属储量丰富，但中西部地区特别是西部，经济、技术发展水平较低，加工特别是深加工能力相对薄弱。与资源分布格局相适应，长期以来我国东部与中西部经济交往和发展的基本态势是：中西部地区向东部提供能源、原材料等低附加值的初级产品，东部地区则向中西部提供高附加值的制成品。中西部地区特别是西部，变成了发展中国家的次发达地区，长期贫穷落后。如今，长三角产业向大西南转移发展，一定要着力改变这种不平等的多年没有根本解决的格局或痼疾。

七、完善第三条亚欧大陆桥，深入开辟产业转移大通道

现代交通大通道主要包括大陆桥、大航道和大空港，其中大陆桥是陆地铁路大动脉的借喻。在我国北疆铁路与苏联土西铁路接轨运行后，"大陆桥"一词成为引人注目的经济地理学概念。过去，地质学家提出一种假说：两个大陆之间有许多连绵不断的岛屿，如联结两个大陆的地质桥梁。而今我们借用大陆桥概念来描述大陆内部连接大洋港湾的通道，其意义就更广泛、更深刻了。当代世界，在亚欧两大洲有三条主要交通通道，也就是三条亚欧大陆桥：（1）第一条亚欧大陆桥，是苏联南西北利亚通道。它位于古老地质时代西伯利亚古陆和中国古陆、欧洲古陆的结合线上。从海参崴经满洲里向西，沿线蕴藏着丰富的能源、矿产资源，经1891—1916年铁路开发建设，建成了西伯利亚大铁路，被人们称为"欧亚大陆桥"。（2）第二条亚欧大陆桥，从

黄河流域经河西走廊、新疆、中亚、西亚、小亚细亚而进入欧洲。它位于古老地质年代华北台地和华南古陆的对接线，这里是古代丝绸之路，其两侧有煤炭和石油资源，并形成"绿洲继续链"。亚欧两大洲古代文明借助于丝绸古道进行交流和传递，中国丝绸、瓷器、火药、印刷和造纸术的西传，就是其历史功绩，影响十分深远。而今第二条亚欧大陆桥陇海兰新线与土西铁路相贯，出阿拉山口，经河克斗卡、切利诺格勒，继而在莫斯科或华沙汇入第一座亚欧大陆桥，终于荷兰鹿特丹或阿姆斯特丹。（3）第三条亚欧大陆桥，起自长江或珠江流域，就是古代南方丝绸之路。该大陆桥或陆路险阻，穿越横断山脉，至缅甸后沿布拉马普特拉河谷进入印度，再顺伊洛瓦底江出海，转去欧洲。或海陆交替，从古代"第一商港"泉州经马六甲海峡，进入南亚，由海湾入欧洲。这条丝绸之路左道联系长江、印度河，可以传承两河流域的古老文明。据《史记·大宛》传记载，张骞通西域时在大夏境内（今阿富汗）见到了蜀布和邛竹杖，而蜀布和邛竹杖都是四川的物产，这说明当时中印之间已有由川滇至西面印度的往来通道。张骞向汉武帝报告，竭力主张派人沟通此道，被汉武帝采纳，此后两国民间往来持久不断。

然而，转换研究视角，立足推进大西南跨区域和跨国境的产业转移发展，我们认为进一步构建和完善大陆桥的最佳选择是，由上海到加尔各答或孟买的大陆桥。这条新大陆桥由上海启始，可以经沪昆高速铁路或沪杭、浙赣、湘黔、贵昆线至昆明，然后由昆明经广通、大理、畹町、腊戍、密支那、利多，至加尔各答或孟买。沪昆高铁与沪杭、浙赣、湘黔、贵昆线，同万里长江几乎平行，横贯长江以南5省及上海市，是中国东西铁路主干线之一。隔江相望，与陇海铁路也大体平行，并同南北铁路干线——京九线、京广线、太焦柳线等构成中国大陆交通运输的主体网络，战略地位极其重要。同时，还将长江三角洲、乌江干流沿岸地区、六盘水开发区、澜沧江中游水电有色金属基地等4个全国国土规划中的重点开发区贯穿成串。北面有兖腾两淮区、以武汉为中心的长江沿岸区、从重庆到宜昌的长江沿岸区，南面有闽南地区、湘赣粤边境地区、珠江三角洲、江水河等7个重点开发区作为拱卫和辐射。其影响所及遍布秦岭淮河之南的半壁江山，是长江流域的骨骼和大动脉。

总体来看，上海—仰光—加尔各答这条东南亚、南亚大陆桥，绝大部分在我国境内，特别是在大西南和长三角地区。从上海到畹町是大陆桥国内部分的东西两端，期间连通4个重点开发区，并辐射联系7个重点开发区，沿线资源丰富、经济技术发达，形成经济带和产业带的条件优胜于连云港—阿拉山口的陇海兰新经济带或产业带，更优胜于第一条和第二条亚欧大陆桥。

第十一章 构建中国特色大西南承接长三角产业转移发展体系的对策建议(下)

这条大陆桥的东部,经济地理区位非常优越,以上海为中心的长江三角洲历来与东北亚经济圈、亚洲"四小龙"等海运发达的海参威、平壤、汉城、长崎、横滨、我国台湾地区等距离都在1 000海里以内,有利于我国扩展海上运输和产业转移发展,海路可以直达东南亚和南亚各国各地区。

根据当前中国经济的国际定位,我们认为必须首先立足亚洲太平洋地区,加快完善体制和机制,致力于推动亚太地区经济合作与交流,有序扩展产业转移发展。在亚太地区既有美、日、澳、加等发达国家,也有亚洲四小龙和金砖国家,还有东盟国家。而今人们预测,后金融危机时期亚太地区工资水平和运输费用仍将继续上扬,将进一步导致劳动密集型产业向低运输成本和低交易成本的国家和地区转移发展。同时,发达国家自身经济复苏和繁荣,也将继续改善与中国的贸易投资关系,改变僵化半僵化状态。如中美之间的经济关系,从经济结构和发展阶段来看,双方更多的是互补性和合作性,为实现经济持续健康稳定发展,两国都希望进一步增进交流与沟通,加强经济合作与发展。对此,美国政要、工商领袖和学术界同人等,更加重视发展与中国全面互利的经济技术关系,正逐渐改变牺牲中国利益、延长自身好处的思维方式、思维定式,为双边关系注入更多的积极因素。中美双方围绕"建设全面互利的中美经济伙伴关系",积极启动和开展战略与经济对话,对如何促进贸易和投资合作与完善金融系统等议题展开了广泛讨论,经过共同努力,两国就如何推进建设互利共赢的经济贸易关系达成了重要共识,目前已取得了多项成果。因此,未来中美两国将开展更大规模、更加紧密、更为广泛的经济合作,双方经济发展将会更多地交织在一起。

八、按照"点轴线"空间模式,营造多元化制造业中心

根据调查研究,在大西南承接长三角产业有序转移发展进程中,无论是参照产品和产业生命周期,培育发展经济带、产业带、产业链,促进产业滚动多增值、快循环、好发展、高效益;无论是按照都市密集区发展规律,培育成长世界的、全国的、区域的、次区域的都市密集区,不断提高工业化、城镇化和信息化水平;也无论是承接传统制造业还是先进制造业,打造各具特色、各具优势的制造业基地或产业园区,都有一个共性问题,即"点、轴、线"空间结构问题。所谓"点、轴、线"空间结构,是指区域经济发展初期从点开发起步便于生产要素集聚,且具有廉价的运输成本优势,从而可以将沿江、沿边、沿线(铁路、公路)作为开发建设的轴线,并将轴线扩展延伸,经过积累渐进式开发,在沿江、沿边、沿线配置一些新的经济增长点和发展

极。随之，再对中心城市进行重点开发建设，不断向纵深发展，使之逐渐形成产业密集地带。这种开发方式，在理论上就是"点轴线"相结合的空间结构形态。

此外，所谓制造业"中心"，则是借助"点轴线"相结合的空间结构模式的开发方式。结合构建大西南承接长三角产业转移发展体系的实际，我们认为，可以考虑重点开发建设长江黄金水道、沪昆高速铁路、沪昆畹高速公路和第三条亚欧大陆桥4条顶级巨型产业密集发展带，同时可以考虑开发建设长江上游成渝经济区，攀西、黔中、滇中能源有色金属开发区，桂黔滇金三角开发区，润杨泰长小三角经济协作区，杭州湾开发区等5个经济协作区和开发区，着力打造多元化多层次机器制造业"中心"。如长江上游成渝经济区作为我国老工业基地和未来重要经济中心，应以重庆和成都市为中心，依托大江大河、高速铁路、高速公路和大中城市，加快形成长江上游和下游相呼应相对称的两大城市密集区龙头浦东新区和龙尾重庆两江新区。长三角经济区与成渝经济区以及长三角都市密集区与成渝都市密集区通过相互呼应，能拉动长江巨龙腾飞，使之成为大西南与长三角产业有序转移发展体系的主骨架，辐射大江南北，带动东西南北中，从而为实现中华民族伟大复兴贡献力量。

九、把握产品生命周期，选择承接产业转移最佳时期

产品生命周期理论是美国经济学家弗农（Raymond Vernon）和威尔斯（Louis T. Wells）在20世纪60年代提出来的关于贸易结构的理论。该理论是西方经济学试图从技术进步、发展新产品等动态因素来解释贸易结构变化的重要理论之一。他们把产品生命周期划分为美国对某种新产品具有出口垄断、外国生产者开始生产、外国产品在出口市场进行竞争和美国进口等4个发展阶段。

该学派认为，美国市场适于率先研发为高收入阶层需要的、节约劳动的新产品，当新产品研发出来后美国处于生产垄断和出口垄断地位，这是产品生命周期第一阶段，此时生产成本不是厂商最重要的思考因素。当新产品在外国开拓市场扩大后，其他发达国家在本国开始制造这些新产品，这些国家不需要负担新产品的研发费用，不需要支付国际运输费用和缴纳关税，因此产品价格低于从美国进口的价格，此时这类产品虽然不能在国际市场同美国产品竞争，但从美国进口日趋减少，这是产品生命周期第二阶段。其他发达国家生产新产品后销售逐渐打开，取得大规模生产的经济效益，成本进一步

第十一章 构建中国特色大西南承接长三角产业转移发展体系的对策建议（下）

降低，并能出口到其他国家和地区，与美国产品竞争，美国这些新产品的出口进一步缩减，这是生命周期第三阶段。最后，由于这些发达国家工资水平较低、设备较新，随着出口增长，新产品成本不断降低，并最终进入美国市场。美国出口则呈现停滞状态，这些新产品在美国的生命周期结束了，这是生命周期第四阶段。而其他生产该产品的发达国家，则可能处于生命周期第二阶段，甚至第三阶段。同时，广大发展中国家很可能在本国生产这些产品，并逐渐增加对发达国出口。至今，产品生命周期理论已被经济学界普遍认同。

总体来说，不同国家和区域由于工业化发展阶段不同，产品生命周期的比较优势也不同。引领工业化的发达国家或区域研发技术先进，国内市场或区域市场广阔，研发新产品或成熟产品具有比较优势。反之，工业化进程缓慢、研发技术力量薄弱的国家或区域，国内市场或区域市场狭小，它们虽有开发某些劳动密集型产品的比较优势，但缺乏生产成熟产品的比较优势，且过度依赖出口外销风险大。而发展中国家及其欠发达区域拥有相对丰富的不熟练劳动力，具有生产标准化产品的优势。这样，某种新产品在其生命周期运动中，就会从某一类型国家或区域转向另一类型具有比较优势的国家或区域。

有鉴于此，我们认为，大西南承接长三角产业转移发展应选择在产品生命周期第二阶段进行，这主要是因为具有三个比较突出的优势。一是在新产品生命周期中，生产要素投入量的比例是变动的。到第一阶段末和第二阶段初，新产品大体定型，只需要半熟练劳动力，开始由技术密集型向劳动密集型或资本密集型转型，新产品成为成熟品。因而可以吸纳城乡富余劳动力，化解就业难题，提高城镇化水平。二是在新产品生命周期中，产品销售价格降低能扩大产品销路。在这种情况下，大西南地区产品由于从原来技术密集型转向资本密集型、资本与技术结合型和劳动密集型，其生产成本不同程度下降，可以在同质产品价格竞争中占居比较优势。三是在新产品生命周期中，生产新产品的始发厂商是不确定的。如果始发厂商是发达国家跨国公司的子公司或发展中国家发达区域的企业集团，就可以凭借母公司或企业集团的技术优势，抢先在东道国或该区域生产这些产品。这样，不仅可以占领东道国或该区域国内市场，而且可以开发和占领国际市场，并向发达国家或发达区域出口，其结果可能是两全齐美。

十、加强战略思维，为产业转移发展提供强劲技术支撑

我国地域辽阔，东中西差别很大，各区域各省区市发展水平和阶段各不

相同。在这样的大环境大背景下,如何引导和实现经济技术发达的长三角产业向经济技术次发达的大西南有序转移呢?其关键就在于:以人民利益为中心,从中国整个发展大局出发,坚持统筹国内国际发展,积极抢抓发展机遇,切实增强战略实力,就可以逐步取得成功。

对此,必须深刻认识到科学技术是第一生产力,是先进生产力的集中体现和主要标志,也是人类文明进步的基石。当前,以信息科技、生命科技为主要标志的世界高新技术革命蓬勃兴起,高新技术快速发展开拓了许多过去难以想象的新领域新行业,如光子计算机、生物计算机、量子计算机的研究等,正对各国各地区推进社会生产力发展和经济社会进步,产生着巨大而深刻的影响。

为迎接挑战、抢抓机遇,党中央和国务院早在21世纪初就作出了大力推进经济社会信息化的战略决策,确定了我国信息化发展的奋斗目标、指导方针和重要任务。国务院专门成立国家信息化领导小组,制定出台了《国民经济和社会信息化专项规划》,这是我国第一个信息化发展规划。随之,在国家信息化工作会议上提出明确要求,坚持以信息化带动工业化,以工业化促进信息化,走新型工业化发展道路。我国信息化建设既要着力加快步伐,又要从实际出发,走出一条中国特色信息化的新路子。应该充分肯定,经过多年努力,我国信息技术和产业已经达到相当高的水平,已经取得辉煌的成就。

近年来,随着信息技术的迅速发展和普及,信息产业已经成为我国国民经济和社会信息化中的一支极具生产力的支柱产业,其规模已居世界第二位。虽然我国信息技术的总体水平与国际先进水平仍有不少差距,但我国在一些具有较大影响的关键信息技术领域已经有了可喜的突破,在以计算机为代表的不少信息技术领域,都有处于世界领先水平的成果。"2012年,我国电子信息产业销售收入突破10万亿元大关,达到11.0万亿元,增幅超过15%;其中,规模以上制造业实现收入84 619亿元,同比增长13.0%;软件业实现收入25 022亿元,比上年增长28.5%。规模以上电子信息制造业增加值增长12.1%,高于同期工业平均水平2.1个百分点;收入、利润及税金增速分别高于工业平均水平2.0、0.9和9.9个百分点,在工业经济中的领先和支柱作用进一步凸显。手机、计算机、彩电、集成电路等主要产品产量分别达到11.8亿部、3.5亿台、1.3亿台和823.1亿块,同比分别增长4.3%、10.5%、4.8%和14.4%;手机、计算机和彩电产量占全球出货量的比重均超过50%,

第十一章 构建中国特色大西南承接长三角产业转移发展体系的对策建议（下）

稳固占据世界第一的位置。"①

总之，目前我国以信息技术为主要标志的高新技术已经发展到相当高的水平，而且国内国际市场广阔，开拓创新势头强劲。其中，有些领域已进入世界领先水平行列。从而，为加快推进新型工业化和实现"四化"同步发展，为大西南地区承接长三角产业对接转移，促进既要赶又要转，实现后发赶超，正提供日益强大的物质技术基础。

十一、重振"海上丝绸之路"，推动产业转移国际化发展

所谓"海上丝绸之路"，就是我国明代轰动世界的郑和下西洋航线。明代永乐三年（1405年），郑和率水手、书记、医生、翻译和将士27 800余人，分乘12艘宝船，从江苏苏州刘家港（太仓浏河镇）出发，通使西泽（南海以西海洋及其沿海各地），历经占城（越南东南部）、爪哇、苏门剌（苏答腊北部洛克肖马书）、旧港（苏门达腊马林码）、锡兰（斯里兰卡），然后经印度西海岸返回。此后，又于永乐五年（1407年）、七年（1409年）、十五年（1417年）、十九年（1421年）、宣德六年（1431年）6次扬帆运航，前后长达28年，历经30多个国家，最南到爪哇，最北到波斯湾和红海的麦加，最西到非洲东海岸木骨都束（索马里摩加迪沙）。郑和七次下西洋，大大提高了中国的知名度，促进中国与亚非各国的经济、文化、科技合作交流，是世界航海史上的伟大创举。比意大利航海家哥伦布第一次航行到达巴哈马群岛（1492年）早87年。被人们颂称为"海上丝绸之路"，影响极其深远。

2013年10月，国家主席习近平、国务院总理李克强接连出访东南亚，不仅体现了中央新一届领导集体同周边国家发展睦邻友好合作关系的重视，而且更加凸显了东南亚在中国周边外交中的重要地位和作用。随后，李克强相继出席第16次中国与东盟（10+1）领导人会议、中日韩与东盟（10+3）领导人会议和第八届东亚峰会。此间，着力探讨签署《中国—东盟国家睦邻友好合作条约》，打造中国—东盟自由贸易区"升级版"，并提出重振"海上丝绸之路"的构想，相关国家和地区纷纷响应，学术界认真研讨。当前，站在新的历史起点上，立足我国改革开放、经济社会发展的坚实基础，沿着郑和的足迹，重振"海上丝绸之路"的条件已经具备，时机已经成熟，可以准备再起航了。

---

① 工信部：《手机、计算机和彩电产量稳居世界第一》，财经——人民网，http://finance.people.com.cn/n/2013/0205/c153180-20441785.html，2013-06-26。

1. 共同的历史遭遇，共同的历史使命

中国与"海上丝绸之路"相关的亚洲、非洲许多国家和地区一样，历史上曾是西方殖民国家的殖民地、半殖民地、附属国。在反帝、反殖的民族民主革命运动中，中国与这些亚非国家互相团结、支持、帮助，成了彼此可以信赖的伙伴。这些国家在许多重大国际问题上，同我国立场相近，共同语言很多，当前都面临着加快发展经济、改善民生、改变贫穷落后面貌的历史使命。

2. 弘扬亚非会议精神，开展战略合作基础扎实

"亚非会议是1955年4月在印度尼西亚万隆召开的反对殖民主义、推动亚非各国民族独立的会议，周恩来总理率中国代表团与会。会议广泛讨论了民族主权和反对殖民主义、保卫世界和平及与各国经济文化合作等问题，通过了《亚非会议最后公报》，明确了指导国际关系的十项原则，这十项原则是和平共处五项原则的引申和发展。会议号召亚非各国团结一致、和平相处、友好合作、共同反对帝国主义与殖民主义，被称为万隆精神。"[①] 实践证明，和平共处与友好合作的十项原则，能够为不同社会制度的国家服务，为不同发展阶段的国家服务，具有强大的生命力。因此，应大力弘扬亚非会议精神，在建立国际新秩序的实践中不断创新、丰富和发展。

3. 东部地带已成巨型发展极，助推西太平洋和印度洋崛起

20世纪70年代末，在和平、发展、合作、共赢的时代潮流推动下，中国开始实行改革开放。1979年7月，我国在广东深圳、珠海、汕头和福建厦门试办出口特区（后称经济特区）。1984年5月，我国进一步开放天津、上海、大连、秦皇岛、烟台、青岛、连云港、南通、宁波、温州、福州、广州、湛江和北海等沿海14个港口城市。通过以线串点，以点带面，坚持以大开放促进大开发，着力打造产业链、经济带和城市群，我国东部沿海地区逐渐形成了长三角、珠三角和京津冀三大城市群。经过长期开发建设，三大城市群已成为我国经济和人口集聚程度最高、对全国影响最大、最具生机活力和成长性的地区，并且已发展为世界巨型发展极。因此，立足这一巨型发展极，按照重振海上丝绸之路的设想，积极发展与沿路国家和地区的经济合作交流，就能够助推西太平洋和印度洋崛起。

---

① 二战后国际关系名词解释－百度文库，http：//wenku.baidu.com/view/8881a82dcfc789eb172dc88d.html，2012。

第十一章 构建中国特色大西南承接长三角产业转移发展体系的对策建议（下）

4. 东部港口城市异军崛起，远洋和内河运输两翼腾飞

随着东部沿江、沿河、沿海港口城市加快开发和建设，我国水上运输业获得大发展。其突出表现就是港口基础设施规模不断扩大，专业化码头建设取得突破性进展，港口货物吞吐量特别是集装箱吞吐量急增。统计数据显示，2012年我国港口拥有生产性码头泊位31 968个，万吨级以上泊位1 762个；港口货物吞吐量高达99.17亿吨，同比增长3.61%，连续6年保持世界第一。在世界前十大集装箱港口中，中国就占7个，分别是上海港、香港港、深圳港、宁波－舟山港、广州港、青岛港、天津港，其中上海港以3 252.9万标箱的成绩傲视群雄，为国内唯一的3 000万标箱以上超级大港，同时也继续位居世界第一大集装箱港。当前长三角城市群已成为国际社会公认的世界第六大城市群。如果从郑和下西洋起航算起，其港口群的形成、发展和成熟，经历了从城乡分离到融合、到一体化的艰难而漫长的过程。时间长达600年之久，而今长三角16个港口、城市，彼此互相辐射、互相渗透、互相倍增，就是一个个发展极。这是大的港口群，繁华的港口城市，强劲的巨型发展极。

进入新时期新阶段，按照国家统一规划和部署，上海建设国际航运中心的目标是：形成以上海为中心、江浙为两翼的港口群。在此目标下，根据自然条件、腹地等因素，长三角各港口的性质和主导功能已作相应定位，未来长三角地区将形成一个吞吐能力巨大、功能先进、层次分明的世界级港口群，更加有利于大西南承接产业转移，充分开展国际合作。审视国情世情，依托大陆桥、大动脉、大江河，重振海上丝绸之路，大西南各地区必须联合起来，加快发展壮大整体实力，要充分利用长三角各种优越条件，开展大规模的跨省区市、跨经济区域、跨国越境产业转移有序对接和互补，既承接进来，又转移出去，互联互动，互利互惠，大力推动贸易和投资自由化、便利化，反对各种形式的保护主义，实现产业转移区域化国际化发展。未来大西南一定非常美好！

十二、具体建议

1. 建立产业转移承接发展工作机构

如前所述，为切实抓好产业转移与承接工作，建议在国务院成立全国产业转移领导小组，并在国家发改委设立办公室。由领导小组及办公室统筹全国产业转移发展，负责指导、调整和推进产业转移与承接工作。其主要职责是认真贯彻落实中央和国务院有关经济社会发展的规划和建议，制定《中国产业有序转移工作条例》，研制《全国产业转移规划》，为引领和组织全国产业有序转移提供全方位、多元化、高效率的优质服务，协调各方利益关系，推动产业跨省区跨区域跨国境转移，合理整合国内国际资源，优化产业结构和空间布局。同时，进一步确定工作目标任务，深入推进行政问责制，督促产业转移政策措施实施，确保重点工作事项落到实处；指导大西南各省区市建立部门联席会议制度，及时研究解决大西南承接产业转移的重点和难点。另外，建议大西南与长三角各省区市也成立相应领导机构和工作机构，可以分别设立"产业转移或承接办公室"，隶属各自政府产业转移或承接领导小组，其主要职责是研制"产业转移或承接规划"，制订工作计划和工作重点，并通过相关省区市人大立法程序，引领产业转移与承接的科学发展、和谐发展。

2. 积极创新工作机构发展模式

在上述大前提下，积极创新产业转移工作机构的发展模式。一是建立产业转移发展相关研究机构。具体来说，可从实际出发，分别成立中国产业转移发展研究中心、研究院、研究所、研究室等，由国家给编制、经费和任务，实行产学研相结合，建立人才、资金、技术交流合作机制，不断优化资源配置，建设一支可信赖、用得上、靠得住、离不开的科研人员队伍，由党委或政府组织人事部门统一管理。研究机构要积极开展全面、系统、深入的研究，努力提供高质量研究成果，为党和国家决策提供优质服务。二是打造产业转移发展的有效平台。可在中央和相关地区联合组建中国产业转移发展协会或管理委员会，按照《中国产业有序转移工作条例》的规定，制定协会或管理委员会章程，协调参与产业转移发展各方的利益关系和经济行为，维护公共利益，建设公共秩序，提供公共服务，使整个产业转移发展公开、公平、透明、规范，防范不公平竞争，反对和整治恶性竞争，使之在阳光下运行，取得最佳经济、社会、生态效益。三是推动研究机构实现转型"变身"。可借鉴美国"硅谷"经验，推行产学研一体化，走社会科学与自然科学相结合、研究人员与产业和实际相结合的路子，人才培养和使用互相交叉、互相换位，定期定向流动。在此基础上，促进研究机构全程参与产业转移活动，广泛开展生产服务，逐步实行自负盈亏、自我发展、自我约束，从而实现脱胎换骨、变身实体，创新发展模式。

参考文献

[1] 马克思. 资本论 [M]. 北京：人民出版社，1975.

[2] 张薰华. 论社会生产力发展规律 [J]. 学术月刊，1985 (3).

[3] 北京师范大学历史系中国现代史教研室. 中国现代史 (1919—1949).

[4] 贵州省社会科学院历史研究所. 近代黔中经济发展研究.

[5] 林建曾. 一次异常的工业化空间传动——抗日战争时期厂矿内迁的客观作用 [C] //贵州省社会科学院优秀科研成果摘编，2010.

[6] 马洪，房维中. 中国经济开发——现在与未来 [M]. 北京：经济管理出版社，1995.

[7] 何耀华. 亚洲西南大陆桥发展协作系统研究文集 [M]. 昆明：云南人民出版社，1994.

[8] 林凌. 中国经济的区域发展 [M]. 成都：四川人民出版社，2006.

[9] 吴三忙，李善同. 中国地区经济发展差距演变特征及其形成结构分析：1978—2007 [J]. 贵州社会科学，2010 (1).

[10] 王洛林，等. 世界经济形势分析与预测 [M]. 北京：社会科学文献出版社，2011.

[11] 陈佳贵，等. 中国经济形势分析与预测 [M]. 北京：社会科学文献出版社，2011.

[12] 张平，等. 2012 宏观经济蓝皮书——中国经济增长报告 (2011—2012) [M]. 北京：社会科学文献出版社，2013.

[13] 王长胜，等. 中国与世界经济发展报告 [M]. 北京：社会科学文献出版社，2010.

[14] 戚本超，等. 中国区域经济发展报告 [M]. 北京：社会科学文献出版社，2010.

[15] 梁昊光. 2013 区域蓝皮书——中国区域经济发展报告 (2012—2013) [M]. 北京：社会科学文献出版社，2013.

[16] 姚慧琴，等. 中国西部经济发展报告 [M]. 北京：社会科学文献出版社，2010.

[17] 李扬, 等. 2015 年中国经济形势分析与预测 [M]. 北京: 社会科学文献出版社, 2014.

[18] 陈剑峰. 长江三角洲区域经济发展史研究 [M]. 北京: 中国社会科学出版社, 2008.

[19] 中国历年统计年鉴、各省区市历年统计年鉴.

[20] 各省区市 2006—2012 年国民经济和社会发展统计公报.

[21] 长三角联合研究中心. 《长三角年鉴（2009—2012）》, 河海大学出版社.

[22] 林昌建. 2011 年走向世界级城市群的长三角/长三角蓝皮书 [M]. 北京: 社会科学文献出版社, 2010.

[23] 刘志彪. 2012 年率先基本实现现代化的长三角——长三角蓝皮书（2012 版）[M]. 北京: 社会科学文献出版社, 2012.

[24] 国家统计局工业统计司. 《中国工业经济统计年鉴（2007—2011 年）》, 中国统计出版社.

[25] 国家统计局, 国家发展和改革委员会, 科学技术部. 《中国高新技术产业统计年鉴（2007—2011 年）》, 中国财政经济出版社.

[26] 工业和信息化部. 产业转移指导目录（2012 年本）, 2012.

[27] 国务院关于中西部地区承接产业转移的指导意见（国发〔2010〕28 号）, 2010.

[28] 中共中央国务院关于深入实施西部大开发战略的若干意见（中发〔2010〕11 号）, 2010.

[29] 曹云华. 东南亚地区形势 [J]. 东南亚研究, 2012 (2).

[30] 中国与东盟关系 2012—2013 年回顾与展望 [J]. 东南亚纵横, 2012 (10).

[31] 朱军, 等. 长三角、珠三角地区外商直接投资比较研究 [J]. 宏观经济管理, 2012 (2).

[32] 陈廷根. 东亚经济一体化的困境与出路 [J]. 东南亚研究, 2012 (2).

[33] 陈菁泉. 东北亚区域经济制度性合作研究——以全球金融危机为背景 [J]. 财经问题研究, 2011 (6).

[34] 朱永浩. 韩国与日本企业在华投资趋势分析 [J]. 当代韩国, 2012 (1).

[35] 董超. 国际金融危机后跨国公司在华产业布局 [J]. 国际经济合作, 2012 (6).

[36] 陈霜华. 长三角区域国际贸易与投资发展研究［M］. 北京：对外经济贸易大学出版社，2011.

[37] 王玉主. 东盟40年：区域经济合作的动力机制［M］. 北京：社会科学文献出版社，2011.

[38] 刘稚. 大湄公河次区域合作发展报告2012［M］. 北京：社会科学文献出版社，2012.

[39] 李向阳. 亚太地区发展报告2012［M］. 北京：社会科学文献出版社，2012.

[40] 全国日本经济学会和中国社会科学院日本研究所. 《日本经济蓝皮书（2010—2013）》［M］. 北京：社会科学文献出版社.

[41] 全国主体功能区规划（国发〔2010〕46号），2010.

[42] 中华人民共和国国民经济和社会发展第十二个五年规划纲要，2011.

[43] 国家发展改革委. 西部大开发"十二五"规划，2012.

[44] 国务院关于支持云南省加快建设面向西南开放重要桥头堡的意见（国发〔2011〕11号），2011.

[45] 国家发展改革委. 长江三角洲地区区域规划，2010.

[46] 国务院关于进一步促进贵州经济社会又好又快发展的若干意见（国发〔2012〕2号），2012.

[47] 国家发展改革委. 广西北部湾经济区发展规划，2008.

[48] 国家发展改革委. 成渝经济区区域规划，2011.

[49] 国家发展改革委. 黔中经济区区域规划，2012.

[50] 费孝通. 江村经济［M］. 南京：江苏人民出版社，1987.

[51] 费孝通. 从沿海到边区的考察［M］. 上海：上海人民出版社，1990.

[52] 费孝通. 行行重行行：乡镇发展论述［M］. 银川：宁夏人民出版社，1992.

[53] 费孝通. 学术自述与反思［M］. 北京：生活·读书·新知三联书店，1996.

[54] 费孝通. 行行重行行续集［M］. 北京：群众出版社，1997.

[55] 谢海东，万弋芳. 金融危机背景下江西承接产业转移的新动态和新特征［J］. 华东经济管理，2010（2）.

[56] 陈昌旭. 加强区域合统筹城乡发展——第三届川滇十市合作与发展峰会上的讲话，2012-8-19.

[57] 刘奇葆. 关于产业转移和承接产业转移的调查［N］. 广西日报，2007

-11 -23.

[58] http：//www.chinainfo.gov.cn：高新技术产业开发区管理体制的改革与创新，2007 -05 -14.

[59] 贵州西部大开发若干政策措施的实施意见，2009.

[60] 贺曲夫，刘友金. 中西部地区承接东部地区产业转移的问题与对策研究 [J]. 知识经济，2011 (16).

[61] 叶裕民. 中国城市化之路：经济支持和制度创新 [M]. 北京：商务印书馆，2001.

[62] 姚士谋，等. 中国城市群 [M]. 北京：中国科学技术大学出版社，2006.

[63] 牛凤瑞，盛广辉. 三大都市密集区：中国现代化的引擎 [M]. 北京：社会科学文献出版社，2006.

[64] 张学瀚，等. 长江三角洲一体化进程研究 [M]. 北京：社会科学文献出版社，2007.

[65] 程工，张秋云，等. 中国工业园区发展战略 [M]. 北京：社会科学文献出版社，2006.

[66] 徐全勇. 长三角地区外商直接投资的技术外溢与吸收效果 [J]. 南通大学学报，2007 (4).

[67] 戚文海. 中俄能源合作战略与对策 [M]. 北京：社会科学文献出版社，2006.

[68] 近代黔中经济发展研究（内部资料），1986.

[69] 刘佛丁，王玉茹. 中国近代的市场发育与经济增长 [M]. 北京：高等教育出版社，1995.

[70] 吴承明. 中国资本主义与国内市场 [M]. 北京：中国社会科学出版社，1985 年；洋务运动与国内市场 [J]. 文史哲，1994 (6)；近代中国工业化的道路 [J]. 文史哲，1991 (6).

[71] 周恩来. 当前财经形势和新中国经济的几种关系，建国以来重要文献选编第一册，1949 年 12 月 22—23 日.

[72] "长三角发展论坛" 专栏文库 [J]. 南通大学学报：社会科学版，2009 (1).

[73] 何毅亭. 学习习近平总书记重要讲话 [M]. 北京：人民出版社，2013.

[74] 栗战书. 在中国共产党贵州省第十一次代表大会上的报告 [N]. 贵州日报，2012 -4 -24.

后 记

　　产业转移是产业空间布局调整的重要内容及表现形式，是经济发展过程中普遍存在的一种经济现象。当前，世界性产业转移发展浪潮不断加速，特别是我国东部沿海地区产业向中西部地区转移日益加强，产业转移出现了外资西进、内资西移的重要变化。这是合乎市场经济规律的产业结构大整合大转移，是经济全球化和区域经济一体化进程的产物。对此，党中央和国务院高度重视，及时出台了《关于中西部地区承接产业转移的指导意见》《全国主体功能区规划》《产业转移指导目录（2012年本）》等重要文件，切实加强对中西部地区承接产业转移和经济发展的宏观指导，并做出全面部署和谋划，提出明确意见和政策支持。因而，积极探讨产业发展和构建产业转移发展体系，着力研究和创新大西南承接长三角产业转移发展战略，具有非常重大的现实意义。

　　为此，我们成立课题组，以《大西南承接长三角产业转移问题与对策研究》作为选题，紧紧围绕国内外经济社会发展新形势和国家大政方针，坚持理论与实证分析相结合，从理论领域、战略领域、区域发展领域、对策领域等方面对若干重大理论和实际问题进行全面研究。本书通过认真分析长三角与大西南地区产业转移调整的发展现状、问题和趋势，深入剖析了产业转移发展的有利条件、时机及战略路径，论证了产业转移与承接的重点领域、方向及发展布局，明确提出了构建全方位、宽领域、多层次、对称式、复合型的大西南承接长三角产业转移发展体系的战略构想，最后在多视角、综合分析判断的基础上，提出了大西南承接长三角产业转移发展的政策建议与保障措施。

　　在本课题研究中，课题组积极运用相关理论及科学方法，努力拓展研究视野，加强调查研究，创新发展思路，注意增强研究的科学性、实证性和可操作性，以期推动和扩大相关领域的研究，同时力争为党委政府决策提供参考服务，为区域产业转移与承接发展的实践提供有益启迪。经过课题组多次研讨和不懈努力，现将本书研究成果呈现给大家。课题组组长陈康海，主持课题研究，负责全书的框架结构设计、组织编写和编纂定稿；副组长鲍昆明、谢松，主要成员雷兴朝、芶以勇、杨明锡、丁胜等，参与了调查研究和书稿撰写。本书研究范围广泛，涉及领域较多，在研究期间得到了有关地区和部门及专家学者们的大力支持和帮助，在此一并表示衷心感谢。另外，还引用和参考了报纸、刊物、网上和参考文献中的一些观点、数据和资料，有的未一一注明，特此说明并向作者致意。当然，本书还存在较多疏漏、缺点和错误，尚有许多不足之处，恳切希望读者见谅，并提出宝贵意见。

作　者

2015 年 8 月